Edition Hochfeld

Mauchin

Kriegszeiten

II. Teil
Historischer Roman

Verlag Edition Hochfeld

J. M. Soedher lebt und arbeitet als Schriftsteller in Landsberg am Lech und in Lindau (Bodensee). Er ist Autor der Krimireihen *Bucher ermittelt* und *Schielins Fälle* sowie Autor zahlreicher weiterer Romane, Reiseführer und Bildbände.

Von J. M. Soedher sind bisher erschienen:

Villa Seewind
Rotkreuzplatz da Vinci

in der Reihe Bucher ermittelt:
Der letzte Prediger/Requiem für eine Liebe
Im Schatten des Mönchs/Marienplatz de Compostela

in der Reihe Schielins Fälle:
Galgeninsel/Pulverturm/Heidenmauer/Hexenstein /Inselwächter/
Hafenweihnacht/Seebühne/Knochenmühle/Löwenmole/Golgbrunnen

1. Auflage
November 2020
Verlag Edition Hochfeld, Landsberg am Lech

Lektorat: Susann Wendt, Saarbrücken
Umschlagkonzept und Gestaltung: Edition Hochfeld
Satzherstellung: Fotosatz Amann, Memmingen
Gesamtherstellung: Druckerei C.H.Beck, Nördlingen

Coverfoto: Lindau, 1820, Gouache
Mit freundlicher Genehmigung des Stadtmuseums Lindau (B);
Inv.-Nr. G. l. g. a. 199 © Museum Lindau, Foto: Jürgen Illigasch

Printed in Germany
ISBN Hardcover: 978-3-948490-00-3
ISBN eBook: 978-3-948490-01-0

www.edition-hochfeld.de

Sie meinen, ich hätte damit mein Unrecht eingestanden;
aber der HERR, der mächtige Gott, steht auf meiner Seite.
Deshalb mache ich mein Gesicht hart
wie einen Kieselstein und halte alles aus.
Ich weiß, dass ich nicht unterliegen werde.
Ich habe einen Helfer, der meine Unschuld beweisen wird;
er ist schon unterwegs.

Jesaja 50, 6–8

Personen

Franzisca Mauchin
Lucas Bruggmüller – Franziscas Mann, Kaufmann, Hirte und Revolutionär
Katharina Maria Mauchin – Tochter Franziscas
Johann Jakob Rupflin (Poschter) – Inhaber der Post- und Relaisstation zu Lindau
Christian Leonhard Ganal (Bub) – vom Poschter angenommener Waise
Philipp Karl Ganal – Zwillingsbruder von Christian
Dionys Rosza Geipel (Rotmäntler) – ein entlassener Söldner der roten Kapuziner
Franz Bilgeri, Hedwig Bilgeri und Sohn August – Fuhr- und Kutschdienstleister in Lindau
Wilhelm Friedemann Brack – Geschäftemacher und Zuhälter
Johann Siegmund von Stoy – Emissär, ehemaliger Priester von Bezau
Daniel Leonhard Beyer – Amtsschreiber
Rosa – eine der Huren von Brack
Schniefer – Oberknecht auf dem Mauchinhof
Annamaria (Madle) – Freundin Franziscas in Bezau
Anna Christina Seutter von Loetzen, geb. von Clossmann – Bürgerfrau in Lindau
Elisabeth Mauchin (die Muhme) – Tante Franziscas
Schaffer – weitgereister Wanderschäfer
Gaupp – ehemaliger Geheimer Rat der Stadt Lindau

Koalitionen

Ein Frühlingstag stand über dem Land und offenbarte allen Wesen eine unbändige, entfesselte Leichtigkeit. Noch vor Kurzem hatte die knarrende Kälte des Winters jede Empfindung gefesselt, und ein so befreites Frühlingsgefühl hätte gut als verrückter Traum gelten können. Ein warmer Regen hatte aus dem aschgrauen Land das Fahle gewaschen. Nun war Platz für das erste frische Grün und den zarten Schimmer der Frühlingsblumen, die sich von der Wärme und Feuchtigkeit locken ließen. Auch der Säntis, der für einige Zeit unter grauem Dunst verborgen war und einen glauben machte, er wäre ganz aus der Welt verschwunden, stand weit am Horizont mit schneeglänzenden Flanken und seinem majestätischen Felsenhorst. Mit einem Mal waren Bienen und Fliegen in der Luft, und die Blicke über die Seefläche in die Berge verhießen jedem Leben eine Ahnung des Monumentalen, welches jedem Dasein gegeben war.

Franzisca stand am offenen Fenster ihres Heims und war vom Erwachen der Natur berührt und ganz gefangen. Es bescherte ihr einen Moment des Innehaltens und ein Déjà-vu. Dieser Moment kam ihr vor wie damals, als sie zum ersten Mal hier an diesem verlassenen Ort stand und ihre Gedanken damit spielten, wie wohl ihr Garten aussehen würde, welche Beete mit welchen Früchten bepflanzt werden würden und an welchen Stellen ein Obstbaum stehen sollte.

Es wurde ihr ganz warm ums Herz, denn Katharina hatte damals in der Wiege gelegen, und vor ihr selbst hatte eine gänzlich neue Zukunft gelegen, die ganz im Gegensatz zu dem Leben stand, das man einer jungen Frau ohne Mann, jedoch mit einem Kind überhaupt zugestehen wollte. Doch die Zeiten waren revolutionär gewesen, und die Lust der Mächtigen, sich an ihr zu vergreifen, war im weiten Schatten, den die Guillotinen warfen, erstickt worden.

Lucas war an einem solchen Tag in ihr Leben getreten.

»Na dann komm herein ... komm herein«, hatte sie zu ihm gesagt, als er bei ihr angeklopft hatte – eine dieser Szenen, wie sie sich einem ins Gedächtnis einbrennen als Metapher für einen ganzen langen Lebensabschnitt.

Ihre Hand legte sich unwillkürlich auf ihre Brust. Draußen im Garten blühte das Frühjahr, und sie konnte sich nicht leicht aus dieser melancholischen Stimmung lösen. Droben in der Stube schlief Korbinian im Bett. Das erste Jahr hatte er also gut überstanden, und Katharina achtete auf ihn, als wäre er nicht ihr Bruder, sondern ihr eigenes Kind. Manchmal sah Franzisca ihr verwundert zu, wenn sie ihn zu sich nahm, herzte und mit ihm umging, als trüge sie all die Verantwortung für das kleine Leben allein. Hatte sie der Tod ihrer zwei anderen Brüder in diese Verfassung gebracht? Fühlte sie sich am Ende gar verantwortlich für die Schrecken des Fiebers?

Ihre Gedanken wurden aufgeschreckt, denn hinter dem Haus war Lucas zu hören, der zusammen mit dem Schniefer die Pferde versorgte, und in der Küche schallte helles Lachen bis zu ihr. Katharina war mit den Mägden dort zugange. Groß war sie geworden und stolz und schön. Bald war sie eine junge Frau, und schon jetzt trat sie ohne Zögern oder falsche Scham wie diejenige auf, die hier einmal das Sagen haben würde. Sie hatte ernste Augen, die dem schönen Mund mit dem feinen Lächeln das Kokette nahmen, welches manchmal aus ihrer Art drang.

Es fiel Franzisca schwer, sich aus dem sentimentalen Strudel zu reißen, der sie erfasst hatte. Er zog sie zudem in die erträumte Wunschwelt eines verklärten Kinderdaseins und ließ sie als Erwachsene die Sorglosigkeit an Vaters Hand und in Mutters Refugium ersehnen. Der Schmerz über den Verlust der alten Bezauer Heimat war zwar inzwischen vernarbt, doch wie es mit Narben eben ist, machten sie sich immer mal wieder bemerkbar.

Die Momente der sentimentalen Freude so wie eben, diese wohlige Melancholie, sie waren in letzter Zeit immer öfter in ihr aufgestiegen. Vielleicht lag es heute an diesem besonderen Abend, an dem ein kleines Festessen auf dem Hof geplant war. Eine illustre Gesellschaft hatten sie geladen, um endlich das Ende des Krieges zu feiern. Einige Monate war das nun schon her, doch man traute sich nicht, umgehend in Jubel auszubrechen, wenn man auf die vergangenen Jahre zurückblickte. Jetzt, im Übergang zur wärmeren Jahreszeit waren die Paraden, Kongresse und Friedensbekundungen zu einem Ende gekommen. Lucas wurde nicht müde, dem Jubel auf Napoleon beizupflichten, der weithin als genial gerühmt wurde. Austerlitz! Lucas Augen leuchteten, wenn er den Namen seines Helden aussprach, wohingegen sie dazu schwieg und eine besonders gleichgültige Miene aufsetzte.

Doch nun, wo das Jahr ohne weiteren Krieg fortschritt, durfte man auch am Seeufer vorsichtige Freude zeigen, wenngleich Vieles von dem verloren war, was über Jahrhunderte als unumstößlich galt. Wenn Gott es den Menschen zuließ, würde nun vielleicht ein längerer Frieden kommen. Vielleicht. Und vielleicht konnten sie dann im Frieden sogar friedlich leben.

Es hatte einige Zeit gedauert, die Gästeliste zu erstellen. Zusammen mit Lucas und Katharina hatte sie in der Stube gesessen, überrascht darüber, wie schwierig es eigentlich war, die richtige Mischung an Charakteren für die Soirée zu finden. Bei den Abendgesellschaften im Haus von Seutter, wo ein langer Tisch im Speiseraum des Hauses zum Baumgarten die Gäste stets ideal versammelte, war ihnen nie der Gedanke gekommen, die Geladenen seien nicht zufällig in dieser Gemeinschaft zusammengekommen. Freilich, den Pfarrer, und das war gut so, mussten sie nicht an den Tisch bitten, was im Baumgarten hingegen undenkbar gewesen wäre. Dort durften ebenso der Stadtkommandant und der Vorstand des Magistrats an der Tafel nicht fehlen.

Franzisca trat einen Schritt vom Fenster zurück und erinnerte sich: Damals, als sie das Gehöft mit dem kleinen geborgenen Schatz aus dem Bezauer Heimathof erworben hatte, ließ sie auch einen großen Holztisch bauen, was zu erheblichen Diskussionen mit den Handwerkern, dem Schaffer und ihrer Tante Elisabeth geführt hatte. Doch sie wollte an diesem Tisch eines Tages eine große Familie versammeln, was sie sich allerdings nicht getraut hatte, zu sagen, wo sie ja allein, ohne Mann und mit dem kleinen Mädchen überhaupt erst einmal sehen musste, wie sie den Alltag bewältigen konnte, und einer solchen Frau große Träume nicht zustanden. Nun waren es am heutigen Abend eben nicht eine Schar Kinder geworden, sondern sie, Lucas, Katharina und die Menschen, die ihnen etwas bedeuteten. Der Schniefer, den sie vom Pfarrhof in Oberreitnau mitgenommen hatte, gehörte zwar auch dazu, doch war der niemals dazu zu bewegen, sich an eine solche Tafel zu setzen, wo er sich fehl am Platz und gleichsam verloren vorkam.

Elisabeth war natürlich unter den Gästen, der es gelungen war, den Schaffer zu einer Zusage zu überreden. Ebenfalls würde Frau von Seutter mit ihrem Mann kommen, was sie alle besonders nervös machte. Dann noch der neue Amtsschreiber, der Geheime Rat Gaupp, der einst in ihrer Angelegenheit ermittelt hatte, der Kaufmann Bucher, mit dem Lucas zu schaffen hatte, wobei es um den Kornhandel mit der Schweiz ging. Dazu noch der Schiffsführer des Lastenseglers, den sie inzwischen vollständig übernommen hatten. Wenn es sich gegeben hätte, wäre auch Salomon Rosenfeld ein Gast gewesen, denn zum einen hätte sich keiner der Geladenen daran gestört, mit einem Juden am Tisch zu sitzen, und zum anderen war ja kein Pfarrer mit am Tisch.

Für zwei Gäste, die sie gerne dabeigehabt hätten, war jedoch nun kein Platz mehr. Einmal der Poschter, der seine Poststelle und die Relaisstation in der Hofstatt mit enormer Sorgsamkeit betrieb und dessen Zuverlässigkeit allen diente – der Stadt, den Franzosen, den Baiern, den Habsburgern und auch ihnen. Darüber hinaus war er einer, der mit seiner Meinung nicht hinter dem Berg hielt und auf wohltuende Weise gehässig sein konnte, was ein Gespräch unterhaltsam machte. Über die Zeit hatte er eine Wandlung vom bissigen Griesgram zu einer geachteten Persönlichkeit gemacht. Doch wenn er geladen worden wäre, hätte auch der Bilgeri dazukommen müssen, der auf der Insel einen großen Fuhrbetrieb aufgebaut hatte und sich mehr mit seinen Gäulen befasste als mit den Menschen. Er hätte ebenso gut in die Runde gepasst, weil er die Fähigkeit besaß, zwar selbst nichts zu sagen, jedoch jedem und jeder ein guter Zuhörer sein konnte. Zu beiden unterhielten die Mauchins enge Beziehungen, denn ihr Handel mit Korn, Bohnen und nicht selten ein paar Fässern Wein erforderte weit größere Transportkapazitäten, als sie es selbst vorhalten konnten. Wenn man aber den einen einlud, musste der andere nun mal dabei sein, um keine Befindlichkeiten auszubringen, da jedoch nur einer noch Platz gehabt hätte, so waren sie übereingekommen, mussten beide fernbleiben.

Es war aber auch ohne den Poschter und Bilgeri eine ausreichend große Runde, die man inzwischen, da sich der Friede über einige Monate gehalten hatte und die Belastungen für den Unterhalt der Kriegsheere gesunken waren, auch angemessen bewirten konnte. Lucas hatte guten Roten aus Frankreich im Lager und weißen Seewein, dazu eine Flasche echten Cognac. Sie hatten Hühner geschlachtet, frischen Fisch aus dem See auf der Insel bestellt, und zartes Kalbfleisch schmorte in einer Brühe aus Morcheln. Die holte der Schniefer von einer geheimen Stelle in den Auwäldern der Argen, wo besonders viele Ulmen standen. Dazu gab es Bohnen, Kartoffeln und Salat, was der Garten zu dieser Zeit eben hergab.

Franzisca ging nach oben in den Speicher und holte die großen Kandelaber, die ihnen für den Abend Licht spenden sollten, denn wenn es auch lange Zeit hell blieb, würden sie doch in die Dunkelheit kommen, wenn ihr kleines Fest erfolgreich werden sollte. Die weißen Wolkenbänder am Himmel versprachen eine warme Nacht.

*

Zu beiden Seiten des Mangturms im Hafen wurden an jenem Samstag im Juni des Jahres 1806 die Lastensegler mit Fässern, Kisten und Ballen befüllt oder entladen wie eh und je. Auch Fahrgäste entstiegen den ankommenden Booten, Segel wurden eingeholt, Ruderblätter klapperten auf den Planken und manche der Reisenden brauchten eine Weile, um dem Schwanken Einhalt zu gebieten, welches sie an Land erfasste, obschon der See heute beinahe still lag. Fuhrwerke verstopften die engen Gassen, und wo einer nicht bereit war, zu warten oder nachzugeben, schnitt schnell böses Geschrei in die samstägliche Vorfreude auf den Sonntag. Aus den Fenstern entwich der Duft von Gebackenem. Die Kinder plärrten ausgelassen und waren ganz in ihre Spiele versunken, und in der Carolinenstraße trieben ein paar Burschen eine Horde schlachtreifer Schweine hinüber zum Schrannenplatz und dann am Diebsturm vorbei zum Schlachthaus.

Drei Cabrios mit jeweils einem Ross bespannt fuhren vor dem Haus zum Baumgarten vor, wo bereits eine Kutsche mit aufgeklapptem Verdeck wartete. Das stolze Tor des Anwesens öffnete sich, und die Besitzer traten hervor, begrüßten die Herrschaften in den anderen Kutschen weit zugewandter, als es die Gebote der Höflichkeit erforderten, und sorgten damit für einen neugierigen Auflauf. Es waren Frau von Seutter in Begleitung ihres Mannes und ihrer Hausdame Elisabeth Mauchin, die gerade ihr stolzes Bürgerhaus verließen und den Amtsschreiber, den Geheimen Rat Gaupp sowie den Kaufmann Bucher empfingen. Man hatte einander verabredet, gemeinsam hinaus zu den Mauchins zu fahren, wo man den Frieden feiern wollte. Den Frieden feiern – so hatte es nach dem Willen Franziscas in der Einladung gestanden.

Eine Frau in einem pastellgrünen Kleid, in jeder Hand einen schweren Korb, löste sich aus der Gruppe Neugieriger, die mitten auf dem Platz stehen geblieben war, und ging hinüber zu den Stufen von St. Stephan. Eine Magd konnte es der Kleidung und Frisur nach nicht sein. Von dem etwas erhöhten Punkt aus hoffte sie, besser auf alles, was da vor sich ging, blicken zu können. Ein paar Mägde kamen hinzu und hatten ihre Freude an der Szene.

»Was ist das für ein Auflauf?«, fragte die Frau unbestimmt in die Runde und klebte mit den Augen an den Garderoben der Herrschaften und den blitzenden Geschirren der Pferde. Eine Küchenmagd aus der *Gans* antwortete ihr.

»Frau von Seutter, der Geheime Rat Gaupp, der neue Amtsschreiber und Kaufmann Bucher ... sie sind auf dem Weg hinaus zu den Mauchins, wo es ein Fest geben soll.« Und nicht ohne Stolz fügte sie hinzu: »Den Fisch hat unser Koch vorbereitet und selbst hinausgebracht, weil er auch einmal sehen wollte, wie es aussieht da draußen. Und empfangen haben sie ihn wie einen alten Freund und auch bewirtet und die Fische gelobt. Eine weiße Sauce hat er dazu gemacht, in der sie schwimmen als wie zuvor im See.« Sie blickte zu der Frau und erwartete eine entsprechende Reaktion und ergänzte noch: »So sagt er immer, dass sie auch im Topf schwimmen müssen als wie im See.«

Die Frau jedoch war von der Antwort keineswegs begeistert und ließ es auch so klingen.

»Bei den Mauchins ... ein Fest ... was gibt es denn da zu feiern, wo doch alles niedergegangen ist?! Wo der Franzos kein Ende mehr kennt, die Stadt nurmehr eine Stadt ist und von einem zum andern gereicht wird, einem Bretzenheim nicht gut genug, den Habsburgern nicht geblieben, den Baiern kaum bekannt. Und das feiert man draußen bei den Mauchins?!«

Keine der Mägde antwortete ihr, denn niemand suchte Streit mit der Frau vom Bilgeri. Der selbst war zwar ein gemütlicher Kerl, der den Wein mochte, fette Bratenstücke und dralle Weiber, denen er gerne mal eine Münze zusteckte, wenn ihm danach war und seine Hände einmal etwas anderes tätscheln wollten als einen Pferdearsch. Mit seiner Frau aber, von der niemand wusste, woher sie gekommen war, wollte niemand Gezänk.

Sie trat ein paar Schritte zurück, als brauchte sie Abstand von dem fröhlichen Treiben da vorne, jetzt, wo sie wusste, aus welchem Grund es diesen ihrer Meinung nach unangemessenen Frohsinn gab. Ihr Gesicht drückte Abscheu aus, Abscheu, die ihren Quell im Neid hatte, denn der fraß in und an ihr. Niemals, niemals würde sie eine solche Gesellschaft geben können, und niemals würde sie zu einer solchen Gesellschaft geladen werden, dachte sie und verfolgte das vorfreudige Treiben an den Kutschen. Sie litt beinahe Schmerzen an ihren Gedanken. Was ... was hatte diese Mauchin ihr voraus, dass sie bei den Seutters geladen war, dass Magistrat und hohe Herren eine Einladung zu ihr annahmen? Was nur?

Die Kutscher drüben vor der stolzen Fassade schnalzten laut mit den Zungen, und die Pferde trabten an. Man sah an ihrem leichten Tritt, wie wenig Last ihnen die offenen Wagen bereiteten. Einer nach dem andern verschwand in der Schmiedgasse, und bald war auch das Schlagen der Hufe nicht mehr zu hören. Die Frau im grünen Kleid stand immer noch unter der Vorhalle von St. Stephan, inzwischen allein, und befeuerte ihre Aufgeregtheit. Ausgerechnet bei der Mauchin, über die es Gerede gab. Das Kind war aus dem Nichts gekommen, ein Prozess gegen diese Franzisca war im Sande verlaufen, und niemand konnte erklären, woher dieses Weib das Vermögen hatte, den alten Hof zu erstehen. Diese Mauchins besaßen sogar Anteile an Lastkähnen, und wenn es stimmte, was ihr Mann erzählt hatte, ließen sie sogar Juden bei sich über Nacht bleiben. Und sie selbst sollte kein geeigneter Gast einer solchen Gesellschaft sein!?

Schlecht gelaunt und mit schnellen Schritten schleppte sie ihre Körbe hinüber in die Fischergasse, wo sie nach langem Suchen endlich ein angemessenes Haus gefunden hatten. Ihr Sohn erwartete sie in dem Raum, den sie Salon nannte. Er starrte ihr mit glotzenden Augen und offenem Mund entgegen, weswegen sie ihm eine Ohrfeige verpasste und ihn schalt: »Mach dein Maul zu, August! Wie oft soll ich es dir noch sagen, mach dein Maul zu!«

*

Das Anwesen Mauchin lag ein Stück abseits vom Weg im Schutz eines Hügels und war von der Straße aus nicht einsehbar. Wohnhaus, Stadel und Lagerhalle bildeten einen zum Weg hin offenen Hof. Der Garten fasste das Gehöft ein, Hühner, Enten und Gänse scharrten und patrouillierten, und jenseits des Lagerhauses erstreckte sich eine große Weide für Pferde, ab und an ein paar Rinder und die Esel. Nach Westen ergab sich ein freier Blick über die Weiden und Streuobstwiesen hin zum See.

Die drei Kutschen nahmen die ein wenig versteckt gelegene Abzweigung zum Hof. An dieser Stelle blühte der Liguster gerade überschwänglich. Süße lag in der Luft. Langsam trabten die Pferde dem Hof zu.

Der Kirschbaum, den Franzisca gleich nach Einzug auf die freie Fläche im Westen gepflanzt hatte, stand prächtig. Eine Amsel saß in seiner Krone und sang.

Der Schniefer jagte die Hühner, die am Hof scharrten, samt Hahn fort und stand bereit, um sich sogleich um die Kutscher und Pferde zu kümmern, während Franzisca, Katharina und Lucas ihren Gästen aus den Fahrzeugen halfen und sie begrüßten. Ein kleiner Spaziergang um die Lagerhalle, durch den Garten und schließlich zum Haus, wo in der großen Stube bereits alles gerichtet war, sorgte für ein angemessenes Entrée. Für diesen Abend hatte Franzisca das Porzellan aus der Kommode geholt und zusammen mit Katharina gesäubert. Die Streublumen und Blütenarrangements auf der Tafel leuchteten lebenslustig in die Welt.

Drüben in der Lagerhalle war derweil der Schniefer mit den Pferdeknechten zugange. Nachdem sie gemeinsam die Pferde und Kutschen versorgt hatten, brachte er die Kutscher in eine angenehme Stube der langgestreckten Lagerhalle, wo bereits Wein, Bier und ein Fass, auf dessen Deckel der Würfelbecher stand, gerichtet waren. Die Mägde des Hofes hatten den Abend frei bekommen und waren bereits damit beschäftigt, zwei Bleche mit Bratfleisch, geröstetem Schwabenkorn und weißes Brot zu reichten. Es duftete betörend.

Nur die Küchenmagd war drüben im Haus geblieben und half beim Auftragen. Das Friedensfest, wie sie es alle nannten, sollte nicht nur ein Fest für die Herrschaften sein.

Drüben in der Stube wurde Wein ausgeschenkt, und die Gäste prosteten einander zu.

»Auf den Frieden! Und dass er diesmal lange halten möge!«

Herr von Seutter holte nach der warmherzigen Begrüßung, die Franzisca und Lucas ihren Gästen ausgesprochen hatten, ein kleines Kuvert aus der Brusttasche seines modischen Gewands hervor und schob es über den Tisch.

»Ich war etwas in Zweifel, ob es ein passendes Geschenk für Sie sei, obschon meine Frau mir Mut machte. Nachdem ich jedoch ihren Garten bewundern durfte, bin ich froh, mich durchgerungen zu haben – und eben kein Tuch, keinen Schal, oder noch schlimmer, eine jener Zinnteller und Schalen zu entbieten. Nein – ich denke, Sie werden Freude daran haben, und vor allem werden Sie wissen, damit in der entsprechenden Weise zu verfahren.«

Nicht nur Franzisca war nun neugierig auf das kleine Stück Papier geworden. Vorsichtig befühlte sie es mit ihren Fingern und öffnete dann die Faltung. Herr von Seutter richtete sich derweil an die Runde und erzählte: »Es gibt eine Geschichte dazu. Ich habe es von einem Freund in Leipzig erhalten, wo ich kürzlich geschäftlich zu tun hatte. Es sind Blumensamen aus dem fernen Mexiko, vom Berghang eines Vulkans. Stellen Sie sich nur vor, welche furchtbare Plackerei es gewesen sein muss, diesen Vulkan in diesem fernen Land zu erklimmen, wo die Sonne um ein Vielfaches heißer ist als unsere hier am See an den drückendsten Sommertagen. Ein deutscher Forscher hat sich diese Qual und noch unglaublich viele weitere davon angetan. Ich habe ihn einmal bei einem Abendessen, gerade so wie in einer solchen Runde hier, treffen dürfen. Alexander von Humboldt ist sein Name. Er wird ihnen nicht bekannt sein – bis jetzt jedenfalls – wie er überhaupt noch gar nicht in dem Maße bekannt ist, wie es ihm eigentlich gebühren würde. Ein Franzose …«, Herr von Seutter lachte in die Runde, »… wie könnte es auch anders sein, natürlich hat den guten Humboldt ein Franzose begleitet, mit Namen Aimé Bonpland. Wie schön doch diese französischen Namen immer klingen, nicht wahr? Aber zurück zu den Samen … wie Humboldt uns bei jenem Abendessen erzählte, spuckte der Berg noch immer heiße Gase aus, als er mit seinen Begleitern nach oben gezogen ist. Dabei habe ihn vor allem die Vegetation trotz der giftigen Dämpfe überrascht, und insbesondere ein paar orangerot blühende Pflanzen fanden sein Interesse, von welchen er eine gute Portion Samen mitnahm. In Berlin, Leipzig und Nürnberg wird inzwischen mit diesen Samen ein reger und nicht unerheblich gewinnbringender Handel betrieben, nachdem die Herren Wissenschaftler im Botanischen Garten zu Berlin recht erfolgreich damit verfahren sind.«

Franzisca hatte das Kuvert inzwischen vollständig geöffnet und gab einige der Samen, die sich darin befanden, in ihre Hand, um sie danach vorsichtig in die Mitte des Tisches zu legen, sodass alle die kleinen Wunderwerke bestaunen konnten. Alle Köpfe beugten sich nach vorne und fokussierten neugierig diese unscheinbaren kleinen Körner. Herr von Seutter war froh, sich für dieses im Grunde unscheinbare Präsent entschieden zu haben und erzählte weiter.

»Dahlien, sie werden in Europa Dahlien genannt, nach einem schwedischen Botaniker namens Andreas Dahl. Als er im Revolutionsjahr 1789 verstarb, hatte sein spanischer Freund Antonio José Cavanilles, Botaniker im königlich botanischen Garten zu Madrid, gerade die allerersten dieser Samen erhalten und seinen Schmerz über den Tod des Freundes in die wunderbare Idee verwandelt, diese exotischen Blumen seinen Namen verewigen zu lassen … und sie blühen in ganz ungewöhnlicher Pracht.« Er erhob sein Glas. »So der Herr es uns schenkt, dürfen wir sie im nächsten Jahr hier blühen sehen. Ein Stück Mexiko, ein Stück dieser fernen Welt hier bei uns am See, der uns Wärme, Wein und Wohlergehen spenden mag.«

Franzisca sammelte die Samen wieder vorsichtig ein und sprach ihren Dank für dieses außergewöhnliche Präsent aus, hatte jedoch nicht annähernd eine Vorstellung davon, wie damit zu verfahren sei.

Der Schaffer war bei den Worten von Seutter ganz wehmütig geworden, denn ihm kamen die blühenden Hänge und Küsten, die er auf seinen Reisen über die Meere hatte sehen dürfen, wieder in den Sinn. Die süßen Düfte stiegen ihm in die Nase, ebenso wie der salzige Geruch des Meeres, so als hinge er in diesem Augenblick auf der Brüstung seines Segelschiffes. Er schloss die Augen und nahm einen vollen Schluck aus dem Glas mit dem Médoc, dessen Aromen nicht weit von jenen gerade Erinnerten entfernt lagen. Lucas! Wo dieser Kerl nur immer seine Weine herhatte?! Noch nicht einmal auch nur eine Andeutung darüber hatte er ihm gegenüber gemacht und behielt es als Geheimnis. Einmal war er zufällig im Hafen gewesen, als ein Lastensegler vor dem Mangturm ankam und Lucas mit seinen Leuten die Fässer auf seine Fuhrwerke verlud und auf den Mauchinhof brachte, wo er sie selbst auf Flaschen zog und verkaufte.

Während er in Gedanken abwesend war, hatte das Gespräch seinen Fortgang genommen. Auch das Briefchen mit den exotischen

Samen war derweil sorgsam hinter der Fensterlade des Küchenschranks verstaut worden, und es folgte der erste Hauptgang. In den Schalen dampfte der Fisch, und ein köstlicher Duft aus Gewürzen und Wein nahm den Raum in Besitz. Wie der Koch der *Gans* es gesagt hatte, schwammen die Fischlein in der Soße aus weißem Seewein als wie im See. Die Gespräche verstummten im Genuss, bis sich der Geheime Rat Gaupp zu der philosophischen Feststellung bewegen ließ, für ihn sei Essen, gleich welcher Art, immer zwischen den zwei Polen der Nahrungsaufnahme in der Bibel angesiedelt – Adams folgenschwerem Biss in den paradiesischen Apfel und dem letzten Abendmahl Christi, worüber sich ein kurzer Austausch von Meinungen entspann, der Platz zwischen Fleisch, Gemüse, Beilagen, weißem Seewein und dem roten Médoc finden musste. Der Schaffer, inzwischen aus den Traumwelten paradiesischer Südseegefilde in die Tischgesellschaft zurückgekehrt, zitierte einen kurzen Vers, den er in seinem Journal gelesen hatte und der ihm, weshalb wusste er im Moment selbst nicht, haften geblieben war:

Ja wahrlich, solchen Anteil nahm, an höheren Interessen
Noch keine Zeit als uns're, wie Sie's täglich zeigt durch Essen.

Einige der Gäste hätten der verwegenen Erscheinung am Tisch einen solchen poetischen Einwurf gar nicht zugetraut.

Nach dem zweiten Hauptgang durfte politisiert und geraucht werden, und der Amtsschreiber berichtete von den Verwerfungen der letzten Monate.

Er war vor geraumer Zeit in die Stadt gekommen, denn der Magistrat hatte erkannt, wie wechselvoll die Zeiten werden würden, und als ehemaliger Verwalter des Klosters Mehrerau hatte er bereits Erfahrung, was das Abwickeln nach der neuen Manier anging. Viele waren es nicht, die mit ihm zu tun haben wollten, zumal er seinem kargen äußeren Erscheinungsbild zumeist noch einen strengen, forschenden Gesichtsausdruck mitgab. Bei den Mauchins und denen von Seutter war er allerdings ein gern gesehener Gast und nicht zuletzt ein guter Ratgeber.

Er berichtete, wie sehr der Schrecken des vergangenen Dezembers den Menschen noch im Leib steckte.

»Es ist ein Verderben, wenn der Wunsch zum Vater eines Gedankens wird und sich darüber eine Sicherheit verfestigt und einem ist, als stürze die Welt selbst ein, wenn es sich als Traumgebilde herausstellt, was gerade noch unverrückbar gefügt erschien – gerade so, wie ich mich konsterniere über die allgemeine Verwunderung über Napoleons Sieg bei Austerlitz, wo er angeblich unerwartet Russen und Österreicher schrecklich klar niederrang. Was ein Klagen, als nur Tage darauf das königlich-baierische Militär in unsere Inselstadt einmarschiert war, um deutlich zu machen, wer ab jetzt das Sagen hat. Dabei war dies doch eine sich deutlich abzeichnende Option, auf die man sich einstellen konnte. Und im Intelligenzblatt schreiben die Herren von der Drei-Kaiserschlacht. Soll man da nicht lachen!? Der Habsburger hat sich nicht mal auf dem Schlachtfeld sehen lassen, mon Dieu. Jetzt sind wir eben baierisch – nun gut. Aber ich kann dem Gejammer darüber nicht folgen, da wir doch am Leben geblieben sind.«

Er sah Franzisca bei den letzten Worten an, die er in ungnädiger Weise gesprochen hatte, woraufhin sie lediglich entgegnete, sie können mit diesen Dreien, die da Kaiser seien, eh nichts anfangen, da der letzte Kaiser, dem sie Herzenswärme entgegengebracht hätte, Joseph der Zweite gewesen sei, dessen Unglück es war, noch vor dem Aufstieg des Franzosen vom Herrn zu sich genommen worden zu sein. So gleichgültig, wie sie tat, war sie den politischen Ereignissen gegenüber jedoch nicht eingestellt. Ihr missfiel die politische Lage durchaus und daran vor allem die Tatsache, dass ihre alte Heimat über Nacht ihre Eigenständigkeit verloren hatte, die sie sich unter den Habsburgern über lange Zeit bewahrt hatten. Die Baiern waren zwar nur mit einigen wenigen Truppen über

Bregenz nach Vorarlberg eingerückt, hatten die öffentliche Ordnung unter ihre Kontrolle gebracht, genauso wie jenseits des Arlbergs und Schröcken – recht war ihr das jedoch nicht, und sie konnte keine Sympathie für diesen Napoleon aufbringen, der die alte Ordnung über den Haufen schmiss. Lucas hingegen war ein großer Verehrer des *général*, wie er ihn auf französische Weise aussprach, weswegen sie beide die Themen der großen Politik untereinander vermieden. Sie mussten mit den Gegebenheiten zurechtkommen, ganz gleich, wer gerade Kaiser war.

Frau von Seutter schaltete sich nun erstmals in das Gespräch ein und meinte, festgestellt zu haben, wie wenig sich im Grunde geändert habe. Ob der Uniformrock nun rot, grün, blau oder weiß sei – alle müssten essen, trinken, bräuchten Fuhrwerke, Pferde, Gewehre, Kanonen und Spieße, müssten mit Heu und Stroh beliefert werden, und es sei dem einen wie dem anderen egal, wie Bauern, Handels- und Kaufleute all das Gut aufbrächten und wie sie ihre Familien ernähren würden, wenn die Kontributionen fällig seien, ganz zu schweigen von den wertlosen Schuldscheinen, die die Franzosen ausstellten, was es ihnen sogar ersparte, Geld zu drucken. Nicht einmal gedrucktes wertloses Geld bekäme man von den Franzosen, nur noch Handzettel, die gerade noch lohnten, das Feuer in der Küche damit anzuzünden oder den Schimmel an den Wänden damit zu überdecken. Nachdem ihr aus der Runde allgemeine Zustimmung zuteil geworden war, fügte sie hinzu: »Und dennoch, meine Herren … die Franzosen … sie haben uns etwas gebracht, was bleiben wird und über dessen Wert erst die Zukunft entscheiden wird – nämlich die Idee, man sei als Mensch frei. Ob dieser Napoleon sich nun halten oder vergehen wird – ein Habsburgerreich, so wie wir es kannten, wird es nicht mehr geben, und ich meine …«, sie wendete sich dem Amtsschreiber zu, »auch hier ist der Wunsch der Vater so manchen Gedankens, es kämen wieder die alten Zeiten. Nein, nein, nein … die alten Zeiten, die sind vorbei, endgültig. Und wir tun gut darein, uns auf das Neue einzustellen. Einem Frieden aber, der immer nur die kurze Zeitspanne zwischen zwei Kriegen ist, einem solchen Frieden ist nicht zu trauen.«

Der Amtsschreiber nickte ihr zu, und das Gespräch verließ in der Folge das Gebiet der Politik, ging reihum, blieb bei Katharina hängen, die über den Unterricht in der Mädchenschule befragt wurde, und was sie berichtete, fand Gefallen – es herrschte Strenge und Ordnung.

Die Kerzen in den Kandelabern wurden angezündet, denn draußen war es nun dunkel geworden. Die Speisen fanden wiederholt großes Lob bei den Gästen, und das Wort ging nun an den weitgereisten Kaufmann Bucher, der von seinen letzten Reisen erzählte, was vor allem das Interesse des Herrn von Seutter erregte.

Bucher war weltgewandt und leitete seine Erzählung gekonnt mit dem Kompliment ein, soweit er auch gereist sei, könne er sich nur schwer an eine angenehmere Zusammenkunft zu einem so guten Abendmahl erinnern. Er erzählte sodann von seinem Bestreben, in technische Neuerungen zu investieren, und von der Suche nach solchen. Neulich erst sei er bei einem Menschen in Augsburg gewesen, einem gewissen Adalbert Heinle, der sich mit einer Vielzahl technischer Verbesserungen befasse.

»Außer demjenigen, was zur Spinnmaschinen-Einrichtung gehört, hat er sich noch durch verschiedene andere Erfindungen verdient gemacht, in denen außerordentlich viel Gutes und Nützliches enthalten zu sein scheint. So hatte er etwa bei einem sechsjährigen Aufenthalt in Bordeaux und auf einigen Seereisen Gelegenheit gehabt, sich zu überzeugen, dass in der Schifffahrt mit Mast und Segel noch viel Unvollkommenes ist.«

Kaum waren die Wörter Mast und Segel gefallen, war auch der Schaffer wieder ganz bei der Sache. Dessen Aufmerksamkeit war durch die Erzählung vom fernen Mexiko doch immer wieder in die Erinnerungen an exotische Inseln abgedriftet. Er lachte laut.

»Ausgesprochen viel Unvollkommenes, mein lieber Bucher. Manche sollen, so hört man gelegentlich, sogar untergehen.«

Feines Gelächter breitete sich aus. Bucher ließ sich nicht abbringen. Er hob die Finger wie ein Lehrer.

»Ja, in der Tat. So viele daher entstandene Unglücksfälle für Menschen, Güter und Schiffe, wovon er selbst zum Teil Zeuge war, regten in ihm zuerst den Gedanken an, eine Schiffungskunst ausfindig zu machen, die den vielen Mängeln der jetzt bestehenden, wo schon nicht ganz, dann doch zum Teil abhülfe. Eine große Menge praktischer Versuche mit allerlei Maschinen gaben ihm endlich so viel Licht, als zur glücklichen Ausführung seines längst genährten Lieblingszwecks erforderlich war. Er fand nämlich ein Mittel, wie der Wind auf eine ganz andere Art und von allen Seiten herwehend benutzt werden könne. Auch das Wasserelement machte er zu einem Fortbewegungsmittel, und diesen beiden Behelfen gesellte er noch eine neu erfundene Maschine hinzu. Vermittelst dieser drei Dinge nun – des Windes, des Wassers und der soeben erwähnten Maschine – vermag er nunmehr bei jedem Winde, er sei groß oder klein, und selbst bei Windstille, fortzuschiffen. Die diesfällige Probe hat er bereits mit kleinen und großen Maschinen gemacht. Man kann sich davon durch den Augenschein bei ihm selbst überzeugen; denn um die Sache glauben zu können, muss man sich wirklich mit der Einrichtung und der Wirkung des Ganzen bekannt machen. Genaue provisorische Aufschlüsse vertragen sich ohnehin mit seinem Geheimnis nicht.«

Der Schaffer lachte leise und merkte an: »Oh je, wenn man einen rechten Glauben an die Dinge dieses Herrn Heinle aus Augsburg hat, so scheint er mir also ein rechter Windmacher zu sein.«

Bucher lachte herzlich.

»In der Tat – aber ein sehr unterhaltsamer, und im Modell scheint er einigen Erfolg mit seiner Maschine zu haben, und er versteht es, seine Idee zu vermarkten, denn als ich ihn aufsuchte, verließen gerade einige hohe französische Offiziere seine Werkstatt im Schatten des großartigen Rathauses. Die vielfältigen Vorteile seiner Erfindung hat er anhand eines Kriegsschiffs als Modell dargestellt, und er meint, damit eine Fregatte von circa vierundzwanzig bis dreißig Kanonen jedem Schiffe ersten Ranges gegenüberstellen zu können.«

Der Geheime Rat Gaupp kommentierte, man werde von diesem Herrn Heinle entweder noch sehr viel hören oder gar nichts mehr, wobei er meinte, letzteres wäre das Wahrscheinlichste.

Herr Bucher wechselte das Thema und kam nun auf den Poschter zu sprechen.

»Heute Nachmittag habe ich den Poschter gesehen, wie er mit dem Bub bei Erath war, um eine Ausstattung für das Kriegslager zu besorgen … Teller, Tassen, Becher, anständige Messer und Gabel. Ein stattlicher und stolzer Kerl ist er geworden, der Bub … der Christian, wie man ihn inzwischen wohl besser nennen sollte, wenn er so in seiner Uniform einherschreitet.«

»Ich kann mich noch gut erinnern an die beiden Buben, Zwillinge«, schaltete sich der Amtsschreiber ein. »Wir hatten sie in der Mehrerau, als Vater und Mutter umgekommen waren, und der Abt selbst hat sich um eine Versorgung gekümmert. Ich habe damals die Eintragungen vorgenommen. Der Christian ging nach Lindau zum Poschter und der andere, er hieß Philipp, er kam im Bregenzerwald unter.«

Franzisca erinnerte sich wohl an den schmächtigen Kerl, der bei Jacobs Eltern am Hof als Hirte sein Unterkommen gefunden hatte, und auch Lucas wusste noch gut, wie er mit ihm auf einer Heuwiese gestanden hatte und ihm das Rechnen mit den Währungen beigebracht hatte. Was wohl aus ihm geworden war?

Franzisca stand auf und half Katharina, die den Kuchen zurechtmachte. Der Bub, der Christian, er war ihr noch gut vor Augen, da er erst wenige Tage zuvor am Hof gewesen war und nach Lucas gefragt hatte. Er erhoffte sich Auskunft, wo er seinen Zwillingsbruder würde finden können. Es schien ihn umzutreiben, diese Ungewissheit über das Schicksal seines Bruders, doch auch Lucas hatte ihm nicht helfen können.

Bucher fragte in die Runde: »Auf der französischen Offiziersschule in Colmar ist der Christian doch gewesen und zuvor als Gehilfe bei einer geheimen Sache, wie man hört …«, er senkte Stimmlage und Lautstärke, »… einer Sache, bei der man angeblich neue Karten angefertigt hat für den Kaiser, der genauere Angaben will über Orte, Straßen, Hügel, Flüsse, Seen … einfach alles.«

»So geheim, lieber Bucher, kann die Sache nicht gewesen sein, wenn wir sogar hier davon reden«, erfreute Herr von Seutter die Runde.

»Ja schon, durchaus, aber doch insgesamt … es ist und bleibt eine ungewöhnliche Angelegenheit, nicht wahr? Da kommt ein französischer General auf der Durchreise in unsere Stadt und nimmt dann ausgerechnet diesen jungen Burschen mit, und jetzt haben sie wieder einen dieser schneidigen Offiziere, die Franzosen, und der Poschter platzt ja beinahe vor Stolz. Das alles wäre vor Jahren noch undenkbar gewesen, dass ein einfacher Bursch …«

Frau von Seutter fiel ihm mit mütterlichem Ton ins Wort.

»Aber, verehrter Bucher, vor Jahren war so Vieles undenkbar, oder hätten Sie sich vorstellen können, dass unser Lindau einmal keine freie, stolze Reichsstadt mehr sein würde? Und was man gehört hat, soll der Bursch ein ausgezeichnetes Gespür für die Rösser haben, sie sollen ihm blind gehorchen, wenn man glauben kann, was so geredet wird, und in der Schul gehörte er zu den eifrigsten und besten Schülern. Mich wundert der französische General nicht, und ich denke, darin liegt auch ein Grund für den Erfolg der Franzosen: Es geht nicht mehr nach der Herkunft, sondern danach, was einer kann und will. Sicherlich ein erschreckender Gedanke für manche, sich immer wieder neu behaupten zu müssen.«

Katharina, die den Gesprächen nicht viel Aufmerksamkeit schenkte, weil sie kein Interesse an Politik hatte, war nun aber doch hellhörig geworden, denn diesen jungen Burschen in der Uniform, den hatte sie sich vor wenigen Tagen erst genau angeschaut. Auf dem Weg zur Schule hatte sie ihn manchmal schon gesehen, doch war er ja gerade in der Woche erst mit einem rassigen Freiberger auf den Hof gekommen und hatte mit der Mutter gesprochen.

Bucher stimmte Frau von Seutter zu. Genau so sah er es auch. Dennoch war es ungewohnt für eine Stadt, die beim Kaiser für ihre Ansichten und Interessen vorgesprochen hatte, deren Abgesandte vormals auf Reichstagen vertreten waren, und nunmehr damit befasst waren, sich um Dachabläufe zu kümmern, die die Straße verunreinigten, oder über die Anzahl der Fuhrwerke zu debattieren, die für die Markttage auf der Insel zugelassen seien. Er sagte: »Der Poschter hat erzählt, der Bub … der Christian … er bekäm nun eine eigene Reiterei zum Befehlen. Da hat er eine gute Zeit erwischt, jetzt, wo der Krieg ein Ende hat und Frieden ist. Da ist gut die Uniform spazieren reiten und den Mädchen einen stolzen Hahn vorführen.«

Herr von Seutter wiegte den Kopf.

»Na, das mit dem Frieden, ich weiß nicht. Die Niederlage der Russen und Österreicher setzt die Preußen unter Druck. Es ist nicht gewiss, wie die Sache noch kommen wird. Mit dem Spazierenreiten wird es so seine Schwierigkeiten geben, befürchte ich. Für uns Kaufleute heißt es nun: Der Frieden muss den Krieg bezahlen! Wir müssen also jetzt klug handeln, bevor uns wieder die Kontributionen ins Kontor schlagen.«

Katharina überhörte die Worte des feinen Herrn, denn ihr schlug das Herz heftig. Daran hatte sie noch gar nicht gedacht, dass nämlich die bunte Uniform und ein stolzes Ross nur die eine Seite der Medaille waren.

Ein Blick und ein Nicken ihrer Mutter erinnerte sie an den Kaffee, und bald zogen die Schwaden des warmen Getränks von der Küche herein. Als sie ihn brachte, wurden Kekse dazu gereicht, nach Art der Engländer, die diese allerdings mit Tee bevorzugten. Die Gespräche wandten sich nun den Alltäglichkeiten zu, wer krank war, und von welchen Niederliegenden man dachte, sie würden nicht mehr aufkommen. Es ging um gute Geschäfte, von denen man wusste, und von den schlechten, die verschwiegen wurde. Erst kurz vor Mitternacht verließen die Gäste den Hof. Der Schaffer blieb und bezog sein Appartement, wie Lucas es nannte, unter dem Dach der Lagerhalle.

*

Am Sonntagmorgen fuhren Franzisca, Lucas, der Schaffer und Katharina in der großen Kutsche auf die Insel zur Messe. Der Schniefer hockte stolz und zufrieden auf dem Kutschbock, denn der gestrige Abend mit den Kutschern hatte ihm wohlgetan. Er hatte einfach dabeihocken können und musste selbst kein Wort sagen. So gefiel es ihm. Er war glücklich.

Unter Katharinas Sitz befand sich ein Korb mit zusammengepackten Köstlichkeiten, die vom gestrigen Abend übriggeblieben waren und für den Poschter bestimmt waren. Sie hatte jedoch darauf bestanden, dass es genug für zwei hungrige Männer sein müsste, wo doch der Christian gerade zu Besuch daheim sei und der Korb nur für den Poschter ihm gegenüber einer Unhöflichkeit gleichkäme. Franzisca war hellhörig geworden, hatte sie aber gewähren lassen und war im Grunde froh, sich nicht darum kümmern zu müssen. Sie hatte stattdessen noch mal nach Korbinian gesehen, der fröhlich im Bettchen lag, blubberte und lachte. Die Magd würde ein Auge auf ihn haben, bis sie wieder von der Insel zurück waren.

Der Schniefer machte die zwei Pferde vor dem Haus zum Baumgarten fest. Katharina sprang aus der Kutsche und marschierte unverzüglich los, um ihren Korb in der Hofstatt loszuwerden. Dort traf sie den Poschter im Stall an, der erschrak, als sie mit ihrer hellen Stimme grüßte. Das Tor hatte offen gestanden, und sie war einfach den Geräuschen, die nach außen drangen, nachgegangen. Er war gerade mit dem etwas locker gewordenen Huf eines der Pferde befasst, das jedoch unruhig tänzelte, und er mit seinem Klumpfuß war nicht geschmeidig genug, um bei den schnellen Bewegungen mitzukommen. Er fluchte leise. Sie stellte den Korb ab, nahm das Ross am Halfter, flüsterte ihm leise etwas zu und streichelte ihm über den Nasenrücken. Schnell war das Huf nun fixiert, und man konnte sich begrüßen. Der Alte kannte sie vom Sehen, denn die Mädchenschule war nicht weit, und das ein oder andere Mal hatte sie ihm Kleinigkeiten überbracht – Briefe meist. So recht wusste er nicht, mit ihr zu reden, und fand sich unbeholfen. Die Art, wie sie ihm zu Hilfe gekommen war, imponierte ihm aber.

»Du bist die kleine Mauchin, nicht wahr?«

»Ja«, ließ sie beiläufig hören und holte den Korb. »Wir hatten gestern eine Abendgesellschaft und hätten den Poschter gerne eingeladen, doch weil ein Geschäftsmann überraschend dazugekommen ist, war kein Platz mehr. Von Mutter und Vater ein herzlicher Gruß und eine Einladung zum nächsten Mal.«

Sie stellte den Korb auf einen alten wurmstichigen Holztisch. Mehr als ein »Soso« bekam der Poschter nicht heraus. Er rieb sich die Hände am Mantel ab und war froh, Schritte von hinten zu hören. Christian kam. Er hatte die Uniform gegen einen gewöhnlichen Sonntagsstaat gewechselt und starrte verwundert auf das Mädchen, das da stand. Der Poschter erklärte, wer sie war, und deutete auf den Korb.

»Es riecht ja bis hierher«, freute sich Christian.

Beide starrten nun auf das junge Ding, das wohlgemut dastand und ohne Scheu ihren Blick erwiderte. Der Poschter löste schließlich die kleine Verlegenheit auf, indem er vorschlug: »Äh … ich werfe mir noch den Sonntagsmantel um, und dann können wir gemeinsam zur Messe gehen, oder? Deine Leute werden schon da sein … du bist doch nicht mit dem Korb von da draußen bis auf die Insel gelaufen, oder?«

Sie lachte hell.

»Nein … wir sind mit der Kutsche da.«

Sie sah Christian ernst an und legte den Kopf ein wenig schräg, gerade als würde sie ihn begutachten. Er nestelte ahnungslos an seinem Rock herum, während sie für sich den Entschluss fasste, dass sie ihn und keinen anderen zum Mann nehmen würde. Sie lächelte fein.

Christian fühlte sich eigentümlich angesichts des jungen hübschen Dings, das ihn so seltsam in Augenschein nahm, als wäre er ein Vieh, das es zu kaufen galt.

Die beiden Männer nahmen sie in die Mitte und gingen die paar Schritte bis zum Münster, von wo schon alle Glocken läuteten und ihren Schall weit über den See trugen.

*

Von diesem Sonntag an kam Katharina regelmäßig zum Poschter, auch wenn Christian nicht zugegen war, und half ihm mit den Pferden und Kutschen. Bald gewöhnte sich das alte Raubein an ihre Anwesenheit, und manchmal, wenn sie für ein paar Tage nicht bei ihm im Stall auftauchte, dort, wo er sich meistens aufhielt, fehlte ihm etwas, denn sie gehörte nunmehr wie selbstverständlich dazu. Nach und nach allerdings dämmerte es ihm, dass es nicht der schöne Stall, die schönen Pferde oder er mit seinem langen schwarzen Ledermantel und dem breitkrempigen runden Hut waren, was sie hierherbrachte. Noch lange bevor Christian auch nur eine Ahnung davon hatte, was es mit dem dürren Mädchen mit den ernsten Augen auf sich hatte, wusste der Poschter Bescheid. Er schwieg jedoch und verfolgte die Dinge mit Neugier und Aufmerksamkeit, und jenseits der ernsthaften Schwärmerei des Mädchens überlegte er, wie es wohl wäre, wenn die beiden wirklich einmal ein Paar werden würden. Und seine Überlegungen führten immer wieder zu dem gleichen Ergebnis: Es wäre eine Verbindung, die allen guttäte und Nutzen bringen würde – ganz abgesehen von der Wertschätzung, die er Franzisca und Lucas entgegenbrachte, die, wie er selbst auch, mit Fleiß und Durchhaltevermögen ein beachtetes Unternehmen aufgebaut hatten. Und das Gerede, das es einst über die Kleine gab – wen interessierte so etwas. So sah er die Besuche dieser Katharina Mauchin aus einem weiteren Grund mit großem Wohlwollen und hoffte, sie könnte seinen Buben am Ende auch zur Aufgabe seines Soldatendaseins bewegen, denn er musste niemandem dienen angesichts der florierenden Relaisstation und der Poststelle, die er in Lindau hielt – nicht einmal einem französischen Kaiser.

Fieber

Der Sommer legte sich mit einer drückenden Hitze auf See und Land. Die Kirschen wurden schnell rot und dann dunkel. Sie verströmten einen ungemein sinnlichen Duft und betörten mit einer Süße, von der man nicht genug kosten konnte. Die Hitze blieb. Das frische Grün der Bäume wich bald einem matten Ton, und aus der Ferne sahen die Wälder wie verbrannt aus. Kaum, dass es Tag geworden war, stieg ein Dunst von der Seefläche auf, der den Blick hinüber zu den Appenzeller Hügeln und auf die Bergspitzen einer Fata Morgana gleich erscheinen ließ. Die Konturen verschwammen, und alles, was fest war, flimmerte.

Die Kutscher stauten sich vor den Brunnen der Inselstadt, denn die Viecher litten Durst, und ein jeder schimpfte nun wieder über das Wetter, wo es ja nun keinen Krieg mehr gab und Frieden herrschte.

Die Tage gingen trotz der Hitze ihren Gang, und mit jedem Sonnenaufgang gewöhnte man sich ein Stück mehr an den Frieden und an die Tatsache, eine von vielen Städten in einem neuen Königreich zu sein, das Baiern hieß.

Der Weizen stand prächtig, Hafer und Schwabenkorn nicht weniger, und bis zu Michaeli waren die Lager auf dem Mauchinhof bis unter das Dach gefüllt.

In der Stadt blühte der Speditionshandel, vornehmlich mit Korn und Salz. Für Letzteres war Lindau sogar Hauptumschlagplatz für die Lieferungen in die Schweizer Kantone, und ein großer Teil der reichen Bürger war durch die feinen Kristalle zu ihrem Reichtum gelangt. Seit der Reformation erhielten von hier die lutherischen reformierten Kantone ihr Salz aus Reichenhall und die katholischen Kantone aus dem Inntal. Die Salzkammern der Stadt waren übervoll, und zweimal im Jahr kamen eidgenössische Inspizienten, die Lagern wie Büchern eine strenge Prüfung zuteilwerden ließen.

Ebenso regelmäßig, jedoch öfter – einmal in der Woche – kam der Lastensegler der Mauchins im Hafen an, und die vier Fuhrwerke waren den gesamten Tag über damit beschäftigt, das Korn vom Hafen hinaus zum Hof zu verfrachten.

Als Ende August die Fuhrmänner abermals unter großer Hitze im Hafen schufteten, ahnten sie nicht, dass weit entfernt der Preußenkönig Friedrich Wilhelm III. dem französischen Kaiser ein Ultimatum überstellen ließ, welches keine geringere Forderung enthielt, als dass Napoleon Bonaparte alle seine Truppen innerhalb einer Frist von sechs Wochen hinter den Rhein zurückzuziehen habe. Ein Ultimatum. Den Ladern im Lindauer Hafen war es egal, dass hinter dem Akt die Wut steckte, einer Gesellschaft gegenüberzustehen, die frei war, vor allem von Privilegien, während man am preußischen Hofe glaubte, dem neuen revolutionären Geist durch Festhalten am Alten widerstehen zu können.

Christian war schon Anfang August zu seinem Regiment zurückgekehrt und hatte seine erste eigene Reiterei bei den neu im Frühjahr aufgestellten *Dragons de la Garde impériale* übernommen. Er gefiel sich in seiner Uniform, seiner Einheit mit den Rössern, auf denen er saß, und übte ernsthafte Manöver mit seinen Leuten, bei denen er vor allem durch sein Gespür für die Pferde schnell Respekt erhielt.

Zwei Monate später pochte ihm das Herz bis hinunter in die Zehen und hinauf an die Schläfen, als er auf die leuchtend grünen Rockaufschläge sah und auf die glänzenden Reitstiefel, die ihm bis knapp unter das Knie reichten. Er griff an seine Pistole, den Karabiner und zum Pallasch. Der Morgen war noch weit vom Sonnenaufgang entfernt. Tau hing auf den Gräsern der Wiesen, und eine feuchte Kühle fasste einen unangenehm an. Er saß auf dem Rücken eines gemütsstarken Freibergers und befand sich mit seinen Leuten in der Deckung eines kleinen Wäldchens, dessen Birken schon einen gelben Glanz von sich gaben. Weit voraus, in der Senke unter ihnen, marschierte ein ganzes Bataillon Veliten[1] auf den Feind zu. Es war der vierzehnte Oktober, und Marschall Lannes eröffnete den Kampf. Im Morgendunst hinter den weichen Senken lagen Dörfer, die jetzt Heerlager waren.

Die Sonne stand schon hoch, als ein Kurier die Depesche brachte, die Christian in den Kampf schickte. Er ritt voran, als gäbe es keine Trennung zwischen Reiter und Pferd. Kurz bevor sie auf die feindlichen Truppen trafen, deren Querbewegung er zu stoppen hatte, bei einem Ort namens Closewitz, trat ihm eine Erinnerung vor die Augen – es war nicht der Poschter, nicht die Postkutsche, nicht die Insel und auch nicht der Mangturm, hinter dem sich der Seespiegel aufzieht. Nein – es erschien ihm dieses dünne Mädchen, das ein paar Mal die Woche zu ihnen gekommen war und an dem der Alte einen Narren gefressen hatte, so wenigstens war es ihm vorgekommen. Er sah sie vor sich stehen in ihrer unaufdringlich aufdringlichen Art, und ihre ernsten dunklen Augen blicken ihn an.

Es gelang ihm nicht, ungehalten über diese Erscheinung zu sein. Trotzdem wischte er sie schnell mit einem kurzen Kopfschütteln weg und zog zugleich den Pallasch. Er stemmte die Knie an die Flanken des Pferdes und ritt weiter.

Am Mittag war nichts mehr übrig vom Glanz der Stiefel und den hoffnungsgrünen Rockaufschlägen. Schwarze Blutkrusten bedeckten nun das Leder, und breite Spritzer roten Blutes lagen auf den hellen Hosen und den grünen Röcken. Damit war die Unschuld endgültig verloren. Am Abend wurde Weimar geplündert. Er suchte sich ein Wirtshaus, trank Wein und aß wenig. Dem preußischen General war die Flucht mit zehntausend Mann nach Nord-

---

1 Im napoleonischen Heer junge, noch nicht kampferfahrene Soldaten, die vor den eigenen Truppen den gegnerischen Aufmarsch stören sollten.

westen gelungen, und Christian gehörte zu denen, die ihnen nachsetzten. In Lübeck kam es endlich zum Zusammentreffen. Wieder gehörte er zu den Siegern, und erneut war er unverletzt geblieben. Er wurde ausgezeichnet und kehrte alsdann nach Lindau zurück, wo er nach zweiwöchiger Reise Ende November ankam. Der Poschter hatte schreckliche Ängste ausgestanden, während Christian fort war, und führte ihn jeden Abend zum Essen in ein anderes Wirtshaus, damit auch jeder sah, wie stolz und erwachsen sein Bub, der Christian, inzwischen war. Er blieb bis zum neuen Jahr, doch im Gegensatz zu früher suchte er oft die Einsamkeit am Ufer des Sees, wo er lange stand und über das Wasser blickte. Die Tage, an denen er den Säntis in kühler Klarheit sehen konnte, erfreuten ihn besonders. Die Nächte brachten eine hässliche Kälte mit sich, als wolle der Winter dem vergangenen Sommer seine Gewalt beweisen, wo der die Kirschen doch so süß hatte werden lassen. Am Ufer warfen sich Eisschollen auf, die ein ganzes Stück bis hinaus in den See reichten. Hoch über dem Wasser ragten die Felsgipfel auf, die von einem Band aus Schnee gewürgt wurden. Sobald es dunkel wurde, begann das Eis zu ächzen. Auch der See klagte unter der Kälte.

Katharina tauchte in dieser Zeit einige Male in der Hofstatt auf und brachte zu den Festtagen Gebäck und Kuchen für die beiden. Christian tat erwachsen und sah über sie hinweg wie über einen Dienstboten. Sie war inzwischen größer und kräftiger geworden, und ihre Augen glänzten in noch beträchtlicherem Ernst. Hinter diesen Augen und diesem Ernst lag jedoch etwas, was ihn neugierig machte.

Noch vor Epiphanias verließ er die Inselstadt wieder und hatte eine weite Reise vor sich, bis weit in das östliche Preußen hinein. Neue Kämpfe standen bevor, und er ärgerte sich über seine Gedanken, die immer wieder an diesen dunklen Mädchenaugen hängenblieben. Wer war sie schon, dieses Ding!? In jeder Garnisonsstadt gab es genügend Weiber, die sich ihm an die Brust schmissen, und er genoss es nicht wenig. Und in der Tat vergaß er Katharina über die folgenden Kämpfe hinweg. Er war mutig und tötete nun so kaltblütig wie reuelos. Vielleicht lag es auch an dieser Landschaft, die kahl, unter dem Frost erstorben und endlos war, die sich im Wechsel von Äckern, Weiden und Waldstücken unzählig wiederholte, in der sich selbst die Dörfer hinter die Hügel duckten und die Kirchtürme nur mäßig himmelwärts strebten. Er hoffte, es möge bei dem Frost bleiben, denn Regen hätte alles in einen klebrigen Sumpf verwandelt. Bei Preußisch Eylau gab es keinen Sieger, und die französische Armee trennte sich ohne die gewohnte Siegesgewissheit von den russisch-preußischen Koalitionären. Doch es war nur aufgeschoben. Eine Woche später sattelte Christian erneut sein Pferd für den Kampf und traf mit seinen Leuten weiter südlich auf die Russen, die man schlug. Es war nichts Großes, an dem er beteiligt war. Kein großer Krieg. Ja, es gab Tote und viele Verwundete, doch wer würde schon Notiz von diesen Scharmützeln nehmen? Dennoch! Wieder war er wagemutig gewesen ohne jede Reue um sein Leben, ja er fühlte, wie er geradezu mit seinem Dasein spielte. Einmal in der Nacht, als er fror und sich in der Baracke, in der sie untergebracht waren, noch einen Fetzen einer zerrissenen Pferdedecke um die Schultern wickelte, da waren ihm diese dunklen Augen wieder erschienen, und er dachte, sein Wagemut läge vielleicht darin begründet, sich seine Unabhängigkeit von allem zu beweisen, was ihn binden wollte. Kurz flammte ein Gefühl von Heimweh in ihm auf. Diese erdige Weite der Landstriche hier, die einem keinen Fixpunkt erlaubten, diese endlosen Ritte über Land, Land, Land, sie ermüdeten Mensch wie Tier, und er sehnte sich nach dem Rauschen eines großen Wassers und nach schneebedeckten Gipfeln, die dem Blick und der Seele einen Anker gaben und davor bewahrten, in Unbestimmtheiten dahinzutreiben. In einem solchen Land wie hier konnte er nicht sein, hier würde er sich, der in der wohligen Enge einer Inselstadt groß geworden war, verloren fühlen. Einmal nur, ganz kurz, fragte er sich auch, was sich wohl daran lohnen sollte, für solch ein Land Krieg zu führen, Menschen abzuschlachten und die Tiere zu schinden.

Er schrieb dem Poschter, doch vermied jedes Wort, was ihn und seine Gemütslage betraf. Er berichtete, welch große Äcker er hier sah, wie dunkel und weit die Wälder waren und welche Rösser mit welchen Merkmalen es gab, und natürlich, wie siegreich ihre Schlachten verliefen. Auch einige der Kutschenarten, die ihm hier fremd waren, beschrieb er ihm: zweisitzig, ohne Kutschbock, einspännige, niedrige Karren mit einem Bretterverschlag als Ladefläche.

Während ein Teil ihrer Truppen Danzig belagerte, gehörte er zu einer berittenen Einheit, die südlich in völliger Bedeutungslosigkeit das Gebiet sicherte. Er fühlte sich nutzlos. Nur gelegentliche Ausritte mit Kundschafteraufträgen schafften etwas Abwechslung. Endlich zogen sie weiter und blieben für einige Zeit in Warschau, wo es Wein und Weiber und fette Speisen gab. Die Preußen und die Russen, sie würden keine Ruhe geben, soviel war sicher. Und solange dies sicher war, bestand keine Aussicht, zurück an den See zu kommen. Er begann, sich nach dem weichen Wasser zu sehnen und nach dem modrigen Geruch, der ab und an von einer Brise durch die Gassen geschoben wurde. Wie Katharina wohl inzwischen aussah?

Der Regen fiel hier anders – still, fein, undurchdringlich, wie ein Nebel. So ging es Tage und Wochen dahin, und das Land verwandelte sich in einen riesigen grauen Morast. Die Menschen zogen mit gebeugtem Körper vorbei. Müde, traurig, ohne Zukunft. Sie hatten die gleiche Farbe angenommen wie das Land, das grau war. Die wenigen Pferde, die den Bauern noch geblieben waren, waren alte Klepper, die mehr damit zu tun hatten, sich selbst vom Fleck zu bringen als die Fuhrwerke, die man ihnen angeschirrt hatte. Wo ein Fell hätte sein sollen, klebte eine getrocknete Schlammschicht, die leidlich die spitzen Knochen verdeckte, die aus der Haut hervortraten. Und in den Nächten mussten Stallwachen bei den Pferden bleiben, weil die Ratten überhandnahmen und über die schlafenden Viecher herfielen. Einige Pferde hatten üble, eitrige Bisswunden an den Läufen. Sehnsucht geißelte ihn in den Zeiten, da er Zeit hatte, nachzudenken.

*

Weit entfernt, am See, hatte der Winter zwar Kälte und Schnee gebracht, war aber mit der Abreise von Christian in einen unbestimmbaren Zustand geraten, bei welchem sich Regen und Schneefall beständig abwechselten, die Nächte Frost und die Tage Tauwetter bescherten. So legte sich ein feuchter Schleier über und auf alles. Es wurde von Tag zu Tag beschwerlicher, Kleidung und Räume trocken zu halten, und gerade zu der Zeit, als Christian in jenem verlorenen Landstrich bei Preußisch Eylau seine Selbstbestimmung mit dem Tode maß, kroch eine Fieberwelle durch die Siedlungen am See. Sie war von Westen gekommen. Keine Ecke, kein Winkel blieb verschont. Zuerst wütete das Fieber auf der Insel und fraß sich durch die klammen Wohnungen der Tagelöhner, Lader und Fischer. Die Krankheit zeigte ihre hässliche Fratze dabei vor allem den Alten und den Jüngsten. Zunächst noch waren die drei katholischen Priester, die am Münster tätig waren, mit ihren Ministranten auf dem Weg von Kammer zu Kammer, und man hörte die Gebete: *Leidet jemand unter euch, der bete; ist jemand gutes Muts, der singe Psalmen. Ist jemand krank, der rufe zu sich die Ältesten von der Gemeinde, dass sie über ihm beten und salben ihn mit Öl in dem Namen des Herrn.* Doch bald lagen auch die kräftigeren Kinder auf dem Krankenlager und die Kränkelnden unter den Erwachsenen dazu. So wurden die Gebete der Priester unter der Vielzahl der Beistand suchenden Fiebernden mit der Zeit monoton und verloren ihre tröstliche Kontur, wie auch die Menschen in diesen Tagen ihre Konturen verloren. *Und das Gebet des Glaubens wird dem Kranken helfen, und der Herr wird ihn aufrichten; und so er hat Sünden getan, werden sie ihm vergeben sein. Bekenne einer dem andern seine Sünden und betet füreinander, dass ihr gesund werdet. Des Gerechten Gebet vermag viel, wenn es ernstlich ist.*

Franzisca war zu Beginn dieser Heimsuchung täglich auf der Insel und half den Kranken, wie es alle taten, die Kraft, Vermögen und dadurch Verantwortung hatten. Auf dem Karren, den der Schniefer oder einer der Pferdeknechte von einem alten Kaltblut auf die Insel zerren ließ, hockte sie auf einem Strohsack und wärmte sich an dem Zuber mit Suppe, in der Hühnerknochen, Kartoffeln, Zwiebeln und Wurzelgemüse aufgekocht waren. Im Hafen hinter dem Mangturm schenkten sie den Trunk aus.

Nebel kam und blieb. Es wurden immer weniger Fuhrwerke in den Straßen und Gassen, und bald kamen auch nur noch selten Schiffe in den Hafen. Auf der Insel waren es vor allem die zwei Doktoren, die Kirchenschmiedin, die Krautmarie und die Geistlichen, die man hinter einer Ecke auftauchen sah, um gleich wieder hinter der nächsten zu verschwinden. In den feuchten Dunst mischte sich Weihrauch. *Elia war ein Mensch gleich wie wir; und er betete ein Gebet, dass es nicht regnen sollte, und es regnete nicht auf Erden drei Jahre und sechs Monate. Und er betete abermals, und der Himmel gab den Regen, und die Erde brachte ihre Frucht.*

Die Totengräber zogen mit einem unglücklichen Maultier über die Insel, das einen Karren mit großer Ladefläche zog. Sie wickelten die Toten in graues Segeltuch und legten sie auf die Ladefläche. Anders war der biblischen Flut an Leichen nicht mehr Herr zu werden. Einer von ihnen, der schreiben konnte, kratzte auf ein Holztäfelchen Name und Geburtsdatum des Toten und band es am Segeltuch fest. Auf der Seebrücke wallfahrten die Lebenden in beide Richtungen: Die einen gingen zum Friedhof, von wo die anderen kamen. Das Weinen und Klagen waren alltäglich geworden.

Nach einer Woche erreichte das Fieber auch den Hof Mauchin. Lucas lag nieder, dann die Küchenmagd, zwei Pferdeknechte und

Katharina. Angst befiel Franzisca, eine schreckliche Angst, die an ihren Knochen fraß und ihr eine verzerrte Miene auf das Gesicht legte. Sie ließ Korbinian in die warme Kammer über der Küche bringen und sich einen Strohsack mit warmem Bettzeug neben das Kinderbett legen. Über die Ofenklappe des Küchenherds war die Kammer beheizbar. Doch es half nichts. Das Fieber ergriff auch ihn. Zuerst wurde der kleine Körper ruhig und die Stimme heiser. Dann zeigten sich rote und weiße Flecken auf dem Gesicht, und der Griff zur Stirn ließ sein inneres Glühen fühlen. In der Kammer standen Zuber mit Wasser und Flaschen mit Essig. Franzisca wechselte die Wadenwickel Tag und Nacht.

Doch alles nutzte nichts. Der Doktor, der kam und Tropfen daließ, nutzte nichts. Die Kirchenschmiedin, die einen Trunk bereitete, nutzte nichts. Die fiebrigen Gebete in der Nacht nutzten so wenig wie die am Tag. Die Tränen nutzten nichts, das Klagen nutzte nichts und die ständige Wache bei dem Kleinen, bei der sich Franzisca, Lucas und zuletzt sogar der Schniefer und der Schaffer abwechselten, nutzten auch nichts. Der Schaffer hatte einer bösen Ahnung folgend seine Schafferei in Bezau verlassen, wo er sonst die Winter verbrachte – den Rücken am Ofen, die Hunde zu Füßen und eine Flasche Wein auf dem wackligen Holztisch.

Das Schicksal ließ Franzisca seine Gewalttätigkeit spüren, und mit seinem bösen Knecht, dem Fieber, gab es kein Verhandeln, keine Versprechen, keinen Tausch. Als Katharina wieder vom Krankenlager aufgekommen war und sie alle am frühen Morgen eines windigen, kalten Februartages mit Regen und Schnee und grauen Wolken in der Kammer beisammen hockten, starb der Bub. Nichts hatte genutzt. Es war der dritte Kindersarg, den Lucas beim Schreiner holte. Gelaufen war er. Allein. Und auf dem Rücken hatte er ihn zum Hof gebracht. Auch der Tag, an dem der Sarg in die Erde gelassen wurde, war ein unversöhnlich kalter gewesen, der einen den Himmel nicht sehen ließ, so wenig wie den See und die Berge. Es gab keinen Trost.

Der Mauchinhof fiel in einen grauen Dunst der Trauer und des Schmerzes. Es wurde kaum noch gesprochen. Die Tage vergingen auf halbtote Weise, ein jeder tat seine Arbeit, sein Tagwerk, man hockte am Tisch und aß, wenn überhaupt, und trank zu viel wie Lucas. Er verlor kein Wort über das Geschehen, doch der Schmerz brannte ihm das Gesicht aus, und seine Augen traten weit hinter die Stirn zurück. Wie aus unbestimmter Ferne starrte er vor sich hin. Und auch das Seelenleben des Schniefers fand sich zutiefst zerrüttet. Zu dem Leid, den kleinen Buben verloren zu haben, mischte sich bei ihm noch eine Angst bei, die keinen sonst befallen hatte: Die Sorge um den Fortbestand des Hofes. Seit vielen Jahren kannte er Franzisca, seit jenen ersten Tagen im Pfarrhof von Oberreitnau. Ihre Klarheit im Denken, ihren Willen, der durch nichts zu erschüttern war, hatte er immer bewundert. Nicht annähernd war es ihm damals möglich gewesen, ihr seine unbändige Freude zu zeigen, als sie ihn fragte, ob er die Leitung auf dem Gehöft übernehmen wolle. Allein durch die Treue zu ihr konnte er seinen Dank ausdrücken. Welches Schicksal hätte er sonst gehabt? Knecht auf einem halbwegs gut versorgten Pfarrhof, bis ihn der Schlagfuß ins Grab gebracht hätte, und zuvor noch einige Jahre im Armenhaus bei dünner Suppe und dem falschen Mitleid karger, bleicher Frauen. Hier auf dem Hof Mauchin hingegen war er zu einem Jemand geworden in der Welt, in der sie nun mal lebten. Er verhandelte selbst und zahlte aus dem Beutel, wenn er Rösser und Fuhrwerke kaufte. Niemand sprach ihm drein, und wenn er etwas sagte, so galt es, als hätten es Franzisca oder Lucas selbst gesagt. Doch nun? Tief in ihm machte sich die Angst breit, dieses Gefüge könne nun in Gefahr geraten, denn seine Herrin, und als nichts anderes sah er Franzisca, hatte vom Schicksal einen Schlag erhalten, der sie in einen Zustand versetzte, den er an ihr so noch nie erlebt hatte: Ihr Inneres schien erstorben.

So lag er in den Nächten wach, betete, geriet in Halbschlaf und war froh, wenn er in der Dämmerung wieder anfangen konnte, die

Viecher zu versorgen, mit denen er stets leise sprach, als handele es sich um Menschen. Gerne wäre er statt des Buben hingeschieden, wenn er nur einen Niedergang des Hofes nicht miterleben musste.

Franzisca mied die Insel fortan. Der Schaffer hielt die stumme Trauer, die, wie er meinte, sogar die Gebäude ergriff, nicht mehr aus und war eines Tages verschwunden. In den ersten Apriltagen kam er jedoch wieder und blieb für eine ganze Weile bei ihnen.

Franzisca ging nun öfters zum See hinunter oder stieg auf den Hügel. Entweder stand sie reglos am Wasser und weinte hinaus, oder sie hockte wie versteinert auf dem Hügel und blickte mit leeren Augen hinunter auf das Land. Sie mied auch die Kirche, denn die feisten Putten, die einander von schwerelosen Wolken in paradiesischen Gefilden zulächelten und winkten, waren ihr ein Gräuel. Sie begann ebenso, den Menschen aus dem Weg zu gehen. Wenn ihr ein Fuhrwerk am Weg entgegenkam, nahm sie sogleich den nächsten Abzweig, und auf dem Mark kaufte nurmehr Katharina ein. Mit dieser Distanz begegnete sie auch ihren Nächsten. So begab sie sich, gleich welches Wetter auch war, immer häufiger auf lange einsame Spaziergänge, so wie sie es vor langer Zeit auch in Bezau gemacht hatte, als sie selbst der tiefste Schnee nicht von den Touren in den Grebentobel oder den Stiegler entlang hatte abhalten können. Doch jetzt fühlte es sich anders an. Sie prüfte nicht ihre Kraft, wenn sie auf dem Weg war. Sie wollte weg sein und am liebsten von allem und allen. Und Kraft? Kraft spürte sie weder mehr im Körper noch im Geist. Sie existierte lediglich, und der Körper tat, was dazu erforderlich war. Mehr war sie nicht.

Früh im Jahr, schon Ende April, zog das erste größere Gewitter heran. Wilde Böen kündigten es bereits lange vorher an, und im Westen leuchtete eine grün-schwarze Wolkenwand voller Gift. Der See zitterte bereits, und aus der Ferne waren die feinen Schaumkränze zu sehen, die sich die Wellen aufsetzten, wenn sie zerstieben. Ein grauer Schleier band sich vor die Sonne, und es hing nun ein fahles, lebloses Licht über dem Land, in welchem keine Schatten lebendig wurden. Die Vögel hörten auf, zu singen. Die Natur hielt den Atem an.

Franzisca warf sich einen Umhang über die Schultern und marschierte los, durch die Felder und Weiden, unter den Obstbäumen hindurch, die schon ihre Blüten verloren hatten und frisches Grün trugen. Sie überquerte die Wiesen, auf denen die abgefallenen Blüten lagen wie Schnee. Niemand auf dem Hof hatte mitbekommen, als sie hinter dem Gartenzaun verschwunden war. Sie nahm den Weg zum Hügel hinauf, von wo aus man hinunter auf See und Berge blicken konnte. Gerade als sie oben angekommen war, außer Atem und innerlich ebenso aufgewühlt wie das Land um sie herum, wurde es am helllichten Tag schwärzeste Nacht. Nur die Blitze, die unaufhörlich aus der schwarzen Wolkenwand zuckten, füllten die gesichtslosen Konturen mit grellem Schein. Einmal blitzte sogar die ganze Insel auf, und ihr blieb das flammende Rot der Dächer lange vor Augen. Auf grausame Weise hatte es lebendig gewirkt. Für diesen Bruchteil an Zeit sah sie Häuser, aber nicht die Gesichter der Menschen, die darin wohnten, nicht ihre Schicksale, nicht ihr Leid.

Das Wüten schreckte sie nicht ab. Sie stand da und sah den Blitzen zu, als wäre es ein Schauspiel nur für sie in Szene gesetzt. Sie lachte wild und reckte die Faust in die Gewitterwand. Regentropfen, vom Wind gepeitscht, schlugen gegen sie, und der Sturm zerrte an ihren Kleidern. Sollte sie doch der Blitz erschlagen, dachte sie. Doch auch das war nutzlos. Der Gewittersturm zog über sie hinweg, wühlte seine Böen in den See und schlug im Osten gegen Bregenz und die Mehrerau. Im Düsteren gewahrte sie Feuerschein. Einige Stadel und Wohnhäuser lagen in Brand. Die Blitze hatten ein paar Kühe erschlagen, doch sie, die das Schicksal herausgefordert hatte, blieb unbeachtet.

Lucas plärrte wie irr herum, als sie wieder zu Hause war. Gerade er, der stets so in sich gekehrt war, entlud sich nun wie ein Unwetter, und sein eigenes Leiden gleich mit dazu. Katharina heulte, und der Schniefer hockte betreten in der Stube und traute sich nicht, aufzustehen und hinüber in seine Kammer zu verschwinden. Franzisca ließ auch dieses Unwetter über sich hinwegziehen.

Wenigstens kamen wieder Laute aus den Menschen heraus, dachte sie, ging in die Waschküche, zog sich nackt aus und übergoss sich mit dem Wasser aus dem Waschzuber, trocknete sich bedächtig ab und fühlte seit Langem wieder ihren eigenen Körper, als sich eine wohlige Wärme bemerkbar machte. Niemandem erzählte sie von ihrem Erlebnis auf dem Hügel. Von nun an wurde es besser. Als die ersten Gänseblümchen ihre unschuldig weißen Blütenblätter der Sonne entgegenstreckten, pflückte sie eines, schlug die Bibel auf, legte es hinein und – schlug das schwere Buch mit einem lauten Schlag wieder zu. Sie ging zum Tisch, wo Tinte und Federkiel lagen. Mit sorgsamer Schrift und immer achtgebend, dass keine Träne auf das Blatt fiel und das Geschriebene aufschwemmte, schrieb sie die Zahlen und Worte nieder, die für das kurze Leben Korbinians standen: *Den Eheleuten geboren am …, vom Herrn zu sich berufen am ….*

Es war die siebte Blüte, die sich in dieser Bibel fand. Dieses alte ehrwürdige Buch in den dicken Einbänden war eines der wenigen Dinge, die sie aus Bezau mitgenommen hatte. Ganz vorne hatte ihr Urgroßvater Eintragungen gemacht, danach ihr Großvater. Sie selbst war mit ihrer Geburt vermerkt worden, und der Schrift nach musste es der Vater gewesen sein. Dem hatte sie einen Märzenbecher eingelegt, eine Lichtnelke der Großmutter. Für Jacob war es eine Akelei geworden und für die Mutter ein Ochsenköpfchen. Der erste Bub hatte eine Aster erhalten, der zweite ein Vergissmeinnicht. Sie legte die Bibel in den Stubenschrank zurück. Wie viele Blüten würde sie noch zu verteilen haben? Und wann würde sie die Kraft finden, die Stellen nachzulesen, an denen sie ohne jede Absicht die Blüten einlegte? Irgendwann einmal würde sie es tun.

*

Erneut kam ein Sommer wie in jedem anderen Jahr auch. Der Schaffer zog mit seiner Herde entlang der Mäander der Argen. Es war ihm seltsam ums Herz. Seine Schafe, seine Hunde, er – es fühlte sich wie ein organisches Ganzes an, und manchmal kam es ihm vor, als zögen sie wie vom Wind getrieben einem stolzen Segler gleich über das Land, gerade so, als sei es ihr Meer. Er war glücklich dabei, roch an den blühenden Fliederbüschen, danach am Holunder, worauf die süßen Wogen der Lindenblüte folgten.

Lucas machte seine Touren hinunter in den Hegau und erledigte seine Geschäfte. Nach außen hin war ihm kaum etwas anzumerken, doch er litt unendlich in der Stille seines Herzens über den Tod des Buben, des dritten Buben. Gott wollte es nicht, dachte er bei sich.

Katharina war es, die das Briefchen mit den fremdländischen Samenkörnern aus der Schublade des Küchenschranks geholt hatte, einige Zeit, nachdem ihr das Brüderchen gestorben war. In der Sackkammer über dem Stall, wo es würzig roch und warm und helle war, zog sie einige Samen an. Und tatsächlich zeigten sich bald einige zarte Triebe. Franzisca war beinahe schwindelig geworden vor Entzücken, als sie ihr eines Tages die Tontöpfchen hinstellte und sie die zartgliedrigen Stängel betrachtete. Die beiden kamen überein, noch eine Weile länger zu warten als nur bis zur kalten Sophie oder Schafskälte. Franzisca, die jede Zeit nutzte, um im Garten zu sein, war allein, als sie die kleinen Erdlöcher mit den blanken Händen aushob und die Pflanzen einsetzte. Die Abendgesellschaft von damals erschien ihr dabei wieder, mit all diesen Menschen, die ihr so viel bedeuteten. Und oben in der Kammer hatte Korbinian friedlich geschlafen. Sie setzte die Pflanzen ein und empfand es als einen heiligen Moment. Erst eine Zeitlang später wurde ihr gewahr, dass sie dabei nicht geweint hatte.

Jetzt standen die Exoten bereits hoch und kräftig da und machten nicht den Eindruck, sich in der milden Seeluft fremd zu fühlen. Inzwischen waren die Mauchins auch wieder fähig, Besuch zu empfangen. Elisabeth Mauchin brachte den Schaffer mit, und der wiederum hatte den Poschter dabei. Er instruierte ihn auf dem Weg zum Hof.

»Kein Wort von Kindern, kein Wort von Fieber oder Krankheiten, kein Wort … verstehst!?«

»Herrje …!«, unterbrach der Poschter aufgebracht, »ich werde gar nichts sagen, gar nichts!«

»Das ist auch nicht gut. Erzähl von den Kutschen, von der Post, von deinen Gäulen …«

»Ach, lass mich endlich in Ruh!«

Die zwei zankten nun miteinander wegen allem Möglichen, bis sie den Abzweig zum Hof erreicht hatten. Es war ein warmer Sommerabend.

Der Poschter, von dem auf der Insel getuschelt wurde, er sei der heimliche Mann der Krautmarie und, noch verruchter, gar der Vater ihrer Tochter, fühlte sich von der Einladung auf den Mauchinhof ernsthaft geehrt. Er freute sich auch, Katharina wiederzusehen, die in letzter Zeit kaum einmal aufgetaucht war, was ihm der Umstände halber aber verständlich war. Ihm selbst bereitete es allerdings schwermütige Momente, weil ihm an der fremden Trauer deutlich wurde, wie wenig er seinerseits um die Seinen getrauert hatte, und es fiel ihm schwer, sich selbst zu verstehen.

Wie der Schaffer ihm geheißen hatte, mied er alles, was Franzisca an ihren Buben erinnern hätte können, und nachdem er alles über die Postgeschäfte, seine Rösser und die neue Schnellkutsche berichtet hatte, kam er auf den letzten Brief von Christian zu sprechen, was Katharinas Aufmerksamkeit garantierte.

»Er hat geschrieben, in dem Land im Osten könne er nicht leben, weil er die Weite nicht ertrage, und über große Teile des Jahres müssten sich Mensch wie Vieh durch tiefen Schlamm fortarbeiten, und alles sei schrecklich grau und voller Ungeziefer. Im Sommer hingegen habe es die fruchtbarsten Äcker, und das Korn glänze in der Sonne bis hinter den Horizont.«

»Hat es dort Platz für Schafherden?«, fragte der Schaffer unwirsch und wurde mit einer Grimasse vom Poschter abschlägig bedient.

»Wen interessieren Schafe, wen denn schon!? Er hat von der großen Schlacht geschrieben, die sie bei Friedland gegen die Preußen und Russen geschlagen haben, und dass er wieder gut davongekommen sei.«

Es trat eine Pause ein. Er sah Katharina ausdruckslos an und ergänzte wie beiläufig: »Er meint, es gebe jetzt Frieden, und wenn es möglich sei, würde er an den See kommen.« Er musste sich räuspern.

Franzisca lachte leise auf.

»Frieden? Seit zwanzig Jahren leben wir im Krieg! Dieser Napoleon kann nur eines, nämlich Krieg. Wenn er den einen im Sack hat, will er den nächsten. Die ganze Welt scheint dem Kerl zu wenig zu sein, und hätte er sie, würde er die Sterne angreifen.«

Lucas als ein großer Verehrer des Franzosenkaisers schwieg und drückte mit einigen Blicken und einem gelinden Kopfwackeln aus, wie wenig er die Meinung seiner Frau teilte. Die Politik blieb ab nun beiseite an diesem Abend, und es wurde gemütlich. Der Schaffer erzählte von seinen Reisen über die Meere, und alle lauschten, am allermeisten der Schniefer, der zwar niemals freiwillig über Kempten, Bludenz oder Konstanz in die Welt hinausgegangen wäre, der aber nicht genug bekommen konnte von dem, was der Schaffer von diesen fremden, exotischen Welten erzählte, in denen es, was völlig unvorstellbar für ihn war, keinen Winter geben sollte, sondern nur eine Zeit, in welcher es unvorstellbar arg regnete – allerdings ein warmer, ein wohltuender Regen.

Als der Poschter sich spät in der Nacht verabschiedete – ein Pferdeknecht fuhr ihn zurück auf die Insel – machte er nebenbei und im Vorübergehen mit Katharina aus, dass sie den Brief selbst lesen dürfe, wenn sie das nächste Mal in der Hofstatt sei.

Was ihm Christian in seinen vielen Zeilen geschrieben und beschrieben hatte, war jedoch einzig und allein Dekoration, die überdecken sollte, welches Erlebnis ihm auf dem Schlachtfeld widerfahren war. Es war schwer für ihn, daran zu denken, geschweige denn, mit anderen darüber zu reden oder es niederzuschreiben. Dem Teufel selbst war er begegnet, in Form einer untersetzten, kräftigen und stinkenden Gestalt. Sicher – ein gutmeinendes Schicksal hatte ihn davor bewahrt, schändlich gemeuchelt zu werden, und er selbst hatte das Scheusal töten wollen. Mit aller Kraft, aller Geschmeidigkeit und allem Willen hatte er es versucht, doch er war ihm entkommen. Noch Tage und Nächte danach verfolgte ihn das Geschehen. Der Brief, den er letztlich nach Hause schrieb und in welchem er nichts von alldem erwähnte, war auch eine Art, die Dinge zu bedenken, ohne sie zu erwähnen. Etwas in ihm sagte aber, dass es noch nicht vorbei war. – Er sehnte sich nach dem See.

*

Im September war es soweit. Als der Monat dem Ende zuging, ritt er über abgeerntete Kornfelder, auf denen Schwärme von Tauben, Krähen und Singvögeln ihren Teil der Ernte einbrachten, in Richtung Heimat. Die Sonne stand hoch und klar am Himmel. Zeitig begab er sich jeden Morgen auf den Weg, was die Gastwirte nicht immer erfreute. In den Morgenstunden leuchtete die Natur am freundlichsten und ohne die Melancholie, die eine untergehende Sonne verbreitete. Die Altweiberfäden schwebten schon wie Kristallfäden in der Luft, und als er in der letzten Woche des Monats aus einem kleinen Wäldchen kam, lag weit drunten der See. Er blieb eine Weile stehen und schaute hinunter auf die weite silberne Fläche, auf der die Lastensegler nur als kleine Punkte erschienen. Dahinter erhob sich der Säntis übermächtig.

Seine Ankunft war erwartet worden, und der Poschter hatte die Kammer richten lassen und war selbst von seinem Verschlag im

Stall ins Haus gezogen, wo er sich aber fehl am Platze und verloren fühlte. Aufgeregt lief er von einem Raum in den nächsten und nervte Knechte wie Mägde gleichermaßen.

Am ersten Abend nach Christians Heimkehr wurde im Haus aufgekocht und die gesunde Rückkehr gefeiert. Der Poschter war ein wenig erschrocken vom Anblick des jungen Burschen, denn seine Züge hatten das Jungenhafte inzwischen völlig verloren. Klare, ernste Kanten an Stirn, Nase und Kinn zeigten ihm das Gesicht eines Erwachsenen, der Anfechtungen bestanden hatte – und Schlimmeres.

Am Tag darauf kam Katharina und brachte einen Korb vorbei, in dem frisches Brot, Wein und ein runder Kuchen lagen, den sie selbst gebacken hatte. Nun war es Christian, der erschrocken blickte, denn da stand kein Mädchen mehr vor ihm, sondern eine junge Frau mit einer natürlich braunen Haut. Die dunklen Augen erschienen ihm nun größer und lagen ein Stück hinter der festen, geraden Stirn. Er brauchte einen Augenblick, um sein Erstaunen zu überwinden, und bedankte sich dann artig für das Willkommensgeschenk vom Mauchinhof.

»Es ist ein Holunderteig«, sagte sie. »Drunten am See ist alles voll davon, und es duftet süß bis in die warme Nacht hinein.«

»Das klingt nach einem kleinen Paradies«, antwortete er, weil ihm nichts anderes einfiel.

»Ja, das ist es. Soll ich es dir zeigen?«

»Ja«, antwortete er automatisch. Was auch sonst hätte er sagen sollen?

»Dann komm heute Abend. Ich warte an der Rosstränke.«

*

Als die Sonne die Westseiten von Münster und St. Stephan in warmes Licht setzte, ritt Christian los. Zunächst führte er das Pferd aus der Carolinenstraße hinaus am Marktplatz vorbei und saß erst vorne am Landtor auf. Langsam und genussvoll ritt er über die Seebrücke hinüber und atmete tief ein. Der See dampfte in der Wärme, und es roch nach spätem Sommer und Frieden. Die Amseln, Meisen und Grasmücken sangen noch einmal laut. Am Festland angekommen folgte er dem Uferstreifen und fragte sich, was ihn wohl erwarten würde und weshalb er überhaupt zugesagt hatte, sich ein paar Holunderbüsche anzuschauen.

Katharina wartete wie vereinbart an der Roßtränke. Sie saß auf einem knorrigen Baumstamm, der ans Ufer angeschwemmt und auf seiner langen und beschwerlichen Reise von den Bergen herab ganz glattgeschliffen worden war. Ihre Ledersocken hatte sie abgenommen, den Rock über die Knie gewickelt, und ihre Füße schwangen im Wasser. Sie sah sich nur kurz um, als sie ihn auf seinem Pferd herankommen hörte, und lächelte ihm zu. Er stieg ab und machte den Gaul fest. Der schnaubte.

»Setz dich her!«, rief sie ihn vertraut heran. »Es tut gut. Der See tut einem gut. Das Wasser ist warm und weich, wie nicht Vieles, was einem im Leben nahekommt.«

Er stockte. Was hatte sie da gesagt?

Er trappte mit den Stiefeln ins Wasser und setzte sich neben sie.

»Weit und breit kein Holunder zu sehen und zu riechen.«

Sie zog den Kopf zwischen ihre Schultern und lachte.

»Aber schön ist es doch, nicht wahr? Ein Paradies.«

Sie hüpfte vorsichtig vom Stamm, nahm mit der einen Hand ihre Schuhe auf, und mit der anderen verlangte sie nach einer seiner Hände.

»Komm mit … ich will dir etwas zeigen.«

Sie folgten für ein kurzes Stück den Busch- und Baumreihen, die den grünen Ufersaum bildeten. Christian hielt an der einen Hand Katharina und in der andern die Zügel seines Pferdes. Bald erreichten sie eine Stelle, an der der Weg endete. Ein dichter Vorhang aus Holunder, Trauerweiden, Erlen und hoch darüber alten Linden machte ein Fortkommen unmöglich. Doch Katharina lief unbeirrt weiter, teilte die herabhängenden Zweige einer Trauerweide, woraufhin sie unter dem Blätterdach hindurch zu einer versteckten Bucht gelangten. Ein Nachen torkelte müde im matten Wellenschlag, gehalten von einem brüchigen Kälberstrick am Ast einer Weide. Christian sah sich erstaunt um. Niemand konnte diese Stelle hier vermuten, die rundherum eingewachsen und nur über versteckte Pfade durch Büsche und Zweige erreichbar war. Am Übergang von Wasser zu Land breitete sich feiner Kies in Form einer Mondsichel aus.

»Mach dein Pferd dort fest«, sagte Katharina und deutete auf einen morschen Holzpfahl. Rundherum lag Heu und etwas Hafer verstreut. Vorbereitet, schoss es ihm durch den Kopf, sie hat alles vorbereitet.

Als er sich wieder umdrehte, sah er, wie sie ihr Kleid abstreifte, das Kleiderbündel zusammenrollte und das kurze Stück bis zum Nachen lief. Sie legte ihre Kleider in den Holzkahn, ging noch ein paar Schritte weiter und ließ sich dann ins Wasser fallen. Sie schwamm hinaus in einen stillen See, der nun ein öliges Farbspiel emittierte – rot, blau, violett, grün, orange – und dazu die Wärme und die Konturen dieser Frau. Er stand und staunte.

»Komm!«, rief sie. »Komm!«

Er tat es ihr gleich und warf sein Kleiderbündel in den Nachen. Die Stiefel machten ein wenig Probleme. Auf dem Kies gab es keinen festen Stand. Dann endlich tauchte er ein in den See und schwamm ihr langsam nach. Als er sie fast eingeholt hatte, ein Stück vom Ufer entfernt, doch noch in seinem Schatten, drehte sie sich um und lachte ihm zu.

»Du kannst also schwimmen, das ist gut. Wir werden es oft tun.« Dann tauchte sie unter und zog hinaus in eine Wasserfläche aus irisierenden Rottönen. Sie schwammen zurück.

»Setz dich in den Kahn, er ist bequem … du wirst sehen.«

Er kletterte hinein und in der Tat, der Boden war mit Schaffellen ausgelegt, und darüber lagen einige Decken. Vorne im Boot stand ein Korb, aus dem köstlicher Duft entwich. Weshalb hatte er das vorher nicht gerochen?

Sie machte den Kälberstrick los, schob den Kahn gekonnt an und stieg zu ihm hinein. Als sie hinaustrieben, erfasste ein letzter Sonnenstrahl ihren Körper. Von der braunen Haut flossen die Tropfen in kleinen Bächen herab. Während sie mit einem Leinentuch ihr Gesicht trocknete und die langen Haare band, fielen von ihrem Kinn ein paar Wassertropfen auf ihre Brüste, vereinigten sich mit anderen und rannen dann den Bauch hinab zu ihrer Scham. Er sah sie an. War das alles Wirklichkeit? Sie lächelte, sank auf ihre Knie direkt vor ihm und fuhr ihm kräftig mit dem Tuch über Haare, Gesicht und Schultern. Er empfand nichts als unnatürlich, und so wie sie ihn halbwegs vom Wasserfilm befreite, kam es ihm vor, als hätte es nie anders sein können. Unterhalb seiner linken Schulter befand sich eine frische Narbe. Der Aufenthalt im Wasser hatte sie erhaben werden und rot aufleuchten lassen – ein Werk jenes Teufels vom Schlachtfeld in Friedland. Ihr Zeiger- und Mittelfinger fuhren sanft darüber, dann küsste sie die Stelle innig.

»Niemand ist unverletzlich, nicht einmal du … denke immer daran«, sagte sie und ließ sich vorsichtig auf ihn sinken. Sie schmiegte sich an ihn und flüsterte: »Vater und Mutter nehmen den Nachen in manchen Sommernächten, wenn sie allein sein wollen. Vater ist aber beim Verladen in Konstanz … da vorne im Korb ist Wein, und ich habe ein Hühnchen gebraten, und wir haben frisches Brot gebacken.«

Christian wurde schwindelig. Er fragte sich, ob er träumte. Die Farben des Himmels waren sphärisch. Ein Milan zog über ihnen seine Kreise.

Es war bereits völlig dunkel, als sie wieder in die heimliche Bucht kamen, die sie nicht leicht wiedergefunden hatten, denn die dünne Mondsichel und die leuchtenden Sterne gaben nicht ausreichend Helligkeit. Sie blieben im Nachen liegen und bereiteten sich ein weiches Lager aus den Decken. Unter Sternen gab es kaltes Hühnchen mit frischem Brot und Wein. Das Ross hatte sich inzwischen gelegt und schnaubte nur einige Male. Sie schliefen zeitweise ein, wachten auf, liebten sich erneut, und erst in der Morgendämmerung verließen sie die Bucht. Christian nahm sie aufs Pferd und ritt bis nahe an den Hof heran, wo er sie herabgleiten ließ.

Katharina schlich sich leise ins Haus.

Franzisca, die die halbe Nacht wachgelegen hatte, hörte das Knarren der Dielen im Gang, leise zwar, doch war es gut bis nach oben in die Kammer zu hören. Sie fragte sich, wo Katharina nur so lange gewesen sein konnte.

*

Der Sommer blieb in diesem Jahr lange, und die warmen Tage hielten bis weit in den Oktober hinein an. Wann es nur ging, trafen sich Katharina und Christian in der stillen Bucht am See. Was sie nicht wusste, war die Tatsache, dass die Entdecker der Bucht einst ihr verstorbener Vater Jacob und ihre Mutter Franzisca gewesen waren, die hier die wenigen Sommertage genossen hatten, die ihnen das Schicksal zugestanden hatte.

Eines Tages im Oktober, als Franzisca nach der Arbeit des Tages die alten Hirtenhunde des Schaffers, die bei ihnen ihren Alterssitz hatten, mit auf einen Spaziergang zum Hügel hinter dem Haus nahm – jener, von dem man beinahe den ganzen See überblickte, von der alten Heimat mit der Canisfluh im Osten bis weit nach Westen, wo Lucas gerade handelte – sah sie, wie Katharina drunten durch die Wiesen ging, dem Seeufer zu. Und bald darauf tauchte am Uferweg von Lindau her kommend ein Reiter auf. Allein an der Festigkeit und zugleich Lockerheit seiner Haltung auf dem Ross erkannte sie, dass es Christian war. Die beiden verloren sich im Laubwerk der Büsche und Bäume, das schon einen gelben Glanz angelegt hatte, doch waren ihre Bewegungslinien eindeutig so angelegt, dass sie an einer bestimmten Stelle zusammenführen mussten; einer Stelle, die Franzisca gut kannte – die kleine, verträumte Bucht am Nachen. Sie fasste sich unweigerlich an die Brust und blickte ein wenig erschrocken hinunter zum See. Bald würde die Sonne verschwunden sein, und anstatt sommerlicher Wärme kroch nun schnell eine herbstliche Kühle mit der Dämmerung heran. Was sollte sie von all dem halten? Sie rief die Hunde, die die Umgebung abschnüffelten, und ging zurück zum Haus, wo sie unentschlossen durch Kammern und Zimmer lief und nachdachte. Schließlich kam sie zu dem Ergebnis, die Dinge, die sich ihr heute offenbart hatten, vorerst zu beschweigen, recht war es ihr aber nicht.

*

Der November kam, und Christian musste Lindau wieder verlassen. Über die Liebe zu Katharina hatte er seine Begegnung mit dem Scheusal völlig vergessen. Nicht einmal dann, wenn Katharina zärtlich über die breite Narbe fuhr, kam ihm diese gedrungene Gestalt mehr in den Sinn.

Der Winter ließ sich lange Zeit in diesem Jahr, und erst spät, kurz vor den Weihnachtstagen, fiel der erste Schnee. Die Lager waren prall gefüllt mit Korn und allem anderen. Lucas hatte einige Lieferungen Wein erhalten, die er mit großem Gewinn an die französische Regimentsverwaltung verkaufen konnte. Ein paar Tage, nachdem Christian auf dem Mauchinhof gewesen war, um sich zu verabschieden, und sich danach der Alltag auf die kalten Monate einstellte, entschloss sich Franzisca kurzfristig, für einige Tage nach Bezau zu reisen. Annamaria – das Madle – hatte einen langen Brief geschrieben und vom Dorf erzählt: wer krank, wer gestorben war, wer Unglück und wer Glück gehabt hatte, wie ihnen die Ernte geraten war, wie es ihren Buben und dem Kaspar ging, und dass der Jude

Salomon Rosenfeld in seinem Haus in Hohenems auf den Tod liege. Letzteres hätte Franzisca allein schon bewogen, sich auf die Reise zu begeben, doch zwischen den Zeilen des eigentlich Belanglosen erfasste sie plötzlich die Ahnung, dem Madle selbst ginge es nicht gut, denn sie hatte nichts geschrieben, was sie selbst anging.

Der Schniefer brachte sie frühmorgens auf die Insel, wo sie vom Poschter mit einer besonderen und darob eigenartigen Freundlichkeit empfangen und in die Schnellkutsche komplementiert wurde. Auch legte er ihr eine angewärmte Decke auf die Knie. Ob er von der Liaison seines Buben mit ihrer Katharina wusste? Sie lächelte ihm offenherzig zu und dankte für die warme Decke mit einem ebenso warmen Blick.

Sie erreichten noch am gleichen Tag Hohenems, wo sie im Gasthof *Adler* eines der großen Zimmer nahm. Sie konnte es sich leisten und wollte Raum um sich.

Gleich am nächsten Tag suchte sie Salomon auf. Er lag auf einer flachen Liege gebettet, die Gesichtshaut hing ihm schlaff auf den Knochen, seine Stimme klang schwach und brüchig, und seinen feurigen Augen war der Glanz verloren gegangen. Sie stellte einen Stuhl neben sein Bett, setzte sich und legte ihre Hand auf seine Rechte, die kraftlos auf seiner Brust lag.

»Wie geht es euch?«, fragte er.

Sie hatte lächeln müssen über seine Frage. Er, der Sterbende, fragte, wie es ihr ginge. Sie drückte seine Hand.

»Wir sind zufrieden. Katharina ist eine junge Frau geworden, der Krieg bleibt vom See entfernt, und die Ernte war gut. Wir warten nun, was der Winter bringen wird. Aber der Bub ist mir im letzten Winter am Fieber gestorben.«

Er nickte schwach und ließ einen klagenden Laut hören.

»Ja, ja … es lügt uns nur zweimal im Jahr – im Sommer und im Winter.« Sogleich wechselte er in das Gegenwärtige und fragte: »Habt Ihr noch die Anteile an den Schiffen?«

»Ja«, beruhigte sie ihn, »einen Anteil haben wir verkleinert, und ein Schiff betreiben wir selbst, da wir das Korn vom Westen her zu uns bringen und damit frei sind in der Disposition.«

Er lächelte zufrieden.

»Ah, klug, das ist klug. Du hast viel gelernt.«

»Ich habe viel lernen müssen.«

Er deutete ein Nicken an und sah zur Decke. Dann sprach er heiser weiter, als gelte es ihm selbst.

»Ein Schwager hat uns geschrieben. Seine Familie lebt in Neu York, wo es einen großen Fluss gibt, den sie Hudson nennen. Er schrieb unlängst, dort führen seit dem Sommer einige der Schiffe nicht mehr mit Segel, sondern hätten eine Maschine, die Dampf erzeuge und damit ein Eisensegel antreibe, das unter dem Wasser Drehungen vollziehe. Ich kann es mir gar nicht recht vorstellen, aber sie würden nun ihre Leinenballen damit transportieren und hätten keine Rücksicht mehr auf die Meereswallung und auf den Wind zu nehmen. Achtet darauf, achtet darauf und wechselt rechtzeitig die Anteile, wenn es bei uns kommt. Es wird kommen … es wird kommen.«

Sie sagte nichts darauf und nickte nur. Er war mit sich und seinem Leben im Reinen, dass er jetzt, so kurz, bevor er sterben würde, noch so nüchtern die Dinge betrachtete, die kommen und von Bedeutung sein würden, wenn er schon lange unter der Erde lag. Sie erzählte von Lucas und Katharina, sparte Christian aus und blieb noch eine Weile bei ihm sitzen, bevor sie sich mit einem Kuss auf die Stirn bei ihm verabschiedete, dem sie so viel zu verdanken hatte.

*

Der Weg hinauf in den Bregenzerwald war beschwerlich. Ein erster Wintersturm plärrte in jeden Winkel und trieb Regentropfen und Schneeflocken wild umher. Die Wege wurden matschig, und zweimal wurden sie von Kutschen aufgehalten, denen Räder gebrochen waren. In Alberschwende richtete sie sich in der *Taube* für die Nacht ein und erreichte endlich am folgenden Tag Bezau. Ein eigenartiges Gefühl überkam sie, als sie auf den wohlvertrauten Kirchturm blickte und das Rauschen der Bregenzerach im Ohr hatte. Es war zwar kalt geworden, doch der Schnee war nicht liegen geblieben. Bevor sie den vertrauten Weg nach oben zu ihrem alten Zuhause ging, suchte sie noch die Gräber am Friedhof auf und erschrak über die Zeitspanne, die von den Grabkreuzen zu ihr sprach: Großmutter, Vater, Mutter – Jacob. Kurzzeitig verspürte sie eine Schwäche, die aber schnell wieder wich. Mit festen Schritten lief sie los.

Der Kaspar hackte Holz im Schuppen, als sie ankam, und die Buben rannten auf sie zu und umschlungen den unerwarteten Besuch. Annamaria lag im Bett, am helllichten Tag. Erneut saß Franzisca wie tags zuvor auf einem Stuhl und hielt eine Hand, von der jedoch weit mehr Kraft ausging als von jener, die sie am Vortag gedrückt hatte. Ein zweimonatiger Abort und die darauffolgende Schwäche hatten Annamaria auf das Lager geworfen. Die Mägde versorgten die Kinder und Kaspar gut, wie Franziscas prüfender Blick bestätigte, und auch das Krankenlager zeigte Sorgsamkeit.

Sie blieb eine Woche, traf Leute, machte ausgedehnte Wanderungen, und als der erste Schnee kam, der in einer dünnen Schicht liegen blieb, trat sie wieder die Heimreise an.

Dem Lehrer Madligger war sie auf einem Spaziergang begegnet. Er suchte wie sie die Einsamkeit und brauchte eine Zeit, um zu erraten, wer sie genau war. Er stand fassungslos vor ihr.

»Ja Franzisca!«, sagte er mit großer Überraschung. »Was ist eine feine Dame aus dir geworden.«

Es befremdete sie, denn sie sah sich selbst immer noch als Bauernmädel. Der irritierte Blick des Lehrers, dessen Haar über die Jahre schneeweiß geworden war, und seine Worte gaben ihr zu denken. Hatte sie sich wirklich so verändert und es gar nicht wahrgenommen?

*

Das Christfest ging, und das neue Jahr kam, ebenso wie die Sonne den Tag brachte, um mit der Abenddämmerung Mond und Sternen Platz zu machen. Sie lebten das Leben. Lucas war mit seinen Geschäften befasst, der Schniefer leitete die Knechte an und setzte während der Wintermonate Fuhren, Räder und Geschirre instand, Katharina fuhr täglich auf die Insel, wo sie zusätzlichen Unterricht nahm und vor allem, um ein wenig Zeit beim Poschter zu verbringen. Sie empfand ihre Aufenthalte bei ihm beinahe als konspirativ, denn ohne dass die beiden jemals auch nur ein Wort über Befindlichkeiten verloren hätten, war ihre Vertrautheit zueinander mit den Jahren und vor allem in der letzten Zeit deutlich gewachsen. Für den Poschter war Katharina schon die zukünftige Frau Christians und natürlich Herrin über seinen Besitz.

Der Alltag, die Sitten und Traditionen gaben dem Leben den Rhythmus an. In den letzten Wintertagen wurde Engelwurz, Schlüsselblume, Salbei und Wacholder – Sonnen- und Lichtpflanzen – in Haus und Stall verräuchert, um die Melancholie des Winters damit zu vertreiben. Hausherrin und Gesinde wanderten dazu in einer Prozession von Kammer zu Kammer und von Stall zu Lagerraum, und anschließend gab es ein langes Essen, bei dem alle zugegen waren. In den Raunächten wurde keine Wäsche aufgehängt, weil in diesen, wie jeder wusste, die Dämonen in den Stoff krochen und es damit zu Leichentuch machten, was keiner brauchte. An Lichtmess schnitt Katharina eine Zwiebel auf, legte sorgfältig zwölf Scheiben frei und bestäubte sie mit Salz. Eine jede stand für einen Monat: Die Scheiben, die trocken blieben, waren Symbol für trockene Monate. So ging das Leben mit dem Überlieferten einher. Franzisca war oft auf dem Friedhof und umsorgte die Gräber ihrer Lieben, und das Jahr schenkte dem See Frieden, denn der Krieg hielt sich weit entfernt. Lucas las an den Abenden am Tisch aus seinem Journal vor, was sich in der Welt tat. Doch es war meist nichts Beruhigendes. Der russische Zar griff Schweden an, Napoleon machte Schwager und Bruder zu Königen und setzte sein *code d'instruction criminelle* in Kraft, das die Inquisitionsverfahren beendete. Das Königreich Baiern gründete ein eigenes Kriegsministerium, und der Poschter wurde, ohne es zu wollen, zum Staatsdiener, denn der baierische König übernahm den Postdienst und speiste die bisherigen Betreiber derer von Thurn und Taxis fürstlich dafür ab. So ging das Jahr seinen Gang. Lucas lag einige Zeit nieder, weil er einen Zahn herausfaulen lassen musste, und kaum war er wieder auf, erwische es den Schniefer mit dem gleichen Leiden.

Christian kam während der Sommermonate einige Male an den See, und der alte Kahn erfuhr manche Ausfahrt, bei denen Christian lange erzählte, über sich, das Militär, die Soldaten und seine Aufgabe bei der Kommission, die Landkarten erstellte, und für deren Schutz er sorgen musste. Landkarten, dachte Katharina. Etwas, was kaum einer verstehen will.

Die Ernte geriet gut, Korn und Obst waren reichlich vorhanden, und das Christfest feierte man in tiefem Schnee.

Als das neue Jahr sich anschickte, wurde Franzisca plötzlich von unruhigen Nächten geplagt. Träume schreckten sie auf, und beinahe meinte sie, die gute Zeit, die sie hatten, verlange nun nach einem Opfer. Hatten sie denn eine gute Zeit? Und – brauchte es überhaupt Krieg für schlechte Zeiten? Eine Ahnung befiel sie.

Überfahrt

Seit Tagen setzte ein beständiger Wind aus Nordwest kommend den See in Unruhe. Die dunklen, teils drohenden Wolkenbänder, die hastig über die Wasserfläche zogen und sich auch von den Gipfeln des Alpsteins nicht beirren ließen in ihrem Drang einem unbekannten, unbestimmten Ziel zu, verstärkten die Ruhelosigkeit in der Natur noch. Das Wasser spiegelte das dunkle Grau wider, und nichts leuchtete in Lebensfrische auf in diesen letzten Tagen des März. Wer konnte, mied es, sich dem Wetter auszusetzen. Doch gerade jetzt, am Vormittag eines unbedeutenden Tages, hatte der Wind für einen Moment seine Kraft verloren und war ganz erstorben. Die Kutscher lösten die Knöpfe am Kragen ihrer dicken Mäntel und wagten es, einmal tiefer als sonst Luft zu holen. Es war, als atme die Welt am See für einen Augenblick erleichtert auf. Doch ganz im Innern der Menschen blieb die Erregung erhalten, denn die Zeiten waren nicht danach, gelassen zu sein. Krieg lag abermals in der Luft, und auch im Hafen von Rorschach war die Angst davor spürbar.

Das Atemholen an diesem Tag dauerte nur eine Weile, denn bald frischte der Wind erneut auf, und die Pappeln am Ufer neigten ihre Wipfel wieder voller Demut nach Osten. Ihnen war es gleich, woher der Wind kam, und auch nicht wenigen Menschen war es inzwischen egal, woher der Krieg kam.

Am hölzernen Steg lag ein Lastensegler, dessen Bootsführer für den Tag noch heftigere Böen erwartete und die Fahrgäste daher zudringlich zur Eile bewegte, während er zwischendurch immer wieder harsch und bösartig auf die Burschen einschrie, die Fässer, Ballen und Kisten zu verladen hatte. Am Hafen herrschte ein wildes Durcheinander an Fuhrwagen und Kutschen. Wer sich in dem Chaos mitteilen wollte, musste laut werden, um das Gezische des

Windes und das Rauschen des Sees zu übertönen, wodurch ein rechtes Geschrei und Fluchen wie ein Dach über dem Hafen lag. Vor allem die Pferde wurden dadurch noch nervöser, als sie es durch den Wind ohnehin schon waren. Sie wieherten, bewegten sich unruhig, und selbst der ein oder andere phlegmatische Ochse ließ den Schädel pendeln und schnaubte.

Der Schiffsführer spuckte einen Priem aus. Endlich war alles verladen. Die Leinen wurden losgemacht, und mit Staken und langen Rudern kam das träge Boot von Land ab. Erst als es ein Stück Wasser zwischen sich und den Hafen gebracht hatte, wurde das Segel hochgezogen. Sofort fing sich der Wind im schweren Tuch, blähte es kräftig auf, und gleich darauf setzte sich der Segler mit einem sanften Ruck in Bewegung. Einige der Frauen mittschiffs, die furchtsam eine Litanei von Gebeten von sich gaben, konnten einen angstvollen, wenn auch unterdrücken Aufschrei bei diesem Ruck nicht unterdrücken. Der Bootsführer grinste hämisch und stemmte sich mit seinem ganzen gewaltigen Körper gegen das Ruder, um sein Gefährt nicht gegen Fussach hin abtreiben zu lassen. Immer wieder ging sein Blick kontrollierend nach Westen, von wo das Wetter kam. Das schlosshafte Kornhaus im Rorschacher Hafen blieb schnell weit zurück, und es ging zügig nach Norden. Wenn der Wind so blieb, würden sie in etwas mehr als einer Stunde in Lindau ankommen, da war er sich sicher.

Die betenden Weiber hatten da weit weniger Vertrauen. Sie schenkten dem Wasser keinen Blick, sondern hatten sich im Schutz der festgezurrten Kisten und Fässer auf das Deck gehockt. Immer dann, wenn eine Welle backbord anschlug und aufspritzte, hob das Klagende in ihrer Litanei an, als könnten sie damit etwas ändern.

Der Rudergänger drückte sanft gegen das Ruder und spürte in den Schultern die Kraft des Windes, der das schwere Gefährt mühelos über den See schob. Als das Boot stabil im Wasser lag und seines Weges fuhr, glitt sein Blick suchend über das Deck hinweg. Ganz vorne am Bug stießen seine Augen schließlich auf den Kerl, der ihm den Rücken zukehrte. Die Seiten seines langen schwarzen Mantels schlugen zwar mit jeder Bö unwirsch um seine Knie, doch der niedrige Zylinder hockte seltsamerweise fest auf den braunen, fettigen Locken. Ein eigentümlicher, ein düsterer Kerl, dachte der Bootsführer. Wie aus dem Nichts hatte er mit einem Mal in Rorschach vor ihm gestanden und ihm den Weg versperrt. Als er die Frage, wann das Boot ablegen würde, nicht sogleich beantwortete, weil er mit anderen Dingen befasst war, und an dem Kerl vorbeigehen wollte, war der mit einem schnellen Schritt wieder direkt vor ihn getreten und hatte drohend gefragt: »Wann!?« Er war ihm dabei so nahegekommen, dass er leise, fast flüsternd antworten konnte. Da erst waren seine Blicke über diese zerfurchte Landschaft des fremden Gesichts gefahren: Die Stirn ragte über den Augen fest und kräftig hervor. An der breiten Nase fehlte ein Stück, und von dieser hässlichen Stelle, die unwillkürlich die Augen fesselte, zog sich ein breiter dunkelroter Striemen quer in Richtung Schläfe und nur knapp unter dem Auge vorbei. Es musste ein Säbelhieb gewesen sein, der wohl abgeprallt oder abgelenkt worden war. Ein Schneidezahn fehlte im Maul, und er hatte einen unangenehmen Geruch an sich, der von seinem Mantel auszugehen schien.

»Eine Stunde vielleicht noch«, hatte der Bootsführer geantwortet und tat einen Schritt, um weiterzukommen, doch erneut wurde er gehindert.

»Wieviel?«, fragte der Kerl.

»Habt Ihr denn Papiere für Lindau? Die Gendarmen schauen jeden genau an, und ich will keinen Ärger«, lautete seine Gegenfrage.

»Wieviel?«, wiederholte er brummend, fast drohend.

Der Bootsführer nannte den Preis, und der Kerl zählte ihm sofort die Münzen in die Hand.

»Und wo ist die Kiste mit Eurem Gepäck?«, hatte er noch gefragt und nur ein Kopfschütteln und einen unwirschen Laut als Antwort erhalten. So ein Kerl, und ohne jedes Gepäck. Wo kam er nur her, und was wollte er ausgerechnet in Lindau? Sein Blick machte sich an der Gestalt fest, die vorne im Bug stand wie eine Galionsfigur und starr über den See nach Lindau blickte, das bislang nur schemenhaft im Dunst wahrzunehmen war. Keine Bewegung war in seinem Körper zu sehen. Ein absonderlicher Kerl, einer wohl, der Schmerzen nicht aus dem Wege ging, wenn man das Gesicht so betrachtete.

Lindau kam näher. Der Mangturm war als erstes zu erkennen, dann die Türme der Kirchen dahinter und im Westen der Schatten des Pulverturms, ein guter Anhalt, um zu navigieren. Der Bootsführer war froh, so kurz vor dem Ziel zu sein, denn der Wind war in der Tat stetig kräftiger geworden, und kurz vor der Inselstadt schoben kraftvolle Wellen das schwere Boot nach Osten. Er steuerte es ein Stück weiter nach Norden, bis es in Lee zur Insel lag, was das Manövrieren einfacher gestaltete. Jetzt mussten seine Burschen mit den Rudern zuhelfen, und sanft glitten sie nun zwischen den Pfahlreihen hindurch in Richtung Hafenmauer.

Rund um den Mangturm herrschte der gleiche Trubel wie zuvor in Rorschach. Kutscher fluchten und stritten um den ersten Platz am Kai, um schnell be- oder entladen zu können. Pferde schnaubten und wieherten nervös. Möwen kreisten über allem und kreischten hysterisch. Die Augen der Kutscher richteten sich prüfend gen Himmel. Keiner wollte sich dem Wetter aussetzen, das sich mit schwarzen Wolken ankündigte. So jung der Tag auch war, es schien wieder Nacht werden zu wollen.

Ganz vorne an der Hafenmauer standen inmitten des Gewusels all der Träger Kaufleute, Händler und Fuhrleute zwei Gendarmen. Sie blieben unbeeindruckt von der Geschäftigkeit, die sie umgab. Ihre Blicke fixierten den Kerl mit dem Zylinder und schwarzen Mantel.

Der Bootsführer schaute nicht ohne Häme auf die Szene, war jedoch mit dem Anlegen beschäftigt und begann, seine Befehle zu schreien und malträtierte seine Burschen mit Flüchen und Verwünschungen, bis die Taue schließlich festgelegt waren. Jetzt endlich hatte er einen Augenblick Zeit, den Sonderling wieder ins Auge zu fassen, und war gespannt, was geschehen würde. Er setzte den Stiefel seines rechten Fußes auf die Bordwand und stützte sich mit verschränkten Armen am Knie ab, was ihm bei dem Geschaukel einen besseren Halt gab und zugleich eine gewisse Gleichgültigkeit signalisierte.

Kaum dass das Boot fest war, schwang sich der Bursche mit dem Zylinder vorne über die Bordwand und landete sicher auf der Treppe. Es war ein Akt, der Energie, Willen und Körperbeherrschung signalisierte. Unaufgefordert hielt er den zwei Gendarmen ein Papier hin, das er aus einer Tasche seines Mantels gezogen hatte. Der Wind faltete es auf, und einer der Gendarmen griff ein flatterndes Ende und studierte es aufmerksam. Der Kerl ließ es dabei nicht los. Es schien ihm zu wichtig zu sein, als dass er es aus der Hand gegeben hätte, nicht einmal den Gendarmen gegenüber. Als der Gendarm es schließlich losließ und ihm mit einem kleinen Schritt zur Seite den Weg in den Hafen und somit in die stolze Stadt freigab, verspürte der Bootsführer eine leichte Enttäuschung.

Ohne noch einen Blick zurückzuwenden, verschwand der wehende schwarze Mantel zwischen den Ochsenkarren und Fuhrwerken. Einige der Leute blickten ihm nach. Derlei Gestalten waren selbst in diesen Zeiten selten in der Stadt.

*

Der Poschter hatte den Steg von der Hafenmauer hinüber zum Mangturm genommen und hockte im Schatten der dicken Mauern auf einer Holzkiste, die mit Tabak gefüllt war. Er war ganz vom säureschwangeren Dampf des Tabaks benebelt und wartete auf ein Fuhrwerk, das ihn mitnehmen konnte, denn mit seinem Klumpfuß war es ihm unmöglich, die Kiste quer über die Insel zu schaffen. Drei Kutscher waren schon vorbeigefahren, ohne auf sein Rufen und Winken zu achten, und hatten ihn einfach hocken lassen. »Gesindel, elendes Gesindel«, hatte er dem letzten nachgebrüllt. So waren sie nun, die Zeiten.

Er biss den Korken von der Flasche, die er in der Hand hielt, und ließ den Branntwein am Korken vorbei ins Maul laufen. Als er absetzte, rann ihm eine breite Schnapsbahn aus dem Mundwinkel das unrasierte Kinn hinunter in Richtung Hals – ein unangenehmes Gefühl, ganz abgesehen von dem Verlust. Gierig schlotzte er mit der Zunge hinterher, wischte mit dem Handrücken nach und schleckte noch nach den letzten Resten.

Er war nun doch alt geworden und müde und zeitweise, wenn er sich gehen ließ, so wie in diesen Tagen, ein wenig heruntergekommen. Dann war nichts mehr zu ahnen von seinem Wohlstand, den zwei Häusern auf der Insel, die er besaß, und dem Stolz, den er trotz, oder vielleicht gerade wegen seines Beinstumpfs hatte ausdrücken können. Dieses elegante Hinken – unverkennbar, wenn er mit dem langen schwarzen Mantel und dem dunklen Rundhut über die Insel zog, in diesem arrhythmischen Fortkommen, das ihm jeden erkennbar machte, wobei kaum noch einer realisierte, dass dem Poschter wirklich ein Fuß fehlte, so sehr war sein Hinken Teil seiner Person geworden. Von seinem Reichtum war jedoch ohnehin nichts zu sehen, denn es bedeutete ihm nichts, seinen Wohlstand in Luxus zu kleiden. Es war ihm genug, zu wissen, wohlhabend zu sein, und manchmal brauchte er eben diese Phasen, in denen er sich gehen ließ. Wenn Christian weg war, dann gönnte er sich gerne eine solche Woche. Die Arbeit hingegen litt nie, denn die Posthalterei, die er betrieb, war nicht nur seine Existenz, sie war ihm auch Herzensangelegenheit, für die er der königlichen Anleitungen für Posthalter, Conducteurs und Packer gar nicht bedurfte. Wenn eine der Kutschen kam, sorgte er dafür, dass alles wie am Schnürchen lief. Die frischen Pferde mussten da ohnehin schon in Bereitschaft sein. Und der Postwagen durfte nie länger als eine halbe Stunde verweilen, es sei denn, an der Poststation gab es ein Mittags- oder Nachtmahl, was eineinhalb Stunden Aufenthalt erlaubte. Er war, was die Pünktlichkeit der Postkutschen anging, zu sich und seinen Leuten strenger, als es die Verordnungen verlangten.

Ein weiterer kräftiger Schluck brannte ihm den Gestank der Fischtranlaterne aus der Nase, die über ihm ein mattes Licht verbreitete. Dreimal in der Woche schickte er seine Kutschen auf die Fahrt nach Buchhorn, Wangen und Dornbirn, dazu eine Eilkutsche für die Fahrt zwischen Lindau und Bregenz, die den Schiffen zahlungskräftige Kunden nahm. Erst heute war sie wieder auf den Weg gegangen, wobei er in Streit mit einem feinen Kaufman geraten war, der zu Regenmantel, Hut, Schuhkoffern und Kleidung auch noch ein großes Paket mit eigenem Bettzeug verstauen wollte, weil er dadurch den dreckigen Kammern der Wirte entgehen wollte, wie er sagte, was ihn, den Poschter, in Rage brachte, denn er wusste, wie sauber die Relaisstationen waren, die seine Kutschen anfuhren, und fühlte sich dadurch persönlich angegriffen, was nie gut war für den Kontrahenten.

Wie er so da hockte, kam ihm plötzlich eine düstere Gestalt in den Blick: ein gedrungener Körper, ein weiter Mantel und ein halber Zylinder. Mit schnellen Schritten ging sie in Richtung *Deutsches Haus* und verschwand irgendwo dahinter, vielleicht beim Rathaus.

»Tod, Teufel, Unglück und Verderben kommt in die Stadt«, zischte er der fremden Gestalt nach und nahm noch einen Schluck. »Das letzte, was wir in den elenden Mauern brauchen, wäre noch ein Rotmäntler. Teufel!« Er spukte zornig aus.

Ein Fuhrwerk mit einem müden Kaltblut kam heran, dessen Kutscher mit geräuschvollen Lauten anhielt, die allerdings weniger dem Pferd als dem Poschter galten. »Öhhha Brrrr«, rief er, und das Pferd schien froh darum, verschnaufen zu können. Der Poschter warf dem Kerl auf dem Kutschbock einen bösen Blick zu, als sei gerade er, der ihn nun mitnahm, schuld daran, dass er so lange auf eine Beförderung hatte warten müssen. Es war der Schniefer, der geduldig wartete und nicht ohne Vergnügen zusah, wie der Poschter sich betont mühsam aufrichtete und die Kiste bis zum Rand der Ladefläche bugsierte, auf der bereits Fässer, Kisten und einige Säcke verstaut lagen und mit einer dicken Leinenplane vor dem zu erwartenden Regen geschützt waren. Sein Tun untermalte er dabei geräuschvoll mit Ächzen und Stöhnen, und als er fertig war, hockte er sich selbst nicht ungeschickt hinten auf die Wagenkante und pfiff einmal laut, was dem Schniefer als Zeichen genügte, das Pferd wieder in Gang zu setzen. Quer ging es nun über die Insel bis zur Hofstatt. Noch immer bevorzugte der Poschter den Stall als Schlafstatt, obschon er genügend Platz im großen Haus gehabt hätte.

Der Schniefer sprang behände vom Bock, nahm ihm die Kiste ab und schulterte sie.

»Was macht der Bub?«, wollte er wissen und trug dem alten Kerl die Kiste in den Stall, wo er die Tabaklieferung absetzte. Er sah sich um und schüttelte den Kopf angesichts der Unordnung. »Sag schon, was macht der Bub, wann kommt er wieder?«, wiederholte er. »Wenn er sieht, wie es hier ausschaut, treibt er dich mit der Gerte bis zum Pulverturm und dann ab ins Wasser. Zu Recht!«

»Ahh«, winkte der Poschter ab, «den Rössern fehlts an nichts. Sind ja eh nur ein paar, die mir der ständige Krieg mit seinen Contributionen übriggelassen hat, und grad liegts wieder in der Luft, die Halsabschneiderei. Das Elend ist schon in die Stadt gekommen heut. Hast ihn auch gesehen?«

Der Schniefer ging im Stall herum und sah sich um.

»Wen gesehen?«, murmelte er und freute sich an den glänzenden Rücken der Tiere. Der Poschter ließ sie so pflegen, wie er selbst es auch getan hätte.

»Na diesen Rotmäntler, der heut drunten im Hafen angekommen ist mit einem Boot aus Rorschach. Ist es nicht gar eures gewesen?!«

»Nein«, entgegnete er wenig interessiert. »Unser Boot ist noch in Buchhorn fest und kann es nicht gewesen sein. Außerdem sind heut viele Leut im Hafen angekommen. Was soll denn ein Rotmäntler überhaupt sein?«

»Lumpen, Gesindel, Mörder, Verbrecher, wie man sie im Krieg allweil braucht. Früher, als ich Soldat war und meinen Fuß für ein Reich verloren hab, dessen Herrlichkeit ein kleiner Franzose in Austerlitz gemütlich in seiner Pfeife geschmaucht hat, da hatte ich mit ihnen zu tun. Wenn nicht grad Krieg ist, dann steckt man sie ins Loch, und da gehören sie auch hin. Verbrecher!«

»Mhm. Und die sind hier …?«

»Nein, nicht die. Nur einer von ihnen … hab ihn am Mantel erkannt mit der großen Kapuze. Das Rot hat er schwärzen lassen …« Der Poschter geriet wieder in Gedanken über den Kerl und lamentierte leise vor sich hin.

»Na ja, wenn es nur einer ist«, meinte der Schniefer gelassen und ließ nicht locker, was Christian anging. »Und der Bub? Was schreibt er, wo ist er gerade und vollbringt Heldentaten?« Er ging nicht weiter auf den ominösen Rotmäntler ein und auch nicht auf das gelegentliche Seufzen des Alten, denn er war froh, den Poschter endlich aufgetrieben zu haben. Kreuz und quer war er über die Insel gefahren, bis er ihn endlich am Mangturm hatte hocken sehen. Er hatte einen Auftrag zu erfüllen, dem er nicht ungerne nachkam.

Der Poschter humpelte von einer dunklen Ecke in die andere, als wisse er nicht, was er wollte. Doch irgendwo hier musste der letzte Brief vom Buben sein, irgendwo hier hatte er ihn hingelegt. Aber auch in dem Messingkästchen, das er sich in der Bindergasse eigens dafür geholt hatte, die Briefe von ihm sicher aufzubewahren, war er nicht zu finden. Hatte er ihn am Ende gar irgendwo liegen lassen? Zuletzt war er in der *Engelstube* gewesen, überlegte er, in die er trotz der Schmerzen im Bein, die ihm die Stufen der steilen Treppe zum Wirtshaus verursachten, neulich gegangen war.

Die alten Kaltblüter im Stall begannen, sich zu regen und den Kopf zu heben. Das Umherlaufen des Alten brachte Unruhe in den düsteren Frieden und damit Unruhe in ihre Gemüter.

»Ah, da ist er, da ist er!«, rief er froh, als er ihn plötzlich in der Innentasche seines alten Ledermantels entdeckte, und winkte vergnügt damit. Doch kaum, dass er begann, den Brief aufzufalten, fiel ihn ein sentimentales Gefühl an, und er setzte sich auf einen halb gefüllten Sack Hafer, der an einem Stützbalken lehnte, und weinte.

»Am Ende werden sie ihn mir noch vom Pferd schießen, die Lumpen, die elenden.«

Dem Schniefer war es peinlich, und er ging nach hinten, tätschelte die Hüften der Stuten und flüsterte ihnen leise beruhigende Laute zu. Es roch gut. An allen Orten roch es gut, wo gesunde Pferde und Kühe beisammen waren, fand er, und schielte nach vorne, wo der Poschter zusammengesunken dahockte. Was er nur in letzter Zeit hatte? Schon einige Male hatte er von anderen gehört, dass ihn das Weibische überkommen hätte. Gerade ihn. Er rief halblaut, weil er die Gäule nicht beunruhigen wollte: »Aber den Bub doch nicht … den doch nicht!«

Der Poschter wackelte mit dem Kopf, um auszudrücken, wie wenig Glauben er ihm schenkte, und faltete den Brief mit theatralischen Bewegungen auf. Herrgott, der Bub, er fehlte ihm. Er fehlte ihm und dem Geschäft ebenso, denn so wie er mit Pferden umgehen konnte, gab es keinen Zweiten weit und breit. Und er war in Gefahr, dort, wo er sich befand, und er war jung und wild und kräftig, und wie es sich gehörte, hielt er sich für einzigartig und somit für unsterblich. Alles für sich genommen die blanke Gefahr. Er wischte sich den Rest der Tränen mit dem Handrücken ab und rotzte in die Streu.

Keinen Zweiten gab es weit und breit als wie seinen Buben. Er nickte seinem eigenen Gedanken zu. Und der Franzos, der hierhergekommen war, um sich Pferde für seinen Auftrag zu holen, von dem niemand wissen durfte, der hatte keine Sekunde gebraucht, um zu erkennen, welch ein Juwel er da in dem jungen Burschen vor sich hatte. Und was Wunder – er war mit ihm gegangen, einfach mit ihm fortgegangen – weg! Nach allem, was er für ihn getan hatte! Es hatte ihm, ausgerechnet ihm, dem Poschter, das Herz halb gebrochen, als ihn schon nach den ersten Tagen und Nächten dieses säureätzende Gefühl der Einsamkeit begann, zu quälen – ausgerechnet ihn, der er sein Herz Jahrzehnte nicht gespürt hatte. Schreien hätte er wollen, vor Wut, vor Zorn, vor Ärger, wo er verlassen worden war. Ungerecht war das Dasein, ja! Er war es, der ein großes Herz gezeigt hatte, als er den kleinen Waisen aufgenommen, ein Dach über dem Kopf und einen vollen Magen gegeben hatte, der ihm Christenlehr und Lesen, Schreiben, Rechnen hatte beibringen lassen, und dann war er einfach so mit dem Franzosen mitgegangen. So hatte es seinerzeit in ihm geschrien, dass er dachte, daran zugrunde zu gehen. Nun gut, es war ein General, der einen Narren an dem Jungen, an seinem Jungen, gefressen hatte. Dem französischen Generalissimus war sofort sein außergewöhnliches Geschick im Umgang mit den Pferden vor die Augen getreten, und er hatte es sogleich als das, was es war, erkannt: als besondere Gabe. So war das gewesen.

Doch noch beklagenswerter war es ihm ergangen, als er nach zwei oder drei Wochen, er wusste nicht mehr genau, wann, den ersten Brief vom Buben erhalten hatte. Bis zum jetzigen Tag, also noch Jahre später, konnte er jenes Gefühl von damals nicht vergessen, als er auf seiner eigenen Poststelle dastand und nicht wusste, wohin mit dem Brief, da er ja an ihn selbst gerichtet war. Zuerst hatte er ihn zur Seite gelegt, denn die Anschrift war ihm zunächst seltsam vorgekommen, aber dennoch auf eigentümliche Weise vertraut: Johann Jakob Rupflin stand da in ausladender, feiner Schrift geschrieben. Lange war es her, dass er auf diesen Namen gehört oder ihn gelesen hatte, wo er doch für alle nur der *Poschter* war und von allem und jedem so genannt wurde: Poschter! Sogar die Pferde, stellte er sich vor, kannten ihn nur als Poschter. Er hatte sich unnützerweise gefragt, woher der Bub überhaupt seinen vollen Namen kannte, und war in jenen Tagen tatsächlich eine Weile darüber ins Grübeln geraten, ohne jedoch recht zu einem Ergebnis zu kommen, denn eine andere Frage beschäftigte ihn gleichermaßen, nämlich welchen Namen eigentlich der Bub genau hatte. Über die vielen

Jahre war er auf der ganzen Insel nur der *Bub* gerufen worden, sogar in der Schule.

In der Dachkammer, in der großen Kommode, in der er unter Leinensäcken und Wäschepapier alte Schriftstücke aufbewahrte, hatte er letztlich das Dokument gefunden, das ihm der Abt der Mehrerau vor vielen Jahren mit einem kurzen Dank hatte zukommen lassen. Darin stand: *Christian Leonhard Ganal*. Lange hatte er droben gehockt und auf die Buchstaben gesehen. Das war also der Bub – Christian Leonhard Ganal. Und er hatte ihn nicht verlassen, nein, er war nur weggegangen.

Im ersten Brief, den er bekam, schrieb er nur ein wenig von sich selbst und wies ihn an, wie das eine oder andere Pferd zu versorgen sei, was ihnen vertraut war und was er mit welchem auf keinen Fall anstellen sollte. Und er ermahnte ihn doch tatsächlich, er solle die Pferdegeschirre auch immer ordentlich fetten.

Trotz seines Klumpfußes war er damals, als er wieder halbwegs bei Sinnen war, damit über die Insel gesprungen und hatte den Brief in den Wirtsstuben vorgelesen. Ja, alle sollten es wissen – der Bub, nein Christian, so nannte er ihn von da an andern gegenüber, der Christian hatte ihm geschrieben aus der weiten Welt, in die er mit einem französischen Offizier geritten war, um etwas zu erkunden. Was war es noch mal gewesen?

Der Schniefer war durch den Stall gegangen, strich dem ein oder anderen Pferd über das Fell, fühlte vorsichtig hier einen Lauf und fuhr dort zart über ein Maul. Es stimmte – die Gäule waren in gutem Zustand. Daran ließ es der Alte wirklich nicht fehlen, und er drangsalierte seine Pferdeknechte sicher schlimmer als die Rösser.

Er riss den Poschter aus seinen Gedanken an die Vergangenheit und brummte durch den Stall: »Was ist jetzt!?«

»Jaja, ist ja schon gut«, murrte der Poschter und begann, laut zu lesen:

»Christian! Wenn es Krieg gibt, nehme ich Sie mit ins Feld!«, so hat mir mein Herr oft halb ernst, halb scherzend zugerufen, und nie klangen mir seine Worte lieblicher, als wenn er so sprach. Und heute ist es mir gewohnt geworden, in den Krieg zu ziehen, wenngleich ich den See und den Stall in der Hofstatt arg vermisse. Längst wollte ich wieder zurück sein, doch diesmal treiben Gerüchte auf von einem abermals drohenden Kriege zwischen Oesterreich und Frankreich. Wir sind daher von unseren Erkundungen zurückgekehrt und seit einigen Tagen in einem großen Übungslager bei Augsburg. Heute habe ich gehört, auch die Oesterreicher hätten Übungslager an die baierischen Grenzen gelegt, was man gut und gerne als Vorbereitungen zu dem nahe bevorstehenden Ausbruch des Krieges deuten kann. Sie werden nicht gescheit, die Österreicher. Im vergangenen Winter war es schon einmal brenzlich, doch zogen die Truppen letztlich wieder in ihre Garnisonen zurück, und alles wurde stille. Doch jetzt mehren sich mit den erneuten Vorbereitungen die Gerüchte, und inzwischen zweifelt niemand mehr am Krieg. Ein großer Teil der baierischen Armee ist schon ausgerückt, und die Truppen, welche noch in München liegen, erwarten täglich den Befehl zum Ausmarsch. Alle Wachen haben mit Sack und Pack ihre Posten bezogen, überall, wohin man blickte, herrschte die größte Bewegung. Mir pocht bei all diesen Rüstungen das Herz. Ein sonderbarer Streit herrscht in meinem Innern: Oft schaudere ich vor mir selbst zurück, wenn ich bemerke, wie ich den Ausbruch des Krieges kaum erwarten kann, doch beschwichtige ich mich damit, dass meinetwegen weder Krieg noch Friede sei und ersterer eine Geißel Gottes und ein notwendiges Übel ist. Ich bin voller Unruhe zurzeit und durchlaufe die Straßen, um all diese Vorkehrungen zu beobachten, bis endlich die Alarmtrommel die letzten Regimenter zum Abmarsch ruft. Trotz allem hoffe ich, bald an den See zu kommen, sei es nur für ein paar Tage. Mein General will sich dafür verwenden. Sag das auch dem Mädchen, das dich besuchen kommen wird.

»Mhm ... will er also kommen. Glaubst, er bekommt wirklich die Erlaubnis dazu, wo alle schon so reden, als hätten wir Krieg?«, murrte der Schniefer nachdenklich. Der Poschter zuckte mit den Schultern.

»Weiß man's?«

»Was macht er eigentlich, jetzt, wo er Offizier ist?«, fragte der Schniefer. Der Poschter machte eine wegwerfende Handbewegung.

»Sie nennen es *commission des routes*. Sie reiten im Land herum und messen und zeichnen, wenn nicht gerade Krieg ist. Das Militär braucht genaueste, so hat er es mir gesagt, genaueste Karten, um in die Zukunft blicken zu können. Offensichtlich traut der Franzos dem nicht, was er mit eigenen Augen sieht.« Er schüttelte den Kopf. »So schön schreibt er, und jedes Mal wieder traut er mir nicht, dass ich die Pferdegeschirre recht fette.« Der Schniefer tätschelte eines der Pferde und grinste.

»Mhm ... na gut, dann schau ich nach, ob sie alle in Ordnung sind. Aber was anderes nun ... nächste Woche brauchen wir vier kräftige Pferde wie die hier zum Verladen. Wir leeren das Lager.« Der Poschter richtete sich überrascht auf.

»Was!? Ihr habt noch Korn im Lager?«

»Ja. Was meinst denn du, woher der Hafer ist, den ich dir gebracht habe?! Und noch kriegt man Geld dafür und keine Schuldverschreibungen, die das Papier nicht wert sind. Das wird sich bald wieder ändern, wenn es stimmt, was der Bub geschrieben hat, und es wieder Krieg bei uns geben wird. Aber lang dauert es auch nicht mehr, dann gibt's keine Soldaten mehr, und es ist endlich zu End mit dem andauernden Krieg.«

Der Poschter faltete den Brief vorsichtig zusammen und richtete sich auf.

»Ahh ... Soldaten wird's immer genug geben. Immer. Zum Einander-Totschlagen reicht es allweil. In Spanien schlagt der Franzos alles in Glump, und wenn er da fertig ist, wirst sehen, geht's bei uns weiter. Und im Hafen drunten hat mir heute einer, der vom Arlberg kam, erzählt, im Tirol hätt es einen Aufstand wegen der Rekrutierung gegeben, und in Axams hätten sie die bairischen Soldaten entwaffnet.«

»Ja, im Tirol braut sich was zusammen, weil die Baiern sich aber auch recht aufführen, was man hört. Ist's denn dann ein Wunder? Und aus Wien werden's recht angestachelt, und der Winter ist nun auch vorbei.« Er strich einem der Kaltblüter noch einmal über das Fell und ging dann hinaus zur Kutsche. »Bis dann, Poschter, und vergiss die vier Kräftigen nicht. Die zwei Ardenner da hinten wären grad recht und die zwei Noriker dazu ... das würd passen.« Der Poschter brummte zustimmend.

»Jaja ... es ist ja schon immer recht gewesen.«

Er hatte inzwischen einen Kanten Brot aus der Schublade des alten Tisches geholt, der in der Ecke stand, und dazu ein Stück Butter, das in Papier eingewickelt dabei lag. Mit seinem alten Messer kratzte er die Butter sorgfältig ab und schmierte sie aufs Brot. Die Scharten im Messer hinterließen ein Muster in der weichen Butter. Sicher hätte er sich ein neues Messer leisten und jeden Tag im *Engel*, *Lamm*, *Sünfzen* oder sonstwo sein Mittagsmahl nehmen können. Doch wozu? Hier konnte er sich in die Ecke fläzen, die mit alten Kissen, Säcken und Decken ausstaffiert weich und bequem war. Er hörte das Grummeln der Pferde, ihr Schnauben, und jetzt waren die Fliegen auch noch nicht so viele, dass sie ihm allzu lästig wurden.

»Gruß an die Franzisca und den Lucas«, rief der Poschter ihm nach, »und an das Mädchen auch. Lang war sie schon nicht mehr hier gewesen.«

Der Schniefer zog den Hut fest, denn inzwischen hatte ein leichter Regen eingesetzt, und zeitweise bliesen heftige Böen durch die Carolinenstraße. Er fuhr langsam zum Paradiesplatz, wo er um den Brunnen herum wendete und den Weg zurücknahm.

Als er wieder an der Hofstatt vorbeifuhr, kam ihm vom Mädchenschulplatz her eine Gestalt entgegen: ein kräftiger Kerl mit niedrigem Zylinder und aufgeknöpftem, wehendem schwarzem Mantel. Mit ausgreifenden Schritten ging er im Schutz der Mauern gegen den Wind an. Hinter ihm sprang ein dünnes Männchen in feinem Rock drein und versuchte, Schritt mit ihm zu halten. An seinem Gehabe war zu sehen, wie er auf den düsteren Kerl einredete. Als der Schniefer die beiden passierte, warf ihm der Kerl ein hämisches Grinsen zu. Die Narbe, die platte Nase, dieses Gesicht, wie ein Schlachtfeld – dazu der wehende Mantel mit der Kapuze – das musste der Rotmäntler sein, von dem der Poschter gesprochen hatte. In der Tat eine abstoßende Gestalt.

Er zog seinen Hut ein Stück tiefer in die Stirn und nahm den Weg vorbei am Baumgarten zum Landtor, an dem noch Wachen standen und ihn beiläufig grüßten. Es war Zeit, heimzukommen mit der Ware und den Neuigkeiten.

Er war gerade in den Schatten der beiden Kirchtürme gekommen, als drunten in der Carolinenstraße das schmächtige Männchen an eine Tür ging und sie schnell öffnete. Es sah sich um, als es in den düsteren Gang trat, und zog den kräftigen Kerl herein. Mit gekünstelter Freude sprach es in die Dunkelheit: »Da sind wir, mein Herr, da sind wir.« Das Männlein ging ein paar Schritte und holte eine brennende Kerze aus der Leuchternische, um damit eine Laterne anzuzünden, die in der Ecke gestanden hatte. »So, jetzt folgt mir, es wird Euch gefallen.« Er ging die Holztreppe hinan, vorbei an schäbigen Holztüren, die in den Kehren zu beiden Seiten in Wohnungen oder Kammern führten. Kein Laut war zu hören. Er brachte den Fremden bis nach ganz oben, wo er die Tür zu einem Verschlag öffnete. Eine Katze entwischte durch den Türspalt und verschwand geschmeidig nach unten. Der Kleine lachte und betrat den Raum. Mit der Laterne wies er rundherum in die Ecken. »Hier seht, wie Ihr es gewünscht habt. Alles, was man benötigt: ein Bett, eine Kommode, ein großer alter Schrank, ein kleiner Tisch. Einmal die Woche kommt die Wirtschafterin und bringt, was immer der Herr brauchen.«

»Wo sind die Huren?«, fragte der finstere Bursche und machte ein paar Schritte durch den Raum, strich über die Kommode, drückte mit der Faust in die Matratze und schnupperte in die Ecken. Der Kleine ließ ein theatralisches Stöhnen hören.

»Ah, ja, schon. Es ist halt schwierig zurzeit, sehr schwierig. Sie sind ja alle davongelaufen, wo die Soldaten schon wieder marschieren und im Tross mehr zu verdienen ist als hier in einer so stillen und tugendhaften Stadt.« Er lachte leise und giftig. Der Kerl drehte sich zu ihm um und packte ihn an der Schulter.

»Ich nehme auch Jungen, kleine …« Der Schmächtige grinste fies, wand sich aus dem Griff und machte sich anheischig.

»Mhm … das wäre schon möglich, durchaus, ja … aber dafür ist das Gewicht in meinen Händen zu wenig.« Er wippte mit der linken Hand, und das Geklapper von Münzen war zu hören. »Und das wenige Gewicht hat zudem den falschen Glanz.« Der Düstere griff schnell in seinen Mantel, und als die Hand wieder zum Vorschein kam, glänzte ein Louis d'Or darin. Er griff die Linke des Mannes und drückte die Münze zu den anderen.

»Heut Abend – Huren oder einen Jungen, verstanden?!« Der Kleine schluckte und zog seine Hand schnell weg.

»Ich will es gern versuchen, wirklich, ich will's versuchen. Wie lange wollt Ihr bleiben?«

»Ihr werdet schon sehen.« Er nahm dem eingeschüchterten dürren Männlein die Laterne aus der Hand. »Lasst ein paar Flaschen Wein bringen und Essen, aber nur für mich, nicht für die Hure und auch für niemand anderen.« Der Kleine nickte und schickte sich an, zu gehen, da klammerten sich die Finger des Grobians um seinen Oberarm und drückten verhalten zu. Er zog ihn zu sich heran und sagte: »Noch etwas. Ich mag es nicht, wenn man über mich redet, verstanden!?« Der Kleine nickte artig, drehte sich dann aber aus dem Griff und wischte ein paar Mal über seinen Mantel.

»Durchaus, jedoch müsst Ihr Euch bei der Stadt melden, anders geht es nicht. Hier in der Stadt wird den ganzen Tag nichts anderes getan als geredet! Nichts kann hier geheim gehalten werden, auch nicht, dass hier jemand wohnt. Meldet Euch also besser vorne im Rathaus beim Amtsschreiber. Die Gendarmen kontrollieren streng, und sicher seid Ihr im Hafen schon aufgefallen.« Der Rotmäntler sah ihn an und sagte keinen Ton, brummte dann aber: »Ja gut, dann … dann werd ich mich melden.«

Der Schmächtige richtete sich zum Gehen, als er von seinem Mieter nochmals zurückgehalten wurde.

»Moment … noch etwas.«

»Ja?«

»Ich suche jemanden in Lindau … einen Soldaten.«

»Einen Soldaten?«

»Ja, etwas jüngerer Bursch … groß gewachsen, schmal, aber zäh, mit dunklen Augen und dunklen, glatten Haaren. Hockt auf dem Gaul, als wär er damit zusammengewachsen … hab noch nie jemanden so reiten sehen. Kennt er einen aus Lindau der Beschreibung nach!?«

Der Schmächtige tat, als überlege er, und machte einen Schritt von dem Kerl weg. Durchaus hatte er eine Vorstellung davon, wer gemeint sein könnte, doch aus welchem Grund hätte er ihm sagen sollen, um wen es sich handelt? Was hatte er schon davon, und zudem war ihm die Sache zu gefährlich. Wer wusste schon, worum es dem Kerl ging, und etwas Gutes konnte es wahrlich nicht sein. Er gab sich also unwissend.

»Soldaten, die reiten können, gibt es viele … dunkle Haare, ein junger Bursch … da fällt mir gerade wirklich niemand ein.«

»Französische Uniform hat er getragen«, ergänzte er.

»Französische Uniform«, gab Brack, so der Name des Kleinen, sich überrascht, »keine baierische?«

»Nein, keine baierische … ein Franzos war es, aber mit der gleichen Sprach, wie sie hier gesprochen wird.«

»Ah, unterhalten habt Ihr euch also.«

»Nicht so recht unterhalten …«

»Ja wie soll ein Franzos denn aus Lindau sein«, sagte er, obschon klar war, dass nur ein einziger Bursche gemeint sein konnte. Der Rotmäntler schwieg und sah ihn prüfend an. »Mir fällt da wirklich niemand ein … und ich muss jetzt auch gehen. Die Anmeldung nicht vergessen, ich will keine Schwierigkeiten.« Er drehte sich um und machte sich schleunigst davon. Im Erdgeschoss hielt er inne, holte die Kerze aus der Leuchternische und hielt die Goldmünze in das Licht. Sie leuchtete nicht zu arg glänzend, aber in diesem edlen matten Glanz, den er so mochte. Vorsichtig nahm er das Geldstück zwischen die Zähne und biss sanft zu. Gerade weich genug. Im Hosensack hatte er einen kleinen Magneten, mit dem er über die Münze strich. Zufrieden steckte er alles in die Hosentasche. Echt, tatsächlich echt.

Draußen in der engen Gasse holte er Luft, schlug den Mantel zu und klappte den Kragen hoch, bevor er sich eilig auf den Weg hinunter in die Fischergasse machte. Der Wind fauchte durch die Straßen, und manchmal musste er schützend die Hand auf die schmale Krempe seines Hutes legen. Er verschwand schließlich in einem Hauseingang, von wo eine breite Stiege nach oben in den ersten Stock führte. Noch außer Atem schlug er den Türklopfer dreimal kräftig an. Eine Küchenhilfe öffnete die Tür, und ihr zunächst unbestimmter Blick wurde unmittelbar kühl, als sie den späten Besucher erkannte. Ohne große Freundlichkeit ließ sie ihn eintreten und bat ihn, im Vorraum zu warten. Dort war es kühl, und er war froh, in den Salon vorgelassen zu werden, wo von den hellgrünen Kacheln eines Ofens eine angenehme Wärme ausging. Die Fenster des Raumes wiesen nach Osten, und man sah trotz der dunklen Wolken die weite Seefläche unter dem dunklen Rücken des Pfänders schimmern. Der Raum war auffällig möbliert. Jedes der Stücke, ob Tisch, Sessel, Sofa, Chaiselongue oder das in Verzierungen erstickende Schränkchen, zog unweigerlich die Aufmerksamkeit der Besucher auf sich, was dem Zimmer eine überladene Unruhe gab und wenig zum Verweilen einlud. Zudem stießen die Augen auf eine eigenwillige Dekoration. So flatterten etwa an der Chaiselongue mehrere Schichten Volants, was aussah, als hätte jemand ein festliches Kleid darüber geworfen. Die Augen wurden schnell satt und suchten stattdessen lieber den Blick zu den Fenstern hinaus zum See.

Es war still hier im Raum, denn das Geklapper der Kutschen und das Geschrei ihrer Fahrer, wenn sie sich am Fischergassenbrunnen nicht einig darüber waren, wer zuerst die Engstelle passieren durfte, drang nicht bis hierher. Der See hatte hier die Herrschaft.

Eine Frau saß auf einem Stuhl vor einem kleinen, mit Marmor belegten Tischchen mit vier geschwungenen Beinen, die aus einer gedrechselten Mittelsäule flossen. Sie legte Karten. Er wartete, bis die Angestellte die Tür hinter sich geschlossen hatte, dann erst begann er, allerdings ohne jede Aufforderung, zu sprechen. Bislang hatte die Frau es nicht für erforderlich gehalten, ihn anzublicken oder auch nur ein Wort an ihn zu richten.

Er rieb sich die Hände, fühlte die Wärme am Rücken zu den Schultern hinaufkriechen und war zufrieden darüber.

»Ein Kerl ist in der Stadt angekommen, der Euch interessieren könnte«, sagte er anbiedernd und beugte dabei unterwürfig seinen Oberkörper leicht nach vorne. Die Frau war nicht annähernd beeindruckt von dem, was er da sagte, und prüfte mit unzufriedenem Blick eine der Karten, die sie ablegen musste.

Sie hatte einen zierlichen, zähen Körper, und unter den dunkelblonden Haaren, die nach der Mode der Zeit geflochten waren, lauerte ein kantiges, scharf gezeichnetes Gesicht mit spitzer Nase, durchdringenden, blitzenden Augen und schmalen Lippen, die ihren Mund wie einen Strich unter die Nase zeichneten.

Ihre Ignoranz ließ ihn verstummen, und er verblieb starr in seiner devoten Haltung. Mit der Bilgeri, das wusste er, war nicht zu spaßen, und wenn sie Karten legte, was sie ausschließlich zu tun schien, war sie am allerwenigsten geneigt, Konversation zu betreiben.

Endlich sagte sie einen Ton.

»Soso. Ein Kerl, sagt Ihr, ist in der Stadt angekommen. Das ist, will ich meinen, eine wirkliche Neuigkeit, wo jeden Tag hunderte Kerle hier ankommen und die Stadt auch wieder verlassen, was in den allermeisten Fällen kein Schaden ist.« Sie nahm alle Karten wieder auf, mischte ihn gekonnt mit ihren langen Spinnenfingern und legte erneut aus. »Ich lege nach dem keltischen Kreuz, denn es liefert sofort einen schnellen Überblick über die unmittelbaren Ereignisse eines wichtigen Themas, von dem man vielleicht noch gar nicht weiß, und verrät den Ausgang der Situation ...«, sie ließ ihre Augen kurz in seine Richtung blitzen, »... und da wir das Thema nicht festgelegt haben, lassen wir uns von den Vorahnungen des keltischen Kreuzes nun einfach überraschen. Es findet von ganz allein heraus, welches Thema uns am meisten beschäftigt.« Sie deckte ein paar Karten auf. »Oh, oh, oh ...«, sie hob den Kopf und sah mit gespieltem Entsetzen zu ihrem Besucher, »der Teufel, die Herrscherin und der Narr ... welch eine Kombination! Jetzt fängt es an, mich zu interessieren. Hat er wieder mit seinen elenden Huren zu schaffen, der Kerl, mhm?« Er neigte sich abgefeimt ein Stück tiefer.

»Nein, nein. Jedenfalls nicht direkt ... ich habe ihm Wohnstatt verschafft und durchaus ... sicher ... hat er ein ganz natürliches Interesse an meinen Angeboten darüber hinaus.«

»Angebote ... das klingt nach einem ehrbaren Geschäft. Nun gut, aber weshalb kommt er deswegen zu mir?« Er richtete sich auf.

»Nun, er macht den Eindruck, für das ein oder andere Geschäft gut verwendbar zu sein. Ihr solltet ihn selbst einmal kennenlernen ... ich dachte nur ...«

»Ah ... dachte er ...«, unterbrach sie ihn und hob eine Karte hoch, die sie kritisch beäugte, als gehöre sie nicht zum Spiel. »Wo ist er jetzt, der Kerl?«, fragte sie knapp.

»In der Carolinengass, in der Kammer, droben unter dem Dach.«

»Jesses!«, rief sie laut aus, hob ihre Arme und sah zur Decke. »In diesem Loch … und er hat das angenommen? Dann muss er wirklich außergewöhnlich anspruchslos sein, und es ist schwierig, zu sagen, ob er nun Teufel oder Narr ist.« Sie legte eine nächste Karte und lachte ebenso laut wie unangenehm. »Die Liebenden. In der Tat eine spannende Kombination, die er mir da in die Stube gebracht hat. Erzähl etwas mehr von ihm, und …«, sie hielt inne und deutete auf das Sofa, »… setz er sich da drüben hin. Ich kann das Katzbuckeln nicht ausstehen.«

Wilhelm Friedemann Brack eilte beflissen zum angeordneten Sofa. Er war allen in der Stadt bekannt und betrieb seit vielen Jahren ein florierendes Geschäft, von dem Jahre zuvor nicht annähernd bekannt war, wie sehr ein Geschäft aus einer solchen Sache zu gestalten war: Er vermittelte Dienstboten und Lakaien für alles und jeden, für kurze und für lange Zeit, für große und kleine Haushalte. Diese verrückten Zeiten, in denen man lebte, hatten es mit sich gebracht, Dienstboten selbstbewusster auftreten zu lassen, als Gott dies jemals gewollt haben konnte. Die gute alte Ordnung war zusehends zu Makulatur verkommen. Lichtmess und Michaeli waren zwar immer noch wichtige Zeitpunkte im Dasein der Dienstbotenschaft, doch waren schon Fälle bekannt geworden, in denen Mägde und Knechte vor der Zeit aus ihrer Stellung gegangen waren, und waren sie früher in einer Zelle gelandet, nahmen sie sich heute frecherweise einen Advokaten, der den Gerichten die Zähne zog. So waren viele um die Dienste von Brack froh – Suchende wie Vermittelte.

In letzter Zeit war es zudem Mode geworden, sich Mietlakaien allein für einen festlichen Abend, ein Essen oder einen der modernen Salons, wie sie von reichen Damen gerne gegeben wurden, bei ihm zu besorgen. So mancher und mehr noch manche legten Wert darauf, ihre Gäste möglichst eindrucksvoll zu empfangen und zu verabschieden, und wie ginge das besser als mit Gestalten in Livree, ausdrucklosen Gesichtern, die als vornehm galten, und Perücken auf dem Kopf. Derlei hatte die Revolution also mit sich gebracht, dass jeder, der es zeigen wollte, einen kleinen Königshof zur Schau stellte – allerdings nur für einen Abend oder längstens ein Wochenende. Dann wanderten die Livrees wieder in die Kleidersäcke auf dem Speicher, und die Dienerschaft ging ihren eigentlichen Arbeiten nach, handwerkte, packte, verlud, nähte, wusch, bügelte. Allen war gedient. Die Herrschaften ließen sich selbst glänzen, und die Entlohnung war durchaus akzeptabel. Neben Dienstboten vermittelte Brack allerdings noch etwas ganz anderes: Seine vielen Kontakte brachten ihn auch mit der ein oder anderen Weibsperson in Verbindung, der das frühe Aufstehen schwerfiel und die mit Wasserschleppen, Waschen, Bügeln und Kochen wenig am Hut hatte. Es waren Charaktere, die den Tag zwar mochten, wenn er gegen Mittag begann, die Nacht aber vorzogen – rauchige Luft, schweren Wein, Gesänge, feuchtglänzende Augen und rechtzeitig ein warmes, weiches Bett statt einer Strohmatte in einer auskühlenden Küche. Kurzum – Brack betrieb einen regen, gut laufenden Menschenhandel und war stets darum bemüht, auch wirklich jedes Bedürfnis seiner Kunden zu bedienen, ohne dabei auch nur annähernd in die Nähe moralischer Skrupel zu kommen.

Seine Geschäfte gingen nicht schlecht, er hatte schon etwas Gold beiseitegeschafft und hätte beinahe unabhängig sein können. Doch die harten Schläge seiner kurzen Erziehung im Armenzimmer eines Klosters hatten ihm die Demut in den Leib gebracht und das Wissen darüber, dass Freude nur durch vorheriges Leid zu gewinnen war. So gewann in Situationen wie diesen gerade nicht der Stolz eines Unabhängigen, sondern die Neugier des Unterwürfigen die Oberhand. Lange allerdings wollte er vor dieser kalten Mamsell nicht mehr katzbuckeln.

Er berichtete, wie gefordert, von der düstern Erscheinung, die ihn im Gasthaus zum Stift angesprochen hatte. Mit ausladender Gestik beschrieb er die zahlreichen Spuren schlimmer Verletzungen im Gesicht, und er erzählte mit leiser Stimme von der dunklen Kraft, die der Kerl ausstrahlte, und von dem Geruch nach getrocknetem Blut, Ziegenstall und Schweiß, der von ihm ausging. Er lachte boshaft.

»Er macht wirklich Eindruck, sehr viel Eindruck, und er will inkognito bleiben. Das hat er mir zu verstehen gegeben, weswegen er auch mit der Kammer da droben vorliebnimmt und keinen Gasthof aufsucht, weder die *Gans* noch die *Krone, Lamm* oder *Engel.* Geld hat er wohl genügend, aber es wird nicht ewig reichen.« Er lachte.

Sie sah auf. In ihrer Frage lauerte etwas Unbestimmtes, beinahe Belustigtes. »Woher kennt er ihn?«

Er hob hilflos die Arme.

»Weiß Gott, woher er Kenntnis erlangt hat und wer ihm weitergeholfen hat. Es war im Stift oben. Kann sein, dass er jemanden gefragt hat … einen der Burschen im Hafen, einen Kutscher, die Träger, einen Lader … ich bin bekannt wie ein bunter Hund in der Stadt.«

Sie mischte erneut den Kartenstoß, begann, zu legen, und kommentierte launisch, was das keltische Kreuz ergab.

»Schon wieder der Teufel … die Liebenden, ach herrje … und – erneut der Narr! Was soll man nur davon halten.« Sie kniff die Augen zusammen und blickte hinüber zu Brack. »Mir scheint, der Narr hockt mir gegenüber auf der Chaiselongue.« Brack wackelte beleidigt mit dem Kopf.

»Mir ist es nur um Geschäfte angetan.« Sein schales Lächeln verbarg jene tiefe Abneigung dieser Person gegenüber, deren zugelegte Hochnäsigkeit er verabscheute. Aber was sollte er tun? Als Geschäftsmann, wie er nun einmal einer war, gab es nicht viel Auswahl, und die Bilgeri hatte einige Beziehungen und dank ihres Gemahls neben gut versteckten Lagerstätten immer noch gute Pferde, Kutschen, Cabriolets und verschwiegene Leute dazu. Alles konnte man gut gebrauchen in diesen Zeiten. Und wenn man an den Hausherren nicht herankam, musste man eben die Frau des Hauses gewinnen. »Ich meinte, er wäre vielleicht ein brauchbarer Kerl für die

Sache mit dem Salpeter«, sprach er leise und sah sich um, als gäbe es Grund dafür, zu vermuten, jemand höre mit. Sie legte ihre langen Finger auf die Karten und fuhr auf.

»Er hat dem Kerl doch nichts vom Salpeter gesagt!?«

»Nein, nein!«, wehrte er ab, hob sich leicht aus dem Sitzpolster und beschwichtigte mit beiden Händen. »Nein! Wie käme ich dazu?« Er unterdrückte ein Grinsen, denn gerade in diesem Moment war ihm eine Idee gekommen, nein, mehr noch, ein ganzer Plan. Seine Stimme wurde stiller und bestimmter. »Wie und weshalb sollte ich mit ihm über Geschäfte reden, die nicht meine sind. Ich bin nur Vermittler und manchmal auch Berater, und schlecht gefahren … schlecht gefahren ist man noch nicht mit mir.«

Sie sah von ihren Karten auf und warf ihm einen kurzen giftigen Blick zu. Er erhob sich, verneigte sich und ging rückwärts zur Türe, immer den Blick ihr zugewandt.

Als er wieder draußen war, regnete es heftig. Im Schutz des Erkers am Haus zur Linde blieb er eine Weile stehen. Dann sprang er mit kurzen Schritten hinüber zur alten Hauptwache und trat in die Wirtsstube ein. Die Dinge entwickelten sich gar nicht so schlecht, dachte er bei sich, gar nicht so schlecht.

An einem Tisch in der Ecke hockte die dralle Rosa und schaute ihm frech ins Gesicht. Ihre Wangen glänzten rot, und gleichermaßen ungeniert wie gekonnt hängte sie ihr tiefes Dekolleté den Kaufleuten am Tisch vor die knochigen Nasen. Einige Flaschen von billigem Wein standen herum. Er stöhnte leise. Ein wirklich freches, unbeherrschbares Weib. Der Neuankömmling wäre gerade der Richtige für sie. Er ging stracks hinüber, beugte sich zu ihr und flüsterte ihr etwas ins Ohr.

*

Im Rathaus rückte sich der Amtsschreiber den breiten Polsterstuhl zurecht. Endlich kamen die Eheleute Buch samt ihrer Tochter und deren Ehemann zur Verfertigung der Übergabe. Lange hatte der Amtsschreiber auf die Tochter eingeredet, die Dinge endlich urkundlich zu machen, wo doch ihre Schwester weit entfernt wohnte, den Eltern mit jedem Brief Sorge und Entsetzen übermittelte und nicht müde wurde, zu betonen, wie gerne sie es doch gewesen wäre, die vor Ort geblieben und sich um ihre allerliebsten Eltern gekümmert hätte. Vom Poschter wusste er, dass jeder dieser Briefe mit einem dicken Paket beantwortet wurde. Ganz beiläufig hatte der alte Griesgram es einmal erwähnt, als er vorne in der Poststelle aufhältig gewesen war.

»Ah, bekommen der alte Buch und seine Frau wieder einen lieben Brief von der Tochter. Da werd ich die Tage wohl wieder eine Kiste transportieren dürfen.« Der Poschter hatte es so eindringlich und laut zu sich selbst gesagt, dass der Amtsschreiber sich unweigerlich angesprochen fühlte und ein wenig herumfragte und beobachtete.

Es brauchte seine Zeit, bis die Tochter verstand, dass eine Urkunde, die regelte, was ihren Eltern zustand, auch etwas völlig anderes regelte, nämlich: was ihnen nicht zustand. Heute waren die Herrschaften nun also gemeinsam erschienen. Der alte Buch betrieb einen kleinen Handel mit Seilwaren und eine übersichtliche Landwirtschaft dazu und nannte ein Haus sein Eigen, samt Hofstelle und Stallungen.

Der Amtsschreiber setzte ein bedeutsames Gesicht auf und las vor.

»Auf Ansuchen der Erschienenen beurkunde ich, nachdem ich mir durch Einsichtnahme in die Besitzbücher Kenntnis verschafft habe bei gleichzeitiger Einholung vor mir abgegebener Erklärungen, was folgt: Der Armin Buch und seine Frau Aline Buch übergeben hiermit an die Rosa Buch, verehelichte Hertfelder, und deren Mann Karl Hertfelder am heutigen Tage das Anwesen Haus zur Gerberschanze, Nummer 1761/3.« Er ließ den Rechtskonsulenten Kinkeling die Buchnummern zitieren und fuhr dann selbst fort: »Mitübergeben sind das Vieh, mit Ausnahme einer den Beteiligten genau bekannten Kuh, die landwirtschaftlichen Geräte und Vorräte sowie die Haus- und Kücheneinrichtung. Nicht übergeben sind die Gegenstände, welche sich in der Austragswohnung, insbesondere in der Wohnküche der Übergeber befinden. Mit dem Anwesen geht auf die Übernehmerin über der Hausbraubetrieb nebst Braugeräten. Die Vertragsteile sind über den Eigentumsübergang einig.« Er sah in die Runde und registrierte das vorsichtige Nicken. »Die Übernehmerin räumt den Übergebern ein unentgeltliches Wohnungsrecht auf Lebensdauer im übergebenen Anwesen ein. Die Übernehmerin gewährt den Übergebern ferner folgenden Naturalaustrag: Die Übergeber erhalten die Tischkost zusammen mit der Übernehmerin oder eine ihren Gesundheitsverhältnissen entsprechende bessere und leichtere Kost sowie den Haustrunk. Die Tischkost ist auf Verlangen in die Austragswohnung der Übergeber zu bringen. Die Übergeber sind zugleich berechtigt, sich selbst zu verköstigen. Sie können in diesem Falle an Stelle der Tischkost die Lieferung folgernder Naturalien verlangen: täglich einen Liter Milch, wöchentlich ein halbes Pfund Butter, fünf Eier und fünf Pfund Brot, jährlich zwei Zentner Weizenmehl, fünf Zentner Kartoffeln und ein Schlachtschwein im Lebendgewicht von zweieinhalb Zentnern. Das Verlangen auf Selbstbeköstigung kann jährlich nur einmal gestellt werden. Die vorstehenden Naturalien verringern sich beim Ableben eines der Berechtigten um die Hälfte. Die Übernehmerin hat die Austragswohnung ihrer Eltern in gut bewohnbarem und beheizbarem Zustand zu halten, für die Beleuchtung und Beheizung der Zimmer aufzukommen, ihnen alle Hausarbeiten zu verrichten, insbesondere auf Verlangen täglich die Tischkost zuzubereiten und für sie alle Gänge und Fahrten zu besorgen. Sie hat weiter für die Reinigung und Ausbesserung der Kleidung, Wäsche und Schuhe der Übergeber zu sorgen und verpflichtet sich, die Übergeber im Alter und bei Krankheit sorgsam zu warten und zu pflegen und die Kosten der Heilbehandlung sowie die eines eventuell notwendigen Spitals zu tragen. Sie verpflichtet sich, die Übergeber dereinst ortsüblich und standesgemäß beerdigen zu lassen und für die Errichtung eines Grabmals und für die Grabpflege aufzukommen. Ein Taschengeld wird nicht verlangt. Diese voraufgeführten Leistungen werden hiermit als Reallast am gesamten übergebenen Grundbesitz für die Übergeber als Gesamtberechtigte bestellt. Die Übernehmerin zahlt an ihre Schwester Frau Luise Buch, verehelichte Weiss, einen Betrag von eintausend Gulden. Dieser Betrag ist bis spätestens Johanni heuer fällig und bis dahin ohne Zins.«

Zufrieden sah er zu, wie die beteiligten die Urkunde unterzeichneten, streute Pulver über die Tinte, löschte mit einem Papier ab und siegelte das Dokument sogleich.

*

Zur gleichen Zeit rumpelte eine vornehme Kalesche über die Seebrücke, in deren Mitte sie auf das Gespann des Schniefers traf, der zufrieden auf dem Kutschbock hockte und gerade auf der Heimfahrt war. Er war froh, das Landtor passiert zu haben, ohne kontrolliert worden zu sein, und blickte gerade noch mal zurück. Da lag sie, die Insel, und hätte ein romantischer Flecken sein können für die, die sie nur von Ferne betrachteten und ihre Härte noch nicht zu spüren bekommen hatten. Er war dankbar, draußen bei den Mauchins zu sein.

Er wendete sich wieder nach vorne und musterte das noble Gefährt eingehend. Zwei kräftige Rappen waren davor gespannt. Der Kutscherkumpan hockte frei auf dem Bock, während das Verdeck hinter ihm, so weit es ging, nach vorne gezogen war. Dennoch erkannte er einen Mann und eine Frau darin und die feine Reisekiste, die am Fond mit Lederriemen festgezurrt war. Seltsam, welche Leute zurzeit in die Stadt kamen. Mit kräftigen, langsamen Schritten tappten seine Kaltblüter dahin, und bei jeder Bodenwelle, in die eines der Räder geriet, wackelte er mit dem ganzen Körper.

Die Kalesche hingegen war komfortabel gefedert und passierte schnell das Landtor, ohne von den Wachen aufgehalten zu werden. Der fremde Kutscher musste den Weg also kennen, so zügig, wie er an der Heidenmauer und Maxkaserne vorbei in die Fischergasse fuhr. Allein am Brunnen musste er warten, da ihm einige Fuhrwerke entgegenkamen, was seine Fahrgäste ungehalten werden ließ. Der Mann nahm seinen Stock und klopfte ungeduldig auf den Rahmen des Kutschbocks, was den Kutscher vor Zorn beinahe veranlasst hätte, auszuspucken, doch wollte er sein Trinkgeld nicht gefährden und nutzte deshalb eine kleine Lücke, die sich auftat, als ein Ochsengespann langsamer wurde. Er preschte los und geradewegs in die Ludwigstraße hinein, wo er vor dem Gasthaus *Krone* mit geräuschvollem Getue anhielt, als hätte er die schwere Last selbst zu ziehen gehabt und nun zur Ruhe zu bringen. Die Mägde, die am Eichmeisterbrunnen Wasser schöpften, sahen der noblen Kalesche nach. Selbst in Lindau bekam man derartige Gefährte nicht oft zu sehen.

Der Herr blieb sitzen und wartete, dass ihm die Tür geöffnet wurde. Erst dann stieg er aus, sah sich kurz um, zupfte indigniert an seiner Kleidung, richtete die Schleife und setzte seinen Hut auf. Es war eine vornehme Erscheinung, gekleidet ganz in der neuesten Mode der Zeit, mit engen, langen, dunkelgrauen Hosen, beigem Hemd, blauer Weste, gleichfarbigem Jackett und darüber einem langen, schwarzen, zweireihigen Ridingcoat. Galant reichte er der Dame seine Hand, während der Kutscher sich um das Gepäck kümmerte. Sie war nicht weniger vornehm ausgestattet, trug ein bodenlanges Kleid mit einem dunkelroten Mantel darüber und eine große Haube auf dem Kopf, deren Schild Kopf und Gesicht nicht nur vor Wind und Wetter, sondern auch vor aufdringlichen Blicken schützte.

Nichts in der Erscheinung des Mannes verriet Eile. Doch keiner seiner Blicke befasste sich mit den Menschen, die vorübergingen und neugierig auf das Paar schauten. Für ihn waren sie nicht existent.

Eine Postkutsche rumpelte ein Stück weiter an den beiden vorbei und bog vor dem Eichmeisterbrunnen in Richtung Cavazzen ab. Der Mann wendete sich der Frau mit distinguiert entrüstetem Ton zu.

»Man hat hier statt der englischen Postkutschen, in denen sich eine schwangere Prinzessin weder fürchten noch schämen dürfte, zu reisen, doch tatsächlich die offenen Rumpelwagen eingeführt. Und zu alledem streichen sie die Postwagen noch rot an, in der Farbe des Schmerzes und der Marter, und bedecken sie dazu mit Wachslinnen, aber nicht, wie man glauben könnte, um die Reisenden gegen Sonne und Regen zu schützen, denn die Reisenden haben ihren Feind unter sich – die Wege und der Postwagen selbst. Nein, man deckt die Reisenden ab aus derselben Ursache, warum man denen, die gehenkt werden sollen, eine Mütze über das Gesicht zieht. Damit nämlich die Umstehenden die grässlichen Gesichter nicht sehen mögen, die jene schneiden.«

Die Dame lächelte fein und gemessen. Als vollziehe er eine heilige Handlung, schritt er nun zum Tor des Gasthofs, nahm jedoch keineswegs den Türklopfer zur Hand, sondern schlug mit dem silbernen Knauf seines Gehstocks an das alte, trockene Holz. Ein Hausdiener öffnete sogleich, erschrak, als ihn unerwartet eine kalte Windböe am Hals packte, katzbuckelte aber sogleich routiniert, als er die Gäste mit schnellem Blick klassifiziert hatte, und kümmerte sich im Weiteren um das Gepäck. Der Herr betrat derweil das Haus, nannte dem Wirt seinen Namen und ließ sich zum Appartement geleiten, welches er für einige Zeit hatte vorbestellen lassen.

Nichts und niemanden fasste er dabei intensiver ins Auge, und die wenigen Worte, die er sprach, richtete er in den Raum und nicht an die Person, die gemeint war. Dieses von der Welt gelöste Verhalten betraf auch die Dame, die ihn begleitete und die seine Gattin sein musste. Trotz der langen und beschwerlichen Reise in der Kutsche über schlechte Wege, trotz der Kälte, die in das Coupé gekrochen war, sah man keinen der beiden sich recken, strecken, dehnen oder gar einen Ton des Klagens von sich geben. Derlei Regungen waren nicht für Augen und Ohren anderer bestimmt und blieben intimen Räumlichkeiten vorbehalten.

Als die Reisekiste vom Hausdiener nach oben in das Appartement geschleppt worden war, ließ sich die Dame schließlich müde von der Reise auf die Chaiselongue fallen und stöhnte. Der Mann ging zum Fenster, zog den Vorhang beiseite und sah hinaus. Zwischen den Häusern schimmerte in düsterem Grau der See. Die Spitze des Mangturms zog seinen Blick an, und er musterte lange die bunten Dachziegel. Sie können selbst ein Dach nicht schlicht belassen. Welch eine frivole Stadt, dachte er.

Unwillkürlich lief ein Frösteln durch den Körper des Fremden, ein Frösteln, das nicht von der Kühle, sondern von einer Erinnerung herrührte. Fünfzehn Jahre war es her gewesen, dass er zuletzt in dieser Stadt weilte, und die Umstände, die ihn einst hierhergebracht hatten, waren ganz andere gewesen – so wie er damals auch ein ganz anderer Mensch gewesen war. Damals, da war er ganz eingenommen von etwas, von dem er heute gar nicht mehr wusste, was es eigentlich gewesen war – etwas Metaphysisches. Gott? Nun, in diesem Moment war er nicht mehr Teil jener, die meinten, den rechten Glauben, die rechte Moral, das rechte Recht als solches zu haben. Mit großer Gleichgültigkeit sah er durch die Menschen hindurch und achtete nicht darauf, ob sie gut waren oder schlecht, faul oder fleißig, fromm oder ungläubig. Nein. Dies waren seine Kriterien nicht mehr. Er hatte sich von allem befreit und gehörte nun zu jenen, die auf weichen Kissen saßen, in warmen Stuben und die selbst in schlechten Zeiten dreimal die Woche Gebratenes auf dem Teller hatten, und wenn sie reisen mussten, dann taten sie es in einer gefederten Kalesche. Gerne, nur zu gerne überließ er den anderen das Himmelreich, ihre Moral und Gesetze.

Er zog die Vorhänge zu, legte den schweren Mantel ab und setzte sich in einen Sessel. Jetzt spürte auch er die Müdigkeit.

»Wirst du lange brauchen?«, kam ihre Frage von der Chaiselongue. Er schüttelte stumm den Kopf. Nein er würde nicht allzu lange brauchen. Eigentlich wäre es gar nicht erforderlich gewesen, hierher zu kommen, doch das Gerede vom Krieg kroch aus allen Löchern, und wer wusste schon, wie es am Ende kommen würde, wo er sich nun ganz auf die Baiern eingelassen hatte. Es war an der Zeit, wieder dorthin zu gehen, von wo er einst weggejagt worden war, auch wenn die Erinnerung daran schmerzte.

»Nun ... drei, vier Wochen denke ich, wird es dauern. Die Mehrerau war eine große Abtei, und ich will mir die Bücher noch mal genauer ansehen, und in München erwartet man Fuhrweise Hafer. Es scheint so, als hätte man am Hof endlich erkannt, dass die Gäule, die in den Kanonenhagel reiten sollen, keine Kronen, Gulden, Florentiner und auch kein Porzellan fressen, sondern eben Hafer. Ich werde also welchen besorgen.«

Er stand auf und ging hinüber zum Sekretär. Seine schlanken Finger strichen sanft über das Nussholz. Wirklich fein hier. Er nahm Papier, tauchte die Feder in das Tintenfass und schrieb:

Zwischen gestern und heute stand eine Kluft von tausend Jahren: In diesen wenigen Jahren ist der Riesenschritt über diese unermessliche Kluft gewagt worden. Von unsren Tagen an datiert sich eine Epoche unserer Geschichte, so wichtig, als in derselben bisher noch keine zu finden war. Von unsren Tagen an wird die sittliche, geistige und psychische Kultur des Landes eine ganz veränderte Gestalt gewinnen. Nach tausend Jahren noch wird man die Folgen dieses Schrittes empfinden. Die philosophischen Geschichtsschreiber werden von der Auflösung der Klöster an, wie sie es von der Aufhebung des Faustrechts an taten, eine neue Zeitrechnung anfangen, und man wird sich dann den Ruinen der Abteien ungefähr mit ebendem gemischten Gefühl nähern, mit welchem wir jetzt die Trümmer der alten Raubschlösser betrachten.

Als die Dunkelheit herabsank, nahm er nochmals den Mantel um die Schultern. Drunten in der Gaststube ging es hoch her, und der

Wirt verbeugte sich unterwürfig, bevor er fragte, ob alles zur Zufriedenheit bestellt sei. Dem feinen Herrn spannte sich ein Lächeln über das Gesicht, allerdings nur im Vorübergehen und ohne dem Wirt einen direkten Blick zu gewähren. Das musste ihm als Antwort genügen. Der war Ähnliches gewohnt und würde die Arroganz auf der Rechnung mit entsprechenden Positionen vermerken. Schnell war seine Aufmerksamkeit wieder bei der vollen Wirtsstube. Gerade winkte der vornehme Herr am hinteren Tisch, ein Kaufmann aus Moskau, der seit gut einer Woche bei ihm im Haus logierte. Er bestellte noch einen Krug von dem dunklen Bier und starrte dann wieder auf seine Papiere, auf denen unendliche Zahlenkolonnen geschrieben standen, wie der Wirt im Vorübergehen erkennen konnte. Dem Gesichtsausdruck des Moskauers nach stand es um die Richtigkeit der Zahlen nicht gut. Am großen Nebentisch speisten Herr Gnäbel aus Stuttgart samt Gattin. So benannte er sie jedenfalls und hatte sie in das Hausbuch als Frau Gnäbel eingetragen, wenngleich die Menschenkenntnis und Erfahrung des Wirts etwas anderes vermuteten. Herr Gnäbel war zum ersten Mal nach Lindau gekommen und suchte Geschäftspartner für ein Schifffahrtsunternehmen. Der Wirt hatte ihm jedoch nicht weiterhelfen können.

Nicht weit von Herrn Gnäbel, am kleinen runden Tisch in der Ecke, etwas abgesondert von allen anderen, saß still und unauffällig Frau Kesten aus Leipzig mit ihren beiden Töchtern und einer Hausdame. Die reiche Witwe eines Verlegers kam zweimal im Jahr in die *Krone*, war ein unkomplizierter Gast ohne Sonderwünsche, und verbrachte ihre Zeit damit, am See spazieren zu gehen und hinaus auf die Wasserfläche zu schauen. Was es doch für sonderbare Leute gab? Doch – solange sie dafür auch noch zahlten, sollte es ihm recht sein.

Von ganz anderem Schrot und Korn war der feiste Kerl am Tisch inmitten des Raums: Friedrich Gregor Baldauf. Er sprach laut und lachte noch lauter, zumeist über Dinge, die er selbst von sich gab.

Seine Reisebegleiter lachten höflich mit, denn mit Baldauf war nicht zu spaßen. Er betrieb eine Fabrik in Ulm, die Flinten herstellte, und wenn es eine Zeit gab, die gut für Flinten und Pistolen jeder Art war, dann die, in der man gerade lebte.

Am langen schmalen Tisch gleich neben dem Ausschank hockte der Unternehmer Franz Ferdinand Steib und schwelgte in Erinnerungen. Er hatte den Knopf seines Hosenbundes öffnen müssen, nachdem er Suppe, Fisch, Gebratenes und dazu noch eine Apfelspeise bewältigt hatte. Seine aufgedunsenen Wangen glänzten speckig rot, und er schenkte sich und seinen Gästen nochmals Seewein nach. Er war der einzige, der sprach, während die anderen Herrschaften am Tisch artig zuhörten.

»Das waren Zeiten damals, das waren Zeiten! Die Leut sagten, man müsst die Franzosen unterstützen, um Österreich zu demütigen, damit es nicht mehr an Akquisition von Baiern denken kann. Ja, so war das damals, und es war sogar die allgemeine Sprache der Geistlichkeit, aber noch mehr die des Adels.« Er wischte sich mit der fettigen Hand über den fettigen Mund und schaute mit aufgesetztem Ernst an einen unbestimmten Punkt im Raum über dem Tisch, um seinen Worten Gehör zu verschaffen und ihnen Gewicht zu verleihen. »Ich war ein junger Mann damals und habe die Kraft erkannt. Im Lothringischen hatte ich Gesellenjahre verbracht und mich der Truppe von General Moreau angeschlossen und habe den ganzen Weg bis nach München mitgemacht. Die Schlacht von Biberach im Mai 1800 … große Verluste beim Rückzug nach Ulm, und dann der Einmarsch in München …« Er beugte sich vor und suchte die Augen der fünf Herren am Tisch. »Unvergessen! Moreau auf dem glühenden Schimmel. Nymphenburg. Von diesem österreichischen Musicus hat er sich ein Musikspiel gewünscht damals … Zauberflöte, so hieß es. Ich habe es mir angehört, doch mich beschäftigte etwas ganz anderes. Ich dachte mir angesichts all der zerrissenen Leiber, die ich gesehen hatte, was kann man als Mensch nur davon haben und … ich weiß nicht, wie, doch bin ich unversehens auf die Idee gekommen«, er ließ eine Pause entstehen und hob den Zeigefinger, »… nämlich … in diesen Zeiten braucht man keine Kutschen, Cabrios und Landauer, dachte ich mir. Nein. Die Toten, Verletzten, die Munition, das Pulver, das Fressen, für einfach alles genügte die einfachste Kutsche. Die ist das wichtigste. Und so habe ich mir, während da vorne am Theater gesungen wurde, einen Plan gemacht für eine einfache Kutsche.« Er sah in die Runde, sah in die Augen, in denen er nichts lesen konnte, und lehnte sich wieder zurück. Sein Stuhl knarrte. Bedeutungsvoll nickte er dem Gesagten zu. »Ja. Und heute … ohne meine Kutschen kein Krieg. So einfach ist es manchmal.« Er lachte. »Und die Franzosen, die man so gegen die Österreicher herbeigewünscht hat. Ohje. Ihre Raubsucht und so auch ihre Geilheit waren schnell überall bekannt.« Seine Wurstfinger fuhren zeigend durch die Wirtsstube. »Aber ihre schwelgerische Lebensart, die ist außer Beschreibung. Ich war dabei, ich war dabei und habe nur lernen können. Den ganzen Tag fraßen und soffen sie wie das liebe Vieh, so lang, bis sie sinnenlos dahinfielen, ihren Rausch ausschliefen, nur um sodann wieder von vorn anzufangen. Hieraus hat sich nun ergeben, dass die Leute, welche sie bedienen mussten, weder Tag noch Nacht Ruhe hatten, denn wenn eine Partie ausgeschlafen hatte, so fiel die andere darnieder, und erstere fing wieder an. Es ist mit dem menschlichen Gehirn nicht fassbar, wie Menschen derart ausarten können, wenn einmal Religion und alle Bande der Ordnung zerstört sind. Es gesehen und erlebt zu haben, ist, so meine ich, durchaus wichtig in der Beurteilung des menschlichen Tiers, nicht wahr, meine Herren?« Er hob das Glas. »Auf den König!«, und ließ dabei offen, welchen er meinte. »Und bei allem … bei allem, was geschehen ist, hielt unsere bairische Bevölkerung die Österreicher für das weitaus schlimmere Übel als die Franzosen. Das ist nun auch eine Wahrheit.«

Der Wirt war mit den schlechten Zeiten zufrieden, denn an ihnen verdiente seine Kundschaft nicht wenig. Der neue Gast allerdings, der feine, unnahbare Herr, von dem wusste er noch nichts, noch gar nichts.

*

Der Schniefer hatte inzwischen den Weg über die Seebrücke und entlang des Ufers gemacht und war kurz darauf am Hof angekommen. In den Dullen der Leinenplane hatten sich kleine Pfützen gebildet, was den darunterliegenden Kisten und Fässern allerdings nichts ausmachte. Als er um die Ecke bog, sah er, wie das Tor zur Lagerhalle gerade aufging, und er fuhr direkt hinein. Lucas hatte ihn schon erwartet und schloss die Holztore, die mit einem Quietschen und dumpfen Poltern zugingen und das wenige Licht fortnahmen. Zwei Laternen kämpften gegen das Dunkel an.

»Wo warst so lange?«, fragte Lucas, während er begann, die Pferde abzuschirren. Der Schniefer war eh keiner, der gerne redete, und mitunter konnte er wie ein stummer Stein sein. Er ließ nur einen Laut hören, der vermittelte, wie wenig er auf die Frage eingehen noch über etwas anderes reden wollte. So verrichteten die beiden schweigsam ihre Arbeit. Lucas führte die Pferde hinüber in den Stall, wo sie später vom Schniefer noch trockengerieben, gestriegelt und gefüttert werden würden, denn an seine Rösser ließ er, bis auf Katharina, niemanden anderen heran. Sie war die Einzige, die ihm helfen durfte, und auch die Einzige, vor der er sich nicht schämte, mit den Gäulen zu reden, als wären es Kumpane.

Er rollte die Fässer auf den dicken Bohlen vom Karren herunter und stellte sie an den Rand des Lagers. Die Kisten verblieben droben. Gerade als er damit fertig war, huschte Katharina durch eine der schmalen Seitentüren herein und nestelte an den Sackbändern herum, was völlig unnütz war. Sie klang aufgeregt.

»Und? Hast du was erfahren?« Der Schniefer wiegte den Kopf.

»Mhm. Könnt schon sein«, womit er sie fürchterlich auf die Folter spannte. Sie ließ ein leises Jammern hören.

»Ohhh … sag schon, was passiert ist.« Er sah kurz zum Tor und zu den Türen, bevor er sprach.

»Er hat wieder einen Brief geschrieben. In Augsburg ist er und …«, er überlegte, ob er ihr erzählen sollte vom Krieg, der erwartet wurde, doch er ließ es sein.

»Gibt es eine Nachricht für mich?«, fragte sie ungeduldig.

»Nein«, sagte er und wendete sich ab, um sein Grinsen zu verbergen, »er hat nur Gedanken für seine Rösser und hat dem Alten geschrieben, er soll auch auf die Pferdegeschirre recht aufpassen und sie anständig fetten.« Sie schluchzte leise. »Ja nun … und er will an den See kommen. Kann den Poschter doch nicht so lange mit den Rössern allein lassen. Aber es wird nur klappen, wenn man ihn freistellt, was im Moment sehr schwierig ist.«

»Oh, ich kanns mir vorstellen, wo alle vom Krieg reden«, flüsterte sie ernst. »Meinst du, der Christian wird kommen?« Der Schniefer raunte ungehalten: »Ja wann es ihm erlaubt wird, dann wird er kommen. Er ist Soldat und muss gehorchen. Und der Poschter hat nach dir gefragt. Könntest ihn wieder mal aufsuchen. Vielleicht erfährst du dann mehr.«

Die Tür ging auf und Lucas kam zurück.

»Ah … die zwei Verschwörer wieder zusammen im Dusteren.« Katharina lachte. Der Schniefer trottete murrend hinüber zum Pferdestall.

*

Franzisca war in der Stube zugange, putzte und schälte Kartoffeln. Der Winter war kühl und feucht gewesen, und ein guter Teil der Knollen war schlecht geworden; so waren es also die letzten Reste, die sie in der versteckt gelegenen Bodenmiete zwischen Lagerhalle und Pferdeweide über den Winter gebracht hatten – einen Winter ohne Einquartierungen, ohne Contributionen, ohne Soldatenkolonnen, die sich einfach nahmen, was sie wollten, und für ganze Landstriche schlimmer waren als ein Schwarm Heuschrecken.

Sie stand am Tisch, worauf Töpfe und Schüsseln verteilt waren, und blickte zum Fenster hinaus, wo sonst ein Stück der glitzernden Seefläche und die Berge aufschienen. Doch heute war von beidem nichts zu sehen. Aber allein die Vorstellung daran tat ihr gut. Die einfältige Tätigkeit, ihr Alleinsein in der Stube und der weite Blick über das Land machten die Gedanken flügge.

Katharina hatte ihr zuvor noch geholfen. Kaum war jedoch der Schniefer mit dem Fuhrwerk auf den Hof gekommen, war sie hinaus ins Lager geeilt. Sie konnte sich vorstellen, worum es ging, was ihre Stimmung trübte, denn sie hatte keine Freude an der geheimen Beziehung ihrer Tochter zu diesem Burschen, mochten auch alle andern noch so munter dreinschaun und leuchtende Augen bekommen. Ihre Lippen wurden ganz schmal bei dem Gedanken an diesen Soldaten, den sich Katharina in den Kopf gesetzt hatte. Dieser Augenblick, als die beiden sich zum ersten Mal begegneten, war ihr noch ganz präsent. Es war ein lauer Sommertag, an dem sie mit Katharina draußen im Garten gewesen war. Vom Fahrweg an zogen sich die Blumenbeete den Weg entlang bis hin zum Haus, damit einen als erstes die Blüten begrüßten, so wie früher daheim in Bezau. Dort hingen die alten Stauden noch schwerer als die Sommerhitze über dem Gartenzaun, und das Farbspiel konkurrierte mit dem süßen Duft. Den Platz gab sie gern für die Blumen drein. Ihr Willkommensgruß begann im Sommer mit Lilien und endete im Herbst mit weit strahlenden Sonnenblumen. Inzwischen hatte sie die Gebüsche und Hecken zu einem Wall anwachsen lassen, der die Zufahrt und den Blick auf den Hof gut verdeckte – vor allem vor den durchziehenden Soldaten, die die nicht enden wollenden Kriege immer wieder in die Gegend brachten. Auch um die Gehöfte selbst wucherten dichte Baum- und Buschreihen mit Weißdorn, Schlehen und Haselbüschen, wodurch selbst die Weide vor Blicken geschützt zur Seefläche hin lag. Neben den

Pferden standen dort auch zwei Esel, die sie zum Rücken der Lasten im Lager brauchten.

Damals, als er auf den Hof geritten kam und noch alles frei war, stand die Phalanx der Stockrosen gerade in höchster Blüte. Stolz und ernst kam er den Weg heran. Zu ihr hatte er wollen, was sie überraschte, denn bisher hatte er alle Geschäfte die Rösser betreffend stets mit Lucas und dem Schniefer geregelt. Gerade als er vom Pferd stieg und sie sich umwandte, fiel ihr Blick für einen Moment auf Katharina, die stumm dastand und ihn ansah, als käme ein Märchenprinz geradewegs aus der Sonne zu ihr geritten. Sie hatte sie schnell zum Haus geschoben und ihr eine Arbeit im Stadel aufgetragen. Doch tief im Innern fühlte sie, dass alles Wehren schon verloren war. Einzig die Gleichgültigkeit, mit der der Soldat dem zehrenden Blick ihrer Tochter begegnete, machte ihr Hoffnung. Jeder wusste, dass er mit den Franzosen wegziehen würde, weil ein welscher General es so wollte. Eine besondere Kunst mit Pferden umzugehen, sagte man ihm nach. Und ausgerechnet von Lucas hatte er ein paar Brocken Französisch gelernt, der überhaupt einen Narren an dem jungen Kerl gefressen hatte.

Er war damals auf den Hof gekommen, um von ihr etwas über seinen Zwillingsbruder zu erfahren, von dem er getrennt worden war, kurz nachdem seine Eltern verunglückt waren. Von Lucas wusste er, dass er, dessen Namen er nicht einmal mehr erinnerte, bei Jacobs Eltern untergekommen war. Diese Erinnerung an jene längst vergangene Zeit und vor allem die an Jacob wühlte sie zwar auf und war ihr gar nicht recht, doch kam sie seiner Bitte nach und schrieb an die zwei alten Mathis, die tatsächlich damit einverstanden waren, dass er sie aufsuchen kam.

Einige Zeit später hatte er sie erneut auf dem Mauchinhof besucht, als er zwei Kaltblüter vorbeibrachte, und hatte dabei wieder keinen Blick für Katharina übrig. Er erzählte von Bezau, vom Hof und von den beiden Alten, wie sie Toten gleich auf der Bank vor dem Haus gesessen hatten, den Mund offen stehend vor Verwunderung über das Unglück eines Lebens, und wie sie mit leeren Augen durch ihn hindurch auf die Wiesen geblickt hatten, Augen, aus denen jede Zuversicht genommen worden war und jede Freude dazu. Wenn die Frau lächelte, hatte er gemeint, sah es aus, als schreie sie. Die Distanz und Kühle, mit der er in der Lage war, sein Erleben dort zu schildern, hatten ihr das Herz zusammengezogen, und es tat ihr um Katharina leid, deren Großeltern es schließlich waren. Doch das konnte er nicht wissen.

»Wie das Leben doch stolzen, schönen Menschen das Leid aufs Gesicht malen kann«, hatte er gesagt, und als er gegangen war, als er endlich gegangen und sie allein war, weinte sie. So recht konnte sie sich nicht erklären, was sie an ihm störte. Seine Ähnlichkeit mit Jacob vielleicht? Die französische Uniform oder seine selbstgewisse, stolze Erscheinung? Soldaten gab es überall. Sie bestimmten das Bild der Straßen und Städte, ja – den Alltag. Und dieser Napoleon hatte sie über das Land gebracht und sich aufgeschwungen, Europa neu zu ordnen. Insgeheim freute sie sich über die Widerborstigkeit des Habsburgers Franz in Wien, auch wenn der ganz den vergangenen Zeiten nachhing, die nie wiederkommen würden. Allein schon ihre Distanziertheit den Franzosen gegenüber machte Lucas unwirsch, der trotz aller schlechter Erfahrungen mit ganzem Herzen an dem kleinen General hing. Doch dieser kleine, ambitionierte Kerl machte ihnen das Leben nicht leichter, weswegen sie Lucas nicht verstehen konnte. Krieg, immer nur Krieg. Kaum hatten sie den Hof ausgebaut und damit begonnen, Korn zu handeln, kamen mit dem russischen General Suworow die ersten Vorboten einer Zeit, die immer nur vom Grollen der Kanonen und dem Klirren von Säbeln begleitet werden sollte. Die russischen Soldaten durchzubringen, die von Napoleon über die schweizerischen Alpenpässe getrieben worden waren, konnten sie noch gut bewältigen, zumal der Hauptteil von Napoleons Truppen nicht den Weg nach Norden nahm, sondern nach Osten schwenkte. Ihr Herz hatte gepocht, immer wenn ein neues Intelligenzblatt kam und Lucas daraus vorlas, denn – Wien geriet nun das erste Mal in den Fokus des Korsen. Sie war sehr im Zwiespalt und hätte sich nicht vorstellen können, einmal froh darüber zu sein, dass Wien angegriffen werden würde, aber es hielt die Soldaten von ihnen fern. Es reichte so schon, denn die Inselstadt war über Monate vollgestopft mit Verwundeten, Sterbenden, Hungernden, und es wurde für alle schwer, über die Runden zu kommen. Wer meinte, es würde vorübergehen, lag falsch, denn es sollte der Beginn einer endlosen Kriegszeit werden.

Ein Stück vom Hof entfernt, an einem kleinen Hügel, hatten sie damals auf der Suche nach einigen Hühnern einen regelrechten Stollen entdeckt, der von unterirdischen Felsquadern gebildet wurde. Lucas passte durch einen Spalt zwischen zwei Felsen, den man von außen nicht erkennen konnte, da Dornen und Büsche ihn verdeckten. Im Laufe einiger Wochen hatten sie die Höhle zugänglich gemacht, sie ausgebaut und dort ein verstecktes Lager angelegt, das bei keiner der wilden Plünderungen jemals gefunden wurde. Die Vorräte des Lagers hatten sie so manches Mal vor Schlimmerem bewahrt und waren dringend erforderlich, da die Schlachten nicht weit entfernt tobten. Eine gewaltige Schlacht, erinnerte sie sich, wütete damals um Stockach, wo sich hunderttausend Mann schlugen, und alles Korn, alle Pferde, Kutschen, Wagen, Schiffsladungen und Schiffe wurden hineingesogen in das unendlich große Maul des Krieges.

Dass der Hof noch stand und ihr Eigentum war, so war sie sich sicher, verdankte sie ausschließlich der Klugheit Lucas, der immer noch gut fransch parlierte und alles herrichten ließ, um Offizieren einen angenehmen Aufenthalt zu garantieren. So räumten sie den ersten Stock komplett und zogen hinüber in den Kornspeicher, wo einige bequeme Räume zum Schlafen und Wohnen sich herrichten ließen. Die Offiziere wohnten derweil im Haus, blieben anständig und verschonten sie vor allzu brutalen Übergriffen. Wer schneidet sich auch schon gern ins eigene Fleisch? Katharina allerdings brachte sie während dieser Zeit in den Bregenzerwald nach Bezau zum Madle und Kaspar, wo sie sie zwar sicherer wusste, aber doch an ihrer Abwesenheit litt, zumal in dieser Zeit ihr erster Bub schon wenige Monate nach der Geburt starb – ein Schmerz, worüber gut zu vergessen war, wie ihre neue Heimat herumgeschubst wurde, allen Reichsgarantien enthoben und nun Stadt unter vielen war – zuerst einem jungen Herzog geschenkt, der es gegen Kornländereien im Osten eintauschte, und damit den Österreichern vermachte, die wiederum nichts Besseres zu tun hatten, als in einer ersten Maßnahme eine Kaserne zu bauen, in die gleich nach der Fertigstellung französische und baierische Truppen einzogen.

Mit jedem Sieg des Franzosen wuchs ihr eigenes Unglück, denn in dieser Zeit starb auch der zweite Bub, der ihr wenigstens das Leid ersparte, sich einige Wochen lang ins Mutterherz zu schleichen.

So fieberte sie mit den Spaniern, die den Franzosen furchtbar bekämpften, was ihnen einige Jahre Frieden brachte. Und dann? Dann war der dritte Bub gekommen, danach das Fieber, und nach dem Fieber war Christian da und Katharina erwachsen geworden. Wie Lucas das alles wohl empfand? Nie hatte er auch nur ein Wort, einen Laut des Jammers von sich gegeben. Was machte ihn nur so stark nach außen? Was konnte so schrecklich an seinen Erlebnissen in der Revolution gewesen sein, dass ihn dieser Schmerz nicht übermannte? Sie hätte ihn gerne danach gefragt in den Nächten, in denen sie wach war und auch er wach lag und sie beide so taten, als schliefen sie. Doch war sie zu schwach dazu und zu sehr voller Angst vor einer Antwort, die ihr vielleicht ihre letzte Kraft geraubt hätte. Nicht nur der Körper schützt sich, auch die Seele. Was war nur aus ihr geworden über die Jahre, was? Es wurde noch düsterer in ihrer Seele angesichts dieser stillen Frage, und wenn eine Seele atmen würde, dann hätte ihre in diesen Momenten keine Luft mehr bekommen. Ja, was war sie nun wohl? Eine Frau, die einen Mann heiratete, war eine Ehefrau. Wenn sie diesen durch Tod verlor, war sie eine Witwe, und wenn ein Kind seine Eltern verlor, war es ein Waisenkind – doch was war sie, die sie drei Kinder verloren hatte? Dafür gab es wohl, weil es so unvorstellbar schrecklich war, überhaupt kein Wort. Niemand hatte sich darüber jemals Gedanken gemacht, wie man das wohl nennen könnte. Drei Buben hatte sie in den letzten Jahren verloren, und nicht einmal ein Wort gab es dafür. Es verdunkelte ihre Seele.

An Katharina schienen die Schrecken der Zeit jedoch vorbeizugehen, bis auf jene eine Nacht, in der sie zu Komplizinnen wurden. Während sie selbst an den Krieg immerfort erinnert wurde, gewann sie den Eindruck, nicht mal die Gefahr, die Christian in den immerwährenden Kriegszeiten drohte, konnte den Zustand von Katharinas Glücks trüben. Und der Poschter, der Kerl, der mochte sie und freute sich über jeden ihrer Besuche. Was sollte sie machen gegen den Wunsch ihrer Tochter und gegen ihre zahlreichen stummen Verbündeten? Vor allem – was sollte sie machen gegen den unbändigen Willen dieser nach außen hin so zart erscheinenden Person, gegen einen Willen und eine Klarheit, die sie seit jener schrecklichen Nacht fassungslos erkennen musste. Diese Energie, die in diesem zarten Wesen vorhanden war, das sie zur Welt gebracht hatte – es kam ihr so vor, als hätten all der Hass, die Feindseligkeit und Verfolgung, der sie damals ausgesetzt war, dem werdenden Leben einen größeren Anteil an Überlebenswillen und Lust am Dasein mitgegeben. Was hätte sie also tun sollen während der Sommernächte, in denen sie aus dem Haus schlich, um sich mit ihm am Nachen zu treffen, drunten am See? Was? Nichts!

Heimlich gestand sie sich auch ein, wie sehr sie immer noch Schmerzen litt angesichts der wenigen Nächte, die sie mit Jacob am See nur hatte verbringen können. Darüber fühlte sie sich Lucas gegenüber schuldig. Es war nicht einfach, einfach zu leben.

Diese furchtbare Nacht! Es war im Frühherbst gewesen. Lucas war für einige Tage bei Markdorf unterwegs, um Hafer aufzukaufen, und der Schniefer hatte mit zwei weiteren Kutschen und den Knechten über den See gesetzt, wo sie ebenfalls Korn aufkauften und gleich zum Schiff fuhren. Die Mägde waren auf der Insel zum Jahrmarkt, wesewegen sie mit Katharina allein auf dem Hof war, als ein kleiner Trupp betrunkener Soldaten die Straße von Oberreitnau her entlanggekommen und zu ihrem großen Unglück auf den Weg zum Hof geraten war. Franzsica konnte sie aus dem Haus draußen halten und gab ihnen dazu vor allem Schnaps, und tatsächlich gelang es ihr, den Trupp vom Hof zu bringen und in Richtung Lindau torkeln zu lassen. Doch einer war ihr entgangen, der vor Suff eine Weile im offenen Stall geschlafen haben musste. Seine Uniform war verdreckt, und er stank. Sie war mit Katharina allein im Haus, als er mit lautem Gepolter hereinkam. Sie war nicht schnell genug gewesen, die Türe zu verschließen und zu verriegeln, weil sie erschrocken verfolgte, wie er trunken im Hof torkelte und mit dem aufgepflanzten Bajonett versuchte, eines der Hühner aufzuspießen. Sie forderte ihn auf, zu gehen, doch er sah sie nur mit glasigen Augen an und grinste gierig. Ständig wanderte sein Blick zwischen ihr und Katharina hin und her, die auf der Bank hinter dem Tisch hockte und ihn fixierte. Als sie ihn versuchte, zur Tür zu schieben, packte er sie grob an den Haaren und schubste sie zur Seite, stellte seine Flinte an den Türstock und versuchte, auf der Holzbank herum zu Katharina zu krabbeln. Bis sich Franzisca aufgerappelt hatte, entwickelte sich ein bösartiges Fangspiel der beiden um den Tisch herum, das dem Kerl Spaß zu machen schien. Geifer lief ihm aus den Mundwinkeln. Schreien nach Hilfe war zwecklos, denn niemand war weit und breit, der sie hätte hören können. Immer wenn Franzisca versuchte, ihn vom Tisch wegzuzerren, schlug und trat er. Immer grober, immer brutaler ging es in der Wohnstube zu, und wenn es in ihrer Erinnerung Stunden waren, so handelte es sich doch in Wirklichkeit nur um Minuten. Sie bemerkte an Katharinas Bewegungen, wie sie versuchte, zum langen Spaltmesser zu kommen, das hinter der Bank an der Wand lehnte. Sie schrie ihn an mit kirrenden angsterfüllten Lauten, was ihn nur noch verrückter zu machen schien. Franzisca erinnerte der Klang an junge Falken. Der Gedanke an das Messer und was sie damit vorhaben könnte, ließ Franziscas Angst ins Unermessliche steigen, und in der darauf gründenden Unaufmerksamkeit erhielt sie einen Schlag mit dem Handrücken, der sie fast ohnmächtig auf den Boden geworfen hätte. Der Geschmack von Blut breitete sich in ihrem Mund aus. Als sie sich wieder aufgerappelt hatte, fiel ihr erster Blick auf seine Flinte, die am Türstock lehnte. Sie richtete sich an Türstock und dem Ding gleichermaßen auf, nahm das Gewehr in die Hand, legte auf den Kerl an und schrie laut: »Verschwind, verschwind er … sofort!« Ihre Stimme hatte sich überschlagen. Er drehte sich um, lachte nur amüsiert und tat einen Schritt auf sie zu. In einer Mischung aus Wut, Angst und Hilflosigkeit drückte sie den Abzug, doch nichts tat sich. Sie hatte die Augen fest zugedrückt in Erwartung des Knalls, Pulverdampfs und der Angst, sehen zu müssen, wie die von ihr abgefeuerte Kugel dem Kerl den Leib zerfetzte. Doch nichts! Nur Stille. Als sie die Augen entgeistert wieder öffnete, blickte sie in die gemein lachende Visage des Kerls. Sie schluckte das Blut abermals hinunter, und der bittere Geschmack holte all die Erinnerung an die ihr widerfahrenen Leiden hervor. So viele Tote. Sie setzte die Flinte ab und hielt sie schlaff in beiden Händen, jedoch noch immer auf den Kerl gerichtet, der nun auf sie zutorkelte und die Oberlippe dabei hässlich über die Zähne zog. Er, das wusste sie, würde mit dem Ding umgehen können. Ein Zittern erfasste sie plötzlich, und als er so nahe war, dass er gleich nach der Flinte hätte greifen können, sprang sie mit einem lauten Schrei voller Anspannung auf ihn zu und rammte ihm mit einer kurzen Bewegung aus der Schulter das Bajonett mitten in die Brust.

Wieder Stille. Der Kerl glotzte sie überrascht und erschrocken an. Sie wich den glotzenden Augen aus und sah zu Katharina, die ohne jede Regung hinter dem Tisch stand und verfolgte, wie der Soldat langsam niedersank. Er hielt sich nun an der Flinte fest, was ihm jedoch auch nichts mehr nutzte. Franzisca spürte den Druck am Gewehrkolben und gab nach, ohne jedoch ganz loszulassen. Er fiel zuerst gegen die Tischkante, sodass der Tisch nach hinten geschoben wurde, wodurch der Fall des Kerls auf den Boden etwas abgefangen wurde, und endlich lag er auf den Holzdielen. Kein Mucks, kein Schnaufen, kein Stöhnen. Er war einfach tot.

Schockiert, erschöpft, verletzt war sie zurückgetaumelt und sank halb bewusstlos wieder am Türstock zu Boden. Katharina sprang behände und voller Energie über den Tisch zu ihr und sprach ein paar Worte, die sie nur mit unverständlichen Lauten beantwortete, was diesem jungen Mädchen aber zu genügen schien. Sie verschwand nach draußen. Es war zu hören, wie die Tür entriegelt wurde, dann kam sie wieder mit Kälberstricken in der Hand. Ohne jedes Zögern, als hätte sie es schon immer getan, ging sie zu dem Toten, trat mit dem linken Fuß auf dessen Brust und zog an der Flinte, die feststeckte. Mit dem dritten Ruck bekam sie das Ding aus dem Leib. Nun band sie fix die Füße des Toten zusammen, ebenso die Hände. Dann ging sie in die Hocke und zerrte die Leiche mit unermesslicher Anstrengung über die Dielen, vorbei an Franzisca, die immer noch auf dem Boden saß, den Rücken an die Wand angelehnt. Wie in einem schrecklichen Traum hörte sie die gepressten Laute der Anstrengung von Katharina. Langsam und in ruckenden Bewegungen verschwand der tote Soldat schließlich im Gang. Das letzte waren die Stiefel, die durch die Türe geschliffen wurden. Auf dem Boden war eine breite blutige Spur zu sehen.

Irgendwann, sie meinte, kurz bewusstlos gewesen zu sein, blickte sie in das aufmunternde Gesicht Katharinas und fühlte wieder etwas Kraft und sich selbst. Das klebrige Blut in ihrem Gesicht war verschwunden, und die Lippen, über die ihre Zunge strich, fühlten sich nicht mehr trocken und rissig an. Katharina ließ sie Wasser trinken und fuhr nochmals zart mit einem Lappen über das Gesicht ihrer Mutter.

Einige Zeit später konnte sie wieder aufstehen. Was sollten sie nur machen? Doch der Gedanke quälte sie nicht lange, denn draußen im Hof stand bereits der Esel, treu und stumm. Zwei Laternen beleuchteten die Szene. Am Tragsattel hatte Katharina ein Seil festgemacht, an dem ein Stück hinter dem Tier zwei miteinander verbundene Säcke hingen. Darauf lag der tote Körper des Scheusals. Franzisca nahm stumm die beiden Laternen und folgte ihrer Tochter durch die Nacht, die den schmalen Pfad um die Weide herum nahm. Die Pferde kamen heran und schnaubten. Wolken verhängten die dünne Mondsichel und die Sterne, und dem Esel war es egal, welche Last er bewegen musste. Sie kamen bald an den Bach und folgten ihm bis hinunter zum Seeufer. Vögel schreckten auf. Käuzchen riefen einander zu. Der Esel war nicht zu bewegen, auch nur einen Schritt ins Wasser zu setzen. So zerrten sie beide die Säcke das kurze Stück über den Kies ins Wasser, wo sie dann auftrieben und leicht zu steuern waren. Sie entfernten Knebel und Fesseln, lösten die Säcke und schoben den Leichnam hinaus ins Wasser, bis ihnen das Wasser bis zur Brust reichte. Dort gaben sie dem Kerl noch einen letzten festen Stoß, wodurch er endgültig in die milde Strömung des einfließenden Baches geriet und langsam draußen in der Schwärze verschwand. Sie blieben im Wasser stehen und schauten in das dunkle Nichts. Das Rauschen in Franziscas Ohren wurde leiser, ihr Herzschlag beruhigte sich. Ein Fisch schlug unvermittelt neben ihr mit der Flosse auf das Wasser, was sie erschreckt zusammenfahren ließ. Katharinas Hand suchte nach ihr, und halb mit den Füßen nach Grund tastend, halb schwimmend umarmten sie sich und tauchten anschließend einige Male unter, als wollten sie das Erlebte aus sich herauswaschen. Dann marschierten sie mit dem Esel zurück zum Hof, trockneten sich und blieben noch lange in der Stube sitzen. Keiner von ihnen sprach ein Wort.

Ein unerwarteter, kurzer Regen in der Morgendämmerung verwischte draußen die Spuren der letzten Nacht, und bis zum Morgengrauen waren auch alle Spuren des Geschehens im Haus beseitigt. Stumm schrubbten sie den Boden, versorgten sich einander und richteten Tisch und Stühle, wie es sich gehörte. Keiner der Mägde fiel etwas auf.

Weder am nächsten Tag und auch nicht an den darauffolgenden verloren sie ein Wort über diese Nacht. Alles, was zu sagen gewesen wäre, hatten sie ja erlebt. Seit dieser Nacht war ihre Tochter zu ihrer stummen Vertrauten und Komplizin geworden. Sie hatte gesehen, wie klar und überlegt sie handeln konnte und auch handelte. Was also hätte sie dieser jungen Frau verbieten sollen? Sich mit ihrer Liebe am See zu treffen, um bei Mondschein nackt im Wasser zu baden? Und Lucas? Dem konnte es auch nicht verborgen geblieben sein, wie sie sich allabendlich barfüßig hinausschlich. Aber er stellte sich entweder in feiger Mannsmanier schlafen oder er schlief wirklich, weil es ihn nicht scherte.

»Ahh«, stöhnte sie leise mit einem Hang zur Resignation. Schwere Zeiten, in denen man erkennen musste, wie der Einfluss als Mutter immer geringer wurde. Sie würde Katharina ihren Willen lassen, denn: Sie wollte von ihr aus dem Herzen heraus geliebt werden und nicht aus einem Gemenge bestehend aus Schuld, Scham und Notwendigkeit.

Sie trug die Kartoffeln aus der Stube hinaus in die Küche und trat kurz an die Tür. Der Blick zum Himmel zeigte dunkle Wolken, die zum Ende des Tages erneut Regen brachten und Sturm. Der Wind pfiff durch die noch blattlosen Baumkronen, als wolle er drohen, und drunten in der Inselstadt schien das ein oder andere nervös flackernde Licht einer Funzel auf. Wer konnte, brachte sich vor dem Sturm in Sicherheit, der eine eisige Erinnerung an den Winter in sich trug. Die Menschen draußen suchten Schutz im Windschatten einer Mauer, wenn es schon keine Stube gab, die Zuflucht bot.

Auch Lucas und der Schniefer kamen alsbald ins Haus und hockten sich an den Tisch, ein jeder an seinen angestammten Platz. Noch reichte das schwache Licht zum Lesen für Lucas, der immer dann, wenn er meinte, ein Abschnitt könnte den Schniefer interessieren, laut vorlas. So warteten sie, bis Katharina und Franzisca das Essen fertig hatten, und genossen diese Momente des Innehaltens und Ruhigwerdens.

Der Schniefer hing seinen Gedanken an die Pferde, die Geschirre und die für den nächsten Tag anstehenden Touren nach, Lucas las im Intelligenzblatt. Zwei Artikel erregten sein besonderes Interesse.

»Herrje, jetzt geht es auch noch den Krämern an den Kragen. Kaum hat der Napoleon einen König aus dem baierischen Herzog gemacht, tut er auch schon grad so. Hört her!«, rief er, gerade als Franzisca und Katharina eingetreten waren.

Im Namen seiner Majestät, des Königs. Die allerhöchste Stelle verlangt durch ein allergnädigstes Rescript vom März diesen Jahrs zu wissen, wie viele Personen zum bloßen Landkramhandel, oder zu Beziehung der inländischen Jahrmärkte – ohne in ihrem Wohnorte mit offenen Laden ansässig zu sein – berechtig sehen. Die oben benannten Behörden haben solches binnen vierzehn Tagen a dato bey Vermeidung eines Exekutionstechniken-Boten auf ihre Kosten anzuzeigen und die Hauptgattungen derjenigen Waren, womit diese Krämer handeln, zu bemerken. Man versieht sich der genauesten Folgeleistung des gegenwärtigen Auftrages, auf jeden Fall aber der Erstattung einer Fehlanzeige.

Er sah auf. Franzisca ließ sich davon nicht beeindrucken, und auch Katharina schob gleichgültig den Wasserkrug in die Tischmitte und schnippte jedem seinen Holzlöffel zu. Franzisca musste leise lachen. Immer wenn ein kapriziöser Anflug über ihr Töchterlein kam, gelang ihr eine Geste, ein Blick, eine Bewegung, die diese Eigenschaft Lügen strafte.

Lucas sah in die Runde und knurrte unzufrieden, da er so wenig Interesse hatte erwirken können. Er wusste, wie sehr Franzisca an ihrem Kaiser und der österreichischen Sache hing, wohingegen er das französische Virus in sich trug. Dem Schniefer hingegen war es völlig gleich, unter welchem König oder Kaiser er auf dem Kutschbock hockte, solange nur die Not nicht allzu groß wurde.

Lucas überflog die Seiten und fand etwas Neues.

»Na ja, auch die Pfaffen müssen unter die Erde …«, er hob die Stimme, »sogar in Andelsbuch.« Franzisca hielt inne und sah ihn aus ihren dunklen, ernsten Augen an, den Kopf dabei etwas zur Seite geneigt. Er musste sie einfach anlächeln und las vor:

Durch den Tod des Pfarrers Johann Baptist Bereiter ist die Pfarrey Andelsbuch erledigt worden. Bistum Konstanz, Landgericht Innerbregenzerwald im Stiftungsadministrationsbezirke Lindau und Wahldekanate Bregenz hat neunhundertsechsunddreißig Seelen und zwei Schulen – eine im Pfarrdorf, eine im eine halbe Stund entfernten Filial Bersbuch. Die jährlichen Einkünfte belaufen sich im Ganzen auf 823 Gulden, 27 Kronen. Davon sind Pfarrpfründkapitalien 264 Gulden, 27 Kronen, gestiftete Jahrtäge 211 Gulden, von reluirten Zehent 105 Gulden. Von freier Beholzung aus dem Pfründwald 8 Gulden, vom Pachtzins aus dem Pfarrwiddum 200 Gulden, von Stolgebühren 30 Gulden. Wogegen aufgeführte Lasten stehen: Absendgeld zum königlichen Rentamt Bregenz 44 Gulden, 18 Kronen, für die Haltung fremder Priester bey verschiedenen Jahrtägen 61 Gulden, 42 Kronen; Ausgaben bey diesen an Messen: Kirche und an Arme 71 Gulden, 24 Kronen, Steuern 40 Gulden und der Bauschilling 5 Gulden.

Er sah auf und stupste den Schniefer an.

»Das wär was für dich, eh! Wärst ein wirklich guter Pfaff und gut verträglich für die Leut, wo du kaum das Maul aufbringst.« Der Schniefer brummte vor sich hin. Franzisca atmete laut aus, bekreuzigte sich im Gedenken an den alten Pfarrer Bereiter und faltete die Hände. Alle senkten den Kopf, und auch Lucas sah nun ernst auf die Tischplatte.

Das Brot vom Korn,
das Korn vom Licht,
das Licht aus Gottes Angesicht.
Die Frucht der Erde
aus Gottes Schein,
lass Licht auch werden
im Herzen mein.

Später lag sie im Bett, tat schlafend und war doch hellwach. Lucas schlief tief und fest. Kümmerte ihn das Getreibe dieser Kriegszeit überhaupt nicht? Sie zog vorsichtig die Knie an. So gern hätte sie ihm Buben geschenkt … schnell wendete sie den unehrlichen Gedanken ab. Nein, schon auch für sich hätte sie Buben wollen, und im Grunde hätte es Jacob sein sollen, der da neben ihr liegt. Und vielleicht, grämte sie sich, war es gerade dieser heimliche Wunsch, der Gott veranlasste, so grausam mit ihr zu sein. Dann wieder fragte sie sich, ob Gott wirklich grausam war. Sie war frei, hatte Katharina, hatte Lucas, konnte selbstständig leben. Sie stöhnte etwas lauter, als sie wollte.

Erst vor Tagen hatten sie geträumt – ein schrecklicher Traum, der sie nicht mehr losließ. Sie war in die Stube getreten und hatte in den Spiegel geblickt, und statt ihres Antlitzes lächelte ihr böse eine fremde Visage entgegen – das Gesicht der Drieberin. Sie presste bei dem Gedanken unwillkürlich die Zähne aufeinander. Die Drieberin. So lange war es nun schon her, die Mutter schon zwölf Jahre tot … und immer noch diese Gedanken an das Gewesene.

Noch wurde es früh dämmrig, und mit der Dunkelheit kam der kühle Dunst, der einen in die Stube an den warmen Ofen trieb. Wie aus einer fernen, unerreichbaren Welt kamen ihr da die warmen Sommernächte am See vor, wo einen nach der Hitze des Tages die zärtliche, angenehme Kühle des Seewassers umschmeichelte. Seit den ersten Tagen mit Jacob hatte sie nie mehr darauf verzichten wollen, in geeigneten Sommernächten im See zu baden, und auch

Lucas hatte seine Freude daran. Er hatte auch die Idee mit dem alten Nachen, den er hergerichtet und an der knorrigen Trauerweide vertäut hatte. Wie aus der Welt gefallen waren die Erinnerungen an die langen Nächte auf den weichen Decken des Kahns, der sich sanft im See wiegte und somit ein nicht unwesentlicher Gespiele ihrer Liebe war. Sie sehnte sich nach den wärmeren Tagen, nach dem Wasser auf ihrer Haut und dem sanften Wiegen im Nachen unter einem Sternenhimmel. Wer brauchte da noch ein anderes Paradies. Doch stattdessen dieser immerwährende Lebenskampf. Immer kämpfen, kämpfen, kämpfen. Wegen einer Liebe verfolgt, die große Liebe verloren samt der alten Heimat, sich auf das kleine Stück Land gerettet, kaum zur Ruhe gekommen, und schon griff der Tod wieder in ihr Dasein. Die Gesichter der Gestorbenen zogen an ihr vorbei. So war es also, wenn man älter wurde. Da zog der Tod als lustiger Kumpan vorüber, hielt einem seine grinsende Fratze entgegen, wanderte wohin auch immer und ließ einen nicht mehr los. Dramatisch bunt blitzten die Szenen vor ihr auf, als sie selbst dem Soldaten den Todesstoß gegeben hatte. Schnell drückte sie die Augen noch fester zu und zwang sich, anderes in den Sinn zu nehmen, um endlich, endlich zur Ruhe zu kommen.

*

Katharina war in ihre Kammer gegangen und zündete noch einen Kerzenstumpen an. Sie schlug die Bibel auf und holte ein arg zerschlissenes Blatt Papier hervor, das ihr vor einigen Jahren Frau von Seutter zum Geschenk gemacht hatte: ein Blatt aus einer Zeitschrift namens *Flora. Teutschlands Töchtern geweiht von Freunden und Freundinnen des schönen Geschlechts*. Sie las wieder die Zeilen, die sie ja schon auswendig konnte und zu denen sie eine für sie so beglückende Erinnerung hatte. Viele Jahre war es her, da sie mit dem Vater im Hafen gewesen war, wo sie Salzfässer für die Lädinen geliefert hatten. Von Rorschach war ein großer Lastensegler gekommen, der viele Leute mitgebracht hatte, und gerade als sie losfahren wollten, kam einer der Schiffsgäste entlang und fragte, welchen Weg sie hätten und ob er ein Stück mit ihnen fahren könne. Er hatte edle Züge, die sie als Kind sofort in Sympathie stürzten. Auf dem kurzen Stück bis zum Hof erzählte er, der sonst schweigsam war, wie sehr er sich freue, nach Hause zu kommen, zu seinen Lieben, und dass er in der Schweiz Hauslehrer gewesen sei. Er hatte eine so eigenartige wie eindrückliche Sprache an sich, die einen unmittelbar zwang, zuzuhören. Als sie sich an der Einfahrt zum Hof, von wo aus er zu Fuß weitermarschierte, verabschiedeten, nannte er seinen Namen – Hölderlin. Und umso glühender war es, als sie nur wenige Tage später bei einem der unterhaltsamen Abende im Haus von Seutter war, wo aus den Journalen vorgelesen wurde, und ein Gedicht angekündigt wurde, in dem von Lindau die Rede sein sollte – von einem jungen Dichter namens Hölderlin.

Drinn in den Alpen ists noch helle Nacht und die Wolke,
Freudiges dichtend, sie deckt drinnen das gähnende Thal.
Dahin, dorthin toset und stürzt die scherzende Bergluft,
Schroff durch Tannen herab glänzet und schwindet ein Stral.
Langsam eilt es und kämpft das freudigschauernde Chaos,
Jung an Gestalt, doch stark, feiert es liebenden Streit
Unter den Felsen, es gähnt und wankt in den ewigen Schranken,
Denn bacchantischer zieht drinnen der Morgen herauf.
Denn es wächst unendlicher dort das Jahr und die heilgen
Stunden, die Tage, sie sind kühner geordnet, gemischt.
Dennoch merket die Zeit der Gewittervogel, und zwischen
Bergen, hoch in der Luft weilt er, und rufet den Tag.
Jezt auch wachet und schaut in der Tiefe drinnen das Dörflein,
Furchtlos, Hohem vertraut, unter den Gipfeln hinauf.
Wachstum ahnend, denn schon, wie Blize, fallen die alten
Wasserquellen, der Grund unter den stürzenden dampft,
Echo tönet unher und die unermeßliche Werkstatt

Reget bei Tag und Nacht, Gaben versendend, den Arm.
Ruhig glänzen indeß die silbernen Höhen darüber,
Voll mit Rosen ist schon droben der leuchtende Schnee.
Und noch höher hinauf wohnt über dem Lichte der reine
Seelige Gott vom Spiel heiliger Stralen erfreut.

Und dann:

Alles scheinet vertraut, der vorübereilende Gruß auch
Scheint von Freunden, es scheint jegliche Miene verwandt.
Freilich wohl! das Geburtsland ists, der Boden der Heimath,
Was du suchest, es ist nahe, begegnet dir schon.
Und umsonst nicht steht, wie ein Sohn am Wellen umrauschten
Thor und siehet und sucht liebende Namen für dich,
Mit Gesang ein wandernder Mann, glückseeliges Lindau!
Eine der gastlichen Pforten des Landes ist dies,
Reizend hinauszugehn in die vielversprechende Ferne,
Dort, wo die Wunder sind, dort, wo das göttliche Wild
Hoch in die Ebene herab der Rhein die verwegene Bahn bricht,
Und aus den Felsen hervor ziehet das jauchzende Thal,
Dort hinein, durchs helle Gebirg, nach Komo zu wandern,
Oder hinab, wie der Tag wandelt, den offenen See;

Sie wurde wohlig müde, als sie geendet hatte, löschte die Kerze und dachte noch an Christian, bevor sie einschlief.

*

Auf der Insel war es Nacht geworden, und aus den Gassen vom Hafen her strömten die Burschen zur Carolinenstraße, wo sie wenig Frommes von sich gaben. Ein Haufen Kerle torkelte schon jetzt, noch bevor sie den Wirten der Spelunken zum Opfer gefallen waren. Sie lehnten an einer Hauswand und krakelten ihre Verse:

Bruder Liederlich,
Warum saufst dich so voll?
O du mein Gott
Warum schmeckt mir's so wohl.

Am Montag muss versoffen sein,
Was am Sonntag übrig war vom Wein.

Am Dienstag schlafen wir bis neun,
Ihr lieben Brüder führt mich zum Wein.

Am Mittwoch ist mitten in der Wochen,
Haben wir das Fleisch gefressen,
Fress der Meister die Knochen.

Am Donnerstag stehn wir auf um Vier,
Ihr lieben Brüder kommt mit zum Bier.

Am Freitag gehen wir ins Bad,
Alle Lumperei waschen wir ab.

Am Samstag da wollen wir schaffen,
Spricht der Meister: »Könnts bleiben lassen.«

Am Sonntag vor dem Essen
Spricht der Meister: »Jetzt wollen wir rechnen.
Die ganze Wochen habt ihr gelumpt,
Habt ihr gesoffen, Null vor Null geht auf.«

Ihr kehliges Geschrei drang bis hinauf zur Kammer unter dem Dach, wo ein paar Kerzen für zittriges Licht sorgten. Auf der Pritsche lag nackt die Rosa und angelte mit einer Hand nach der Weinflasche, die drunten auf den Holzdielen stand. Als sie sie endlich am Hals gefasst hatte, nahm sie einen kräftigen Schluck daraus, ließ absichtlich ein wenig über ihr Kinn laufen und verschmierte den Wein über ihre Brüste und ihren Bauch. Der Rotmäntler war aufgestanden und in die Nische unter der Dachschräge getreten, wo er mit dem nackten Fuß den Holzdeckel von einem Bottich trat und hineinpisste. Anschließend schlüpfte er in seine Hose, zog das Hemd drüber und vollzog eigenartige Bewegungen mit seinen Lippen und fuhr mit der Zunge im Maul umher, als suchte er dort etwas.

Rosa räkelte sich, lachte und wollte gerade etwas sagen, doch noch ehe sie dazu kam, fuhr er sie an.

»Halts Maul und verschwind!«

»Ehhhh …«, giftete sie ihn an und richtete sich auf. Er tat einen schnellen, drohenden Schritt aufs Bett zu, woraufhin sie mit einem hellen Schrei die Decke zum Schutz über sich zog, womit sie sich sogleich den feuchten Weinfilm, so gut es ging, von der Haut wischte und mit der andern Hand nach ihren Kleidern suchte. Flink und geschmeidig schlüpfte sie hinein, was man ihr so nicht zugetraut hätte. Mit ein paar schnellen Bewegungen waren auch die Haare gerichtet, und nun stand sie da und sah ihn abschätzig an. Sie traute sich allerdings nicht mehr, auch nur einen Ton von sich zu geben. Rasch wischte sie an ihm vorbei zu Tür.

»Morgen kommst wieder, um die gleiche Zeit!«, blaffte er ihr nach.

»Jaja«, rief sie lapidar und huschte die Stufen hinab, in dem Wissen, niemals mehr in diese stinkende Kammer unter dem Dach zurückzukommen und schon gar nicht mehr zu diesem Kerl. Nicht für alles in der Welt!

Drunten auf der Straße atmete sie ein paar Mal gierig die frische Luft ein und sah sich um. Nichts los. Vom Diebsturm her kam lautes Lachen, das sie kannte. Mit schnellen Schritten folgte sie der Richtung und traf auf zwei Kumpaninnen, denen sie sogleich von dem grausigen Kerl erzählte, mit dem sie der Brack da zusammengesteckt hatte.

Sie verschwanden alle drei in der Nähe der Hofstatt in einem heruntergekommenen Wirtshaus mit niedrigen Decken. Dichter Qualm von Zigarren und schlechtem Tabak waberte über den Tischen. Niemand sang oder grölte. Die Tische standen in Mauernischen, die einmal für das Vieh gedacht waren. Außerhalb der Mauer trennten dicke Bretter die Tische und Bänke. Das Holz glänzte selbst im Halbdunkel speckig und fühlte sich glatt und ölig an. Es gab einfaches Essen, Wein und Bier. Hier waren Bootsführer, Huren, Viehhändler, Zuhälter und Kutscher unter sich. Manchmal mischte sich auch ein Stadtverordneter unter sie, wenn es einen besonderen Auftrag zu erledigen galt, aber im Grunde blieb die geschlossene Gesellschaft für sich. Es waren halbwegs ehrbare Halunken und Gauner, die sich hier trafen und ihre Geschäfte besprachen, und in einer düsteren Ecke spielten zwei Kriegsinvaliden Geige und Zither, um das konspirative Getuschel zu übertönen und etwaigen Lauschern ihre Arbeit zu erschweren.

Es waren schwere Zeiten, in denen das Militär, ob nun französisch, bairisch, badisch oder österreichisch, das Land ausblutete. In der Stadt war man seit einigen Jahren nun also bairisch und dadurch ein Verbündeter Napoleons geworden, was den einen schmeckte, anderen wieder nicht. Hier im Dunkel aber, dem Geruch von verbranntem Speck, Schweiß und billigem Tabak ausgeliefert, traten politische Ambitionen weit zurück. Bestimmend war vielmehr, wie man überleben konnte, in Zeiten, da Freund und Feind ständig wechselten.

Den drei Huren war auch das gleichgültig, denn ihr Geschäft hing nicht von Nationalitäten ab. Brack lehnte mit einem langen dürren Kerl am Schanktisch und tuschelte mit dem Wirt. Der lange Kerl hatte ein so bleiches Gesicht, dass es maskenhaft aus dem Dunkel hervorleuchtete. Als Brack die drei entdeckte, winkte er ihnen, doch sie übersahen es mit schnippischer Geste und wählten einen freien Tisch.

»Was ist das für ein Kerl, von dem du da erzählt hast?«, wollte eine von Rosa wissen. Die warf Brack einen giftigen Blick zu.

»Es wird immer schlimmer, was er uns zumutet. Ich weiß gar nicht, wie er überhaupt zu so einem Kerl kommt.«

»Jetzt erzähl schon«, drängte die andere leise und nachdrücklich, schielte aber zugleich vorsichtig hinüber zum Schanktisch, wo Brack stand und ab und an einen missfälligen Blick herüberschickte.

»Droben in der Kammer hat er ihn untergebracht.«

»In der Kammer?«, wiederholten die zwei überrascht und sahen sich an. »Ein Sträfling vielleicht, oder ein Deserteur … sie werden ihn aufhängen …« Rosa schüttelte den Kopf.

»Nein, kein Sträfling und kein Deserteur. Er hat ein Papier bei sich … ein Entlassdokument.«

»Was ist das, ein Entlassdokument?«

»Ein gesiegelter Brief, wo drinsteht, dass er frei reisen kann und eben kein Deserteur ist und somit auch kein Sträfling sein kann. Er hat es von einem Grafen, der sein Kommandant in einem österreichischen Freikorps war – in Agram.«

»Und was macht er dann hier in Lindau, wo wir mit Österreich doch nichts mehr zu schaffen haben?« Und noch bevor Rosa antworten konnte, fragte sie gleich hinterher: »Und woher weißt du das alles … kannst du etwa wirklich lesen?«

»Sicher kann ich lesen … als ich oben ankam, der Brack hat mich selbst nach oben gebracht, das Stinktier, da wollten sie sich nicht in der Kammer vor mir unterhalten, weil der Kerl kein Vertrauen in mich hatte, und deswegen sind sie die Treppe nach unten gegangen. Ich habe natürlich gleich alles durchsucht. Er hat nichts dabei außer seine Kleider am Leibe. Im Mantel war aber das Papier und ein Säckel mit Geld, aber es war eingenäht. Ich bin nicht drangekommen.« Die beiden anderen schauten sie an.

»Und was will er hier?«

»Das habe ich ihn auch gefragt, doch er hat erst mal nichts sagen wollen, aber dann gemeint, ich könne ihm vielleicht sogar helfen. Er hätte etwas zu erledigen hier … und suche einen Soldaten, einen jungen Offizier, der für die Franzosen kämpft und aus Lindau kommen soll.«

»Ja, da kann es den ein oder andern geben … er hat doch bezahlt, oder etwa nicht?«

»Ja.«

»Na dann hat doch alles seinen Platz gefunden. Was regst du dich auf?!«

»Ich werd nicht mehr zu ihm gehen. Er braucht Schmerzen, wisst ihr. Er hat meine Haarnadel genommen und sie sich ganz langsam durch die linke Brust gestochen, und ich musste immer daran ziehen und schnippen …« Sie schüttelte sich. Die zwei anderen stießen hohe Töne aus und hielten sich die Hand vor den Mund.

»Der ist nicht normal, sag ich euch. Geht da auch nicht hin. Soll der Brack machen, was er will.«

»Erzähl weiter!«, forderte die andere Rosa auf, »erzähl weiter!«

*

Der Wind hatte den See in beständiges Rauschen versetzt, und in der aufkommenden Dunkelheit schienen die hellen Schaumkronen zur Insel hin, wo das ein oder andere matte Licht zu sehen war. Der Sturm hatte Kälte mitgebracht, und in manchen Winkeln, die der Wind nicht erreichte, sammelte sich der beißende Qualm der offenen Feuer.

In der *Krone* kam der etwas geheimnisvolle Gast von seinem Spaziergang zurück und winkte den Wirt mit einer sanften Handbewegung zu sich. Er verlangte für das Abendessen einen Tisch für sich und seine Gattin, der etwas abseits von den anderen stehe. Als Speisen wünschte er gebratenes, gefülltes Geflügel, zuvor Suppe und ein Gelee aus Früchten zuletzt, vor dem Kaffee. Der Wirt verneigte sich wortlos. Sagen brauchte er nichts, denn sein Gast hatte ihm bereits den Rücken zugekehrt und verschwand auf der Treppe nach oben.

Einige Zeit später kam er mit seiner Gattin herunter, betrachtete den für sie vorgesehenen Tisch, wiegte zufrieden den Kopf und bedeutete seiner Gattin, sich setzen zu können. Der Wirt brachte Wein und beobachtete dabei irritiert, wie sein Gast das aufgelegte Besteck mit seinen feinen Fingern zur Seite schob und ein kleines Ledermäppchen auf den Tisch legte und öffnete: ein fünfteiliges Mundzeug, vergoldet, bestehend aus Löffel, Gabel, Messer und einem Salz- und Pfefferdöschen, gepackt in roten Samt und ummantelt von einem Lederfutteral, selbstverständlich in Silber gegossen, geprägt, graviert und vergoldet.

Während er Messer, Gabel und Löffel aus dem Samt nahm, huschte ein Lächeln über sein Gesicht. Er erinnerte sich des Augenblicks, als er es im Schreibtisch des Klosters Fürstenfeld entdeckt hatte. In aller gebotenen Bescheidenheit hatte es sich der Abt beim weithin gerühmten Johann Esaias Niggus in Augsburg fertigen lassen – ein feines, kunstvolles und wertvolles Werk. Ja durchaus, die Gold- und Silberschmiede in Augsburg verdienten ihren Ruf, dachte er sich, und lächelte seiner Frau zu, die mit ausdruckslosem Gesicht dahockte und in den Raum starrte.

Der Wirt, der in die Küche stürzte, wo er fassungslos vom privaten Mundzeug erzählte, begann, seinen Gast zu hassen. Noch nie, und er hatte hohe Gäste, noch nie war jemandem sein Besteck nicht gut genug gewesen. Köchin und Mägde fühlten sich ebenfalls persönlich angegriffen von diesem eigenwilligen Verhalten. Sie waren hier schließlich in der *Krone* und nicht in einem Wirtshaus an einer Kutschenrast!

*

Nur wenige hundert Meter weiter, in der Fischergasse, hockte die Bilgeri mit grimmigem Gesicht an der Stirnseite eines langen Holztisches. Ihr Mann saß ihr mit teilnahmsloser Miene gegenüber. Der neue Polsterstuhl behagte ihm nicht. An der Längsseite, etwas näher beim Vater und dennoch wie lose und verloren zwischen seinen Eltern, fand sich ihrer beider Sohn August. Von seiner Statur her war er ganz der Vater, mit dem untersetzten Korpus, den breiten Hüfen und dem großen Schädel. Vater und Sohn schmeckte die Kartoffelsuppe nicht, weil zu wenig Speck darin schwamm und stattdessen lange Fäden von Lauch, den sie nicht mochten. Noch weniger drang es sie allerdings, darüber zu reden, um die ohnehin schlechte Stimmung nicht noch in Richtung eines hässlichen Ausbruchs zu bewegen, zu denen die Dame des Hauses fähig war. Der Alte saß da, die krummen Beine in den altmodischen Kniebundhosen unter den Tisch gestreckt, wodurch er seinem gewölbten Leib etwas Entlastung bescheren wollte. Eine Hand ruhte auf dem fetten Bauch, als wolle sie ihn daran hindern, davonzulaufen. Er wartete auf die Magd und auf das Glas Wein. August starrte dumpf auf den Tisch und ließ den Mund offen stehen. Seine Mutter schlug mit dem Löffel auf die Tischplatte, dass es knallte, und fuhr ihn an.

»Schau er nicht so blöd und desinteressiert, herrje!« Und zu ihrem Gatten gewandt, nicht weniger giftig, meinte sie: »Das wird ein Spaß werden, dem Kerl eine Frau zu beschaffen … eine, die nicht dahockt und blöd glotzt wie er und die die Geschäfte nicht nur zusammenhalten, sondern auch mehren kann … ein Heidenspaß wird das werden!«

August schloss den Mund, verzog ihn dabei zu einer hässlichen Grimasse und ließ nur seine Augen kurz zu ihr wandern und dann zum Vater, bevor er sich zurücklehnte und den Tisch als solchen in das Zentrum seiner Gedankenlosigkeit rückte. Tag für Tag trollte er sich hinüber in das kleine Kantor, wo er die Bücher führte. Doch so einfältig und geistig unbeweglich er auch war, die Bücher des Kutschbetriebs waren exakt bestellt. Nicht die kleinste Kleinigkeit entging ihm und wurde sorgfältig notiert, vermerkt, kommentiert und ergänzt, wenn es erforderlich war – eine Kunst, für die weder sein Vater noch seine Mutter Geduld aufbrachte, geschweige denn Begabung hatte. Es war beiden gänzlich unverständlich, mit welcher Sorgfalt der Sohn die Feder in der Hand hielt und in welch klarer, geschwungener Schrift er in der Lage war, Buchstaben und Zahlen auf das Papier zu kratzen – und das den ganzen lieben langen Tag. Sein Vater sprach begütigend.

»Wir werden schon eine Frau für ihn finden.« Sie sah ihn zornig an.

»Frau? Wir werden keine Frau suchen! Wir werden ein entsprechendes Haus suchen. In Lindau heiraten nicht Mann und Frau einander, sondern das eine Haus das andere, und er soll ein großes bekommen. Ich kümmere mich darum, und du hältst dich da raus.« Sie wechselte das Thema. »Am Donnerstag auf den Abend hat die feine Frau von Seutter zu einer Abendgesellschaft geladen, so wie sie jetzt Mode werden.« Er blickte erschrocken auf. Das konnte doch nicht sein, dass sie dort eingeladen waren. »Ja, schau nur wie ein Ochs!«, fuhr sie ihn an. »Kein Wunder, dass dein Sohn den ganzen Tag das Maul offen stehen hat … nein, wir haben kein Billett erhalten, was dir egal sein mag, aber mir nicht …«, sie hob den Kopf und wiederholte leise, aber bestimmter, »mir nicht!« Er sah betreten drein, was ihm jedoch nichts half. »Hock dich grad hin. Kein Wunder, dass niemand einen solchen Bauern zu einer feinen Gesellschaft lädt. Bist eben immer noch ein Kutscher und wirst nie etwas anderes sein. Hat dein Arsch überhaupt registriert, dass er auf neuen Polstern und Stühlen sitzt!?«

Er vermochte das Beleidigende in ihrem Satz nicht zu erkennen, denn er wollte ja nie etwas anderes sein als ein Kutscher. Auf dem Kutschbock zu hocken und auf die gemütlich wackelnden Leiber der Pferde zu sehen, war ihm das Paradies auf Erden. Er liebte seine Viecher, mochte ihren Geruch und das Geschrei in den Häfen und Lagerhäusern beim Be- und Entladen und natürlich die weinseligen Abende mit seinesgleichen. Den Sohn August hatte er ein paar Mal auf seinen Touren mitgenommen, es aber dann sein lassen, da er nur dumpf herumhockte, und so ruhig und in sich gekehrt er einem auch erschien, hatte er doch etwas an sich, was die Pferde nervös machte – und ihm die gute Laune raubte. So war er zufrieden damit, dass sein Sohn im Kontor saß und die Bücher sauber führte. Die Vorstellung, einer Abendgesellschaft beiwohnen zu müssen, wo man neuerdings aus Büchern vorlas oder jemand auf einem Klavier oder einer Geige schnelle Töne spielte und man sich danach darüber zu unterhalten hatte, ein solcher Gedanke machte ihm geradezu Angst. Noch immer senkte er lange und tief sein Haupt, wenn er Frau von Seutter begegnete, und selbst auf der Kutsche, wenn er vorbeifuhr, erhob er sich ein wenig, so mühsam es ihm auch fiel, und zog seinen Hut. Niemals hätte er bei ihr an einem Tisch sitzen wollen. Keinen Bissen hätte er hinuntergebracht und, so fein der Wein auch hätte sein mögen, keinen Schluck davon genießen können.

»Ja, sind wir es denn inzwischen nicht wert, geladen zu werden!?«, rief seine Frau voller Ärger aus. »Wir nennen ein Haus unser Eigen, betreiben ein eigenes Kontor …«, ihre Augen blitzten August an, »… was sagst denn du dazu!?«

Die Magd kam herein und schenkte aus der Karaffe Wein in die Gläser der Männer, während die Dame des Hauses ein Gläschen Likör bekam und ungeduldig wartete, bis die junge Frau wieder verschwunden war. Auf eine Antwort ihres Sohnes konnte sie verzichten. »Beim Bürklin hat man von der Gesellschaft erzählt und von den Gästen, die geladen seien …«, sie legte beide Hände auf den Tisch und hob sich leicht aus dem Stuhl, »… und weißt du, wer auch geladen ist, he!?« Er blickte auf, bemühte sich um eine unwissende Miene, zuckte mit den Schultern und schüttelte den Kopf. Ihre Stimme überschlug sich. »Weils dich nicht interessiert, weil es dich nur interessiert, dir den Wanst vollzufressen und genug zum Saufen zu haben, mehr nicht!« Sie schlug mit der Hand auf den Tisch, und ihre Stimme gellte durch den Raum. »Die Mauchin, die Hur, die ist geladen! Die! Noch vor nicht wenigen Jahren hätte eine wie sie gebrannt, lichterloh, das Stück … lichterloh. Und heutzutag!« Sie ließ sich wie entkräftet zurück in den Stuhl gleiten, nahm das ziselierte Gläschen zur Hand, trank einen Schluck und sah zur Decke.

Eine Windböe fuhr von Westen her durch die Fischergasse und ließ ein wölfisches Heulen in die Stube dringen.

»Aber das sind doch alte Geschichten«, sagte er beschwichtigend, »die heute niemanden mehr interessieren, und die Mauchins sind eben die Mauchins. Sie sind auf zwei Journale abonniert, und die Katharina erlernt das Klavierspiel, und sie sprechen fransch …« Er hielt inne, als ihr Kopf zuckte und sie ihn durchdringend ansah.

»Wart nur! Ich werd sie schon noch kriegen, die Hur.« Ihre Hand griff zur Seitenlehne des Stuhls und holte das Intelligenzblatt hervor. Energisch schlug sie die Seiten um und las dann laut vor:

Da auch bei der 3ten Versteigerung der zur Konkurs-Masse des Müllers Johann Georg Gast gehörigen Mahl- und Sägmühle zu Amtzell samt Stallungen und Einödgut von 17 Jauchert Acker und Angerfeld, 3 1/4 Jauchert Wiesboden und 5 1/8 Jauchert Waldung mit schlagbarem Bauholze bewachsen die geschlagene Meistbotssumme zu 3100 fl noch unter dem Schätzungswerte von 4446 fl, noch mehr aber unter dem Passiv-Betrage stehet, so wird nach dem Antrage der Creditorschaft eine nochmalige Versteigerung vorgenommen werden. Sowohl die bisherigen Meistbiether als auch die bereits sich neuerliche gemeldeten und anderen Kaufsliebhaber werden öffentlich zu dieser Verhandlung und pünctlicher Einfindung mit dem Anhange eingeladen, dass diese Realitäten täglich auf Anmelden bei dem Masse-Curator Martin Gebler in Augenschein genommen werden können. – Gramm, Landrichter

Sie blickte zornig auf und legte das Journal zur Seite.

»Was ein elender Wirtschafter bist du nur! Wie hast dem verhurten Müller noch Geld lassen können, wo wir die Scheuer in der Hangnach noch bis oben hin voll mit dem verdorbenen Hafer von ihm haben?« Ihre Stimme überschlug sich. »Bald wird der Schimmel auch die Säcke zerfressen haben.«

Gern hätte er jetzt einen Schluck Wein genommen, doch traute er sich nicht. Es würde vorübergehen, wie immer, und bald würde er drüben in der *Engelstube* sitzen und sein Kreuz gemütlich an die Steinsäule lehnen können und aus dem Abend einen schönen machen, falls sich die Rosa noch würde auftreiben lassen. Der Gedanke ließ ihm beinahe ein Lächeln auf das Gesicht kommen, das er gerade noch rechtzeitig auffing.

»Der Hafer liegt blank auf und ist nicht mehr in den Säcken«, sagte er mit beleidigtem Ton.

»Ah, dann schimmelt er also außerhalb der Säcke weiter und frisst uns den Gewinn zusammen. Nur eine Magd … nur eine Magd im Haus. Kein Wunder, dass geredet wird und dass uns niemand einlädt, wo man in ein solches Haus doch nicht kommen mag, in dem keine Sitten herrschen.« Sie nahm das Intelligenzblatt erneut auf und blätterte einige Seiten um.

In der ehmalig Fürstlich Kemptischen Residenz, nunmehr königlich baierisches General-Kreis-Commissariats-Gebäude, werden am Josefstag mehrere sehr schöne brauchbare Meubel, Kanappe, Sessel, Kästen, Uhren, Tische, Bettstatten, Lüster, ein Forte Piano, mehrere Mannskleider, gestickte Uniformen für einen königlichen General-Commissär, goldene Epaulets, Wildschur, Chaise, verschiedenes Pferdgeschirr gegen gleich bare Bezahlung öffentlich versteigert.

Sie sah auf und klappte das Blatt vor sich zusammen. Er sah unbeholfen drein. Sie fixierte ihn.

»Das Forte Piano, das kaufst, verstanden?! Wenn wir schon nicht fein genug sind und eingeladen werden, dann werden wir eben einladen und uns die Gäste aussuchen.« Ihm stand der Mund offen. »Was glotzt du so!?«, fuhr sie auf.

»Ja, aber was sollen wir denn mit einem Forte Piano … wer soll es spielen und wo soll es stehen?«

»Ja du wirst es ganz sicher nicht spielen … im Salon wird es stehen, und ein Musicus wird es spielen, es gibt genügend davon. Gerade erst ist einer in der Stadt angekommen, der lange in Wien gewesen ist und sich dort einen feinen Namen gemacht hat.«

»In welchem Salon? Wir haben keinen Salon«, stellte er nüchtern fest.

»Einen Salon hat man nicht, ein Salon wird gemacht, und wir werden bald einen haben, du wirst schon sehen.«

Es wurde ihm alles zu viel. Dennoch unterdrückte er ein Ächzen, das ihm in der Kehle hing. Ein Forte Piano! Welch ein Irrsinn. Und wer würde schon zu ihnen kommen wollen? Er jedenfalls kannte niemanden, der besonderen Wert auf Abende, wie sie im Haus von Seutter gegeben wurden, legte – er am allerwenigsten. Er trank sein Weinglas auf einen Zug leer, und als die Magd hereinkam, stand er schwerfällig auf. Er tat dies beinahe genussvoll, weil er wusste, wie abstoßend seine Gemahlin das umständliche Gehabe fand, das er dabei dann und wann an den Tag legte. Wortlos ging er hinaus, wo er trotz seiner Körperfülle mit einer eleganten und geschickten Bewegung den dicken Überhang um die Schultern warf und den Kragen hochklappte, als sei neues Leben in ihn gekehrt. Sie sah zur Tür, durch die er verschwunden war, und zischte: »Warte nur!«, wobei ihr selbst nicht ganz klar war, was genau sie damit eigentlich meinte.

Emissär

Sogar der Rotmäntler hatte die Kapuze seines Mantels hochgezogen, als er im Dunkeln durch die Straßen und Gassen der Insel zog. Was hätte er auch in dem Loch unter dem Dach machen sollen, so ruhelos, wie er immer noch war. Und in der Nacht fühlte er sich eh am wohlsten. Vielleicht lag es daran, dass er im Dunkeln keine Vorstellung von sich selbst entwickelte und es dann war, als sei er in der Welt, ohne dass es ihn für sich selbst gäbe. Dieses Gefühl der Unsichtbarkeit in der Nacht, es umfing ihn wie eine Befreiung.

Er tappte über den Paradiesplatz, blickte an der Lände in die Schwärze des Wassers und hörte die Seevögel, die ihren Unmut in die Nacht hinausschrien. Er nahm die Klänge wahr, ohne jedoch damit eine Vorstellung von den Wesen zu verbinden, von denen sie kamen. Für ihn waren es schlicht Töne, die eben da waren. Er ging ein Stück auf der Mauer entlang und lauschte dem aufgeregten Plätschern des Sees. Am Mädchenschulplatz kam ihm ein Trupp Soldaten entgegen, weswegen er in die Gasse wechselte, die ihn zwischen engen Mauern hindurch zur Carolinenstraße führte. Von überall her kam Geschrei Betrunkener, welches die Turmuhr, die gerade schlug, mit ihrem dumpfen, erdigen Klang souverän übertönte. Noch eine Stunde bis Mitternacht.

Er tappte weiter zum Marktplatz. Vor dem Haus zum Baumgarten stand eine geschlossene Kutsche. Die zwei vorgespannten Pferde schnaubten aufgeregt, und in der Kühle der Nacht stiegen helle Schwaden aus ihren Nüstern, die im Schein der Leuchten hell aufschienen. Er nahm wohl war, wie wenig das Licht in den Laternen flackerte und gleichbleibend warm leuchtete. Eine dieser neumodischen Petroleumlampen, dachte er und spuckte aus – keine armen Leute.

Er hielt sich eng im Schatten des Cavazzen und spähte hinüber auf die Front des stolzen Bürgerhauses zum Baumgarten. Der obere Stock war noch erleuchtet. Das Licht vieler Kerzen schnitt durch die Fenster in die Dunkelheit. Was sollte die Kutsche zu so später Stunde noch vor dem Haus? Er blieb geduldig im Schatten stehen und wartete.

Bald öffnete sich ein Flügel des breiten Tores, und der Kutscher kam heraus und stieg geübt auf den Kutschbock. Die zwei Pferde gerieten dabei unweigerlich in Bewegung, und er ließ einen leisen, beruhigenden Pfiff hören. Hola, einer der mit Pferden umgehen kann, dachte der Rotmäntler und hätte gerne diesen langtönenden gleichmäßigen Pfiff nachgeahmt, der in der Tat beruhigend wirkte. Er selbst konnte jedoch nur laut und scharf pfeifen.

Stimmen klangen aus dem Torbogen. Frauenstimmen. Er ging ein paar Schritte vor, um besser sehen zu können, achtete aber dennoch darauf, den Schatten nicht zu verlassen. Eine Frau trat mit einer Lampe aus dem Torbogen und leuchtete. Er sah eine weitere Frau in weitem Umhang, die ansetzte, in den Wagen zu steigen, doch auf dem ersten Tritt stoppte und sich umdrehte.

»Lucas«, rief sie, »Lucas, vergiss den Korb nicht!« Ein Mann kam kurz darauf aus dem Tor, ging hinüber zur Kutsche und reichte dem Kutscher einen Korb hoch. An der schwerfälligen Bewegung war das Gewicht des Korbes zu ermessen. Der Rotmäntler flüsterte sich selbst zu: »Ach, der Lucas also, nimmt sich einen Korb fetter Würste und Schinken und Wein mit.« Grad als er sich umdrehen und weitergehen wollte, kam noch ein Mädchen aus dem Tor. Die Frau, die der kleinen Gesellschaft mit der Lampe den Weg leuchtete, umarmte das schmale Ding, und als sie wieder voneinander ließen, fiel der Lichtschein auf das Gesicht des Mädchens. Der Rotmäntler hielt inne und wohl stand ihm der Mund offen.

»Heijeijeijeijei … was ein hübsches Ding«, entfuhr es ihm, und er reckte den Hals vor, um etwas besser sehen zu können. Doch schon waren alle drei im Wageninneren verschwunden. Die Tür patschte zu, und die Frau mit Lampe winkte.

»Pass auf dich auf, Katharina!«, rief sie. Der Rotmäntler grinste schief und zischte leise: »Katharina heißt es also, das hübsche Täubchen.«

Die Pferde zogen an, und hell klangen die Hufe auf dem Kopfsteinpflaster in die Nacht. Das Tor schlug dumpf zu, und augenblicklich kehrte Stille ein. Der Rotmäntler war nun wieder allein mit sich, dem Schatten und der Kühle des Nachtwindes. Es fühlte sich nun kälter an, nun da die kleine Gesellschaft verschwunden war, und mit einem Male kam ein bitteres Gefühl der Einsamkeit in ihm auf, das einen heftigen Zorn auf sich und sein Leben erzeugte. Mit harten Schritten stapfte er nun weiter durch die Nacht. Ihm leuchtete niemand, ihn umarmte niemand, auf ihn wartete kein Kutscher, kein schwerer Korb mit Fressereien – und schon gar keine Katharina. Vor allem letzterer Gedanke schürte seine Rage noch mehr, und er beschleunigte seinen Schritt.

Am unteren Ende der Kirchgasse kam ihm ein junger betrunkener Bursch entgegen, der leise vor sich hinsang und an den Hauswänden Halt suchte, um vorwärts zu kommen. Der kam ihm gerade recht. Er ging dem Burschen nicht aus dem Weg und rempelte ihn stattdessen brutal mit der Schulter an, dass er zuerst an die Hauswand prallte, bevor er zu Boden krachte. Wie eine Schildkröte lag er da und suchte seine Extremitäten zu ordnen.

»Heeeee!«, schrie der Bursche ihn laut an. »Was fällt dir ein?!«

»Halts Maul, besoffne Sau!«, drohte er ihm, was bei dem Wankenden aber ohne jede Wirkung blieb. Kaum hatte der sich halbwegs wieder aufgerappelt, setzte er zu einer Tirade an Flüchen an. Doch noch ehe er sich versah, zog der Rotmäntler flink und geübt sein Messer aus dem Ärmel seines Mantels und stach erbarmungslos zu. Er spürte, wie die Klinge an den Rippen abprallte und sich knirschend ihren Weg durch sein Fleisch bahnte. Ein zunächst erschrockenes, dann ersticktes Stöhnen drang dem Burschen aus dem Mund, und er sank zu Boden. Sein Gesicht schliff an der Mauer, und aus dem Maul kam ein ekliges Glucksen.

Vom Geschrei aufgestört klapperte ein Fenster über dem Geschehen, und ein Mann plärrte heraus, gerade als der Rotmäntler ein zweites Mal zustechen wollte. Flink verbarg er die Klinge und machte sich mit schnellen, leisen Schritten entlang der Hauswand aus dem Staub.

*

Im Haus zum Baumgarten wurden zur gleichen Zeit alle Türen und Tore geschlossen. Der Hausdiener war angewiesen, dabei jeden Abend sehr sorgfältig vorzugehen und die Schließung zu kontrollieren, seit neben den vielen Soldaten auch jede Menge rohes Gesindel in die Stadt kam. Manch einer in der Stadt wünschte sich geradezu einen neuen Krieg herbei, der einen großen Teil der Enthemmten wieder wegnehmen und auf den Schlachtfeldern zurücklassen würde.

Frau von Seutter ließ sich müde auf einen Stuhl sinken und wartete stumm, bis ihre Kammerdame ihr die Haare aufgelöst und die Bänder ausgeflochten hatte.

»Es war ein schöner Abend, nicht wahr? Katharina war lange nicht hier gewesen, und sie ist wirklich eine hübsche junge Frau geworden. Und Franzisca … sie hat wieder Farbe im Gesicht, und gegessen hat sie und Wein getrunken und oft gelacht. Das Leben ist wieder zu ihnen zurückgekehrt, meine ich.« Elisabeth Mauchin fuhr sorgsam mit ihren Fingern über die Bänder und ordnete sie.

»Ja. So schwer es ist, aber ihre Augen leuchten wieder. Mir ist es auch aufgefallen. Es war aber auch eine schwere Zeit.« Sie stöhnte.

»Wann ist der Kleine noch mal gestorben?«

»Im Januar des letzten Jahres haben wir ihn beerdigt. Drei Wochen war er mit dem Fieber auf den Tod gelegen, und nichts hat helfen wollen, nichts, nichts, nichts.«

»Mein Gott, der dritte Bub, wo sie sich so sehr einen gewünscht hatte … und Lucas auch. Wie sehr macht es ihm zu schaffen?«

»Ihm ist es nicht so anzusehen, und zum Glück hat er ja Katharina, die eh wie eine eigene Tochter für ihn ist.«

»Mhm. Das stimmt. Es fällt einem gar nicht auf, wenn sie zusammen sind. Und auch sie … für sie ist er ganz der Vater. Und … sie haben sich ein hübsches Versteck geschaffen da draußen mit ihrem Hof. Ich bin neulich auf dem Weg nach Wangen wieder vorbeigefahren. Hinter den hohen Büschen und Bäumen ist es gar nicht zu erkennen ihr Haus. Wenn man aber einmal dort ist, sieht man so herrlich hinunter auf den See und auf die Berge.«

»Ja. Und dennoch die vielen Contributionen, die Einlagerungen der Soldaten. Es sind immer noch schlimme Zeiten. Und gerade hört man, es soll schon wieder Krieg geben. Die Österreicher geben keine Ruhe, und sie sollen Truppen an die baierische Grenze gebracht haben.« Frau von Seutter seufzte.

»Oh ja. Vor einigen Jahren noch hätte es einen nicht interessieren müssen, ob Truppen an der baierischen Grenze stehen, aber jetzt, wo wir selbst dazugehören, kann es einem nicht egal sein. Doch alle reden schon wieder vom Krieg, gerade so, als käme nicht mehr als schlechtes Wetter. In Wien scheint man eine Chance für sich zu wittern, seit der kleine Franzose von diesem Nelson ordentlich in den Hintern getreten wurde … erst bei Abukir, dann in Neapel und dann vor Trafalgar. Diesem Napoleon scheint nichts groß genug. Ein Jammer, wie viele Menschen daran noch zugrunde gehen werden. Einmal, als ihm ein Vorschlag für einen öffentlichen Auftritt nicht gefallen hat, da soll er gesagt haben: *Es sei nur ein Schritt vom Erhabenen zum Lächerlichen.* Stelle man sich das mal vor. Er ist also sehr auf das bedacht, was andere von ihm denken. Ein einfacher Mensch im Grunde, aber eben gewalttätig und skrupellos genug, um von seinen Soldaten geradezu geliebt zu werden. Es sind ja eigentümliche Geschichten, die man da hört … nun ja.« Sie stand auf und sprach wie zu sich selbst: »*In bunten Bildern wenig Klarheit,*

Viel Irrtum und ein Fünkchen Wahrheit, So wird der beste Trank gebraut, Der alle Welt erquickt und auferbaut. – Es ist an der Zeit, schlafen zu gehen. Ein schöner Abend war es.«

In der Tür zur Schlafkammer hielt sie inne und drehte sich noch mal um.

»Bestelle deinem Schaffer herzlichen Dank für das Lamm. Er soll sich auch wieder einmal sehen lassen, denn es ist immer recht amüsant mit ihm, wenn er von seinen Reisen erzählt, in diese fernen Welten zu den Wilden. Was ist eigentlich mit ihm?« Elisabeth Mauchin presste die Lippen aufeinander, bevor sie sprach.

»Franzisca hätte ihn gerne den Winter über bei sich am Hof gehabt, wo er es droben in der großen Dachkammer über dem Stadel viel bequemer hätte haben können als in Bezau in der Schafferei – doch er wollte nicht. Seit sein Freund gestorben ist, im letzten Herbst, ist er eigenartig geworden, sehr eigenartig.«

»Mhm … jaja, ich erinnere mich. Das war dieser lustige Schausteller … Ameisler nannte man ihn, nicht wahr … mit dieser exotischen Frau.«

»Ja, Napimeh … und es stimmt, er war ein lustiger, ein verrückter Kerl. Er hat noch eine seiner lauten Reden gehalten, drüben auf dem Markt in Rorschach, sich dann auf den Kutschbock gehockt … und ist unversehens einfach umgefallen und nie mehr aufgestanden. Napimeh hat es mir so geschrieben. Sein Tod hat den Schaffer sehr verändert. Vor einigen Tagen habe ich allerdings einen kurzen Brief von ihm erhalten. Wo der viele Schnee endlich weg ist, will er herunter an den See kommen, schon in den nächsten Tagen. Es ist doch verrückt von ihm, sich den ganzen Winter in der Schafferei zu verkriechen, unter meterhohem Schnee, wo es hier am See so viel angenehmer, wärmer und einfacher ist – für ihn wie für das Vieh. Und bei Franzisca und Katharina und Lucas könnte er sein, als wäre es sein zu Hause.«

»Vielleicht will er das nicht – ein solches zu Hause.«

*

Der Rotmäntler hatte sich auf dem Rückweg in den dunkelsten Ecken der Gassen gehalten und darauf geachtet, keinem zu begegnen. Ungesehen verschwand er im Hauseingang seiner Bleibe. Der Gestank droben in der Kammer störte ihn ebenso wenig wie das Schicksal des Burschen, den er gerade niedergestochen hatte. Er schlief schnell ein.

Am nächsten Morgen fand er sich in der Amtsstube der Stadt ein, wo er sich als Fremdperson zu melden hatte. Lange Zeit lehnte er im Gang, beobachtete das Kommen und Gehen und wartete darauf, endlich aufgerufen zu werden, doch in der Stube des Amtsschreibers zogen sich die Dinge hin. Denn dort war der Rotgerbermeister Michael Franz Erbacher mit seinem Sohn Valentin erschienen.

»Bürger dahier?«, fragte der Amtsschreiber den Alten.

»Geboren dahier am fünften Oktober 1756!«, antwortete der laut und selbstgewiss. Die beiden hatten einen jungen Burschen mitgebracht mit Namen Michael Hensius. Der alte Erbacher hatte ihn, erfahren wie er war, in den Wirtshäusern der Insel aufgegabelt. Es war ein junger, etwas einfältiger Bursch, dieser Hensius, mit dem er bei ein paar Flaschen billigem Wein schnell handelseinig geworden war. Und nun saßen sie hier und machten einen amtlichen Vertrag darüber, denn der Valentin hatte eigentlich in das Königlich-Baierische Militär einzuziehen, wo er seinen vollständigen Militärdienst zu leisten gehabt hätte. Wären es nicht Kriegszeiten gewesen, hätte der alte Erbacher auch nichts dagegen gehabt, doch wollte er seinen Sohn zu Hause behalten, wo er ihn in seiner Profession nötig hatte. Der Amtsschreiber kritzelte mit angewiderter Miene auf dem Papier herum und las dann laut vor.

»Für diese Militärdienstzeit verspricht der Michael Erbacher dem Michael Henisius, geboren dahier am dritten März anno 1789, an barem Geld dreihundert Gulden und feines rindenes Leder zu einem Paar fester Stiefel.« Er sah in die Runde, und alle nickten ernst, sodass er fortfahren konnte. »Sobald Henisius in den Militärdienst aufgenommen, ist der Erbacher schuldig, das versprochene Geld dem Michael Henisius oder an dessen Vater innerhalb von fünf Wochentag auszuzahlen. Nach Ableistung des Militär- und Kriegsdienstes sind an ihn noch einmal zweihundert Gulden an barem Geld zu zahlen. Weiter macht sich der Erbacher verbindlich, den Henisius auf der Reise nach Augsburg zehrfrei zu halten. Sollte der wegen einem oder dem anderen Leibsmangel unter das Militär nicht aufgenommen werden, so ist der vorgeschriebene Contract aufgehoben, die Reiskosten allerdings muss der Erbacher tragen. Für Bestätigung dieses Contractes ist solcher schriftlich verfasst und von den beiden Kontrahenten und von einer Gerichtsperson unterschrieben worden.«

Es gab keine Widerrede, und so unterschrieben alle drei feierlich den Vertrag. Der Amtsschreiber siegelte das Papier, gab es in die Ablage für den Kopierdienst, und die drei gingen hinaus, ein jeder mit seinem Teil des Geschäfts zufrieden. Der Erbacher war besonders stolz auf die Klausel, zweihundert der ausgemachten fünfhundert Gulden erst nach Rückkehr des Schmitt auszahlen zu müssen. Er frohlockte innerlich, denn die hatte er sich schon mal gespart.

Kaum waren die drei wieder im dunklen Gang zurück, trat mürrisch der Rotmäntler in das weitläufige Dienstzimmer. Ein ausladender Schreibtisch beherrschte den Raum. Dahinter hockte ein dürrer, zäher Schlacks mit einem blassen Rabengesicht, aus dem wache, zuweilen giftige Augen blitzten. Es roch nach Papier, billigen Talgkerzen, Moder, Tinte und Staub – eine Welt, die dem Rotmäntler fremd und abschreckend vorkam.

Der Amtsschreiber machte einen missvergnügten Eindruck und streckte wortlos fordernd die Hand aus, in die der Rotmäntler sein Entlassdokument gab. Die langen Spinnenfinger des Amtsschreibers blätterten es auf, und während er las, nickte sein Kopf zustimmend. Er legte das Papier schließlich mit einem unwilligen Laut zur Seite, schrieb einige Notizen in ein großes Buch, das seitlich aufgeschlagen lag, und fragte anschließend harsch:

»Was ist er – luthrisch oder katholischen Glaubens?«

»Am Leben ist er«, presste der Rotmäntler zwischen den Zähnen hervor. Der Amtsschreiber hingegen ließ sich von Typen wie ihm nicht einschüchtern und schon gar nicht beeindrucken.

»Was red er!? Man versteht ihn nicht! Red er, dass man ihn verstehe!«, hakte er launisch nach.

»Katholisch getauft ist er«, antwortete der Rotmäntler laut und deutlich, als wäre er beim Militär und antworte einem Offizier.

»Ah … katholisch getauft …«, kommentierte der Schreiber, schoss einen bösen Blick zu dem Kerl hinüber und gab ohne Wort und Blick das Dokument zurück. »Kann er für seine Lebenshaltung aufkommen, wenn er hier aufhältig ist? Bettler, Lumpen und Tagdiebe sind schon genug in der Stadt – der Diebsturm und das Stadtgefängnis kann sie gar nicht alle mehr aufnehmen!« Der Rotmäntler griff in seine Manteltasche und legte eine Handvoll Florentiner auf den Tisch, die der Schreiber mit einem kurzen Blick registrierte, den Betrag aufschrieb und die nächste Frage stellte. »Wie lang will er bleiben, und was will er in der Stadt … will er ansässig werden?«

»Nein. Ich warte auf einen … einen Bekannten. Wir wollen von hier nach Mailand, mit dem Boten. Die vier Louis d'Or für die Reise kann ich aufbringen …« Der Amtsschreiber unterbrach ihn mit einem Winken seiner Hand.

»Jaja, ich hab sie gesehen, die Goldmünzen.« Er schrieb etwas in das Buch. Der Rotmäntler hielt die Angelegenheit für erledigt, drehte sich um und griff gerade den Türgriff, als ihn die schnarrende Stimme des Schreibers laut und kalt in den Rücken fuhr. »Halt! Bleib er schon noch einen Augenblick. Hat ihm denn jemand gesagt, dass er entlassen sei?!« Es kam selten vor, doch diesmal erschrak der Rotmäntler. Was konnte dieser Aasgeier noch von ihm wollen? Er drehte sich langsam um, behielt jedoch den Türgriff in der Hand. »Wo war er in der Nacht auf heut?«, lautete seine knappe, harte Frage. Der Rotmäntler zog unweigerlich den Kopf nach vorne und zuckte mit den Schultern.

»In der Nacht?«

»Ja! Red er!«, plärrte der Amtsschreiber ungehalten.

»Hier, auf der Insel, in der Stadt Lindau.«

»Aha. Und wo genau hier in der Stadt, so gegen Mitternacht und vor allem – mit wem?«

»Gegen Mitternacht?«, wiederholte der Rotmäntler und bemühte sich um eine feste Stimme. Hatte ihn am Ende doch jemand gesehen und beschrieben?

»Ja, gegen Mitternacht«, bellte der Schreiber durch den Raum. »Herrgott, red er nicht gscheit, hört er nicht gscheit, was will er dann hier?! Gesindel ist grad genug in der Stadt unterwegs. Lass ich ihn ausschaffen!«

»Im Bett war ich zu der Zeit, wie es sich für Christenmenschen gehört«, beeilte sich der Rotmäntler mit seiner Antwort.

»Soso«, kam es gelangweilt. »Ein Christenmensch ist er also. Und wo steht sein Bett?« Ein kleiner Schwindel fuhr dem Rotmäntler durch den Kopf, doch er ließ es sein und nahm den Türgriff nun fester in die Hand.

»Carolinenstraße«, brachte er hervor.

»Soso … Carolinenstraße … wo da genau?«

»Eine Kammer im Dach hab ich erhalten, vom Kaufmann Brack.« Der Kopf des Schreibers bewegte sich unheimlich nach vorne.

»Kaufmann? Der Brack? … Mhm, ist der Brack jetzt also gar ein Kaufmann geworden.«

»Ja, so hat er es mir gesagt, der Kaufmann Brack.«

»Interessiert es ihn gar nicht, weswegen ich frage?«

»Doch … schon.«

»Soso.«

»Ja, wissen würd ich es schon gern wollen. Was soll ich um Mitternacht denn gemacht haben?«

»Aus welchem Grund sollte er denn etwas gemacht haben? Wie kommt er darauf?!« Er spürte, wie er unter seinem Mantel zu schwitzen begann und ihm die Stirn feucht wurde.

»Ja … jemand muss doch was gemacht haben, wenn solcherlei Befragungen auf einen treffen.« Er wartete.

»Einem anständigen Burschen das Messer in die Rippen gestoßen – das vielleicht!? Das ist hier nicht üblich, und deshalb gilt es, Individuen wie ihn zu befragen, die nicht hierher in die Stadt gehören. Deswegen frag ich ihn. Wo war er also gestern gegen Mitternacht?«

»In der Kammer, wie ich es gesagt habe.« Der Schreiber schwieg und fixierte den Rotmäntler starr mit kalten Augen. Dessen Hand schmerzte bereits, weil sie den Türgriff so arg presste. Endlich machte der Aasgeier eine flinke Bewegung mit seiner Rechten, die bedeutete, er solle gehen, möglichst schnell gehen – verschwinden eben.

Draußen riss er sich vor Wut am Mantel. Vielleicht würde sich noch einmal eine Gelegenheit bieten, mit dem Kerl ein ernstes Wörtchen zu reden. Er zog den Mantel enger an den Körper und verfolgte das Treiben auf der Hauptstraße. Fuhrwerke und Kutschen klapperten über das Kopfsteinpflaster. Gegenüber, in den Arkaden der Brodlaube, plärrten Marktweiber laut und priesen ihre Waren an. Ein Hund humpelte neben dem mit Holzscheitern beladenen Handkarren her, den sein Herr über den Platz zog. Dunkle Wolken trieben über Stadt und See, und der Wind griff allenthalben kühl an die Stellen des Körpers, die nicht ausreichend bedeckt waren. Er machte sich auf, um den Brack zu suchen. Im *Sünfzen* war er nicht aufzutreiben, und so ging er weiter zum Markt, wo sich schnell ein Gedränge und Geschiebe ergab, denn der Platz stand voller Kutschen und Fuhrwerke. Bauern, Händler und Kaufleute empfahlen ihre Waren. Mägde feilschten mit den Händlern, Knechte schleppten Kisten und Körbe davon, Kinder schrien, und Hunde und Katzen schlichen in alter Feindschaft zwischen den Karren umher, immer auf der Hut vor Ungemach und gierig, ihren Teil abzubekommen. Vor der alten Wache traf er endlich auf Brack, der vom Eichmeisterbrunnen herkam. Die beiden begrüßten sich ohne viele Worte.

»Hat er sich bei der Stadt gemeldet?«, fragte Brack und ging langsam weiter. Er reckte ein wenig den Hals, um zu erkennen, wer da alles gerade auf dem Markt unterwegs war.

»Was geht es ihn an«, murrte der Rotmäntler.

»Mhm, wäre nicht schlecht. Die Stadtoberen sind in Aufregung, weil man gestern in der Nacht einen Burschen niedergestochen hat.« Er drehte sich um und deutete nach Süden. »Grad da vorne hat man ihn gefunden. Und jetzt werden alle Fremden befragt …« Er wollte weiterreden, doch hatte er just jemanden entdeckt. »Ah, schau an. Kommt mit, kommt mit«, forderte er ihn auf und steuerte durch die Menschenmenge. An einem der Budenwagen mit Stoffen hatte er die Bilgeri gesehen. Diese war ihrerseits jedoch weder an Stoffen noch an etwas anderem interessiert. Vielmehr war ihr auf dem Weg über den Markt Frau von Seutter in den Blick geraten, und nun suchte sie, auf irgendeine Weise mit ihr in Kontakt zu kommen – ein kurzes Lächeln, ein freundlicher Gruß, ein paar nette Worte. Auf solche Weise würde es doch sicher gelingen, an die feinen Leute heranzukommen. Tatsächlich war es ihr geglückt, sich am Stoffstand direkt neben sie drängen. Sie nahm ein Stück Stoff auf, befühlte es mit den Fingern und lobte seine Qualität. Gerade in dem Moment aber, als sie sich Frau von Seutter zudrehte, trat der Brack aufdringlich und anbiedernd zwischen sie und quäkte mit seiner fisteligen Stimme ihren Namen, wobei er erneut diesen devoten Katzbuckel schob, den sie hasste. Er stellte ihr diesen groben, stinkenden Kerl vor mit dem zerhauenen Gesicht und dem speckigen Mantel. Aus den Augenwinkeln sah sie gerade noch, wie Frau von Seutter sich abwandte und gleich darauf im Gestrüpp aus Kleidern, Mänteln und Hüten verschwand. Sie war sprachlos vor Zorn und wurde kreidebleich, während dieser Trottel Brack sie blöde angrinste, als hätte er ein Weltwunder vorzuzeigen.

»Gnädigste, allerliebste Frau Bilgeri«, säuselte er, »hier der Bursch, von dem ich Ihnen berichtete.«

»Scher er sich zum Teufel!«, zischte sie und rempelte Brack unhöflich an, als sie ihres Weges ging. Der sah sich verdutzt um. Einige

Mägde und Knechte hatten die Szene verfolgt, was dem Brack nichts ausmachte, doch der Rotmäntler hasste es, im Zentrum der Aufmerksamkeit zu stehen und angegafft zu werden. Auch er wendete sich also ab und ließ Brack stehen, der nicht annähernd wusste, was er falsch gemacht hatte.

Der Rotmäntler war geradewegs in die Stiftswirtschaft gegangen, wo es laut zuging. An einem langen Tisch fand er am Rand noch einen Platz. Die Händler und Fuhrleute bedachten ihn mit misstrauischen Blicken, was ihn jedoch nicht weiter störte. Er bestellte die Tagesspeise. Die Bedienung kam schnell zurück und schmiss halb im Vorübergehen den tiefen Zinnteller vor ihn hin, dass ein Teil der Soße auf das Holz des Tisches spritzte. Das Wasser lief ihm im Mund zusammen. Ein kräftiger Schlag Kraut war umspült von dicker, klarer Sauce, und obenauf lag ein Brocken Fleisch, durchzogen von fingerdicken Fettbahnen. Auf der Sauce und auf dem Kraut glänzten die Fettaugen. Ihm wurde unweigerlich warm, und einen Augenblick wurde es ganz still in ihm. Ein tiefes Gefühl von Zufriedenheit durchströmte seine Seele angesichts dieses Anblicks. Nur mit Mühe unterdrückte er ein lautes, wohliges Grunzen. Alle Lebenssäfte kamen wieder in Fluss, und er wischte sich den Rotz, den ihm der würzige Dunst aus der Nase trieb, mehrmals mit dem Mantelärmel ab. Die Hitze ließ ihn den Mantel öffnen, und er machte die Ellbogen breit, dass ihm auch ja niemand zu nahe an den Teller kam. Ein dürrer Kutscher mit spitzer Nase, der neben ihm saß, rückte angewidert von ihm weg, soweit es eben ging, als der Kerl sein Messer aus einer Innentasche im Ärmel holte und damit das Fleisch hastig zerschnitt, Brot auf den Teller brockte und alles laut schmatzend in sich hineinfraß. Es brauchte nicht viel, um glücklich zu sein für den Moment.

*

Franzisca hatte sich vom Schniefer in die Stadt fahren lassen, um auf dem Markt die nötigsten Sachen einzukaufen. Unmittelbar hinter der Seebrücke ließ sie der Schniefer absteigen, weil sie das Stück bis zum Looserturm gern zu Fuß gehen wollte. Dort blieb sie oft eine Weile und schaute auf die Seefläche. Dieser weite Blick auf das Wasser tat ihrer Seele gut und beruhigte sie. Heute verzichtete sie allerdings auf den Abstecher in den Seehafen. Denn zum einen war es zu wolkenverhangen für einen klaren Blick vorbei am Mangturm hinüber auf die Berge, wo die Nordkante der Canisfluh hervorspitzte, und zum anderen wollte sie sich davon nicht das Herz schwermachen, weil ihr die alte Heimat dabei immer so nahekam. Trotz allem Lärm im Hafen hörte sie dann den warmen Klang der Bezauer Glocken und befand sich in Gedanken auf dem Weg hinunter zum Dorf, auf den Friedhof, in die Kirche, Vater und Mutter an ihrer Seite. – Alles perdu.

Versonnen schwenkte sie daher zum Paradiesplatz und kam zum Aufstieg an der Schafgasse, als ihr ein vornehm gekleideter Mann auffiel, der ihr mit bedachten Schritten, sorgfältig seinen Gehstock führend, entgegenkam. Sie blieb stehen. Diese Statur … dieser Gang! Ihr Herz stolperte, sie hielt den Atem an. Ihre Augen hingen an ihm.

Er ging unbekümmert weiter und hatte gar keinen Blick für diese Frau, die da stand und ihn nicht aus den Augen ließ. Sie packte ihren Korb fester an der Hand und lief zur Mitte des Platzes, um ihm möglichst nahezukommen. Er war gerade stehen geblieben und musterte die hohen Fassaden zu beiden Seiten. Ganz nahe ging sie an ihm vorbei und sah ihm ins Gesicht, als sie einander passierten. Er hingegen sah durch sie hindurch, als gäbe es sie nicht. Sie schaffte es noch einige Meter weiter, bevor sie anhalten und Luft holen musste. Ihr Herz pochte heftig. Mit großen Schritten eilte sie durch die Carolinenstraße bis zum Marktplatz, lief an den Marktständen vorbei, fand nicht, was sie suchte, und wusste eigentlich gar nicht mehr, was sie hätte kaufen wollen. Sie ließ den Markt sein und hastete hinüber zum Haus zum Baumgarten, dort die Treppen hinauf und fand endlich ihre Tante in der großen Küche.

»Ah, Franzisca, Liebes!«, lautete die Begrüßung. »Ich hatte dich schon eher erwartet und war nun schon auf dem Markt.« Ganz außer Atem und voller Aufregung lief sie in der Küche umher. Elisabeth Mauchin stellte ihre Arbeiten ein. »Was ist?«

»Ich hab ihn gesehen!«, sagte sie aufgebracht.

»Wen?«

»Den Pfarrer.«

»Ah, den Pfarrer … welchen denn, und was regt es dich so auf?« Franzisca fand keine Ruhe.

»Den Pfarrer … aus Bezau.«

»Aus Bezau … hier in Lindau? Du musst dich täuschen.«

»Nein, nein, nein. Den alten Pfarrer von damals … den … mit der Drieberin, den sie weggeschickt hatten.« Elisabeth Mauchin lehnte sich an den schweren Küchentisch und beschwichtigte sie.

»Franzisca, was redest du!? Wie sollte er hier in Lindau sein, wo er doch damals so weit weg gekommen und sicher gar nicht mehr am Leben ist.«

Franzisca stoppte und lachte bitter.

»Oh doch … er ist hier und sehr lebendig und äußerst vornehm, und Pfarrer ist er ganz sicher nicht mehr.« Ihre Tante kam auf sie zu und nahm sie fest bei den Schultern.

»Was redest du denn? Du musst dich wirklich täuschen.« Sie machte sich frei.

»Nein, glaube mir doch. Er ist es! Ich täusche mich nicht. Ganz hochherrschaftlich kam er gerade vom Gasthof *Lamm* her, in feinem Stoff, einem langen englischen Mantel und einem mit Silber beschlagenen Gehstock in der Hand. Ein feiner Herr und nicht mehr der irre Kerl von damals. Schmal ist er zwar geworden, und graue Haare hat er bekommen. Aber er ist es. Er ist es.«

Ihre Tante steuerte sie zu einem Stuhl und drückte sie auf die Sitzfläche. Aus einem der Schränke holte sie eine Flasche, hielt sie gegen das Licht des Fensters und schüttelte unwillig den Kopf. Der Hausdiener hatte sich wieder ausgiebig daran bedient. Sie schenkte zwei kleine Gläser ein und stellte sie auf den Tisch.

»Trink!« Als der Birnenbrand ihre Kehle erhitzte, sagte sie: »Und selbst wenn er es ist … was hätte es für eine Bedeutung? Keine!« Franzisca schüttelte stumm den Kopf. Für sie hatte es wohl eine Bedeutung, wenn plötzlich eine Gestalt aus ihrem früheren Leben wieder auftauchte. Alles war ihr wieder präsent: Jacob, ihre Liebe, der Tod des Vaters, Großmutters Vermächtnis, Mutters Trauer, der Verlust des Hofes, Katharina, die Zeit in Oberreitnau am Pfarrhof, das Leid, die Angst, Lucas. Es war zu viel. Sie weinte leise.

»Aber Liebes, was ist denn nur mit dir? Selbst wenn er es ist … er kann dir doch nichts anhaben, und wozu und aus welchem Grund auch? Du bist in Sicherheit, lange schon. Die Zeiten sind andere geworden, und es sind doch alle tot … alle sind tot.«

»Ja schon. Aber die Zeiten, sie sind nicht wirklich besser geworden, und er … so eigenartig ist er umhergelaufen, als wäre er gar nicht mehr er. Es ist nur so … alles ist plötzlich wieder so nah, als wäre es erst gestern geschehen.«

»Ja, wirklich, es war eine schlimme Zeit, die du durchgemacht hast.« Dann lenkte sie auf einen anderen Aspekt. »Vornehm, sagst du, kommt er daher? Ich kann mir das gar nicht vorstellen.« Franzisca nickte und wischte sich die Tränen mit dem Handrücken ab.

»Ja, ganz wie ein Baron … er kann noch nicht lange hier sein und muss irgendwo in einem Gasthof untergekommen sein … *Lamm*, *Krone* oder in der *Gans*.«

»Höre! Ich kümmere mich darum und werde Erkundigungen einziehen. Dann gebe ich dir umgehend Bescheid.«

Von draußen waren Schritte und Stimmen zu hören. Frau von Seutter kam zurück von ihren Einkäufen und rief nach Elisabeth. Noch bevor diese antworten konnte, ging die Tür auf, und sie betrachtete die Szene.

»Was ist geschehen?«, fragte sie eher streng als mitfühlend. Franzisca hätte gleich wieder heulen können. Ihre Tante legte ihre Hand beruhigend auf ihre Schulter und antwortete, wobei sie die Stirn nach oben zog.

»Sie meint, den ehemaligen Pfarrer von Bezau gesehen zu haben, vorne am Paradiesplatz ... allerdings sei er nun kein Pfarrer mehr, vielmehr ein vornehmer Herr ... nun ja, die alten Geschichten eben ... deswegen ist sie etwas durcheinander.«

»Ah, die alten Geschichten also«, lautete die kurze Antwort, mit der die Sache für sie auch abgetan war. Schwungvoll zog sie den warmen Lodenumhang von den Schultern. »Es ist unglaublich, welch ein Volk sich gerade in der Stadt breit macht. Ein Krieg, so könnte man meinen, wäre da die geeignete Kur ... abscheulich, nicht wahr, so etwas überhaupt zu denken, zumal er in der Tat so nah ist. Was man hört, so gärt es im Tirol und in ganz Vorarlberg, und in Liechtenstein ist beinahe schon offener Widerstand, weil die Baiern sich aufführen, als gäbe es nur sie.« Sie atmete müde aus und bedeutete dem Hausdiener, der in der Tür zur Küche stehen geblieben war, die Körbe abzustellen und dann einer anderen Verrichtung nachzugehen. Als er den Raum verlassen und die Tür geschlossen hatte, wurde ihre Stimme leiser und zischender. »Stellt euch vor, die Bilgeri, diese impertinente Person, hat mich regelrecht verfolgt. Eine Zeit lang habe ich es ja beinahe genossen, wie sie mir so von Händler zu Händler nachgeschlichen ist, doch mit einem Mal drängte sich der Brack durch die Menge ...«

Elisabeth Mauchin ließ ein tiefes kurzes Lachen hören.

»Mein Gott, dieser Geck!«

»Ja ... und der hatte einen fürchterlichen Kerl dabei, sage ich euch, einen vierschrötigen Klotz in Militärmantel mit breiten Schultern, einem Hals wie ein Ochs und einem völlig zerhauenen Gesicht. Mit welchen Leuten diese Person verkehrt?! Schrecklich.« Elisabeth meinte: »Ihr Mann ist aber ein gemütlicher, ehrlicher Kerl. Ein jeder wundert sich, wo er sie herhat und wie es zugegangen sein mag.« Frau von Seutter schüttelte den Kopf und hob ihre Stimme.

»So der Bettler aufs Roß kommt, reitet er ärger als der Herr!«

*

Mit Einbruch der Dunkelheit hatte sich Franz Bilgeri aus seinem Haus in der Fischergasse verabschiedet, jedoch nicht, ohne zuvor noch einmal in der Küche vorbeizuschauen, wo die Hausmagd hockte und heulte. Er hätte nichts mehr für den Tag gebraucht und sie gerne gehen lassen, doch seine Frau wusste nicht so recht, ob sie später nicht noch einen heißen Stein und vielleicht ein Kännchen Tee haben wollte. Er fühlte sich schuldig, wo er doch wusste, dass ihr Verlobter im Heiliggeistspital auf den Tod lag. Unbeholfen schlich er um sie herum und steckte ihr schließlich einen Gulden zu.

Ein bläulicher Schimmer hing auf den dunklen Wolken, die unheilvoll über die Dächer zogen. Er verschwand um die Ecke in den Stall, wo er einen Augenblick wartete, um die Augen an die Schwärze darin zu gewöhnen. Er atmete hörbar ein – es roch gut. Die Pferde standen still und ruhig. Vorsichtig ging er die Reihe ab, murmelte mit seinem tiefen Bass wohlige Töne und tätschelte die warmen Leiber. Als er seine besten Stücke gut versorgt wusste, ließ er seinen mächtigen Leib durch das Gewirr der Inselgassen treiben und erreichte in einem mäandernden Kurs schließlich die Spelunke in der Carolinenstraße. Als er die Tür auftat und ihm der feuchte, rauchige Dunst ins Gesicht schlug, begleitet von Gelärm, Gelächter und Geschrei, hob sich seine melancholische Stimmung augenblicklich. Der Mehltau der häuslichen Zwietracht fiel von ihm ab, und sein fettes Gesicht begann, freudig zu glänzen, als er in der hinteren Ecke die Rosa an einem Tisch entdeckte. Brack hockte bei ihr, und die beiden stritten sich. Er zwängte sich durch die Reihen, schob einen betrunkenen Jüngling zur Seite und setzte sich der Rosa gegenüber. Er kam ihr gerade recht. Zum Brack gewandt sagte sie: »Lass mich mit meiner Kundschaft allein und verdirb mir nicht das Geschäft, und für den Verrückten droben im Dach such dir eine andere.« Wilhelm Friedemann Brack zupfte unwillig an seinem Mäntelchen herum und verschwand.

»Wein, mein kleiner Lüstling?«, hauchte sie grinsend in das Gesicht von Franz Bilgeri und spielte dabei lasziv mit ihrer Zunge an den Lippen. Der winkte sogleich dem Wirt, und schnell stand eine Flasche auf dem Tisch. Nach den ersten Schlucken stellte sich eine tiefe Entspannung bei ihm ein. Seine breiten Hüften sanken an die speckige Holzwand, und er erzählte Rosa redselig von der Magd, die um ihren Liebsten trauerte, der niedergestochen worden war, und wie schlimm die Zeiten doch geworden sind. Rosa hörte kaum hin, trank schnell und orderte noch eine Flasche Wein. Der Wirt zwinkerte ihr zu, als er an den Tisch kam.

Franz Bilgeri steuerte trotz des fröhlichen Geschreis um ihn herum erneut in melancholische Gefilde, berichtete ihr vom Forte Piano, welches er in Kempten holen sollte, und vom Lagerhaus in der Hangnach, wo er ein verschimmeltes Vermögen an Hafer lagerte, nur weil der Lump von Schiffsführer ihm verschwiegen hatte, dass der Sturm die Segelplane weggerissen und das ganze elende Wasser die Säcke tief durchdrungen hatte. Doch was scherte einen Kerl, der gerade lebend dem stürmischen Maul des Sees entkommen war, auch eine Ladung Hafer. Es langweilte sie, sein Gejammer zu hören, und da seine Litanei kein Ende finden wollte, fuhr sie ihn an.

»He, bist gekommen, um mir von Forte Piano zu erzählen und von Hafer!?« Er sah sie verwundert an. Sie stand auf, packte ihn am Kragen und zerrte ihn nach hinten zur Tür und die enge Stiege hinauf. Den Rotmäntler war sie einstweilen los, und es sollte auch so bleiben.

*

Gleich am nächsten Morgen durchsuchte Elisabeth Mauchin das Intelligenzblatt nach den angemeldeten Gästen in den Wirtshäusern. Als sie keinen Namen fand, der zutreffen konnte, machte sie sich auf den Weg über die Insel. Sie mied die Carolinenstraße wegen der herumlungernden Burschen dort, die ihren Rausch noch ausschliefen, und dem damit verbundenen Gestank, der in der Luft hing. Vom *Gambrinus* her kam zudem Geschrei, weil einige Schiffer ihre noch benebelten Lader aus den Hauseingängen prügelten. Die frühe Postkutsche holperte gerade vom Landtor kommend über das Kopfsteinpflaster zwischen St. Stephanskirche und dem Heiliggeistspital. Die Rösser machten einen erschöpften Eindruck, wie auch der Kutscher, der schon weit vor Sonnenaufgang aufgebrochen war. Eine Schar schreiender Kinder lief links und rechts neben der Kutsche her bis hinunter zur Hofstatt, wo der Poschter bereits wartete. Seine Knechte und Mägde hatten schon alles bereitet, wie bei jeder Ankunft. Frische Pferde standen bereit, warme Decken für die Reisenden, angewärmte Steine für die Damen und auf einem hölzernen Tischchen Kaffee und Tee. Mit ausgebreiteten Armen scheuchte er die Kinder umher, die auf das Schauspiel schon gewartet hatten und kreischend auseinanderstoben. Die Rösser blieben von all dem Geschrei unbeeindruckt, und der Poschter genoss das kleine Ritual. Früher hatte er die Kinder immer davongejagt und manchmal auch seinen Stock zum Einsatz gebracht. Seit Jahren jedoch freute er sich immer auf die Schar, ohne zu wissen, was genau ihm daran eigentlich Freude bereitete. Manchmal verschenkte er auch Obst, und an den Festtagen gab es kleine Kekse, und er frohlockte, wenn die Frechsten und Lautesten unter ihnen ihr Glück fanden.

Elisabeth Mauchin war hinter der Kutsche in die Cramergasse eingebogen und passierte bald die Rathäuser. Zuerst fragte sie im *Lamm*, dann gegenüber im *Engel*, bevor sie über *Gans* und *Deutschem Haus* zur *Krone* kam. Dort traf sie in der Küche auf Köchin und Küchenmagd, denen sie vertraut war, weil sie ihnen des Öfteren Lammfleisch vom Schaffer anlieferte. Ihre Frage nach einem vornehmen Herrn stieß hier auf kräftiges Kopfnicken, denn in der Tat – ein feiner Herr war in der *Krone* abgestiegen, zusammen mit seiner Gattin. Da um den unbekannten Besuch gar viel Aufhebens gemacht wurde, war das Geflüster naturgemäß umso intensiver beim Gesinde geführt worden, und sie erfuhr, dass beide Herrschaften nach der neuesten Mode gekleidet seien, die Frau stumm wie ein Fisch sei, zumindest habe noch niemand im Haus sie etwas sagen hören, während er durch die Menschen hindurch spreche, stets guten Wein verlange, vorzugsweise aus dem Médoc, und Gebratenes dazu, mit Vorliebe Geflügel. Für heute Nachmittag war die Köchin damit befasst, ihm Täubchen zu bereiten, und am Abend sollte es nach der Specksuppe gesottenen Fisch geben. Auf Elisabeths Frage, ob er auf seinem Zimmer sei, schüttelte die Magd den Kopf.

»Gleich nach dem Frühstück ist er in den Hafen gegangen. Seine Gattin hat seit gestern das Zimmer nicht verlassen. Sie ist viel jünger, blass, schön, schaut jedoch missmutig drein. »Stell man sich das vor – wie man angesichts eines solchen Lebens überhaupt trübselig sein kann.« Elisabeth Mauchin wiegte den Kopf und wollte darauf lieber nichts erwidern. Sie unterhielt sich noch eine Weile mit den beiden über die schlimmen Zustände, welche die Stadt heimgesucht hätten, und erfuhr auch, dass die Küchenmagd die Schwester der Verlobten des Burschen sei, den man in der Nacht niedergestochen hatte.

»Auf den Tod liegt er, drunten im Heiliggeistspital, und ihre Herrin lässt sie nicht früh und nicht abends gehen, ihn zu pflegen.«

»Wer ist ihre Herrin?«, interessierte sich Elisabeth Mauchin.

»Die Bilgeri … vom Kutscher Bilgeri die Frau …«, ihr Kopf wies aus dem Fenster, »… gleich da drüben in der Fischergass haben sie doch das Haus seit einiger Zeit, und einen rechten Staat will sie aufziehen, was man so hört.« Elisabeth Mauchin schwieg und verabschiedete sich.

Ihr Weg führte hinunter in den Hafen, wo es im Gewirr der Karren, Kutschen, Fass- und Kistenstapel beschwerlich war, fortzukommen. Auf einem Wagen stand ein Mann und schrie sich die Seele aus dem Leib, um einen Haufen fauliger Kartoffeln loszuwerden. Kinder tobten schreiend durch die Menge, und die Kutscher fluchten darüber; einige suchten ihnen mit der Peitsche eine mitzugeben, was die Pferde allerdings nicht ruhiger werden ließ. Hunde und Katzen lungerten herum, und in der Luft darüber kreisten nervöse Möwen und krächzende Raben. Hier gab es für jeden etwas zu holen.

Ein schmaler Steg reichte hinüber zum breiteren Damm, an dem beidseitig die Schiffe lagen. Dort drüben herrschte das dichteste Gedränge. Sie wandte sich aber dem Weinmarkt zu und ging weiter in Richtung Brettermarkt, blieb eine Weile vor dem stolzen Zunftgebäude der Binder stehen und betrat dann den Steg, der über das Wasser zur Burg führte. Das Wasser plätscherte aufgeregt an den Dalben, und ihre Schritte dröhnten auf den Brettern, als sie unversehens von der Sankt-Jakobs-Kapelle her eine vornehme Mannsperson auf sich zukommen sah. Die schwarzen Stiefel glänzten schon von Weitem, der weite Mantel vermittelte Wohlstand, und der silberne Knauf des schwarzen Gehstocks hob sich vornehm aus dem Gesamtensemble ab. Schau an, dachte sie und verlangsamte ihre Schritte. Als sie nur noch ein paar Meter voneinander entfernt waren, blickte sie schnell an ihm vorbei hinüber zur Gerberschanze. Für einen Augenblick aber haftete ihr Blick dabei auf seinem Gesicht, und auch sie erschrak. Ja, er war es fürwahr. Er bemerkte sie gar nicht und passierte sie, als sei sie Luft. Franzisca hatte sich also nicht getäuscht: Das war er, der vormalige Pfarrer von Bezau. Sie folgte ihm, und es war durchaus irritierend, wie entrückt er über die Insel spazierte. Wie konnte aus diesem seltsamen Priester ein so feiner Herr geworden sein? Ausgerechnet er, der eine so überspannte Heiligkeit zelebriert hatte, tauschte nun das Priestergewand gegen die eines weltlichen Herren?!

Sie ging ihm bis vor die *Krone* nach und eilte sich dann, ihre eigentlichen Besorgungen zu erledigen, um einigermaßen rechtzeitig wieder zu Hause zu sein. Dabei war ihr entfallen, danach zu fragen, auf welchen Namen der feine Besuch in der *Krone* denn eigentlich hörte, aber das ließ sich nachholen. Wichtiger war ihr nun, beizeiten zu Hause zu sein, denn der Schaffer wollte vorbeischauen.

*

Der feine Herr hatte nach seiner Rückkehr nach dem Wirt verlangt, der umgehend aus der Küche kam und sich die Hände an einem Tuch sauber wischte. Mehrmals senkte er sein Haupt, um endlich zu fragen: »Herr von Stoy … Sie wünschen?«

»Hat man den Botenjungen geschickt?«, lautete die leise, aber eindringlich formulierte Frage. Der Wirt ging beflissen zu einem Tisch in der Ecke und sah einen Stapel loser Papiere durch, die durch einen Messingbeschwerer in Form eines Hirsches zusammengehalten wurden. Er sah freudig und erleichtert auf.

»Ja. Der Amtsschreiber entbietet freudige Grüße und erwartet Sie, wann immer es Ihnen zeitlich gelegen scheint.« Herr von Stoy nickte und stand ob der Antwort unschlüssig da, was den Wirt nervös machte. Zeitlich gelegen. War es ihm gerade zeitlich gelegen? Er spielte mit dem Knauf seines Gehstocks und ließ schließlich seiner Gattin beste Grüße bestellen, bevor er den kurzen Weg zum Rathaus beschritt.

Dort drängten sich Dienstboten, Kutscher, Handwerker und Kaufleute im langen Gang, die um Genehmigungen nachsuchten, Meldungen abgeben mussten oder in Steuersachen vorsprechen wollten. Ihre Gespräche erstarben, als der fremde Herr eintrat und steif wie an einer Schnur gezogen den Gang entlangging. Er studierte die Schilder an den Türen, und als er vor der richtigen zu stehen glaubte, klopfte er in gewohnter Manier mit dem Knauf seines Stocks an. Ein knurriges Ja kam von drinnen, und er öffnete.

Der Amtsschreiber hatte seine Schultern tief über den Tisch gebeugt und kritzelte etwas auf ein Papier. Ohne seine Haltung zu verändern, blickten seine Augen auf und maßen den unverschämten Kerl, der es gewagt hatte, an der Tür zu hämmern. Augenblicklich bewegte er seinen Oberkörper nun weg vom Tisch. Sein kantiges Antlitz straffte sich, und in seinen Augen blitzte es kurz gefährlich auf. Wie von einer unsichtbaren Kraft gezogen erhob er sich aus dem Amtssessel, ganz ohne sich mit den Händen an den Lehnen abzustützen. Er reichte dem Herrn kühl die Hand, und dieser griff sie sanft, drückte sie leicht und räusperte sich.

In der Ecke befand sich ein kleines Kaffeetischchen mit drei bequemen Sesseln, wohin er den Besucher bat. Er rückte einen Sessel zurecht, den sein Gast gerne annahm, nicht jedoch, ohne zuvor einen prüfenden Blick über die Sitzgelegenheit zu werfen. Kein Staub, keine Flecken.

Der Amtsschreiber begann freundlich, doch keineswegs unterwürfig die Konversation.

»Mit großem Interesse habe ich ihre Nachricht gelesen … Herr … *von* Stoy. Hat der königliche Hof Ihnen diese große Ehre erwiesen … eine große Ehre und Lohn für aufopferungsvolle Tätigkeit.« Er lächelte unverbindlich.

Sein Gast hatte den Hut auf dem Tischchen abgelegt und seinen Stock an den Sessel gelehnt. Er lächelte versonnen und ließ seinen Kopf in ein leichtes Nicken verfallen. »Wie lange ist es nun her, dass Ihr zuletzt hier am See gewesen seid? Vier Jahre … fünf Jahre?«

»Fünf Jahre«, stellte Herr von Stoy nüchtern fest. Der Amtsschreiber rieb sich die Hände.

»Und damals noch schlicht Herr Johann Siegmund Stoy.« Sein Gast wiegte den Kopf und lächelte. Was sollte er auch sonst tun. Ja, er war geadelt worden, doch das stellte nicht den Grund seines Kommens dar. Er schwieg und sah sich im Raum um. Endlich kam sein Gegenüber zur Sache.

»Was hat Euch in diesen Tagen in unsere Stadt gebracht?« Er lachte böse und zwinkerte mit den Augen. »Es gibt keine Klöster mehr, die man auflösen könnte.« Sein Gast nickte erneut lächelnd.

»Ich weiß das am besten, mein Lieber. Nein, es sind nicht die Klöster, derentwegen ich hierhergekommen bin. Ich bin auch nicht mehr in der Funktion als Auflösungskommissär entsendet.« Der Amtsschreiber wechselte seine Miene von freudig-verzückt zu einem interessiert-ernsten Ausdruck und kaschierte mit all dem die Vorbehalte, die er seinem Besucher entgegenbrachte. Kühl, mitleidsfrei, funktionierend, skrupellos – so hatte er ihn kennengelernt, als er noch Verwalter im Kloster Mehrerau gewesen war und dem Auflösungskommissär Stoy die rechte Hand zu sein hatte. Einer der gefürchtetsten Auflösungskommissäre im Königreich – diese Nachricht hatte ihn damals schnell erreicht, und nur allzu bald war im deutlich geworden, woraus dieser Ruf geformt war. Kein Wunder, dass ihm der baierische König das Von vermacht hatte. Ob man bei Hofe aber wusste, dass diese vornehme Nase ehemals eine Pfaffennase gewesen war?

Er registrierte, wie seine Gedanken begannen, seine Gesichtsmuskeln zu bewegen, und brachte seine Mimik wieder unter Kontrolle, denn derjenige, der da vor ihm saß, war von eisigem Gemüt, ihm wollte er zuallerletzt sein Innerstes nach außen kehren, nicht einem Vollstrecker, der den königlichen Ansprüchen und der Hofhaltung die nötigen Mittel beschaffte. Doch woher nehmen, wo das Volk durch Steuern ohnehin schon schwer belastet war und nahezu die Hälfte der Höfe, die landwirtschaftlich erzeugten, in Besitz der Kirche waren? – Natürlich von der Kirche, die fett, feist, selbstgerecht und selbstgefällig geworden war. Zuerst hatten sie die Bettelorden der Dominikaner, Franziskaner, Kapuziner, Augustiner und Karmeliter liquidiert, eine Art Generalprobe vor dem eigentlichen Akt, denn man wollte sehen, wie das Volk darauf reagierte. Vor dem immerhin hatten sie Mores, die Rücksichtslosen. Und das Volk reagierte wie erhofft: gar nicht. Als das deutlich wurde, waren die fetten Prälatenorden an der Reihe, gerade als das neue Jahrhundert das dritte Jahr eingeläutet hatte. Und das große Verderben der feisten Orden war ausgerechnet ihre Gründlichkeit, die sich in ihren penibel geführten Inventarlisten ausdrückte, wie er sie selbst in der Mehrerau penibel geführt hatte.

Der hier vor ihm saß, der hatte den Pfaffen nichts übriggelassen als die Augen zum Weinen. Er wusste von ihm, dass er in Ottobeuren als erstes das Klosterwappen durch das baierische ersetzen ließ. Innerhalb weniger Monate waren alle Gemälde, wertvollen Gegenstände, Pferde, Ochsen, Fahrzeuge – einfach alles – versteigert. Er stand damals mit einem Ottobeurer Bruder in Kontakt, der ihm herzerweichende Zeilen schrieb:

Auf einmal ist im Kloster alles so still geworden, als wenn es ausgestorben wäre. Alle Ämter haben zu verwalten aufgehört, der Herr Prälat selbst ist aus aller Aktivität gesetzt. Es ist bei uns alles so tot und niedergeschlagen, dass wir weder essen noch trinken noch schlafen können; man geht herum wie der Schatten an der Wand. Sieh dich vor!

So war er einigermaßen vorbereitet gewesen auf das Kommende. Ein von Skrupeln befreiter Auflösungskommissär, ein davongelaufener Pfaffe, ein Verräter, ein Gewissenloser wie man sie brauchte in solchen Zeiten. Und der hockte ihm nun mit blasierter Nase gegenüber und trug die Noblesse eines Titels zur Schau, den er auch erhalten hatte, weil er jene vorzügliche goldene Tabatière aufgetrieben hatte, die, neben einer Million Gulden, den korrupten Talleyrand dazu gebracht hatte, die gemästete Reichsstadt Augsburg samt den Fugger'schen Besitzungen an Baiern zu bringen. Welch ein Geschäft! Er lächelte und dachte: An den Galgen gehörtest du. Ich selbst würde das Fass wegtreten!

Seine inneren Kämpfe verlangten nach Entlastung durch Bewegung, und so rückte er seinen Sessel zurecht und streckte den Oberkörper. Fragend hielt er seinen Kopf schräg. Was wollte der entlaufene Pfaffe, der Auflösungskommissär, der Herr von Johann Siegmund von Stoy in Lindau in seiner Amtsstube?

»Hafer«, lautete das bescheidene Wort, das er zu hören bekam.

»Hafer?«, vergewisserte er sich überrascht.

»Ich bin beauftragt, für die königlich-baierischen Truppen und unsere französischen Verbündeten die Versorgung sicherzustellen und in ausreichendem Maße … vor allem … Hafer zu beschaffen. Fünfhundert Sack das Mindeste.« Der Amtsschreiber öffnete den Mund und richtete seinen Oberkörper nach vorn.

»Fünfhundert Sack Hafer …«, repetierte er, »jetzt … wo es bald April ist!«

»Ja, das Jahr geht fort«, bemerkte sein Gegenüber gelangweilt, als verstünde er seinen Einwand nicht.

»Ja über den Winter, der lang und kalt war, sind die Vorräte beinahe bis zur Neige verbraucht worden. Alles wartet auf die neue Ernte … fünfhundert Sack Hafer und mehr?!« Er war ehrlich entsetzt.

»Wir werden in Goldmünzen zahlen und nicht mit Schuldverschreibungen«, kam es nüchtern von ihm. Der Amtsschreiber wunderte sich nun noch mehr, denn es war unüblich für Raffgierige, mit Münze zu zahlen.

»Ja, schon …«, hörte der Amtsschreiber sich sagen, » … dennoch ist die Menge ungemein hoch.«

»Ich möchte eine Auflistung aller Händler und ihrer aktuellen Lagerbestände. Lindau ist schließlich ein Hauptort des Getreidehandels, und wir möchten alle Kräfte dahin gerichtet sehen, jedes wertvolle Korn in die erwünschten Mäuler zu bekommen und nicht in jene des Aufruhrs und der Restauration oder gar in jene aufgerissenen Mäuler, die dem Kaiser in Wien den Arsch lecken.«

»Natürlich …«, wischte der Amtsschreiber den Satz mit einer Handbewegung weg und wusste zugleich: Fünfhundert Sack Hafer – das war unmöglich. Sein Gegenüber hingegen war von Zahlen nicht zu beeindrucken und blieb völlig regungslos.

Der Amtsschreiber war weit von der Vorstellung entfernt, der feine Herr ihm gegenüber könnte auch nur einen Gedanken an ihn verschwenden. Doch dem war ganz und gar nicht so. Stumm saß der in seinem Sessel und war bemüht um jenes feine, nichtssagende, vornehme Lächeln. Doch in ihm bluteten die Verletzungen der Vergangenheit. Da hockte dieses Aas vor ihm – beflissen, falsch lächelnd, intelligent wie eh und je. In alle Winde hätten sie zerstreut gehört, die Brüder und Mittuer der alten Zeit. Doch walteten sie wieder in Amtsstuben, so wie der hier, und machten ihr Umfeld zu kleinen Staaten, wie er sie in Ottobeuren, in der Mehrerau oder in Holzen vorgefunden hatte, mit Kanzlist, Feldmesser, Kastendiener, Schneidermeister, Müller, Schreiner, Tafeldecker, Gärtner, Gegenschreiber, Bäcker, Küfer, Kornmeister, Koch, Torwarte, Mesner und Wachdiener. Und weil es dem Wohlbefinden der feisten Herren zuträglich war, beschäftigten sie auch einen ersten Koch, eine erste Köchin, einen Vorreiter, Stallknecht, Fuhrknecht, Schweinsknecht, eine Hennenmagd, einen Stubendiener, Konventheizer, Holzträger, Maurer, Zimmerer, Bräumeister, Bräuknechte, eine Näherin, Betterin, Hausnerin, einen Holzführer, Hirtenbuben, Magister, Apotheker, Kanzlist und Boten. Konnte ein Hofstaat ausgiebiger bestückt sein? Und sie alle waren untergekommen. Allesamt! Trotz seines Wütens. Weil man sie brauchte! Man brauchte sie! Was er wohl von ihm denken würde, gerade in diesem Moment, der Herr Amtsschreiber?

Was hatte es also gebracht, all die Klöster zu finalisieren, das Mönchsgesindel zu vertreiben, Bischöfe aus dem Land zu jagen, aus Kirchen Lagerhallen zu machen, aus Bibliotheken Bier- und Weinlager, wenn doch der vollziehende Geist dieses alten Systems weiterhin auf gepolsterten Stühlen hinter breiten Schreibtischen hockte? Ja, wohlhabend war er über seinem Eifer geworden, ein feiner Herr dazu, mit einer feinen Dame, und musste trotzdem mit dieser armseligen Krähe da vor sich verhandeln, als wären sie beide auf Augenhöhe. Es war unerhört! Er, der mit Bischöfen umgesprungen war, wie mit Kutschern. Dem in Augsburg hatte er, als er ihm Widerrede gab, ohne Umstand mit süffisantem Lächeln entgegnet: »Es gedeiht so gar nichts Vernünftiges hier. Ich würde vorschlagen, wir misten hier kräftig, vielleicht wird es dann erfreulichere Blüten treiben. Zwei, drei Fuhren Pferdemist … was meint Ihr?!« Und der Klang seiner Stimme hatte deutlich gemacht, wie schnell er die Fuhren Mist im Amtszimmer des Bischofs hätte ausbreiten lassen können. Und nun saß er hier, am Kaffeetisch eines unbedeutenden Amtsschreibers, und verhandelte mit ihm über Hafer, weil die Stadtoberen Gründe genug fanden, keine Zeit für ihn zu haben, sie, die sie noch an ihrem reichsstädtischen Stolz hingen, gegen den er trotz seines Titels nicht ankam. Niemand von Rang und Namen hatte ihm seine Aufwartung gemacht, wo er sein Kommen und die Bedeutung seines Aufenthalts doch per Brief angekündigt hatte. War es vielleicht der Amtsschreiber gewesen, der die spöttische Nachricht an ihn verfasst hatte, man habe seine Note zur Kenntnis genommen und sei auf die Wichtigkeit seines Besuches in Lindau gespannt? Er beherrschte sich, sein empörtes Inneres nicht durch laute Atemgeräusche zu verraten. Er reckte den Hals und lächelte – die diplomatischste aller Verhaltensweisen, gleich wem man gegenübersaß, ob König oder Bettelmann. Lächeln.

Der Amtsschreiber repetierte in Gedanken eine Aussage des feinen Herrn. In Münzen wollte man zahlen, also in Goldmünzen. Das war, wenn es denn stimmte, kein Zeichen von Stärke und Macht. Er nahm die Spannung aus seinem Körper und ließ das Rückgrat gegen das Polster fallen. Welch ein wohltuendes Gefühl.

»Die Bücher, die Bestände, die Händler … das alles wollt Ihr also einsehen?«, fragte er.

»Ja.« Er zog eine leidende Miene über sein fahles Gesicht.

»Ich werde es dem Rat der Stadt vortragen und Ihnen unverzüglich die Antwort zukommen lassen … unverzüglich. Ich sende einen Boten.«

»Bis wann kann ich mit einer Antwort rechnen … ich möchte betonen, im Auftrag des königlichen Hofes tätig zu sein.« Der Amtsschreiber genoss es, den von Stoy zu dem Hinweis auf den königlichen Hof veranlasst zu haben, und ließ seine Stimme etwas kratziger werden.

»Ihnen zu Diensten, weswegen unverzügliche Respondation erfolgt.« Ein wenig sollte er noch zappeln, der Herr Emissär, der nicht vollstrecken konnte, sondern verhandeln musste. Trotzdem. Fünfhundert Sack Hafer, schrie es in ihm. Fünfhundert Sack Hafer!

So dreist die Forderung des Herrn war, so dreist beendete er auch das Treffen ohne jegliche Floskel besonderer Höflichkeit.

»Wie gesagt. Sie erhalten unverzüglich Respondation.« Er stand auf und schob seinen Sessel umständlich zurück, um seinem Gast Zeit zu verschaffen, sich zu erheben, was dieser auch tat. Was blieb ihm auch sonst übrig. Alsdann ging er mit gemessenen Schritten in Richtung Türe. Herr von Stoy folgte ihm und bekam zum Abschied ein falsches Lächeln und einen nur noch angedeuteten Katzbuckel.

Draußen im Gang raubte es ihm schier den Atem, und er musste den engen Kragen lüften. Jetzt war er Freiherr, wohlhabend … und offensichtlich keinen Schritt im Leben weitergekommen.

Der Amtsschreiber stand hingegen nur wenige Meter entfernt in seinem Dienstzimmer, sah zum Fenster hinaus auf die Hauptstraße und murmelte: »Man sieht sich immer zweimal im Leben … immer zweimal.«

Dann rief er den Rechtskonsulenten Kinkelin und widmete sich einer anderen Angelegenheit. Er diktierte für die nächste Ausgabe der amtlichen Nachrichten im Intelligenzblatt mit lauter, klarer Stimme und ohne ein einziges Mal ein Wort zu revidieren.

Der Kirchenschaffner Johann Nepomuk Diehl hat sich gestern Abend heimlich von seinem Heim entfernt, nachdem sich großer Verdacht gegen ihn geäußert hat, dass er aus dem Deposito des katholischen Bürgerhospitals zu Meersburg die Großherzoglich Badischen Amortisations-Kassenscheine, wovon die Nummern nach Abschluss folgen, entwendet habe. Sämtliche Obrigkeiten werden daher ersucht, diesen Flüchtling im Betretungsfall gefährlich anzuhalten und gegen

Ersatz der Kosten an das Großherzogliche Stadtamt dahier abzuliefern. Da auch zu vermuten steht, dass Diehl noch einen beträchtlichen Teil der entnommenen Amortisations-Scheine in Händen haben möge, so wird gebeten, beim Ergreifen des Diehl besonders hierauf Acht zu haben.

Er stöhnte. Was waren das nur für Zeiten, in denen Kirchenschaffner ihren eigenen Dienstherren bestahlen. Mit einem begütigenden Wink schickte er den Schreiber hinaus.

*

Wilhelm Friedemann Brack war derweil auf dem Weg in die Fischergasse. Vom Turm der Stiftskirche schlugen die kleine und die große Glocke gemeinsam zehn Uhr. Am Eichmeisterbrunnen standen einige Kutscher mit ihren Fuhrwerken und tränkten die Rösser. Die Kaltblüter zeigten keine Unruhe, obwohl ihre Patrone einander von Kutschbock zu Kutschbock anplärrten. Hinter den Hitzköpfen wartete ein Fuhrwerk mit zwei pechschwarzen, gedrungenen Percherons mit langen Fußhaaren. Ihre Fuhre war hochauf mit Rebstöcken beladen. Seitlich davor stand ein Ardenner, der ihnen ähnlich sah, jedoch weit mächtiger daherkam. Ein giftiger Kutscher mit einem löchrigen grauen Kamisol und einem aus der Mode geratenen Dreispitz auf dem Schädel krächzte Unflätigkeiten über den Platz, die so gar nicht zur feinen Erscheinung seiner zwei Schwarzwälder Füchse mit der hellen Mähne passten.

Brack bahnte sich einen Weg durch die Pferde und Kutschen, ganz eng vorbei an einem in sich ruhenden Brabanter, sehr darauf bedacht, sich nur seinen Rock nicht zu beschmutzen. Auffallend war ein Gespann vorne am Brunnen mit zwei spritzigen Rössern. Es gehörte dem Bilgeri, der es selbst führte. Brack winkte ihm zu und blieb kurz an seinem Wagen stehen. Dem Bilgeri war jedoch nicht nach Konversation, müde und fahl, wie er da auf dem Bock hockte.

»Na, auf dem Weg … wo gehts denn hin?«, fragte Brack unverbindlich und unterdrückte ein gehässiges Lachen, das ihm gern aus der Kehle gekommen wäre. Bilgeri winkte ab und sah mit missmutigem Gesicht die Kirchgasse hoch.

»Nach Kempten. Das Wetter ist nicht nach meinem Geschmack. Ich hoffe, morgen Abend vor der Dunkelheit wieder zurück zu sein.« Er schnalzte mit der Zunge, und die zwei Rösser hörten auf, zu saufen, und hoben die Köpfe. Ohne weiteren Gruß setzte er das Fuhrwerk in Gang. Ein dickes Bündel mit Segeltuch war geladen.

Brack wartete, bis der Wagen hinter dem Fischergassenbrunnen verschwunden war und das Landtor passiert haben musste. Die Gelegenheit wäre gut gewesen, dem Haus Bilgeri einen Besuch abzustatten, doch seit dem Zusammentreffen am Markt war die Beziehung zur Dame des Hauses etwas angespannt. Er lächelte bei dem Gedanken, denn er kannte sie von früher her. Wie sich die Menschen doch verändern können.

Eine leichte Brise wischte durch die Gassen. Bald würde wieder ein Regenschauer kommen. Er entschied sich für den *Sünfzen*, auch wenn es eigentlich noch etwas zu früh dafür war. Wenn aber erst das Mittagsgeläut einsetzte, würde kein Platz mehr zu bekommen sein. Zudem waren dort immer Leute, von denen Neues, Interessantes, Gerüchte und Geschichten zu erfahren waren, und er war neben vielem anderen vor allem für eines bekannt: ein guter Zuhörer zu sein.

In der Wirtsstube des *Sünfzen* war es warm. Einige Tische waren bereits besetzt – Offiziere, Kaufleute, Händler, Stadtverordnete, Fuhrleute saßen hier beisammen. Man unterhielt sich leise und ernst. Hier grölte keiner, und gesungen wurde erst recht nicht. Tabakqualm von Pfeifen und Zigarren schwebte in der Luft und mischte sich mit dem Odeur aus Schweiß, Alkohol, dem süßen Dunst fetter Würste und dem säuerlichen Dampf des Krauts, welcher mit jedem Teller, der aus der Küche in die Wirtsstube getragen wurde, intensiver wurde.

Auf manchen Tischplatten lagen Papiere ausgebreitet. Ein Kaufmann hatte ein Sortiment Knöpfe ausgelegt – silberne, solche aus Hirschhorn und die billigen aus eingefärbtem Holz. Ein paar rote stachen Brack in die Augen. Hübsch, dachte er. Die würden gut zu seiner roten Weste passen.

Er setzte sich an den langen Tisch vor der Anrichte und bestellte Wein. Die zwei Händler ihm zur Seite waren allerdings wenig gesprächig. Einer las das *Intelligenzblatt der Stadt Lindau im Oberdonaukreise* und rümpfte ein ums andere Mal die Nase. Viel von dem Geschriebenen darin schien nicht sein Gefallen zu finden. Brack linste verstohlen hinüber und sah, dass er gerade die Tabellen mit den aktuellen Preisen für Getreide, Fleisch und Vieh studierte. Die Geschäfte gingen eben schlecht für diejenigen, die am Krieg und seinen Vorbereitungen nicht verdienen wollten oder konnten. Der Händler legte das Journal auf den Tisch und markierte sorgsam einen Textabsatz, wobei ein Lächeln über sein Gesicht huschte.

Aus der gegen den entdeckten Salpeter-Schleichhandel im verflossenen Jahre angeordneten Untersuchung muss man entnehmen, dass nicht nur mehrere Salzigerer ihr jährliches Salpeter-Erzeugnis in kleinen Parteien an Apotheker verkauften, sondern dass sich auch einige Königsbehörden erlaubten, diese Verkäufe in sogenannten dringenden Fällen von Amtswegen zuzulassen. Die betreffenden königlichen Polizei-Behörden werden die Salpeterunterschleife von Amtswegen mit aller Strenge verfolgen.

Der andere Kaufmann sortierte ungeschickt seine Prospekte und sah ebenfalls unzufrieden aus. Die Stube füllte sich zusehends, und bald wurde es enger. Speisen wurden aufgetragen, und Brack überlegte, für was er sich entscheiden sollte. Tat es eine Suppe, wie sie am Nachbartisch serviert wurde, mit fetten Wurstscheiben? Oder wäre das Fischlein, welches sich der Fuhrmann gegenüber bestellt hatte, angemessener? Dessen bleiches Gesicht, das ins Gelbe changierte, gab beredte Auskunft über die inneren Krämpfe, die ihn öfter heimzusuchen schienen. Brack wandte sich ab. Oder vielleicht Kraut mit einem Stück Gebratenem? Er konnte sich nicht entscheiden und blieb deshalb vorerst beim Wein. Kurz darauf erhob er sich, um den Gast angemessen zu begrüßen, der sich ihm gegenüber am letzten freien Platz mit sorgenvoller Miene niederließ. Schreiber Beyer war es, der wortlos nickend in die Runde blickte, womit er seinen Gruß entbot. Gerade als er die Tür aufgestoßen hatte, war das Geläut der Glocken der Stiftskirche hereingedrungen. Die kleine Glocke hatte soeben geendet und die große übernommen. Mittag. Zwölf Uhr. Brack war erfreut, den Schreiber gegenüber zu haben, denn ein Schreiber wusste immer etwas Neues, war seiner Zeit stets ein Stück voraus als jene von außerhalb der Amtsstuben. Man durfte diesen kargen Menschen, die im Laufe der Jahre das Aussehen ihres Handwerkszeugs annahmen – trockenem Papier und dürren Federkielen – nur mit einem nicht kommen: mit Fragen.

Beyer bestellte Seewein und die Suppe. Brack zügelte seine Wissbegierde und ließ ihn in aller Ruhe ankommen, wartete, bis er den ersten Schluck genommen hatte und bis die Süße und der belebende Alkohol weißen Weins in den Kopf gestiegen war. Dann fing er an, Belangloses zu erzählen: vom Geschrei und dem Händel der Kutscher, die immer mehr zu werden schienen, von den Anträgen, den Fischergassenbrunnen endlich abzureißen, jetzt, wo keine Fürstäbtissin mehr da wäre, die etwas zu sagen hätte, er bejammerte die Zustände im Allgemeinen und im Besonderen und ließ seine Stimme arg ins Mitleidige fallen, als er auf den armen Kerl zu sprechen kam, den man in der Kirchgasse niedergestochen hatte.

»Es sind keine guten Zeiten«, sagte er und wiederholte, »keine guten Zeiten.« Dann schwieg er.

Einige am Tisch hatten ihm zugehört und genickt. Einer sagte, der Medicus vom Heiliggeistspital hätte gute Hoffnung, was den armen Kerl anginge, solange ihn das Fieber nicht hinnimmt. Brack äußerte sein Mitgefühl, indem er seinen Blick senkte und traurig nickte. Amtsschreiber Beyer schien gänzlich unberührt vom Geplapper des Brack. Doch eine Weile später sagte er ruhig: »Glaub er mir, der Fischergassenbrunnen wird noch hundert Jahre und länger an seinem Platz bleiben, so laut das Geschrei auch werden wird.« Dann nahm er einen Schluck Wein, und eine dürre Kellnerin stellte ihm einen tiefen Teller mit Suppe hin. Beyer machte sich über das Essen her, und Brack ließ ihn in Ruhe.

Als er fertig war mit den fetten Wurststücken, dem Kraut, den Zwiebeln, den Rüben und Kartoffeln, meinte er in Richtung Brack: »Die Vorboten des Krieges haben keine blutunterlaufenen Augen, keine zerschlissenen Uniformen, keine zerrissenen Stiefel und schon gar keine Wunden. Sie schlafen nicht auf Stroh, sondern in weichen Betten, sie tragen eine feine Blässe im Gesicht, englische Ridingcoats, haben einen mit Silber beschlagenen Gehstock, nennen sich Freiherr, geben sich ganz *avant la lettre* und verlangen dabei das Unmögliche … Hafer en gros! Ja, so ist es, das Schlechte in der Welt – es kommt vornehm daher.« Er zog ein Tuch aus der Tasche und wischte sich den Mund damit ab, als hätte ihm das Gesagte die Lippen beschmutzt. Brack ließ nicht mehr als ein gespielt ernstes »Ja, so schauen sie aus, die wirklichen Fratzen des Krieges – Fettaugen, die immer oben schwimmen«, hören.

Amtsschreiber Beyer fuhr mit der Zunge durch seinen Mund, als suche sie nach einem Rest Wurstscheibe darin, stand auf, deutete eine Verneigung an und ging. Bald darauf machte sich auch Brack auf den Weg, ohne jedoch, wie er es vorgehabt hatte, etwas gegessen zu haben

Er fühlte plötzlich Müdigkeit und wollte sich nach dem bislang so erfolgreichen Tag etwas zur Ruhe legen. Also schlug er den Weg in Richtung Hurenschanze ein. Eine Kalesche ohne Fahrgäste, hingegen mit zwei Koffern beladen, holperte an ihm vorbei und hielt vor der *Krone*. Mühsam lud der Kutscher die schweren Holzkoffer ab. Brack gesellte sich zu ihm und beklagte die Arbeit, die dieser damit hatte, und tatsächlich ließ der Kerl sich auf ein Gespräch ein. Die feine Dame hatte das Gepäck nachkommen lassen. Vorsichtig nahm er den schmaleren Koffer aus Holz mit geprägtem Lederüberzug und schmiedeeisernen Beschlägen herunter. Der Kutscher erklärte Brack: »Damit soll ich ganz besonders vorsichtig sein, hat man mir gesagt. Was wohl drinnen sein wird?« Es war ein Toilettservice. Innen war es mit rotem Samt ausgekleidet, und die Stücke darin waren aus Silber getrieben, gegossen, ziseliert, punziert und vergoldet. Sie stammten aus der Goldschmiede Christian Gottlieb Drentwett in Augsburg und waren einmal ein Geschenk des Augsburger Bischofs an den Abt von Illertissen gewesen, dem es Stoy mit großer Freude genommen hatte.

*

Die Burschen des Hauses waren alle auf Dienst- und Botengängen in der Stadt unterwegs. Die Straßen waren den ganzen Tag über mit Fuhrwerken verstopft, feine Herren, vornehme Damen und jede Menge Gesindel trieb sich in den Gassen herum, das Geschrei im Hafen fand kein Ende, und ständig drohte der Allmächtige mit Regen und Sturm. Der Kutscher mochte den Auftrieb nicht und freute sich auf die Ruhe, die ihn in seinem kleinen Häuschen auf dem Festland erwartete, fernab von allem Trubel.

Als er die vornehmen Kisten verstaut hatte, winkte ihm die Köchin, und er war froh um den Schemel, dessen hartes Holz von zwei Fellen für den Arsch genießbarer gemacht worden waren. Er ächzte zufrieden. Angenehme Wärme war spürbar, und die Luft war vom Duft von Gebratenem erfüllt. Die Küchenmagd hockte nahe am Ofen auf einem Stuhl, vor sich einen großen Bottich, der zu einem Viertel mit Wasser gefüllt war. Sie schälte Kartoffeln. Die Köchin selbst stand am Herd und wendete ein übrig gebliebenes Stück Bauchfleisch in der Pfanne, nahm es absichtlich hoch, sodass es der Kutscher sehen konnte, und betrachtete es prüfend, bevor sie es wieder in die Pfanne legte und ein Zischen den Raum durchzog. Sie konnte spüren, wie dem Kutscher das Wasser im Maul zusammenlief.

»Was ist das für ein feiner Kerl mit seiner blassen Mamsell, den ihr uns da ins Haus gebracht habt, he!?«, fragte sie. Seine Augen hingen am Bauchfleisch, und er schmatzte zweimal laut, bevor er reden konnte. Er hielt sich jedoch bedeckt.

»Ein feiner Herr eben, wie es viele gibt, und zu denen eine feine Mamsell gehört.«

»Soso.« Sie drehte sich um, nahm einen Zinnteller vom Tisch und wischte ihn an ihrer Schürze ab. Dann gab sie einen Schlag Kraut darauf und legte das Stück Fleisch samt einem Kanten Brot dazu. »Da!« Er nahm einen Löffel, der auf dem Tisch herumlag, holte sein Messer aus dem Ärmel und schnitt das Fleisch bedächtig klein. Bevor er den ersten Bissen ins Maul schob, hielt er inne, betete schnell und leise und aß dann gierig. Die Köchin ließ ihn derweil in Ruhe. Doch kaum, dass er fertig war, wiederholte sie ihre Frage. Jetzt war schon mehr zu hören.

»In Ulm habe ich ihn und seine Frau aufgenommen. Sie fahren gerne mit mir, wo meine Kalesche doch die neuen Federbänder hat und so weich über das Land geht. Er ist ein Auflösungskommissär … hat viele Klöster im Namen des Königs requirieret und alles, was nicht niet- und nagelfest war, versteigern lassen. Man erzählt sich, er sei der unnachgiebigste von allen gewesen.«

»Und die Mamsell?« Seine Stimme bekam einen hämischen Zug.

»Das ist eine Madame Montfort, die Tochter eines bankrotten Fabrikanten.«

»Montfort … die aus Tettnang?« Er lachte.

»Nein … Zell im Wiesengrund … weit weg von hier … beinahe schon bei den Franschen. Stoffe haben sie dort fabriziert, und weil der Franzos jeden Handel unterbindet, haben sie bankrottiert.«

Für eine Weile entstand eine Stille, und der Kutscher lauschte, ob jemand draußen auf dem Gang war. Als er sich sicher war, dass niemand anderes zuhörte, verschaffte er sich zunächst die volle Aufmerksamkeit der beiden in der Küche Hantierenden.

»Pst … pssst.« Die beiden Frauen stellten ihre Arbeiten ein und sahen überrascht zu ihm. Er ging halb in den Stand und flüsterte: »Man erzählt sich, er sei zuvor ein Priester gewesen … in Zell im Wiesengrund und davor im Tirol. Dort habe man ihn aber wegen einer Weibergeschicht und seiner besonderen Heiligkeit davongejagt, und er sei dann zu den Franschen übergelaufen vor Wut und Zorn auf die Pfaffen. Von daher kennt er sich mit dem Geistlichen gut aus und sei deshalb so verbissen und ohne Skrupel gewesen als Auflösungskommissär.« Er setzte sich wieder und war zufrieden, denn die beiden Weibsleute sahen ihn ungläubig an. Die Köchin war ehrlich beeindruckt.

»Ein davongelaufener Priester?!«

»Ja. Und jetzt hat man ihm sogar ein Von gegeben, weil er so bissig war. Da seht ihr, was alles wert ist, woran man glauben tut.«

Die Köchin setzte ihre Arbeiten fort und warf ihrer Magd einen vielsagenden Blick zu. Ein entlaufener Pfaffe – der würde kaum für das Verbrechen an dem jungen Burschen in Frage kommen, sollte man zumindest meinen.

Spital

Der Schaffer zog mit langsamen Schritten dem Ufer des Sees folgend nach Westen. Immer wieder blieb er stehen und wendete den Blick der Inselstadt zu, deren Mauern und Türme wie das Konstrukt eines Märchenerzählers wirkten, so theatralisch wie sie in die spiegelnde Seefläche gestellt waren. Die Natur erwachte langsam und vorsichtig nach dem langen und bitterkalten Winter. Auf der Seefläche schimmerten erste zarte Töne aus Grün und Gelb. An den Hecken glänzten feine grüne Blattrollen in der Sonne, und nur die Forsythien leuchteten schon in kräftigem Gelb. Er sah lange auf einen großen Strauch in der Nähe des Ufers und geriet ins Sinnieren. Wie oft hatte er es schon gesehen, dieses Aufleben der Welt, und wie oft hatte er dieses Wunder, das es war, bedacht? – Zu selten.

Er setzte seinen Weg fort, begleitet von seinen beiden Hunden und dem alten Maulesel, auf dem er ab und an, wenn es gar nicht mehr zu Fuß ging, für ein Stück ritt. Das tat er jedoch nicht gerne, denn nicht mehr laufen zu können, aus Schwäche oder vor Schmerz, das stach ihm ins Herz, weil damit eine Ahnung über jene Unfreiheit in ihm aufkam, die das Alter so oft mit sich brachte. Ja, er war alt geworden über die Jahre, so alt, wie er es sich nie hätte vorstellen können, jemals zu werden. Und die vielen Jahre auf schlechten Wegen, bei Kälte, Hitze, Regen und Sturm, sie hatten ihre Spuren nicht nur in seinem furchigen, verwitterten Gesicht hinterlassen, sondern auch in seinen Knochen. Und bei allem Leiblichen, das jedem Menschen Kraft abverlangte, war seit dem letzten Jahr noch eine in tiefer Trauer verwurzelte Melancholie hinzugekommen. Der Tod des Ameislers, so empfand er es, ließ ihn allein zurück auf dieser Welt, durch die sie so viele Jahre miteinander gegangen und in frühen Jahren vor allem gesegelt waren. Diese verschworene Bande, deren gemeinsame unsinnige Flucht sie durch die ganze Welt geführt hatte, ihn, den Vitus und den Ameisler – sie war nun Vergangenheit. Und so gab sich das eine dem anderen hin: Der müde Geist beatmete den Körper nicht mehr, und dessen Anfälligkeiten belasteten zusehends das Wesen des Schaffers. So war das Leuchten aus seinen Augen gewichen, die Energie, die früher in seine Schritte ausgestrahlt hatte, dass die Mantelspitzen nur so um die Stiefel schlugen, sie war dahin, und seine ehemals donnernde Stimme war dünn und brüchig geworden.

Bald traf er am Hof bei Franzisca ein, die ihr Erschrecken über seinen körperlichen Verfall hinter ihrer ehrlichen Freude, ihn in die Arme schließen zu können, verbarg. Es war zu fühlen, wie knochig er geworden war. Sein Mantel schlotterte, als hinge er an einem Gestell. Die Wangenknochen traten stark hervor, wogegen die Augen sich glanzlos in ihre Höhlen zurückgezogen hatten.

Die zwei alten Hirtenhunde, die ihr Gnadenbrot auf dem Hof über dem See bekamen, humpelten ihm heulend vor Freude entgegen. Die Treue dieser alten Gefährten erfüllte ihn mit blanker Rührseligkeit, und er kniete nieder, um sie zu liebkosen, etwas, was er früher auf so innige Weise nie getan hätte. So änderten sich die Zeiten und mit ihnen die Menschen.

*

Der Rotmäntler lebte gut in diesem Lindau. Die Stadt gefiel ihm immer besser, und mit der Kammer unter dem Dach war er, der ganz anderes gewohnt war, mehr als zufrieden. Er störte hier niemanden, und noch wichtiger – niemand störte ihn. Dem Amtsschreiber und den Gendarmen suchte er aus dem Weg zu gehen. Überhaupt nahm er lieber einen Umweg, wenn er Uniformen auf sich zukommen sah. Er nutzte die Tage, um durch die Gassen zu ziehen und Ausschau zu halten. Er würde ihn sofort wiedererkennen, war er sich sicher. Sofort. Jetzt hockte er auf dem Bettgestell und hatte aus einer ledernen Mappe das abgerissene Stück Papier gezogen, auf welchem oben in der Ecke direkt an der Risskante *pflin* zu lesen war und darunter *Lindau – Oberdonaukreis*. Er musste also aus Lindau stammen, dieser elende Offiziersbursch, der ihn so zugerichtet hatte. Aus welchem Grund sonst sollte er einen nach Lindau adressierten Brief in der Brust gehabt haben? Weiter herumfragen nach ihm, war keineswegs die rechte Herangehensweise, denn so etwas zog schnell Kreise, und er war schließlich nicht gekommen, um ihn aufzuschrecken. Mehr als seine Rache beschäftigte ihn jedoch gerade etwas anderes. In der Nacht zuvor war er aufgeschreckt, ja – aufgeschreckt. Er! Ausgerechnet er. So sehr er auch nachdachte, kam ihm keine Situation in den Sinn, in der ihm das widerfahren wäre. Ausgerechnet der Bursche, dem er das Messer in die Brust gestoßen hatte, war ihm im Traum erschienen. Man erzählte von ihm, er würde wieder aufkommen vom Totenlager, wenn ihn nur das Fieber verschone, und die Stadtoberen hätten der Sache wegen extra Gendarmen aus Kempten kommen lassen. Was … was, wenn der Kerl in der Tat wieder auf die Beine käme und sich an ihn erinnerte? Was dann!?

Er steckte den Fetzen des Briefumschlags sorgsam in die dünne Ledermappe, die er dem französischen Offizier ebenfalls entrissen hatte. Dann stand er auf, nahm den Mantel vom Balken und machte sich auf den Weg in die Stadt. Heiliggeistspital hatte man gesagt. Im Heiliggeistspital soll er liegen.

In den Straßen und Gassen ging es wie immer hoch her, und er musste sich seinen Weg regelrecht bahnen. Vor dem Gasthof zum *Lamm* wurde er aufgehalten, weil ein Fuhrwerk, das Fässer und Kisten anlieferte, die ohnehin schmale Schafgasse zusätzlich verengte, und von der Brodlaube her kamen jetzt am Vormittag jede Menge Dienstboten, die ihre Einkäufe zu erledigen hatten. Als er die Engstelle passiert hatte, ging er geradewegs über die Hauptstraße hinweg, da er das Rathaus meiden wollte. Der Amtsschreiber hatte ein unangenehmes Gefühl in ihm hinterlassen. Vorbei am Schlachthaus die Metzgergasse hinunter lief er weiter in Richtung Hafen. Es roch nach frischem Blut und gekochtem Fleisch. Kaum ein Lüftchen regte sich gerade. Den Wolken nach hätte es regnen müssen. An der Mole lagen drei Lastschiffe, die gerade erst hereingekommen waren. Sie schlugen im Takt der Wellen dumpf an die Holzdalben. Der übliche, so lautstarke wie verbissene Kampf der Kutscher um die besten Plätze hatte begonnen. Junge Burschen trugen Kisten, rollten Fässer, zerrten an Bündeln, Kinder rannten spielend dazwischen herum. Vom Mangturm her klang ein Tamburin und dazu die durchdringende Stimme einer Zigeunerin, deren Singsang vielleicht deshalb so melancholisch erschien, weil er in einer fremden, unbekannten Sprache daherkam.

Er steckte sich eine Pfeife ins Maul und suchte einen ruhigen Platz am Rand des Geschehens, den er auf einem Mauervorsprung fand. Ein wenig erhöht bescherte ihm der Platz eine gute Übersicht. Vor ihm wurden zwei Leiterwagen mit Salzfässern entladen. Ein kräftiger Kerl mit kantigem Kinn zerrte die Fässer vom Wagen und ließ sie auf einen Karren rollen, auf dem insgesamt drei Fässer Platz fanden. Zwei dürre, aber zähe Kerle zogen die Last zu einem der Schiffe. Er verfolgte das Schaffen eine Weile. Der Kerl auf dem Leiterwagen tauchte ab und an seine Hände in einen hohen Bottich, der mit Wasser gefüllt war. Dabei presste er die Lippen aufeinander und verzog sein gesamtes Gesicht. Schmerzen. Seine Hände waren rissig und voller eitriger Grinde. Der Rotmäntler grinste hämisch. Salz. Überall war Salz: an den Fässern, in der Kleidung, auf dem Wagen, sogar in der Luft. Es war ein Teufelszeug für diejenigen, die damit arbeiten mussten. Langsam fraß es sich in die Haut, selbst in die ledrige Hornhaut der Lader. Da half auch das Wasser nicht. Der Rotmäntler nahm genüsslich einen Zug aus seiner Pfeife. Das Salz auf der Haut anderer tat ihm nicht weh.

Nach einer Weile rief er dem Kerl zu: »He, da hilft das Wasser im

Bottich auch nicht. Du musst weg vom Salz … weit weg … am besten ins Spital.« Er lachte und blies eine Rauchfahne in Richtung des Laders. Der Lader sah kurz auf, grinste abfällig und schleifte dann das nächste Fass vom Wagen. Das schwarze Holz der Dauben war von hellen, mäandernden Salzkrusten überzogen, die wie gemalt aussahen. »Wo ist das Spital, he … wo ist hier das Spital!?«, plärrte er weiter und griente fies. Der Bursche richtete sich auf und lachte.

»Meinen Händen tät das Spital noch was nutzen, aber für deine Fresse ist auch das Spital keine Hilfe mehr.« Er lachte boshaft vor sich hin und setzte seine Arbeit fort. Der Rotmäntler ärgerte sich, vorgeführt worden zu sein, denn die Umstehenden, die ihn schon eine Weile im Blick hatten, grinsten nun und schnitten ihm Grimassen. Gehen konnte er jetzt auf keinen Fall. Jetzt hieß es, bleiben und gute Miene machen.

Als der Bursche mit dem Abladen der Fässer fertig war, rief er: »Ja neben der Kirch, der luthrischen, gleich daneben ist das Spital.« Der Rotmäntler winkte gelangweilt, und als er sich vergewissert hatte, nicht mehr sonderlich beachtet zu werden, machte er sich davon. Wo die luthrische Kirche war, wusste er. Seine groben Schritte durch den stattlichen Torbogen am Heiliggeistspital leiteten ihn in einen weitläufigen Innenhof. Er blieb stehen und lauschte. Es war still hier. Hier war man dem rastlosen Getriebe entzogen, welches an einem Umschlag- und Handelsplatz wie Lindau üblich war. Hier, hinter der massiven Umfriedung und im Schatten von St. Stephan, erfuhr die Zeit einen anderen Wert als jenen, der in Maßen, Gewichten und Währungen gemessen werden konnte, denn es lagen zu viele Schicksale im Spital, die ihr Dasein nach Wochen, Tagen, Stunden, gar Minuten bemessen mussten.

Dem Rotmäntler allerdings fehlten die Sinne für derlei Wahrnehmungen. Mehr als an einem Ort der Stille zu sein, kam ihm nicht nahe. Zielstrebig tappte er zur großen Holztür und betrat die hohen Gänge. Seine Schritte hallten. Als ihm eine Pflegerin entgegenkam, gab er sich zurückhaltend, hielt den Zylinder mit beiden

Händen vor der Brust und fragte nach dem armen Kerl, den man vor einigen Nächten zusammengestochen habe. Er sei ein Freund von ihm, und sicherlich würde er sich über seine Aufwartung freuen.

Er folgte dem beschriebenen Weg und überlegte. Sicher war der Bursche mit anderen zusammen in einem der Säle untergebracht. Was würde sein, wenn er ihn erkannte und zu schreien anfing? Was sollte er dann tun? Unschlüssig stand er vor der Tür, drückte dann aber entschlossen die Klinke.

Zu seiner Verwunderung führte sie lediglich in eine kleine Kammer. Dicht an die Mauer gerückt stand eine einfache Liege. Ein Kerl lag darin und starrte mit offenen Augen an die Decke. Seine Lippen bewegten sich langsam, doch zu hören war nichts. Ein dunkler Paravent nahm die Sicht auf die gegenüberliegende Wand, in der jedoch eine Türöffnung zu erkennen war.

Der Rotmäntler schloss leise die Tür und lauschte. Er musste mehrmals kräftig durch die Nase ausatmen, da sein eigener Atem ein pfeifendes Geräusch erzeugte, was ihn irritierte. Dann spitzte er erneut die Ohren und wartete. Stille. Draußen im Gang – nichts zu hören. Nur der unregelmäßige Atem des Kranken ging durchs Zimmer.

Ein zufriedenes Lächeln spannte sich über sein Gesicht. Dass es so einfach werden würde, hätte er sich nicht vorstellen können. Er trat ans Bett und sah dem Kerl ins Gesicht. Keine Reaktion, trotz der glotzenden Augen, die ihn anstarrten. Er hob dem Burschen den Kopf an, zog das Kissen hervor, doch gerade in dem Moment, als er es auf das Gesicht drücken wollte, fuhr ihm eine leise, weibliche Stimme in den Rücken.

»Wer ist er?«

Er verharrte, tat so, als richte er dem Kranken Decke und Kissen, und drehte sich erst dann langsam um. In dem schmalen Spalt zwischen Paravent und Wand, direkt vor der nun geöffneten Tür zu einem düsteren Nebenraum, stand eine Frau. Sie war jung, ansehnlich und blickte ihn mit ernstem Gesicht an. Mit ruhiger Stimme wiederholte sie ihre Frage. »Wer ist er?« Sein Arm deutete zum Bett.

»Ein Freund … ein Kamerad.« Zurückhaltend insistierte sie: »Und wie heißt er?« Er war ehrlich verblüfft, denn mit dieser Frage hatte er nicht gerechnet, wie er auch mit der Situation nicht umgehen konnte. Er fühlte sich ertappt und wehrlos. Wäre jemand mit einem Säbel auf ihn losgegangen, hätten Kanonen gedonnert, Pistolen- und Flintenschüsse geprasselt, er hätte gewusst, was zu tun wäre. Doch jetzt stand er da und musste schlucken. Auch sein Name fiel ihm nicht sogleich ein, und es dauerte länger, als es üblich war, ihn zu nennen: »Dionys … Dionys Rosza Geipel«, brachte er schließlich hervor. Es klang unsicher, was ihr aber Vertrauen in ihn zu geben schien.

»Ah. Und wie nennen ihn seine Freunde?« Diese Frage machte ihn, so einfach sie auch war, stumm. Wie ihn seine Freunde nannten, hatte sie gefragt? Er schwieg und sann darüber nach. Er hatte keine Freunde, und niemand hatte ihn je anders gerufen als – Geipel. Nachdem sie keine Antwort erhalten hatte, fragte sie mit einem zarten Heben ihres Kopfes zum Krankenbett hin: »Mhm. Und woher kennt Ihr ihn?«

»Vom Saufen«, sagte er schnell, um etwas zu sagen und auch keine beklemmende Stille mehr entstehen zu lassen. Sie nickte ernst und setzte sich behutsam in einen einfachen Lehnstuhl, der direkt neben ihr stand.

»Mhm, vom Saufen also. Man hat ihn übel zugerichtet. Tagweis liegt er da mit offenen Augen und starrt an die Decke. Manchmal redet er unverständliches Zeug. Man kann aber noch nicht mit ihm reden. Der Armenarzt meint allerdings, er könnt bald wieder aufkommen … es bräuchte eben nur seine Zeit.« Er starrte sie an. Sie gefiel ihm. Diese unendliche Ruhe, die von ihr ausging – außerdem zeigte sie keinerlei Angst vor ihm. Ihre Hände lagen unbeweglich im Schoß, ihre Augen flackerten nicht, und ihre Stimme war angenehm leise und dennoch verständlich und eindringlich.

Der Grund für ihre Zurückgenommenheit lag nicht allein in ihrem Wesen. Auch ein wenig Erschöpfung trug dazu bei, denn schon früh am Morgen hatte sie die Öfen in der Küche befeuert. Die Hausknechte hatten zudem vor lauter Sauferei vergessen, ausreichend Holzscheiter in der Küche aufzuschichten, was sie daher selbst hatte besorgen müssen. Hernach war sie unzählige Male den beschwerlichen Weg zwischen Eichmeisterbrunnen und Küche gegangen, mit den schweren Wasserkannen, mit denen sie das Küchenfass bis zum Rand füllte, weil der Brunnen im Innenhof seit geraumer Zeit verstopft war und über den Winter hinweg eine Reinigung nicht möglich gewesen war.

»Und wer seid Ihr?«, traute er sich seinerseits eine Frage zu stellen. Sie sah an ihm vorbei zum Bett hinüber.

»Er ist der Verlobte meiner Schwester, die aber von ihrer Herrschaft keine Möglichkeit erhält, ihn zu besuchen … dabei sind es nur ein paar Meter von der Fischergasse drüben bis hierher, und sie würde auch nicht lange im Haushalt fehlen … es ist zwar ein gutmütiger Herr, den sie hat, doch seine Frau ist ein böses Weib. Mein Herr ist ein guter Mensch.«

»Wer ist der gute Mensch?«, wollte er wissen.

»Das ist der Wirt von der *Krone*. Zuerst war ich dort Kaltmamsell, jetzt bin ich erste Küchenmagd, und bald werde ich selbst kochen dürfen.« Ohne es gewollt zu haben, hörte er sich sagen: »Es wird köstlich sein.« Sie blieb äußerlich unberührt davon, und er spürte, wie schön es für ihn gewesen wäre, wenn sie ihm ein Lächeln gezeigt hätte. Ja ihre Gleichgültigkeit darüber schmerzte ihn sogar, ein Schmerz, der so anders war wie der einer Klinge, die einem unter die Haut und ins Fleisch fuhr. Verlegen stand er herum und entschied sich dann, zu gehen. Er lupfte seinen Zylinder. »Na dann, Mamsell.«

Versonnen tappte er durch die weitläufigen Gänge zurück in den Innenhof und hinaus auf den Marktplatz. Es regnete inzwischen –

ein feiner Regen, der seine Feuchtigkeit wie einen Nebel auf alles legte, was keinen Schutz fand. Mit eingezogenem Kopf wechselte er hinüber zum eitlen Portal von St. Stephan mit der unnützen Galerie darüber. Einstweilen im Trockenen überlegte er nun, was er tun sollte. Das war neu. Im Grunde hatte er bisher nie überlegen müssen, wie es weitergehen sollte.

Der Mesner kam mit einer Gruppe Buben, ein untersetzter, missmutiger Mensch, der den Burschen in scharfem Ton die Läutordnung predigte. Der Rotmäntler sah ihn scheel an, wobei er sich dachte, wie das feiste Kerlchen wohl schauen tät, wenn plötzlich vor ihm eine Kanonenkugel in die Erde schlüge und von allen um ihn herum nur noch Fleisch, Blut, Knochen und Hirn im Dreck läge? Er lauschte der knarrenden Stimme, die das Regelwerk verkündete.

»... von Martini bis Lichtmess um vier Uhr zwei Glocken einzeln nacheinander, bei Tagesanbruch die große Glocke, um zehn die kleine und große Glocke zusammen, um elf eine Glocke allein, um zwölf Uhr zur Betstunde die kleine und die große Glocke nacheinander. Von Petri bis Michaelis um vier die kleine und die große Glocke nacheinander, um fünf dann die kleine und die große Glocke nacheinander und zum Abende zu acht die kleine Glocke, sommers auch in der Dämmerung.«

Der Rotmäntler warf dem Beflissenen einen kalten Blick zu und streunte ziellos weiter quer über den Marktplatz, vorbei am Cavazzen und durch die Gassen. Wie eine Feder, die vom Wind durch die Welt geweht wird, brachte ihn etwas Ungewisses zurück an den Hafen, wo er abermals den Ladern zusah. Niemals wollte er eine solche Sklavenarbeit verrichten. Ein Wunder, dass die Bootsführer und Kaufleute nicht mit der Peitsche auf die Burschen einschlugen, so wild und ungehalten plärrten sie herum, weil es ihnen wie immer zu langsam ging. Ihm wäre da schon mal eine Kiste oder ein Fass an der rechten Stelle ausgekommen und auf einen der feinen, glänzenden Stiefel gekracht.

Er spukte aus und begab sich erneut auf eine rastlose Tour durch die Inselstadt.

*

In der Ludwigstraße trat die füllige Gestalt eines jungen Mannes aus einer Tür, schloss sie sorgsam ab und drückte die Klinke, um zu prüfen, ob sie auch wirklich verschlossen war, als traute er seinem eigenen Tun nicht. Es war August Bilgeri, der nach einem langen Tag im Kontor alle Bücher und Bögen fertig hatte. Sorgsam und akkurat hatte er Buchstaben und Zahlen auf dem Papier vermerkt, als wären sie gedruckt worden. Ohne es zu wissen, saugte er eine große Befriedigung aus einem sauberen Eintrag. Manchmal betrachtete er die großen Doppelseiten der Kontormagazine und war gar nicht sicher, ob tatsächlich er es gewesen war, der die vielen Zeilen so wunderbar auf das Papier gebracht hatte. Weder sein Vater noch seine Mutter hatten jemals etwas dazu gesagt.

Er blieb unschlüssig vor der versperrten Türe stehen. Wo sollte er hin? Der Vater war noch in Kempten, und der Gedanke, den Abend allein zu Hause zu verbringen, dem galligen Wesen der Mutter ausgeliefert, bereitete ihm kein Wohlbehagen. Er griff in die Hosentasche, holte die Münzen darin hervor und zählte sie, indem er sie mit Daumen, Zeige- und Mittelfinger befühlte. Ein Lächeln warf sich auf sein Gesicht, und mit schnellen, stampfenden Schritten eilte er zur Nordseite der Insel, wo rund um die Hofstatt bezahlbare Freude und Kurzweil auf ihn warteten. Mochte er auch eigenbrötlerisch und verschlossen sein, und hatte er sein Herz auch an nüchterne Zahlen und Vermerke gehängt, war er doch dem gleichen Laster verfallen wie sein Vater – und das hieß Rosa.

In der Spelunke war noch nicht viel los. Ein paar düstere Burschen hockten missmutig herum und tranken. Der scharfe Qualm ließ seine Augen sogleich tränen. Dennoch entdeckte er in der hintersten Ecke sogleich Rosa, die mit zwei anderen Weibern an einem

Tisch hockte. Sie lachten laut und würfelten mit einem Lederbecher. Am Schanktisch lehnte Brack und drehte sich dem Neuankömmling zu. Er schüttelte in sich hineingrinsend den Kopf und zischte dem Wirt leise zu: »Der Bilgeri, der junge heute. Er wird wieder zur Rosa wollen. Hat man auch nicht oft, dass sich Vater und Sohn so friedfertig die gleiche Hure teilen.« Der Wirt kicherte leise.

August Bilgeri nahm seinen Hut ab, hielt ihn etwas verlegen in beiden Händen, trat an den Tisch der Huren und sah wortlos deren Würfelspiel zu. Rosa sah ihn abschätzig an.

»Verschwind! Siehst nicht, dass ich keine Zeit hab jetzt!?« Er blieb jedoch einfach stehen. Nach einer weiteren Runde wurde sie ärgerlich. »Hau ab! Hock dich da hinten hin, sauf was und warte dort und steh hier nicht rum wie ein Klotz!« Er tat, wie ihm geheißen, bestellte ein Bier und starrte ausdruckslos vor sich hin.

»Ohh …«, klagte die Rosa, »was für ein dumpfer Kerl. Keinen Ton bringt der raus …«

»Aber ein rechter Goldesel ist er doch … grad wie der Alte … ich würde ihn sorgsam behandeln«, meinte eine der anderen. Rosa lachte und winkte ab.

»Ihr versteht das nicht … genau so will er es! Genau so. Es ist Teil des Ganzen …« Sie winkte den Wirt heran, bestellte einen Krug Wein und deutete zu Bilgeri.

»Er zahlt!« Und wieder zu den anderen gewandt, feixte sie: »Je länger ich ihn warten lasse, desto lauter klingelt es im Beutel!« Die drei lachten laut.

*

An einem der Frühlingssonntage saß Franzisca in der Kirche. Katharina und Lucas hatten sich eng an ihre Seiten gedrückt – ein schönes Gefühl. Sie war ganz in Gedanken an früher versunken und hörte nicht auf das monotone Salbadern des Priesters, sondern sah zurück in die Vergangenheit, sah sich selbst zu Hause am Hof in

Bezau – fröhlich mit klopfendem Herzen, weil Jacob ihr in der Nacht Eierschalen gestreut hatte, und ein Hahn mit schwarzem Gefieder im Käfig im Schopf hing. Diese Erinnerung bereitete ihr keinen Schmerz und schon gar kein schlechtes Gewissen, eher eine sentimentale, wärmende Freude darüber, es erlebt haben zu dürfen. Was für ein Leben, dachte sie. Dieser ewige Kampf ums Dasein; früher in Bezau der Kampf gegen die Gier und Raffsucht in der eigenen Familie und nun der Kampf gegen die Willfährigkeit des Krieges, dessen Mäuler groß, schwarz und unendlich gefräßig waren. Diese Mäuler nahmen Leben genauso wie Korn, Vieh und Häuser.

Ein paar Worte des feisten Pfaffen drangen dennoch zu ihr durch. Von Frieden brabbelte er. Sie war sich allerdings nicht im Klaren darüber, welchen Frieden er meinte – den eigenen vielleicht, um in Ruhe Speck, Käse und Wein in sich hineinzustopfen?

Der April kam, wie es sich gehörte, mit grellen Farben über die Stadt. Zwar blieben die dunklen Wolkenbänder, doch gelang es der Sonne ab und an, das Grau in ein leuchtend-drohendes Blau zu steigern. So sah es recht anmutig aus, das Inselstädtchen, mit leuchtenden roten Dächern, umlagert von einem grün funkelnden See und einem Himmel, der mehrmals am Tag das Wolkenkleid wechselte.

An einem dieser Tage fuhr ein Kutscher mit einer schlichten Batard aus der Stadt und schnalzte mit der Zunge, nachdem er die Seebrücke hinter sich gelassen hatte, was den Braunen schneller traben ließ. Er nahm den Weg am Ufer entlang durch die Obstgärten am Giebelbach und in Richtung Oberreitnau. Sein Fahrgast saß nachdenklich in der Kabine, deren Sitze ohne große Polsterung mit einfachem Stoff überzogen waren. Der Kutscher kannte den Weg und bog mit unverminderter Geschwindigkeit in die Lücke zwischen den Büschen zum Mauchinhof ein und trabte dann gemütlicher die Anfahrt zum Anwesen hoch.

Franzisca und Katharina standen gerade im Hof an einem Tisch aus groben Holzbrettern, wo sie der Magd beim Rupfen einiger Hühner halfen. Als sie den Besuch kommen sahen, wuschen sie sich schnell Hände und Arme im Hofbottich, legten die Schürzen ab und gingen dem Gast entgegen, wie es die Höflichkeit gebot. Der stieg vorsichtig aus der dunklen Kabine. Es war der Amtsschreiber, der wahrlich anderes zu tun gehabt hätte, doch einen Besuch hier draußen ließ er sich ungern nehmen. Er mochte den Ort und die Menschen hier – ganz besonders Franzisca. Sein sonst so fahles, kantiges Gesicht mit den giftig blitzenden Augen bekam weiche Züge, als er die beiden auf sich zukommen sah. Franzisca reichte ihm beide Hände zur Begrüßung.

»Hoher Besuch ... sei er willkommen.« Er strich Katharina über die Haare, knurrte etwas Unverständliches über das schnelle Wachstum und die Schönheit der jungen Mädchen und ließ sich von den beiden gerne in die Mitte nehmen und in die Stube geleiten. Lucas kam dazu, und nach einem Austausch der üblichen Allgemeinheiten, die das Wetter, die Politik und die Kriegsgefahr betrafen, entstand eine kurze Pause, in die Lucas fragte: »Was bringt den Amtsschreiber so weit von seinem Schreibtisch weg?« Der lehnte sich zurück und presste die Lippen aufeinander.

»Mhm. Es sind verrückte Zeiten, in denen wir leben. Und in verrückten Zeiten kommt es zu verrückten Begegnungen. Ich hatte Besuch in meinem Amtszimmer. Ein königlicher Emissär ... kurz und gut, es geht um den Ankauf von Hafer ... große Mengen Hafer«, betonte er zuletzt und blickte in die Runde. Lucas sah zu Franzisca, dann wieder zum Amtsschreiber.

»Ein königlicher Emissär will Hafer kaufen?«

»Ja. Er wird in Goldmünze bezahlen ... so sagt er es wenigstens.«

»Wie viel Hafer?«

»Alles, was ihr noch habt.«

»Alles!?«

»Ja. Die Stadt ist gehalten, die königliche Forderung zu erfüllen. Hafer – das ist der heimliche Treibstoff des Krieges.«

»Bis wann und wohin soll geliefert werden?«

»So schnell als möglich … nach Augsburg, was ja jetzt eine schöne baierische Stadt ist.«

»Und wer verhandelt den Preis?«, fragte Franzisca.

»Er möchte mit so wenig Händlern wie möglich verhandeln, und schnell soll es gehen …«, er unterbrach den Satz, »ihr könntet ihn kennen?«

»Den Emissär?«

»Ja.« Franzisca lachte.

»Sicher nicht. Ich kenne keinen königlichen Emissär, und ich hoffe, es bleibt mir auch erspart.« Der Amtsschreiber blieb ernst.

»Er hat sehr erfolgreich für das Königshaus gearbeitet, vor allem, was die Auflösung der Klöster anging. Ich habe meine Erfahrungen mit ihm gemacht, als ich seinerzeit Schreiber in der Mehrerau war, wo er ebenfalls tätig war – kühl und unnahbar ist er. Ein ehemaliger Priester, der vor einiger Zeit in den Dienst der Franzosen getreten ist, und seit die Baiern mit ihnen verbündet sind, ist er für den königlichen Hof tätig. Soweit ich weiß, war er lange Zeit in eurer Heimat als Geistlicher tätig … in Bezau … bevor man ihn in ein gottverlassenes Tal geschickt hat, von wo er dann einfach verschwunden ist. Welch eigenwillige Karrieren wir doch bezeugen dürfen.« Franzisca war blass geworden.

»Also doch …«, sagte sie und legte ihre Hand vorsichtig an ihren Hals, als wolle sie sich vor etwas schützen. »Er ist mir bereits in der Stadt begegnet. Zunächst traute ich mir selbst nicht, so anders sah er aus, ich meine sein Äußeres … wie er daherkommt? Gepflegt, modern und vornehm gekleidet. Gerade er!«

»Er wird sicher schnell wieder verschwunden sein … sobald er hat, was er will«, sagte der Amtsschreiber beruhigend. Dann sprachen sie über das Geschäftliche.

*

Der Besuch des Amtsschreibers hatte ihr gutgetan, denn es war ein angenehmes Gefühl, von Menschen zu wissen, die einem Vertrauen schenkten und mehr noch, denen man selbst Vertrauen schenken durfte.

Eine Wanne mit den gerupften Hühnern stand gleich neben ihr am Boden vor dem Herd. Aus der Blechkiste holte sie dünne Eschen und Birkenspalte, steckte sie ins Ofenloch, pustete ein paar Mal kräftig und nahm dann den Eisenring aus der Herdplatte. Schnell loderte eine gelbblaue Flamme empor. Sie wartete, bis der Rauch abgezogen war, nahm dann ein Huhn nach dem andern und flammte es über dem offenen Feuer sorgfältig ab. Der beißende Geruch verbrannten Horns stieg ihr in die Nase, und die Gedanken an den übergelaufenen Priester ließen sie die Haut der toten Viecher etwas länger ins Feuer halten, als es eigentlich erforderlich gewesen wäre.

Sich dessen gar nicht recht bewusst machte sie eine Aufstellung all derjenigen Menschen, denen sie vertraute. Dabei kam ihr auch ein Freund und Vertrauter in den Sinn, den sie lange nicht mehr besucht hatte. Es wurde also Zeit. Konzentriert ging sie nun ihrer Arbeit mit dem Federvieh nach und wurde darüber ruhiger. Gleich am nächsten Tag, nachdem die ersten Arbeiten am Hof verrichtet waren, machte sie sich zu Fuß auf den Weg hinunter zur Insel. Das Wetter ließ es zu, und sie liebte es, im sanften Rauschen des Wassers Gedanken und Sorgen sein zu lassen und unbeschwert dahinzugehen. Hinter der Seebrücke nahm sie einige schmale Gassen, um schnell auf die Südseite zu gelangen, wo der alte Gerichtsrat Gaupp in einem kleinen Häuschen lebte. Er war es einst gewesen, der sie wegen der dem Gericht zugetragenen Schwangerschaft vernommen hatte. Ausgerechnet er war ihr über die Jahre zu einem guten Freund geworden, was damals ganz außerhalb ihrer Vorstellungskraft gelegen hatte. Doch die Dinge hatten sich so gefügt. Wenn sie ihm in der ersten Zeit auf der Insel begegnet war und nicht noch rechtzeitig einen anderen Weg einschlagen konnte, grüßte sie ihn schüchtern und sah dann schnell zu Boden. Es war ihr einfach peinlich.

Doch er, er machte sie damit verlegen, sie immer ausgesprochen höflich zu grüßen, dieser angesehene Mann! Irgendwann dann trafen sie im Hafen zufällig zusammen, und er fragte sie unvermittelt, wie es ihr gehe … und dem Kind. Diese Frage nach dem Kind hatte sie zutiefst erschrocken, wo sie doch jede Schwangerschaft vor Gericht geleugnet hatte, sodass sie gar nichts darüber zu sagen wusste. Wie ein dummes, kleines Mädchen war sie vor ihm weggelaufen. Ein paar Tage später allerdings nahm sie ihren ganzen Mut zusammen und suchte ihn zu Hause auf. Sie hatten auf ihrem Hof gerade fast alle Hühner geschlachtet, bevor sie marodierenden Soldaten, die seinerzeit am See herumstreunten, in die Finger fielen. Mit den besten Grüßen an den Herrn Gerichtsrat übergab sie das Geflügel mit der Nachricht: *Dem Kinde gehe es bestens, und es sei wohlauf wie die Mutter auch.* Von da an begegnete sie ihm selbstbewusster, und schließlich war es Lucas, der ihn eines Tages einfach abgeholt und mit hinaus zu ihnen genommen hatte, wo sie einen Abend lang angenehm aßen und tranken und redeten.

Die Zeitläufte hatten ihm arg mitgespielt, und er litt inzwischen am Alter, noch mehr aber daran, dass auch seine Stadt alt und grau geworden war. Er mochte es, wenn ihm jemand zuhörte. Auch heute wieder … Gerade als sie sich versichert hatte, dass es ihm doch recht gut ginge, und sie wieder gehen wollte, griff er sie sanft am Arm.

»Bleib, bleib, bleib noch ein wenig da.« Er räumte den Tisch in der Kammer frei und war froh, jemanden zu haben, dem er seine Sicht der Dinge darlegen konnte. »Ah … das Intelligenzblatt. Die es schreiben, halten sich für intelligent, und die es lesen nicht minder. Ich hoffe, es geht euch allen gut da draußen … ich habe es gehört, der Schlag mit dem Buben, und euch in meine Gebete eingeschlossen.« Er rückte ihr einen Stuhl zurecht und warf einen Blick auf das Journal, wo etwas vom König stand. »Jaja, der König. Den Zopf hat er sich abschneiden lassen, der Herr König, im sechser Jahr … um es den Franzosen schön anzüglich zu machen … und als erster hat er paktiert mit dem Franzosen. Wie verrückt ist denn das, ha!? Aber was will man auch erwarten von einem Max Joseph … von einem, der den Tag mit einem Frühstück beginnt, bei dem er niemanden und nichts sehen will als seine Tafel mit duftendem Kaffee und Tee und … na!? … seinem Affen! Ja, da schaust du, ganz zu Recht.« Er nickte ihr zu. »Dein Herr König frühstückt täglich nicht mit seiner verheulten Kurfürstin, nicht mit Ministern, nicht mit Generälen, nein, mit einem Affen. Es soll ein nettes Tierlein sein, was man so hört, doch …«, er hob den Zeigefinger zur Decke, »… dieses neue, vom Franzos in die Welt gesetzte Königreich Baiern … meinst du nicht auch, es birgt den Irrsinn, den Wahn bereits in sich? Mit einem Affen frühstücken!« Er sah sie an und schüttelte den Kopf. Sie war ehrlich schockiert über die Geschichte vom König, der mit einem Affen frühstückte, und wusste nicht recht, ob sie ihm das glauben sollte. Seine Stimme klang wehmütig. »Und unsere stolze Stadt?! Wir haben einst selbst beim Kaiser vorgesprochen und nun? Ein Ort eben, mit einem Bürgermeister, einem Magistrat, einem Rechtsrat, einem Amtsschreiber, dazu ein Landrichter und vierundzwanzig Laffen, die sich gewählt fühlen dürfen … auserwählt sind sie jedenfalls nicht, glaube es mir.« Sie holte tief Luft, sah ihn wohlwollend an und sprach begütigend: »Ihr werdet es nicht ändern … lasst Euch wenigstens das Huhn schmecken und die Suppe davon.« Er ächzte leise und bejammerte noch das ein oder andere, was ihn bewegte, bevor er sie nach geraumer Zeit hinaus begleitete.

»Geht alles wohl seinen Gang?«

»Ja, schon. Der Amtsschreiber war gestern bei uns. Ein königlicher Emissär ist in der Stadt und kauft allen Hafer auf, der noch in den Lagern zu bekommen ist, ungeachtet dessen, wie man das Vieh bis zur neuen Ernte durchbringen will. Seine Goldmünzen kann niemand verfüttern. Es ist ihnen wohl Angst, es sich einfach zu nehmen, was Aufstände hervorbringen würde.«

»Schau an, schau an … Hafer … habt ihr noch viel im Lager?«

»Zu viel, um es in Sicherheit bringen zu können, und solange man noch Geld dafür bekommt und nicht contributiert wird … Lucas bereitet schon alles vor und beschafft zusätzliche Pferde und Kutschen, denn es soll schnell gehen … nach Augsburg soll es gebracht werden. Wir werden an die zweihundert Sack liefern können, und im städtischen Getreidelager an der Lindenschanze soll noch das Doppelte lagern. Aber wenn aller Hafer weg ist, was wird dann mit uns? Und der Kerl will ja weit mehr als das.« Er sah sie ernst an.

»Der Krieg wird kommen, er wird ganz sicher wiederkommen … im Grunde war er nie vorbei. Es sind keine guten Nachrichten aus dem Tirol, und die Österreicher geben einfach keine Ruhe. Es war ein Fehler, das Tirol vom Franzos zu nehmen … aber, was soll ich sagen … wenn man mit einem Affen frühstückt …« Sie klang resigniert.

»Ja, alle reden davon. Er wird kommen, der Krieg, so wie auf einen Sonnenaufgang die Abenddämmerung folgt.« Ein Ruck ging durch seinen Körper. In dieser Melancholie wollte er sie nicht ziehen lassen. Aufmunternd zwinkerte er: »Na es wird euch schon was einfallen, dass eure Gäule nicht verhungern müssen, oder?« Sie versuchte, sich ein Lächeln zu verkneifen, was jedoch nicht recht gelang. An der Tür angelangt erregte er sich dennoch. »Stell man sich vor – Freiwillige haben sich sogar schon gemeldet!«, schimpfte er kopfschüttelnd. »Denen geht es gar nicht schnell genug, zum Tode befördert zu werden. Der Kristian Wilhelm aus Hoyren, Jakob Bauer aus Bodolz, Joseph Lau aus Hergensweiler, Mathias Elbs von Reutin und aus Oberreitnau der Ignaz Lau. Kennst du einen von ihnen? Sogar einen Aushang hat man gemacht, um ihr löbliches Beispiel der Dummheit anderer zum Vorbild zu geben.« Franzisca stoppte.

»Ahh … ja den Ignaz Lau, den kenn ich wohl. Ich hab mal seine Mutter gepflegt, als ich draußen am Pfarrhof war. Dass der schon Soldat sein darf?« Sie trat nachdenklich auf die Stufen vor die Tür, verabschiedete sich herzlich und nahm dann den Weg durch die Burggasse, der sie über die Kirchgasse geradewegs zum Haus am Baumgarten brachte.

*

Auf dem Marktplatz kreuzte ihr Weg den der Bilgeri, die mit eiligen Schritten von der Carolinenstraße her kam. Franzisca grüßte in ihre Richtung und erhielt ein falsches Lächeln zurück.

Die Bilgeri hatte Neuigkeiten in Erfahrung gebracht. Die Frau des Musicus, den sie aufgesucht hatte, wusste von einem Emissär zu berichten, der in der Stadt weilte, um für die königlichen Truppen vor allem eines zu besorgen: Hafer. Sie eilte hinunter zum Kontor, wo sie auf August und ihren Mann traf. Aufgeregt schob sie die beiden in ein Hinterzimmer, in dem Säcke und Bändel gelagert waren. Es waren die teuren Säcke, in die er einst sein Monogramm hatte einweben lassen.

»Was ist denn?!«, rief er verwundert und stieß sie mit seinem mächtigen Leib mehr aus Versehen als mit Absicht in Richtung Ecke.

»Lass das!«, fauchte sie spitz und bedeutete den beiden, ihr zuzuhören. »Ich war eben beim Musicus, und seine Frau hat von der Küchenmagd eines vornehmen Herrn des Magistrats aufschnappen können, dass ein königlicher Emissär in der Stadt sei, der … der Hafer aufkauft.« Die beiden Männer verstanden nicht, was ihre Heimlichtuerei sollte. Sie rollte genervt mit den Augen. »Hafer, ihr Holzköpfe! Versteht ihr denn nicht!? Wir haben doch noch den vielen Hafer in der Hangnach liegen!« Nun wurde ihr Mann wirklich ärgerlich und wagte, ihr mit erhobener Stimme entgegenzusetzen: »Dummes Weib! Einen Schimmelbatzen, den man längst hätte auf die Felder geben sollen, das haben wir!«

»Ja und!? Der Kerl will so viel Hafer kaufen … so viel … da fällt das doch gar nicht auf.« Ihr Mann lachte gehässig.

»Jetzt!? Wo will er denn so viel herbekommen, wenn das Land im nächsten Winter nicht verhungern will, he?!«

»Das lass schön die Sorge des Königs sein«, bellte sie ihn an. »Wir werden unseren Hafer jedenfalls verkaufen. Und ihr zwei ... ihr seid einfach zu dumm und zu faul, fett und versoffen ... und verhurt dazu.«

Sie verschwand aus der Tür und lief hinaus, drehte sich aufgeregt zweimal links und einmal rechts herum und machte sich dann auf die Suche nach Brack. Ihr Mann riss die Tür auf und schrie ihr nach, ohne irgendeine Rücksicht auf die anderen Leute auf der Straße zu nehmen: »An den Galgen wirst du uns noch bringen ... an den Galgen!« Sie lief unbeirrt weiter und dachte bei sich, wie wenig es ihr ausmachen würde, wenn er an den Galgen käme.

Diesen schleimigen Brack brauchte sie nun. Sie schaute im Stift, im *Sünfzen*, im Weinhaus *Frey* und im *Deutschen Haus* nach ihm, doch war er nirgends anzutreffen. Fast hätte sie aufgegeben, als sie ihn auch im *Lamm*, wo es hoch herging, nicht finden konnte. Doch zuletzt hatte sie droben in der *Engelstube*, wo es etwas ruhiger war, endlich Erfolg. Er hockte mit einem seiner drallen Weiber an einem Tisch vor der gezwirbelten Säule. Mit bissigem Gesicht blieb sie mitten im Raum stehen und schaute direkt zu ihm. Nein, neinneinnein – dahin bekäme er sie nicht, dass sie zu dieser Hure an den Tisch treten würde. Diese Zeiten hatte sie für sich beiseitegelegt, sie waren vergangen – und beinahe vergessen. Schlimm genug, dass sie sich noch mit einem wie Brack abgeben musste, doch auch das würde irgendwann einmal Vergangenheit sein. Wenn sie erst einmal Teil der guten Gesellschaft wäre, dann würden die Geschäfte von ganz allein laufen. Eine Frau von Seutter, eine Mauchin, die stolzen Weiber der Magistratsherren, die brauchten keinen Brack. Aber sie, sie brauchte ihn – noch.

Sie schluckte ihre Verbitterung hinunter, fixierte Brack weiter und wartete. Ein paar Mal hatte er zu ihr hinübergesehen, bis er endlich kapiert hatte, dass er gemeint war. Auf seine einladende

Geste, an den Tisch zu kommen, reagierte sie nicht. Also ging er zu ihr. Die Bilgeri packte ihn sogleich am Arm und drängte ihn hinaus in den Gang, versicherte sich, niemanden auf der Treppe zu haben, der mithören könnte, und flüsterte schnell und verschwörerisch. Ein Treffen an einem stillen Ort wünschte sie, mit ihm und dem groben Kerl, den er neulich bei sich gehabt habe. Es ginge um ein Geschäft, das für alle Beteiligten erfolgversprechend sei und daher nur unter wenigen Augen besprochen gehörte.

Brack lächelte unverbindlich und blieb distanziert, was sie ärgerlich machte. So recht traute er ihr nicht, und zusammen mit ihr und dem Rotmäntler wollte er auf gar keinen Fall Geschäfte machen, denn seine liefen so schlecht nicht, selbst wenn er Rosa verlöre. Und ein Krieg brächte ihm Soldaten. In diesem glücklichen Fall hätte er genug zu tun, noch ein paar Weiber für sein Unternehmen zu gewinnen. Er dachte an sein bestes Pferdchen drinnen in der Wirtsstube, die ihn loswerden wollte, um ehrbar zu werden – ausgerechnet sie. Eigens hierher hatte sie ihn bestellt, um ihm das zu sagen, inmitten lauter ehrbarer Leute. Was hätte er machen sollen mit dem Luder? Am liebsten hätte er ihr mitten ins Gesicht geschlagen, doch waren nicht wenige ihrer Liebhaber gerade in der Wirtsstube, die ihn dann wahrscheinlich aus dem Fenster geschmissen hätten. Der Verlust von Rosa wäre schmerzlich, ja, doch würde es seinen Komfort nicht gefährden, wenn sie ginge. Auf der anderen Seite könnte ein kleines Kompensationsgeschäft sicherlich nicht schädlich sein. Wie hatte sein Vater immer gesagt: *Halt dich vom Krieg weit entfernt, doch profitiere von ihm. Meide den Pulverdampf, aber verkaufe das Pulver.* Und dann – seine Verhandlungsposition war sicher nicht die schlechteste, wenn ihm die Bilgeri sogar nachrannte. Er verhielt sich nicht abschlägig, jedoch zweiflerisch und fragte: »Worum soll es denn gehen?«

»Nicht hier … heut Abend bei mir im Salon.« Oh, im Salon, äffte er sie im Stillen nach, ohne dabei eine Regung seiner Aversion zu zeigen.

»Na gut«, zeigte er sich gnädig.

»Bring den Kerl mit!«, verlangte sie, hob ihr Kleid etwas an und sauste die Treppe hinunter.

*

Am Abend trafen sie sich wie vereinbart im Haus in der Fischergasse. Sie hatte alle anderen weggeschickt – Mann, Sohn und die Magd. Sie wollte frei reden können und nicht Tuscheln müssen wegen der Gefahr, belauscht zu werden. Zwar war es ihr unangenehm, den Brack samt dem wüsten Kerl allein in ihrem Haus zu empfangen, wo sie sich eigentlich von derlei Gestalten fernhalten wollte, doch gab es keinen anderen Ort, an welchem sie sich ungestört hätten treffen können.

Wenigstens hatte sie die neuen Polsterstühle von der Magd noch wegtragen und durch die alten, die im Speicher verstaubten, ersetzen lassen.

Der Rotmäntler gab sich spröde und sah mit finsterer Miene drein. Nur unwillig war er dem Brack gefolgt. Unaufgefordert hatte er sich sogleich an den Tisch gesetzt und den Stuhl etwas zur Seite gerückt, um die Beine überschlagen zu können. Und Brack hatte, so als wäre er der Hausherr, sofort ungeduldig das Wort ergriffen.

»Und nun … wir sind da.«

»Ein Emissär ist in der Stadt und kauft Hafer auf. Er zahlt in Goldmünzen.« Brack und der Rotmäntler blieben unbeeindruckt. Sie fuhr fort. »Er will so viel aufkaufen wie möglich, wenngleich es kaum noch Hafer in der Stadt und anderswo gibt. Im Kornhaus bei der Hurenschanze liegen noch an die vierhundert Sack, wie ich erfahren habe, und im Lager der Mauchin noch mal an die zweihundert.« Brack zuckte ungehalten mit den Schultern. Es missfiel ihm, wie wenig gastfreundlich er empfangen wurde. Kein Wein, kein Schnaps, kein Likör. Nichts.

»Soso … Hafer …«, kommentierte er spöttisch und sah zum Rotmäntler. »Ihr hättet ein paar Rösser einladen sollen statt uns.« Über ihr Gesicht lief ein leichtes Zucken. Sie war es nicht gewohnt, so behandelt zu werden – nicht mehr, jedenfalls.

»Lass er mich ausreden!«, sprach sie eindringlich und mühte sich, die Schärfe aus der Stimme zu nehmen. »In unserem Stadel in der Hangnach verrotten an die zweihundert Sack Hafer.« Brack rollte mit den Augen und sah zur Decke. »Der Krieg wird kommen, und sie brauchen das Korn für die Pferde – die Baierischen, die Badener, die Franzosen, die Österreicher, alle. Mir ist es also darum gelegen, unseren Hafer zu verkaufen.«

»Soweit ich eben gehört habe, stinkt und fault er aber in der Hangnach vor sich hin.«, wendete Brack mit blasierter Miene ein.

»Ja. Ich möchte natürlich aber guten Hafer verkaufen … und nicht den verfaulten …«, sie ließ eine Pause entstehen, »… und wenn es geht, zweimal.« Der Rotmäntler sog zischend Luft durch seine Zahnlücken. Brack neigte den Kopf und sah sie fragend an.

»Mhm. Und wie das?«

»Das Korn soll nach Augsburg verfrachtet werden. Von dort kommt es auf Schiffe und über den Lech und die Donau weiter nach Osten. Wir haben die meisten Fuhrwerke und Kutscher und werden also einen großen Teil des Korns transportieren … an uns führt kein Weg vorbei. Ich würde also unsere Fuhrwerke über die Hangnach fahren lassen. Dort tauschen wir das gute Korn gegen das schlechte aus und schicken es auf die Reise zu den Baiern und Franzosen. Anschließend verladen wir dann das neue Korn und schaffen es zu den Österreichern, denn die zahlen noch mehr als der königliche Emissär … in Goldgulden.« Brack lachte hämisch.

»Es klingt zumindest nach einem Plan, wenn auch nach einem einfältigen und schlechten. Die Franzosen werden uns an die Wand stellen!« Sie schüttelte den Kopf.

»Nicht uns. Sie werden den Lieferanten an die Wand stellen, und das werden nicht wir sein. Deswegen müssen die Säcke getauscht werden.« Mit freudigem Gesicht sagte sie: »Die Mauchin wird es erwischen. Und das gute Korn, das wird seinen Weg finden. Im Vorarlberg und Tirol werden bald Wirrwarr und Chaos regieren, dann wird es ein Leichtes sein, die Fuhren über Chur an den Mann zu bringen. Wir haben dort Geschäftsfreunde.« Brack war von der Kaltblütigkeit der Bilgeri entsetzt, ließ sich aber nichts anmerken. Diese Frau war gefährlich, und er war gut beraten, auf der Hut zu sein. So kalt, wie sie andere über die Klinge springen ließ, würde sie sicher auch mit ihm verfahren.

»Die Mauchins haben sehr gute Verbindungen, das sollte man nicht unterschätzen, aber was ist eigentlich unser Part dabei?«

»Ich brauche Leute, die es organisieren, die Kutscher und Lader besorgen. Und es gibt da noch etwas anderes. Ein paar Kutscher von uns, die sind ab und an eine besondere Ware gefahren – wir könnten das kombinieren.«

»Welche besondere Ladung?«, schaltete sich der Rotmäntler nun erstmals in das Gespräch ein.

»Salpeter … ein Unterfangen, welches in erheblichem Maße lohnend ist … und unser Monsieur Brack, er kennt die Wirtsleute auf der Strecke und Geschäftsleute seiner Couleur … er hat die Verbindungen, das zu bewerkstelligen.« Brack kam bei aller Verachtung für das Weib nicht umhin, sich geschmeichelt zu fühlen.

»Wie lohnend!?«

»Jeder einen dritten Teil«, sagte sie nüchtern und ohne Nachdenklichkeit.

»Einen dritten Teil von was?«, hakte der Rotmäntler nach.

»Für jeden tausend Florentiner.«

»Wir müssen die Lader und Kutscher zahlen und tragen das Risiko … was aber ist Euer Anteil an der Sache?«, fragte er skeptisch.

»Ich hatte die Idee und besitze Kontakte und die verkommenen Hafersäcke natürlich … wir werden sie übrigens mit Sägemehl versetzen, das die Feuchtigkeit bindet und den Gestank mildern wird.« Brack schwieg und überlegte, wo die Gefahr dabei für ihn lauerte, wenn etwas schief ging. Auf der anderen Seite – tausend Florentiner. »Ach ja … und noch etwas …«, fügte sie an, »die Mauchins sollten möglichst wenig Fuhrwerke stellen. Selbst haben sie nicht viele und werden deshalb beim Poschter Pferde dazu holen, von daher wäre es hilfreich, wenn das nicht funktionieren würde. Lasst euch also was einfallen.« Brack spürte seine trockene Kehle. Dieser Plan behagte ihm überhaupt nicht, und er überlegte, ob er die tausend Florentiner wirklich brauchen würde und für was.

Sie saßen eine Weile schweigend beieinander. Der Rotmäntler rechnete ebenfalls. Tausend Florentiner. Zusammen mit dem kleinen Vermögen, das er bereits bei sich trug, hätte er damit einen guten Grundstock für eine Zukunft beisammen. Der Gedanke daran erzeugte ein eigenartiges Gefühl in ihm, was sich wie Wärme anfühlte. Die Frau aus dem Spital kam ihm unweigerlich in den Sinn. Ein kleines Häuschen und diese Frau darin. Ohne es zu merken, schwang er den Kopf hin und her wie eine unruhige Kuh.

»Hey!«, fuhr ihn Brack an. »Was hast denn, Kerl!?« Die Bilgeri spürte, wie das Gold die beiden fesselte. Sie stand auf und holte eine Flasche aus dem Wandschrank samt dreier Gläser. Sich selbst schenkte sie nur einen kleinen Schluck ein, die Gläser der beiden Kerle aber ließ sie fast überlaufen und goss sogleich noch einmal nach, als sie sich zugeprostet hatten. Der Handel war besiegelt.

Der Rotmäntler sagte zu, sich gleich am Morgen um willige Lader kümmern zu wollen und zwei Fuhren Sägemehl zu beschaffen. Brack wollte derweil die Route von Appenzell bis Chur auskundschaften und Kontakte machen.

*

Der Rotmäntler hatte am folgenden Morgen lange auf der Pritsche gelegen, das Holzgebälk im leeren Blick. So recht wohl war ihm nicht. Bis in die frühen Morgenstunden hatte er in der Spelunke gehockt und gesoffen. Die kleine Dürre, die ihm der Brack zugeführt hatte, seit die dralle Rosa sich nicht mehr bei ihm blicken ließ, hatte er irgendwann fortgeschickt. Ein vernünftiges Wort war aus dem Ding nicht herauszubringen, und bei jeder Gelegenheit lachte sie schrill und glotzte dabei mit großen Augen um sich. Wenigstens hatte sie ihm in einem ihrer lichten Momente den Weg zur Krautmarie gezeigt, wie das alte Weib genannt wurde. Ganz in der Nähe des Hafens, in einem verwinkelten Hinterhof, betrieb sie ihr mysteriöses Werk. Allem Anschein nach hatte es an diesem Ort früher eine Schmiede gegeben, da ihre Utensilien in groben Holzregalen rund um eine alte Esse angeordnet waren. Selbst dem Rotmäntler war der Gestank in dem Loch kaum erträglich gewesen. Die Alte murmelte ständig unverständliches Zeug vor sich hin, und schwerhörig war sie auch noch. So laut er auch mit ihr sprach, plärrte sie ihn nach jedem Satz mit einem »He!?« an. Der giftige Muff aus Schwefel, Teer, einem Gemisch aus Kräutern, getrockneten Ratten, Mäusen, Katzen, Kröten und anderem grausigen Zeug ließ sein Ansinnen wenigstens erfolgversprechend erscheinen. Er verlangte eine Mixtur von ihr, die ein Pferd für einige Zeit am Boden halten würde.

»Ein Pferd am Boden halten? Wozu?«, fragte sie.

»Geht dich nichts an, Alte«, blaffte er sie an und meinte, damit Eindruck zu machen. Doch sie fing an, zu zetern und zu kreischen, und wedelte mit einem alten Lappen vor seinem Gesicht herum. Er packte sie an den Armen und drückte sie gegen die Wand. Etwas Unverfängliches war ihm eingefallen. »Die Rösser sollen am Boden bleiben, dass sie nicht in den Krieg ziehen müssen, der bald kommen wird … deshalb. Also, kannst du das mit deinem Zeug und deinem Zauber bewerkstelligen?« Als er sie losließ, fing das Murmeln wieder an. Sie schickte ihn fort mit der Aufforderung, am nächsten Tag wiederzukommen.

Ein sauberes Leinensäckchen stand am darauffolgenden Tag auf der speckigen Bank für ihn bereit. Es war kühler geworden, und als die Alte mit einem langen Haken die Eisenringe von der Ofenplatte nahm und zwei dicke Scheiter in den tiefen Feuerraum warf, flogen

Funkennester auf, und die Flammen loderten orangerot empor. Flüchtig brachte der warme Lichtschein das Zeug an den Wänden und in den Regalen aus dem Dunkel. Eine lange Reihe von Pfoten, die an der Wand hingen, wurde für einen Moment sichtbar – Hasen, Katzen, Füchse, Marder, Hunde, Schweine, Murmeltiere, Federvieh, Ziegen, Gämsen, ja sogar Bärentatzen meinte er, zu erkennen, und dazwischen immer wieder Igel und Vögel aller Größen. Das war selbst ihm zu okkult, und er eilte sich, wegzukommen. Seine Münzen legte er auf die Bank und wollte sich gerade abwenden, da packte ihn eine kalte, ledrige Hand und hielt ihn mit unglaublicher Kraft zurück. Er traute sich nicht, zu zerren, und blieb stehen. Sie flüsterte leise: »Einen Becher davon ins Futter streuen. Jakobskreuzkraut, Buchs, Fingerhut, gefleckter Schierling, schwarzes Bilsenkraut, Rizinus und sonst ein paar Blättchen. Es wird eine große Unruhe in die Rösser bringen, dazu übelriechenden Schweiß und blutigen Durchfall. Nach drei, vier Tagen sollte es langsam vergehen. Einen Becher, nicht mehr! Hat er verstanden?«

Ihr Griff löste sich. Er nickte und legte noch ein paar Münzen mehr zu den anderen, für die sie allerdings nicht einen einzigen Blick verwendete. Er war froh, endlich nach draußen zu kommen, in einen halbwegs lichten Tag. Das Säckchen hielt er unter seinem Mantel verborgen und machte sich auf den Weg zu seiner Kammer.

Als er den Innenhof verlassen hatte, trat eine Frauengestalt aus dem Schutz einer dunklen Nische hervor. Mit einem geübten Griff nahm sie ihren Umhang von den Schultern und trat in den Innenhof, von wo aus sie dem Kerl nachsah. Ihre schwarzen Haare waren im Nacken zu einem losen Knoten gebunden.

»Was wollte der Kerl bei dir?«, fragte sie, kaum dass ihre Augen sich an die Schwärze gewohnt hatten. Die Stimme schien der Alten vertraut, denn sie drehte sich nicht um, sondern legte ruhig eine Münze nach der andern in einen Topf. Als sie fertig war, kam ein Holzdeckel darüber, und darauf legte sie ein paar Pfoten. Sie murmelte nicht mehr, bewegte sich gleichmäßig und hatte überhaupt alles verrückte Getue abgelegt. Ihre Stimme klang nun tief und weich.

»Ein Kraut für die Rösser brauchte er. Sie sollen am Boden bleiben, um nicht in den Krieg zu müssen – so sagte er es jedenfalls.«

»Er besitzt aber anscheinend kein Pferd. Er war ja zu Fuß hier«, sagte die junge Frau.

»Dann ist es für Pferde anderer Leute«, schlussfolgerte die Krautmarie und verschwand im Dunkel des Raums, um etwas zu holen, tauchte aber gleich wieder auf und reichte der jungen Frau einen irdenen Topf, über den ein Tuch gespannt war. »Es hat also gewirkt?«, fragte sie.

»Ja, die Wunden schließen sich, und es tritt kaum noch Nässe hervor. Er kommt zusehends auf und kann sich schon wieder allein aufrichten. Gestern haben ihn die Gendarmen aus Kempten zusammen mit dem Landrichter angehört, doch er kann sich an nichts mehr erinnern. Am Osterfest will er Zu Hause bei seinen Leuten sein, hat er gesagt. Er spricht ganz langsam und mit einer anderen Stimme.«

»Gut so. Trag es weiter auf wie bisher. Was ist mit deiner Schwester?«

»Sie kommt kaum aus dem Haus bei der Bilgeri. Nur neulich wurde sie fortgejagt, weil die Bilgeri geheime Treffen abhält, von denen noch nicht einmal ihr Mann erfahren darf. Sonst aber muss sie den ganzen Tag räumen. Gerade wird beinahe täglich der Salon umgestellt, weil sie ein Konzert darin veranstalten will.«

»Ein Konzert … die Bilgeri? Ich kenne sie noch von ganz früher, und mich sollte wundern, was für ein Konzert das wohl werden soll.« Die junge Frau ging nicht weiter darauf ein.

»Vor einigen Tagen, als ich bei ihm war im Heiliggeistspital, da ist dieser Kerl, der gerade da war, in die Kammer getreten.«

»Der gerade hier war?«

»Ja … der.«

»Dann kennen sie sich vielleicht.«

»Nein.«

»Nicht? Dann ist es seltsam. Was hat er dann dort gewollt?«

»Ich weiß es nicht. Vom Saufen her würde er ihn kennen, hat er gesagt. Das Säckchen … werden deine Kräuter die Rösser am Boden halten?«

»Ja natürlich werden sie das, und er hat gut gezahlt, sehr gut. Das ist anständig.«

»Jeder, der zu dir kommt, zahlt anständig – früher oder später. Und die studierten Medici kann kaum einer zahlen.« Die Alte stöhnte.

»Mit den Studierten kann ich gut mithalten, und auch mein Geldtopf ist gut gefüllt.«

»Wie hältst du es hier nur aus – es stinkt schrecklich«, wechselte sie das Thema. Die Alte drückte den gusseisernen Hebelzug am Ofen mit einem Fuß zu und erklärte: »Es muss so sein, weil es den Glauben an die Wirksamkeit verstärkt. Alles hier muss so sein, wie es ist – das komplette Gegenteil einer Pharmazie, nur so funktioniert es. Komm mit nach oben. Dort riecht es angenehm, und alles ist sauber, und ich habe noch Fettkrapfen. Behandeln sie dich eigentlich immer noch gut in der *Krone*?«

»Ja. Ich mag es dort.«

»Siehst du, sie haben auch Angst vor mir.« Die junge Frau lachte.

»Das schon, aber noch mehr vor meinem Vater, will ich meinen. Letztens, so hat mir die Köchin erzählt, habe er nach mir gefragt.« Die Alte ging nicht darauf ein.

Heimkunft

Die Tage schlichen dahin und wurden zusehends länger. In manchen Nächten wehte noch einige Male der Winter durch die Gassen, und im Hafenbecken zeigten sich dann zarte, eisige Fäden an den Pfählen.

Zum ersten Wochenende im April bereitete sich die Stadt auf das Osterfest vor. Regen fiel in der Nacht zum Ostersonntag, und der neue Tag tat sich schwer, die Fröhlichkeit aufzunehmen, die mit der Auferstehung des Herrn einherging. Die Rufe »Christ ist erstanden!«, die durch die Gassen hallten, klangen müde.

Die Wolken hingen weit herab auf die Seefläche, als hätte sie ihre eigene Farblosigkeit ermattet, während ein müder Wind den Regen gelangweilt von hier nach da trieb. Das Land verlor sich in grauem Einerlei, und das trübe Nass machte Blicke, die einem eine hoffnungsvolle Ferne hätten zeigen können, zu einer Illusion. Die Appenzeller Hügel waren ebenso im dunkelgrauen Nichts verschwunden wie die Gipfel des Alpsteins und Montafons, und selbst der Pfänderrücken war ganz und gar eingehüllt.

Die Marktschreier, die sich für ihre Stände ein gutes Ostergeschäft erhofft hatten, wollten schon schwermütig werden, als plötzlich eine unwirsche Bö wild um sich schlug und einen Riss in die graue Himmelsdecke brachte. Unmittelbar trat gleißendes Licht hindurch und hauchte den schweren Wolkenschwaden Leben ein; statt kraftlos über der Wasserfläche zu hängen, wurden sie nun nach oben gerissen. Der schmale Grat wurde weiter und weiter, bis sich auf einmal ein breiter, heller Sonnenstrahl seinen Weg hindurch bahnte und die graue Welt in Helligkeit und Frische tauchte. Schwäne flogen auf, Möwen und Kormorane. Enten schnatterten, und Haubentaucher klagten. Das matte Nass spiegelte nun millionenfach diesen wilden Strahl wider, Farben erstanden aus dem Nichts, und die dunklen Wolken glänzten in tiefem Blau, erhaben und gänzlich in Verlust ihrer Blässe geraten. – ein Moment, ein Augenblick nur, so wie der erste Tag der Welt hätte sein können.

Gerade als der Lichtschein über die Insel zuckte, trabte ein Reiter aus dem Wäldchen auf der Anhöhe über der Stadt. Langsam ließ er sein Pferd bis vor den Waldrand traben, wo er anhielt, seinen Umhang abschüttelte und hinuntersah auf die rot glänzenden Dächer der Stadt, auf die Türme und den im Licht flackernden Seespiegel. Unter dem Umhang schimmerte seine blaue Uniform hervor, und eine feuchte Strähne seiner dunklen Locken hing ihm in der Stirn. Mit einem leisen Schnalzen setzte er sein Pferd wieder in Gang, beugte sich nach vorne, tätschelte es, versprach ihm Köstlichkeiten und gelangte einige Zeit darauf an der Seebrücke an. Jeden dumpfen Schlag der Hufe auf den Holzplanken genoss er. Ein Trommelschlag zu seinem Empfang! Die Wachen am Landtor salutierten dem Offizier. Hinter der Heidenmauer stieg er ab, nahm den Rappen am Zügel und ging auf dem Kopfsteinpflaster die Schmiedgasse entlang. Die große Glocke von St. Stephan begann gerade zu läuten. Schnell leierte er ein Vaterunser herunter und eilte sich, hinunter zur Hofstatt zu kommen. Auf keinen Fall wollte er den Kirchgängern begegnen und in Gespräche oder Begrüßungen verwickelt werden, denn er sehnte sich nach seinem Stall, nach dem vertrauten Geruch der Pferde – und auch nach dem Poschter. Wie es dem alten Kerl wohl gehen würde?

Langsam zog er durch die enge Gasse der Hofstatt zu. Bis auf das Glockengeläut, das Schlagen der Hufe seines Pferdes und die hellen Schreie der Blesshühner vom See her war kein Geräusch zu hören. Auch war keine Menschenseele zu sehen. Er wurde immer langsamer, und die Einsamkeit mitten in seinem Zuhause versetzte ihn in eine ihm fremde Stimmung. Er blieb noch einige Male stehen und lauschte. Welch ein eindringlicher Ostersonntag. So friedlich und still und noch fern der kriegerischen Umtriebe. Ob man hier wusste, wie nahe der Krieg abermals war? Ein Gedanke durchzuckte ihn: Hätte er nicht gleich hinaus zu Katharina reiten sollen? Nein, sie war gewiss in der Kirche.

Vorsichtig öffnete er das Tor zum Stall und biss sich vor Wonne auf die Lippen, als er das vertraute Knarren des Tores hörte. Endlich wieder zu Hause. Aus dem Dunkeln war ein leises Schimpfen zu hören. Der Poschter. Er zeterte wieder einmal über die Unbill der Welt. Christian legte sein Ross locker an und rief mit lauter Stimme in das Halbdunkel: »He! Was ein Gezeter am heiligen Ostersonntag! Der Herr ist erstanden, Halleluja! Der Herr ist erstanden, Halleluja!« Stille. Einige Pferde schnaubten, trabten laut auf und scheuerten an den Trennwänden der Holzboxen. Langsam kam aus dem Dunkel die gebückte Gestalt des Poschters zum Vorschein, der sprachlos vor Freude auf den jungen Kerl zuging.

»Freust dich gar nicht über die Osterüberraschung?! Und was machst denn hier, ungläubige Seel, wenn alle anderen den Pfaffen nachhören, he!? Christ ist erstanden, Halleluja!« Er lachte. Der Poschter schüttelte ungläubig den Kopf und genoss die lange Umarmung. Es dauerte seine Zeit, bis er die Sentimentalität besiegt und seine Stimme wiedergefunden hatte. Gleich im vorderen Bereich des Stalls, im Kabuff zwischen Stallung und dem Aufgang zum Wohnhaus, hockten sie zusammen. Der Poschter hatte eigens einige Kaffeebohnen aus dem Hensler'schen Leinensäckchen genommen, am Holzstock zerstampft und mit heißem Wasser aufgegossen. Würzige, kräftige Aromen mischten sich mit den blumigen Düften von Heu und Stroh und dem säuerlichen Geruch der Pferde, wodurch ein wohliges, gleichermaßen sedierend wie belebendes Bukett entstand, das Wärme und Wohligkeit in sich trug. Beinahe wären dem Neuankömmling die Augen darüber zugefallen. Zwei Tage war er von Augsburg her unterwegs gewesen, davon die meiste Zeit im Sattel. Eine bittere Sehnsucht hatte ihn getrieben, denn bevor er mit seiner Truppe ausrücken musste, wollte er unbedingt noch einmal zu Hause gewesen sein – dem Poschter und Katharina Lebewohl gesagt haben.

Er lehnte sich an den alten Balken und schloss die Augen. Von der Straße her drangen nun Laute herein; die Eisenringe der Kutschenräder knirschten über das Pflaster, Stimmen kamen dazu, Hundegebell und Kindergeschrei.

»Musst bald wieder weg … Christian, nicht?«, nahm ihm der Poschter mit seiner Feststellung die Not ab, zu sagen, dass er nur kurz würde bleiben können. Er nickte.

»Ein paar Tage … so lang wie möglich will ich bleiben, bevor es wieder losgeht.«

»Soso, wieder losgeht … alle reden davon. Ein Geplapper und Gewäsch allenthalben, und jeder weiß es besser als der andere«, schimpfte der Poschter. Christian hielt die Augen geschlossen.

»Es ist ja schon im Gang. Ganz Tirol brennt, und die österreichischen Truppen marschieren auf die baierische Grenze zu. Es kann nicht mehr lange dauern.«

»Und … wie schauts aus für deinen Franzos … nicht gut, wenn die Russen und die Österreicher gemeinsam gegen ihn gehen, oder?«

»Ihm wird was einfallen … bang ist mir darum nicht.«

»Aber mir ist schon bang«, sprach der Poschter leise und eindringlich, so wie ihn Christian noch nie hatte reden hören. »Weißt du, man kann den Tod schon herausfordern, doch irgendwann … irgendwann ist er dann zur Stelle. Man kann ihm zwar durchaus die Stirn bieten und ihn anblaffen *Nein, jetzt noch nicht, jetzt noch nicht*, und man wird viel Kraft aufwenden müssen, und es kann gut gehen. Doch weißt, du bist zu jung, um zu wissen, dass er ständig um einen ist, ohne dass man ihn sieht, hört, riecht. Es ist daher gut, dafür zu sorgen, ihn auf Abstand zu halten, und das geht auf einem Schlachtfeld nicht gerade sonderlich gut.«

»Glaubst du, ich bin dem Tod nicht begegnet? Was meinst du, was los war auf den Schlachtfeldern …« Der Poschter winkte ab.

»Jaja, ich weiß ja, dass du mich nicht verstehen kannst. Er ist dir begegnet, als er laut geworden ist, durch das Stöhnen überall, als er aus den aufgerissenen Leibern gestunken hat. Aber das meine ich nicht.« Er hielt inne und schimpfte mit sich selbst. »Ah, was rede ich da für Zeug. Ich sollt mich lieber freuen, dass du da bist und gesund, jung und müde und ganz sicher auch hungrig und durstig vor mir stehst.« Er wusste selbst nicht, was ihn getrieben hatte, und der Krieg war schrecklich genug, wenn er erst mal da war, da musste man nicht schon vorher Schrecken verbreiten. »Oben im Haus ist das Bett gerichtet. Wirst dich daran gewöhnen müssen, an die weichen Federn.«

»Und du haust immer noch hier unten? Wieso bist nicht ins Haus gezogen?« Der Poschter wehrte die Frage mit einem Knurren ab.

Christian stand auf und klopfte Heu und Staub von der Uniform ab. Dann ging er nach hinten zu den Pferden, strich ihnen vorsichtig über das Fell, sprach leise mit ihnen, kraulte sie, fuhr über ihre Fesseln, über das Maul und zog so von einem zum nächsten. Der Poschter war nachgekommen und lehnte an einer leeren Pferdebox.

»Die Clydesdales sind gerade auf der Kutsche und die Freiberger auch. Drei weitere sind an Reiter gegangen und kommen die Tage zurück. Wir werden sie alle brauchen, denn deine Mauchins werden einige Kutschen bestücken müssen, weil …«

»Und die andern sind bereits draußen?«, unterbrach ihn Christian.

»Ja, es ist doch so mild geworden nach dem kalten Winter …«, er lachte, »und du hast einen schönen Grund, hinaus zu den Mauchins zu reiten, um nach den Pferden zu sehen.«

»Wie geht es ihnen?«, fragte Christian, ohne sich zum Poschter umzudrehen, denn er befühlte gerade den Hals eines schweren Kaltblutes, das ganz ruhig dastand und den Eindruck machte, die Zuwendung sehr zu genießen.

»Gut … alle sind wohlauf, und sie machen ihre Sach nicht schlecht. Die Weide ist gut geschützt vor neugierigen Blicken, und beim Schniefer sind unsere Rösser genauso gut aufgehoben wie bei dir.«

»Und in der Stadt, was gibt's da Neues?« Der Poschter schimpfte.

»Ja Herrgott, Bub! Du warst so viele Monate weg, was meinst du, was da alles vorgekommen ist!« Er schnodderte noch ein wenig und fuhr dann ruhiger fort. »Nichts von Belang, außer dass es einmal eine Zeit ohne Truppeneinlagerungen, Contributionen und Gemetzel war.« Christian richtete sich auf und lachte ihn über den Pferderücken hinweg an.

»Und du bist ganz der Alte geblieben.«

Der Poschter kramte umständlich in seiner Manteltasche, holte die Pfeife hervor und zündete sie mit einem Holzspan an, den er an einer der Laternen, die an den Balken hingen und ein schummriges Licht verbreiteten, in die Flamme hielt.

»Ein königlicher Emissär ist in der Stadt, erzählt man sich. Er hat den Auftrag, so viel Hafer wie möglich aufzukaufen, und er bietet harte Goldmünzen dafür. Das ist wirklich eine Neuigkeit … und für die Haferfuhren, die nach Augsburg gehen sollen, brauchen wir jedes Ross. Und … ach ja … vor einiger Zeit haben sie einen armen Kerl drunten in der Kirchgasse nächtens niedergestochen, einfach so. Von einem Streit ist nichts bekannt, und dem Kerl ist auch nichts gestohlen worden. Gendarmen aus Kempten sind deswegen in die Stadt verlegt worden, und am Hafen wird alles, was kommt und geht, peinlich genau kontrolliert.« Eine eigentümliche Stimmung kroch in Christian hoch. Die Geschichte erinnerte ihn an etwas Unangenehmes … mehr noch an etwas Bedrohliches.

»Dann sollte der, der es getan hat, weder gehen noch wiederkommen«, sprach er schnell, um den Vorfall sogleich beiseitezuschieben und sich von diesem Gefühl loszureißen.

»Und … ist alles recht mit den Viechern?«, erkundigte sich der Poschter.

»Oh ja – wie schön sie dastehen. Gut bist du zu ihnen. Du kannst dir nicht vorstellen, was ich alles sehen muss. Gestern in Landsberg, da führten sie Pferde zur Garnison, welche so ausgemergelt und entkräftet waren, dass sie alle Mühe hatten, ihre Füße und Gerippe fortzuschleppen. Sämtliche gehörten eigentlich dem Abdecker. Es sind wahrhaft sehr schlimme Vorzeichen, und ich weiß nicht, was es ist, aber … es trifft mich ärger, wie mit dem Vieh umgegangen wird als wie mit uns Menschen, denn wir, so denke ich, wir haben doch einen freien Willen – die Viecher aber nicht. Es ist arg, und was da an Mähren ins Feld geschickt wird, erzeugt wahrhaftig alles, was zu erzeugen ist, wenn man sich die ganze Welt abgeneigt machen will. Überall wurden Pferde und Ochsen requiriert und große Mengen des verfügbaren Heus und Getreides gleich dazu, samt Stroh und Früchten. Ich habe dann immer an hier gedacht und wie es wohl gehen wird. Wenn also hier einer ist, der zahlen will, dann soll man diese Gunst nutzen. Aber wenn diese stolzen Rösser hier auf die Reise nach Augsburg gehen, sei gewiss, dann werden sie nicht zurückkommen, genauso wenig wie die Karren. Glaub mir. Die Kriegsmaschine wird alles in sich hineinfressen.« So hatte das der Poschter noch gar nicht gesehen und wollte in Ruhe darüber nachdenken.

»Herrje. Aber jetzt horch … ich versorge dein Pferd, und du legst dich hin und ruhst dich aus. Wir gehen am Abend zum Essen in die *Krone*, so feine Leut wie wir sind.« Auf diese Weise beendete der Poschter das erste kurze Wiedersehen. Er hatte sich der Rührseligkeit, die ihn befallen hatte, entledigen können und ging nun nach oben, wo er der Hausmagd und dem Stallknecht Arbeiten anschaffte. Er ließ den großen Holzzuber mit heißem Wasser vorbereiten.

*

Franzisca war mit Lucas, Katharina und dem Schniefer auf die Insel zur Messe in die Stiftskirche gefahren. Danach kamen sie nicht umhin, noch zu einem Ostertrunk ins Haus zum Baumgarten zu gehen, wo sich eine kleine Gesellschaft traf. Frau von Seutter genoss es, dieser neuen Sitte gemäß zwischen ihren Gästen zu sein. Der Amtsschreiber war ebenso darunter wie der alte Gerichtsrat Gaupp, einige Mitglieder des Magistrats und der Musicus, der vor einiger Zeit aus Wien gekommen war und ein Haus im Zitronengässele bezogen hatte. Aber so friedensbeseelt die Messe zuvor auch gewesen war, liefen nun dennoch sämtliche Gespräche schnell auf das zu, was alle umtrieb: den bevorstehenden Krieg. Ein Herr des Magistrats berichtete erregt von einer Fahrt nach Chur und zurück, die ihn auch durch Liechtenstein gebracht hatte.

»In Vaduz lodert schon der Aufstand. Meine Kutsche wurde aufgehalten, und rundherum waren rebellierende Bauern, die gegen die Verwaltungsreformen schrien und wider die Einführung des Grundbuchs. Schon im letzten Sommer waren die Schaaner und Triesner zum Protest in Vaduz. Ein lautes Geschrei allenthalben, und nur halbwegs ist die Sache friedlich abgegangen. Sie wollten die Wiederherstellung ihrer Gemeindeautonomie und forderten die Wiedereinsetzung des Landammanns. Und jetzt, wo der Winter vorbei ist, flammt es noch heftiger auf als im letzten Sommer. Und der Schuppler, den sie dort im letzten Herbst zum Landvogt berufen haben, der hat ihnen ein rechtes Christgeschenk bereitet, als er seine Untertanen auf ihre rückständigen Schulden, die Fastnachtshühner und Schäfhaber[1] hinwies und noch recht Druck gemacht hat.«

»Das bringt die Leute natürlich auf, wenn sie um ihre Dinge konfiszieret werden«, meinte ein Beistehender.

Der Amtsschreiber und der alte Gaupp, die ebenso in der kleinen Gruppe um den Magistratsherren herum standen, waren sich einig, wie sehr es ein Fehler von Baiern gewesen sei, Tirol und Vorarlberg von Napoleon anzunehmen. Jedes andere Gebiet wäre besser gewesen, aber mit diesen beiden Territorien könne man niemals froh werden. Niemals.

1 Hafersteuer

Ein anderer aus der Runde ergänzte, dass die paar Soldaten der Franzosen und Baiern dem Zorn nicht Herr werden würden, der sich da aufgetan habe. Neulich erst sei er in Götzis gewesen, das ein rechtes Widerstandsnest geworden sei, was vor allem am Adlerwirt und dem giftigen Landesschützenmajor Ellensohn läge, die keine Gelegenheit ausließen, zu hetzen, dass die Fetzen fliegen.

Ein Magistrat äußerste sich leise, aber bestimmt.

»Es ist ungesund, sich so schnell zu vergrößern. Man stelle sich vor, mit der Reichsdeputation hat der Franzos den Baiern vierzehn weitere Reichsstädte zugesprochen.« Er zählte einige auf: »Kaufbeuren, Kempten, Memmingen, Ravensburg, Schweinfurt, Ulm. Und dazu dreizehn Reichsabteien. Welch eine Mast. Das kann ein Land nicht vertragen, und da hilft es auch nicht, wenn man den Kurfürsten einfach zum König erhebt.«

Franzisca stand mit Katharina bei ihrer Tante und bekam das Gerede über den Krieg nur am Rande mit. Sie wollte wissen, was mit dem Schaffer war, der sich so lange nicht bei ihr hatte blicken lassen.

»Alt, unverträglich und komisch ist er geworden«, schimpfte ihre Tante und legte das Thema sogleich beiseite, indem sie Katharina sanft über die Haare fuhr. »Ah, wie schön, dass diese schrecklichen Hauben verschwunden sind. Man möchte gerade noch mal selbst jung sein.« Katharina hatte nach Art der neuen Mode ihre langen Locken aufgebunden, die von einem breiten Band in leuchtendem Blau gehalten wurden. Sie trug ein Kleid aus dunkelrot changierendem Stoff.

Lucas hatte die Gesellschaft einiger Kaufleute gesucht und handelte einen großen einachsigen Karren für den Hafertransport nach Augsburg heraus, der ihm bisher noch gefehlt hatte.

Frau von Seutter suchte derweil die Gesellschaft des Musicus, dessen humorvolle Art sie mochte. Er erzählte von einer Begegnung, die ihm vor wenigen Tagen widerfahren war. Eine Frau aus der Stadt hatte ihn aufgesucht und nachgefragt, ob er in ihrem Salon ein Konzert auf einem Pianoforte würde geben können.

»Ich erzählte der guten Frau von den Konzerten in Wien und von jenem berühmten Musicus Beethoven, der gewaltige Musik zu schreiben versteht. Ich berichtete ihr von der Uraufführung seines Pianokonzerto No. 4 zu Ehren des Erzherzogs Rudolph von Österreich, bei dem ich selbst zugegen war. Ich unterbreitete der guten Frau den Vorschlag, es wäre ein schönes Stück für ihr Vorhaben.« Er sah in die Runde und stellte die rhetorische Frage: »Und wissen Sie, was die gute Frau gesagt hat?« Bevor er weitersprach, drängte sich ein amüsiertes Lachen hervor. »Sie zeigte sich empört und meinte, einem Erzherzog könne ein *viertes* Concerto vielleicht genügen, sie aber bestehe auf einem *ersten* ... sie wolle ein *erstes* Concerto.« Leises, bedauerndes Lachen reihte sich um die Gruppe.

»Und?«, fragte Frau von Seutter. »Wird die Dame ihr *concerto no eins* bekommen?« Er gab sich unentschlossen.

»Mhm ... nun ja ... ich fürchte, es wird schwierig werden. Ihr Salon ist doch nicht geräumig genug, um die Musiker und vor allem die vielen Gäste, von denen sie sprach, unterzubringen. Ich spielte ihr ein paar Takte aus den Sonaten vor, doch die Töne waren ihr zu *harsch und zu traurig*, wie sie es beschrieb. Sie verlangte nach etwas Lustigem und Unterhaltsamem.«

»Na denn«, kommentierte Frau von Seutter lakonisch mit amüsiertem Gesicht.

Der Amtsschreiber löste sich elegant aus der Gruppe, in der er bisher politisch parliert hatte, und sah sich um. Gezielt kurvte er durch die Gesellschaft, bis er bei Franzisca angelangt war, der er galant seinen Arm bot und sie durch den Salon führte.

»Ist das Korn bereit?«

»Ja natürlich, wie bestellt und ausgemacht.«

»Am Dienstag möchte der Emissär zur Begutachtung kommen. Passt es euch am Vormittag oder lieber am Nachmittag?« Franzisca durchfuhr ein Schrecken.

»Der ... der Herr von Stoy ... er kommt zu uns?«

»Mhm«, ließ der Amtsschreiber hören, lächelte einer Dame zu, winkte einem bekannten Gesicht und sprach dann leise weiter. »Natürlich. Er möchte das Korn begutachten, und ihr erhaltet sofort fünfzig Prozent des ausgemachten Kaufpreises, die weiteren fünfzig Prozent dann nach Ankunft in Augsburg.«

»Ja gut. Gleich am Vormittag wäre es doch am besten.«

»Wunderbar.« Er ging noch eine Runde mit ihr ihm Raum umher, genoss es sichtlich und verabschiedete sich dann.

Franzisca war unwohl, ja beinahe schlecht bei dem Gedanken, diesen Emissär auf dem Hof zu haben. Wieder versetzte sie der Gedanke an das Vergangene in Wallung, und sie ärgerte sich darüber, ihre Gefühle nicht besser im Griff zu haben, ihnen auf beinahe hilflose Weise ausgeliefert zu sein. Ihr Herz pochte bis in den Hals.

*

Das Glockengeläut weckte den Rotmäntler und machte ihm den Tag zuwider. Zuletzt hatte ihn das Glorialäuten am Gründonnerstag aufgeregt und danach die Ratschenburschen, die lärmend durch die Stadt gezogen waren. Lärm machte ihm nichts, wenn er eine Freude daran hatte, was in dieser Zeit allerdings nicht der Fall war.

Er scheuchte das magere Weib auf und jagte sie davon, weil eben kein anderes Wesen zugegen war, an dem er sich hätte auslassen können. Um nichts in der Welt wollte er jetzt draußen sein und dem Bürgervolk begegnen, das auf dem Weg von oder zur Kirche war. Er hasste die Ruhe, die die Stadt während der Karwoche erfasst hatte. Nirgends Musikanten oder Spielleute und ein zurückgenommener Alltag. Die Weiber wuschen keine Wäsche, im Hof zum kleinen Cavazzen stand ein hölzerner Palmesel, um den ein rechtes Aufheben gemacht wurde – alles war ihm zuwider. Gerade die Stille der vergangenen Tage und das ins Private gekehrte Leben in der Stadt erzeugten eine beißende Unruhe in ihm.

Schließlich zog er sich an, warf den Mantel über und tappte unruhig in der Kammer herum. Es musste ja kein Nachteil sein, wenn sich alle auf ihre Wohnstuben konzentrierten und es sich dort gutgehen ließen, kam es ihm plötzlich in den Sinn. Er öffnete den Deckel der alten Kommode, holte das Leinensäckchen heraus, das er von der Alten bekommen hatte, und band es an einer breiten Öse in seinem Mantel fest, sodass es auf Höhe des Oberarms hing und so bequem wie unauffällig transportiert werden konnte. Dann zog er den Zylinder über die fettigen Locken und ging langsam die Stiege hinab. Bevor er ganz hinaus auf die Straße trat, kontrollierte er zu beiden Seiten, was in der Carolinenstraße vor sich ging. Nichts. Selbst vor dem *Gambrinus* lungerte niemand herum. Die Luft war rein.

Kaum hatte er aber einige Schritte in Richtung Hofstatt getan, kam ihm von dort der Poschter entgegen. Sein Hinken war kaum zu erkennen, so ausladend wedelten die Schläge seines schwarzen Mantels umher. Er schien es eilig zu haben. Der Rotmäntler lupfte seinen Zylinder und grüßte ihn mit einem lauten »Christ ist erstanden!« Der Poschter hatte ihn gar nicht wahrgenommen, so sehr war er mit seinen Gedanken bei Christian und seinem Glück darüber, ihn wieder für ein paar Tage zu Hause zu haben. Verdutzt blieb er für einen Augenblick stehen und schaute den Kerl an, der ihn da unvermittelt angesprochen hatte. Die Visage hatte definitiv einige Begegnungen mit scharfen Klingen hinter sich. Jetzt erinnerte er sich auch wieder an diese Gestalt, die er vor einiger Zeit im Hafen hatte ankommen sehen, und er spürte, wie wenig Gutes von ihr ausging. Trotzdem antwortete er, wie es sich gehörte, bevor er seinen Weg fortsetzte.

»Er ist wahrhaftig auferstanden.«

Es war ihm eilig, denn er wollte mit dem Wirt der *Krone* alles für den Abend bereden. Der Rotmäntler blickte ihm nach, bis er hinter dem Königsbrunnen verschwand, und lachte sich eins: Noch einer weniger. Jetzt war auch er in Eile. An der Hofstatt klopfte er kräftig an das Tor. Vielleicht war ja noch einer der Pferdeknechte zugegen. Er lauschte, doch nichts und niemand war zu hören. Durch den

Spalt war der Riegel zu sehen, der von innen vorgelegt war. Er zog seinen langen Dolch aus dem Stiefelschaft und schob die Klinge durch den Spalt. Vorsichtig hob er den Riegel ein wenig an und schob ihn dann Stück für Stück zur Seite – ein etwas mühsames Unterfangen, da er oft ansetzen musste, doch es gelang. Er drückte das Tor auf, verriegelte es umgehend von innen wieder und wartete, bis sich seine Augen an die Dunkelheit gewöhnt hatten. Die Pferde standen ruhig in den Boxen. Er bewegte sich langsam und gab leise, wohlklingende Laute von sich, um ja keine Unruhe aufkommen zu lassen. Ganz hinten entdeckte er einen niedrigen Heuwagen, auf dem Stroh und Heu gelagert waren, daneben ausgediente Fässer mit Haferschrot. Schnell jetzt! Das Säckchen war leicht gelöst und der Inhalt ebenso schleunig über das Heu gestreut. Einen Teil mischte er unter den Schrot. Wieder zurück am Tor linste er durch den Spalt hinaus in den Hof. Doch gerade als er den Riegel geöffnet hatte, um hinauszuschlüpfen, kam ein Einspänner in den kleinen Innenhof gefahren. Der Kutscher steuerte direkt vor das Tor. Vorsichtig drückte er den Riegel wieder in das Schloss und suchte ein Versteck. Am geeignetsten erschien ihm der dunkle Platz hinter dem Heuwagen zu sein. Doch die Neugier ließ ihn noch einmal durch den Spalt schauen. Er sah, wie die Tür der Kabine geöffnet wurde, und blickte nun aus nächster Nähe in das schöne Gesicht des Mädchens, das ihm neulich in der Nacht vorne am Baumgarten schon aufgefallen war. Sie stieg aus und kam auf das Tor zu. Er huschte weg, hielt seinen Mantel mit beiden Händen, dass er nicht auf die Lederstiefel schlug, und versteckte sich hinter dem Wagen. Zwei Pferde schnaubten und begannen, mit den Hufen zu scharren. Es steckte die anderen Rösser an, und schnell kam Unruhe in den Stall. Er hörte einen Mann schimpfen.

»Katharina, lass das und geh weg vom Tor. Die Pferde scheuen schon. Sie brauchen ihre Ruhe, du siehst doch – niemand ist da, und das Tor ist verschlossen.« Die Kleine gab sich widerwillig und rüttelte ärgerlich am Tor, bevor sie wieder in den Wagen stieg.

Er hörte die Holztür schlagen und das Schnalzen des Kutschers. Die Räder knirschten auf dem Kies des Innenhofs, und das Gefährt verschwand. Mit schnellen Schritten machte er sich erneut nach vorne, doch erschrak, als er unvermittelt Gepolter aus einem anderen Teil des Stalls hörte – die Schritte schwerer Stiefel auf den Holzstufen einer Treppe, und an der Schrittfolge war zu erkennen, dass der, der da die Treppe herunterkam, jung und behände unterwegs war. Aufgeregt zog er den Riegel vor, öffnete das Tor nur einen Spalt breit, schlüpfte hindurch und sprang, so schnell es ging, vor zur Gasse, wobei er nur mit den Sohlen auftrat, um jedes Geräusch seiner eisenbeschlagenen Absätze zu vermeiden.

Christian hatte kaum schlafen können, dafür allerdings unendlich tief und traumlos. Gerade in den Halbschlaf geraten war er aber durch die Geräusche einer Kutsche im Hof wach geworden und hatte gemeint, Katharinas Stimme gehört zu haben. So schnell es eben ging, war er in Hose und Stiefel geschlüpft und die Treppe hinabgesprungen. Im Pferdestall angekommen, rief er erst einmal nach dem Poschter. Keine Antwort. Das Tor stand halb offen. Seltsam. Ein Gefühl kroch in ihm hoch, dass er nicht zuordnen konnte. Nichts Gutes schwante ihm. Die Intuition des Kriegers ließ ihn losrennen, nach vorne zur Carolinenstraße, wo er zuerst nach links in Richtung Mädchenschule blickte. Dort rollte ein Mann ein Fass vorsichtig von einem Wagen. Er hatte sich wohl getäuscht, drehte sich schon ruhiger zur anderen Seite und – erstarrte. Gerade noch hatte er für einen kurzen Moment einen Blick auf eine Gestalt erhascht, die soeben im Zitronengässele verschwunden war – gedrungen, geduckt, behände, mit schwarzem Mantel, dazu der niedrige Zylinder. Sei Herz setzte einen Schlag aus und pochte danach heftig weiter. Eine düstere Ahnung kam in ihm auf. Es konnte doch nicht sein! Seinen kurzen Schwindel schob er zur Seite und rannte los. Unterbewusst fuhr seine Hand dabei in Richtung Säbel und griff ins Leere. Natürlich. Kein Säbel, kein Dolch, auch kein Messer. Wozu auch hätte er es in Lindau gebrauchen sollen? Er lief bis zum

Zitronengässele, nahm aber gehörig Abstand, bevor er um die Ecke schaute, denn in eine Falle wollte er nicht tappen. Nichts und niemand war mehr zu sehen. Die Gestalt, verschluckt von Gassen und Hinterhöfen. Was er gesehen hatte, war keine Einbildung, so unvorstellbar es auch sein mochte, dieses Scheusal in Lindau zu wissen – und nicht nur das: Er war bei ihm im Stall, vielleicht sogar im Haus gewesen!

Aufgewühlt ging er zurück zum Stall. Ob er dem Poschter davon erzählen sollte? Nicht nur vom heutigen Tag, sondern alles? Er trat vor Wut mit dem Stiefel ins Leere. Dieses Ungeheuer! Sein erstes Kommando als Offizier war es gewesen, ganz im Nordosten und nahe an der russischen Grenze. Während er so lief, tauchten die weiten Blicke über nicht enden wollende Weiden, Wiesen und Felder wieder vor ihm auf. Unendlicher blauer Himmel, Wärme, unschuldige weiße Wolken, sanfte Hügel, auf denen dunkle, schattige Wäldchen klebten. Mit seiner Schwadron war er damals unterwegs und all die großen Namen rundherum – Davout, Murat, Lannes, Soult und natürlich Napoleon, den er sogar einmal aus der Ferne gesehen hatte. Vorbeigeritten war er. Und nicht zuletzt ihr Gegenspieler, irgendwo in unendlicher Ferne in einem Palast und niemand geringerer als der russische Zar. Diese Namen hatten ihm Ehrfurcht eingeflößt, und aufgeregt hatte er auf seinem Ross gesessen, dem all diese Namen nichts bedeuteten. Sie gehörten zu den Reitern von Marschall Ney, der den Auftrag hatte, die Truppen von Fürst Bagration im Wald von Sortlack anzugreifen. Nervosität suchte ihn heim, doch keine Angst. Erst als er voranpreschte und sein Pferd mit gesenktem Kopf durch das hohe Gras auf den Waldrand zuraste, senkte sich der weite Himmel in sein Gemüt, und er wurde still und ruhig. Statt den Schlag seines Herzens und das Rauschen des Blutes in seinen Adern hörte er den heißen Atem des Pferdes, das Zischen des Grases und die Hufe, wie sie weich in die Erde drückten. Um ihn herum seine Leute. Blitze, große und kleine, zuckten aus dem Schwarz des Waldrandes, Pfeifen und Zischen war zu hören, doch sie waren schnell und nicht ohne Glück, weshalb sie bis in das Gehölz vordringen konnten und keinen davonkommen ließen, der nicht geschwind oder schlau genug war. Die Russen flüchteten, und sie verfolgten sie durch den Wald, über die sich anschließenden Wiesen und Felder bis kurz vor das Ufer dieses Flusses. Dieser Fluss … wie lautete noch einmal sein Name?

Ihre Artillerie schoss wie verrückt, und die russischen Truppen gerieten in die Falle, die an der Flussbiegung auf sie lauerte. Er erinnerte sich noch, wie er mit seiner Schwadron aus dem Wald kam und unter ihnen diese sanften Hügel lagen – saftiges Grün, übersät von tausenden Toten und Verletzten, brennenden Wagen, zuckenden Pferdeleibern. Es musste eigentlich ein fürchterliches Geschrei gegeben haben, doch konnte er sich an keinen Laut mehr erinnern, an nichts. Es stank schrecklich wegen der aufgerissenen Eingeweide überall.

Es war über die Kämpfe Abend geworden, und drunten schimmerte der Fluss im warmen Licht – sanft, unschuldig wie die Wolken und rot vom Blut. Zwanzigtausend tote Russen lagen an seinen Ufern, achttausend tote Franzosen. Er war mit seinem Pferd losgesprengt, den Hang hinunter, dem mäandernden grünen Band folgend, das freigeblieben war von Toten und Verletzten. Und dann kam dieser Knall, völlig unversehens, begleitet von einer unendlich gleißenden Helligkeit und eine noch größere Stille als zuvor. – Irgendwann schließlich, aber immer noch in halbwegs vorhandenem Abendlicht, öffnete er langsam die Augen. Er lag im Gras, gar nicht weit vom Wäldchen entfernt. Er konnte den Kopf bewegen und meinte zuerst, in einem Garten zu liegen, doch es war nur die Wiese, und rundherum lagen die Leichen. Verwundete schleppten sich über den Hügel, einige krochen, bei manchen reichte es nur, den Leib hin- und herzudrehen oder einen Arm zu heben, nur um ihn dann wieder entkräftet in das blutige Gras fallen zu lassen. Und so hatte er dagelegen und war diesem Anblick einer Welt verfallen, von der er nicht wusste, ob sie diesseits oder bereits jenseitig war.

In einem gewissen Sinne war es eine Welt des Friedens, da sie ihrer Geräusche beraubt war. Er hatte versucht, sich zu erinnern, was geschehen war, und landete immer wieder in jenem Rausch eines gestreckten Galopps, der sein Ende in einer brennenden Helligkeit gefunden hatte. Gefühl kam in seinen Leib zurück. Er versuchte, seine Extremitäten zu bewegen, was jedoch nicht sogleich gelang. Ein Stück hinter ihm stand sein Pferd und graste friedlich, als sei der Welt nichts Schlimmes widerfahren. Es machte ihm die Situation noch unwirklicher. Unbeweglich wie er war, blieb er liegen und beobachtete den Himmel. Ein Schwarm Vögel flog über das Grauen hinweg. Es folgte ein weiterer Schwarm mit größeren Vögeln, die er nicht kannte. Und dann sah er sie, diese Gestalt, etwa hundert Meter von ihm entfernt. Ein gedrungener Kerl in einem auffällig langen schwarzen Mantel war aus dem Abendschatten des Hanges gekommen und hastete über den Hügel, geduckt, auf der Hut und stetig um sich schauend. Einmal, als er sich schon ein ganzes Stück genähert hatte, blickte er ihm direkt in die Augen, doch der Kerl nahm es gar nicht wahr. Er war zu konzentriert auf sein Geschäft bedacht. Es dauerte eine Weile, bis er dem wirren Weg der dunklen Gestalt einen Sinn zuordnen konnte. Er kam immer näher, Stück für Stück. Geübt durchsuchte er die Taschen der Toten und Verletzten nach Wertvollem. Wieder ein Stück näher gekommen sah er, wie er einem die Uhr aus der Weste zog, in seinem Mantel verschwinden ließ und dem armen Kerl, der durch den Herankommenden in die Hoffnung versetzt war, Hilfe zu erhalten, mit einer schnellen Bewegung den Dolch in den Hals stieß. So verfuhr er mit jedem, der noch lebte und den er ausraubte – dieses Aas. Das Grauen, das da auf ihn zulief, begann, seine Kräfte zu erwecken. Er würde ganz sicher auch zu ihm kommen, denn die Offiziersuniform, wenn er sie einmal entdeck hatte, würde ihn anziehen wie ein Magnet. Er erinnerte sich an das, was er auf der Offiziersschule in Saint-Cyr l'École gelernt hatte, und so zwang er sich, zu atmen. Schwindel suchte ihn heim, doch er ließ den Teufel nicht aus dem

Blick. Unzählige hatte der inzwischen abgestochen, und was auch immer sich unter seinem Mantel alles befand, er musste inzwischen voll und schwer sein mit all den Münzen, Uhren und Medaillons, die er eingesammelt hatte.

Ein Dröhnen und Wummern von einiger Ferne brachten sein Gehör zurück ins Diesseits, und nachdem er einige Sekunden zweifelnd gelauscht hatte, drang der Gesang einer Lerche zu ihm durch, die über dem Schlachtfeld schwebte. Eins ums andere gesellten sich dazu das sanfte Rauschen der Grashalme, die der weiche Wind aneinander reiben ließ, das Summen der Insekten und bald auch das Stöhnen der Verletzten. Alle hatte das Monster noch nicht abgestochen. Doch Christian fühlte trotz der unbändigen Kraft, die Lebenswille genannt werden konnte, noch immer seinen Leib nicht. Beine, Füße, Arme und Hände waren unerreichbar für seinen Willen. Von der Seite hörte er das erstickende Gurgeln eines Unglücklichen, dem der Dolch soeben den Hals geöffnet hatte. Sein Pferd verdeckte den Blick auf ihn. Nur wenige Meter noch war der Kerl von ihm entfernt. Seine Augen hafteten auf ihm, zeichneten jede seiner Bewegungen auf: das leichte Seitwärtsstellen des rechten Fußes, das Schlenkern der Mantelstöße, das Niederbeugen des breiten Kreuzes.

Sollte er so enden? An der Schneide eines Dolchs, der von einem Lumpen geführt wurde? Ihre Blicke begegneten einander. Die Gestalt hielt sich nicht lange auf und sprang auf ihn zu, den Dolch schon erhoben, doch hielt er kurz inne und grinste.

»Ja was haben wir denn da für ein Engelchen?« Christian schnaufte bebend, und gerade als sich das Knie der Bestie auf seine Brust senkte und er diesen absonderlichen Gestank wahrnahm, der vom Mantel ausging, spürte er, wie sein Arm emporschnellte, das Handgelenk des Kerls packte und den Dolch abhielt. Aus den Augen über ihm schossen Erstaunen und Erschrecken. Mit Wucht und unglaublicher Energie riss er sich samt dem Kerl herum und wälzte sich mit ihm auf Leben und Tod im Gras, immer auf der Hut, der scharfen Klinge des Dolchs auszuweichen. Seine Beine fühlten sich noch taub an. Vor der unbändigen Kraft des Kerls musste er sich hüten und achtete daher darauf, immer in Bewegung zu bleiben und den Zwingen zu entkommen. Der Kerl hingegen spürte die Schnelligkeit, das Zähe und die Härte des jungen Körpers auf ihm. Er hatte das Offizierlein unterschätzt, es konnte kämpfen, hielt Schmerzen aus und war ihm ein ernster Gegner.

Einmal, in einer Umdrehung, biss Christian in die Grashalme, die ihm nahe kamen, spürte den bittersüßen Geschmack und schlug in einer ihm fremden Eingebung seinen Schädel so hart gegen den seines Gegners, dass dieser bewegungslos liegenblieb und ihn mit aufgerissenen Augen ansah. Christian rappelte sich auf. Er torkelte noch, und das rechte Bein knickte ihm immer wieder weg. Doch da – ein Schnauben hinter ihm. Sein Pferd war ihm gefolgt, und in wenigen schleifenden Schritten war er bei ihm – ein Satz und er saß auf dem Rücken des Rappen. Nun ging alles wie von selbst: Spannung in den Körper bringen, Griff zur Seite, Säbel ziehen. Der Kerl stand schon wieder, wenn er auch noch etwas taumelig auf den Beinen war. Christian sprengte los. Attacke! Im Vorbeireiten suchte er ihm mit dem Säbel den Schädel zu spalten, doch der Kerl stolperte, wodurch er dem tödlichen Hieb entging. Christian wendete, und sein Gegenüber zeigte seine ganze Erfahrung, denn er versuchte nicht, davonzurennen, sondern stellte sich dem Reiter, um eine bessere Position zum Ausweichen zu haben und vielleicht eine nächste Chance zu erhalten. Christian suchte immer noch nach seiner Kraft. Seine Finger fühlten die Leine, seine Lenden das Pferd, seine Hand den Säbel. Der Dolch hing am rechten Stiefel. Er setzte erneut an, ließ den Gaul auf ihn los und hieb zu, was seine Kräfte hergaben. Eigentlich hätte es ihm die Schulter durchschlagen und den Arm abtrennen müssen. Doch der Säbelhieb blieb knirschend in etwas stecken. Es war ein Sack mit Münzen, Uhren, Ketten und Medaillons, der beim Kampf an die Schulter gerutscht war. Doch nun glomm die Angst in den bösen Augen. Christian trieb einen neuen Angriff voran, bremste ab, täuschte eine Seite vor und schlug dann auf der anderen Seite zu. Diesmal zeichnete der Weg des Säbels eine Spur von der Stirn über das Auge zur Wange und verließ das Gesicht, bevor er die Unterlippe erreichte. Blut netzte sofort die Haut. Er drehte ein weiteres Mal, ließ sein Pferd über einen Haufen mehrerer Leichen springen, beugte sich zur Seite und stieß mit dem Säbel zu, als er nahe genug war. Doch der Säbel verfehlte die Brust, fuhr aber zwischen Oberlippe und Nase in die Haut, prallte am Knochen ab und riss eine breite Wunde bis zum linken Auge. Der Kerl schrie und erzitterte. Angestachelt vom unerbittlichen Wunsch, dem Kerl endgültig den Garaus zu machen, wendete er nochmals, um Rache für all die Unglücklichen ringsherum zu nehmen. Der Säbelhieb verfehlte jedoch wieder das Ziel und fuhr stattdessen in die rechte Schulter. Sein Gegner stand immer noch. Jeder andere hätte schon lange gelegen. Ganz ruhig und überlegt ließ er sein Ross auslaufen, drehte und nahm erneut Maß: zwanzig, dreißig Meter bis zur Gestalt mit der blutigen Visage. Er trabte leicht an, schlug einen weiten Bogen und näherte sich spiralförmig. Gerade als er ansetzen wollte, auf ihn loszugehen, hörte er das Pfeifen, gefolgt von einem ohrenbetäubenden Knall der Granate, die nicht weit hinter ihnen explodierte. Sein Pferd scheute, stieg auf und fiel. Geistesgegenwärtig brachte er seine Füße außer Reichweite des niederkrachenden Leibes und rollte sich ab. Rauch, tränende Augen, ein wildes Pfeifen in den Ohren. Hastig richtete er sich auf, um gegen einen möglichen Angriff des Kerls gewappnet zu sein. Doch mit dem Rauch hatte sich auch der Kerl verzogen. Weg. Verschwunden, irgendwo im Schatten hinter dem Hang.

Er kümmerte sich um sein Pferd, das gut wieder aufkam, richtete Zaumzeug und Sattel und klopfte erst danach sich selbst ab. Kein Stich, kein Schnitt, kein Blut. Nur sein Mantel war aufgerissen, was wohl geschehen war, als er sich mit dem Kerl am Boden gewälzt hatte. Er fingerte an seiner Weste herum und erfühlte mit zittrigen Fingern ein Papier, das er hervorzog und betrachtete, als wäre es aus einer anderen Welt: ein Brief aus Lindau. Ein Stück des Umschlags war abgerissen, doch der größte Teil war immer noch da. Er steckte ihn zurück an seine Brust. Jetzt war er ihm noch mehr wert.

Inzwischen war er zurück am Stall angekommen. Ein weiter Weg von diesem Schlachtfeld hierher, den der Lump da zurückgelegt hatte. Was wollte dieser Teufel nur hier, und wie kam er hierher, noch dazu zu ihm in die Hofstatt? Zufall konnte das nicht sein. Er ging in den Stall und begutachtete alles. Die Pferde standen ruhig. Nichts war festzustellen, was Anlass zur Sorge hätte geben können. Die Laternen waren gelöscht, alles stand an seinem Platz. Er schüttelte den Kopf. Und was hatte es mit der Stimme Katharinas auf sich, die er gehört hatte? Fast wäre er so weit gekommen, sich zu kneifen, um den Beweis zu erbringen, dass das alles Wirklichkeit war. – War es so? Er stützte sich an einem Balken ab, während er die Bilder der Vergangenheit noch einmal hervorholte. Ja. Er war es. Ganz sicher. Was nun?

Er ging nach oben in die helle Kammer, in der ihm der Poschter ein weiches, großes und warmes Federbett hatte richten lassen. Dazu hatte er einen Schrank, eine Kommode und einen Waschtisch mit Spiegel stellen lassen. Christian goss einen dicken Strahl Wasser aus der Kanne in den kleinen Zuber und wusch sein Gesicht. Dann setzte er sich auf den bequemen Polsterstuhl und begutachtete seine Waffen: die Pistole, den Dolch und die zwei kleinen Messer. Er schnallte den Gürtel um, nahm Dolch und Messer auf, sattelte sein Pferd, warf sich den Umhang locker über und ritt zur Stadt hinaus. Keine Sekunde länger wollte er auf das Wiedersehen mit Katharina warten. Und ohne Waffe würde er fortan nicht mehr unterwegs sein.

*

Er hielt es für sinnvoll, vorerst niemandem von seinem Erlebnis zu erzählen. Vielleicht beim Abendessen, aber wirklich nur, falls sich eine gute Gelegenheit dafür böte. Der Poschter war derart voller Glück über seine Heimkunft … diesen Zustand wollte er nicht stören.

Stolz tappte der Poschter am Abend an der Seite *seines Buben* über die Insel. Doch in seine unbändige Freude mischte sich ein Hauch Enttäuschung darüber, wie wenigen Menschen sie auf der Wegstrecke über die Insel begegneten. So wenige waren es eigentlich gar nicht, aber ihm waren es nicht genug, die ihn wegen seines vortrefflichen Zöglings bewunderten, die ihnen freundlich zunickten und die ihre Augen lange auf der französischen Uniform hängen ließen.

In der *Krone* sprang der Wirt ganz aufgeregt um sie herum und leitete sie zu dem Tisch, dessen Dekoration er persönlich beaufsichtigt hatte. Die beiden nahmen Platz. Ein Teil der Tische war schon besetzt. Der Poschter bestellte weißen und roten Wein.

Nach der Suppe beugte er sich über den Tisch und flüsterte: »Gleich wirst du ihn sehen, den Emissär. Er kommt gerade die Treppe herunter, in Begleitung seiner Gattin. Erinnerst dich, der, der hier Korn aufkauft und andere Geschäfte erledigt.« Christian nickte, lächelte verschwörerisch und wartete, bis die Gestalt in seinen Blickwinkel geriet. Der Herr war modisch gekleidet, ebenso seine Frau. Doch machten beide auf ihn einen freudlosen Eindruck. Er bemerkte, wie wenig der Emissär seiner Gemahlin Aufmerksamkeit schenkte und wie wenig auch sie ihren Mann im Gegenzug beachtete, der erheblich älter war. Der Poschter flüsterte erneut: »Der Wirt ist rasend, weil dem feinen Herrn sein Besteck nicht gut genug ist. Er hat ein eigenes dabei in einer Schatulle. Der Wirt hat es nur nebenbei erwähnt, als Schrulle eines Gastes, aber ich habe gesehen, wie es an ihm frisst gleich einer ätzenden Säure, als er es erzählte.« Bevor er weitersprach, lachte er boshaft, doch ohne jedwede Schadenfreude. »Man erzählt, es sei ein ehemaliger

Pfaffe, der seiner Gemeinde und Gott davongerannt sei. Drüben im Vorarlberg hätte er lange Jahre seine Schafe gehabt, und aus Innsbruck soll er stammen.« Christian verfolgte amüsiert aus den Augenwinkeln, wie die zartgliedrigen Finger des Emissärs eine lederne Schatulle auf den Tisch beförderten, sie mit aller Vorsicht öffneten, als zelebrierten sie etwas, und schließlich einen Löffel zutage brachten. Die Frau hielt das Getue wohl für unangemessen, denn sie sah nobel über das Geschehen hinweg, wobei ihre Augen auch einmal auf Christian trafen und erschrocken wieder zurückwichen, nur um gleich darauf erneut, ganz beiläufig und geordneter den Weg zu dem jungen Mann zu suchen. Ihre Augen wurden etwas schmaler und ihr Blick eine Spur distanzierter, als sie auf seine Uniformjacke sah und dann einen langen Blick in Christians Augen nahm. Er lächelte sein Offizierslächeln und nickte ihr zu, was sie verschreckte.

Der Poschter ächzte vor Genuss, als der Braten kam.

»Ein seltsames Paar«, stellte Christian fest, doch sein Gegenüber war angesichts der Düfte und des Anblicks von knusprig gebratenem Fleisch nicht fähig, auf derlei unwesentliche Dinge einzugehen. Ihr Gespräch klammerte den Krieg aus, und als sie bei den gebratenen Äpfeln angekommen waren, verließ das distinguierte Paar vom benachbarten Tisch bereits wieder den Speisesaal, ohne auch nur den Anschein zu erwecken, von einer der anderen menschlichen Seelen Kenntnis genommen zu haben. Als sie außer Reichweite waren, ließ Christian ein Zischen hören. »Was für eine Wallfahrt.« Der Poschter lachte.

»Wohl, wohl. Das sind ganz feine Herrschaften. Von ihm sagt man, er hätte der baierischen Krone die fettesten Brocken der Klöster verschafft und sei gnadenlos mit den Äbten umgesprungen. Angeblich sei er auch nicht nur hinter dem Hafer her. Man hat ihn nämlich vor Tagen in der Mehrerau gesehen und droben in Bildstein. Und in St. Peter war er auch und hat das Militärspital inspiziert – ohne jede vorherige Anmeldung.«

Der Wirt kam mit zwei Gläsern und einer geschwungenen Flasche an den Tisch.

»Armagnac«, sagte er beiläufig, schenkte gehörig ein und verneigte sich kurz, bevor er ging.

»Sag mal«, wollte Christian gerade anfangen, als ihm der Poschter ungnädig dazwischenfuhr und anordnete: »Du musst morgen Katharina besuchen.«

»Da war ich heute schon.«

Der Poschter verschluckte sich am Armagnac und hustete sich Tränen in die Augen.

»Heut!?«, keuchte er, als seine Kehle es wieder zuließ.

»Ja, heut Nachmittag, als du durch die Wirtshäuser gezogen bist.«

»Und?«

»Ja und … sie hat sich gefreut …«

»Gefreut …«, äffte der Poschter nach, »und das ist alles? Hat sich vielleicht wer nicht gefreut, dich wiederzusehen?« Christian druckste herum.

»Mhm …«

»Sag schon, was ist gewesen!?«

»Nichts ist gewesen. Die Katharina hat sich natürlich gefreut und der Lucas auch, und der Schniefer war da, und ich musste in die Stube kommen und erzählen und erzählen und erzählen.«

»Mhm – und weiter?«

»Nichts. Nur … die Franzisca, die war eher erschrocken, als ich auf den Hof geritten kam. Sie hat sich schon auch gefreut, aber … irgendwie anders als die anderen.« Der Poschter lehnte sich zurück und nippte am Armagnac. Seine Miene wurde streng, und er sprach nun so mit ihm wie vor zwanzig Jahren: bestimmend und herrisch wie mit einem ungehorsamen Kind.

»Na das musst du schon verstehen. Der Zustand, wie du ihn betreibst, der geht doch so nicht weiter. Es wird Zeit, das Aufgebot zu bestellen, so ist das! Und wenn du dem nicht nachgehst, gehe ich morgen zum Amtsschreiber und lasse alles herrichten. So!« Gerade noch beherrschte er sich und schlug nicht auf den Tisch. Gezuckt hatte sein Arm aber bereits. »Es muss endlich eine Ordnung in die Dinge kommen, und mit dem heimlichen Herumpoussieren ist jetzt Schluss! Und … es ist eine Hochzeit auf Augenhöhe. Die Mauchins haben viel aus dem Hof gemacht, ein schönes Stück Land, gepflegtes Vieh, ein gutgehendes Geschäft und Handelsbeziehungen vom Überlinger See bis an den Splügen, fast wie die Juden, bei denen sie Kredit bekommen. Und du kommst mit der Relaisstation, dem Postrecht und zwei großen Häusern auf der Insel. So ist das. Und jetzt wird das zusammengelegt.« Christian stand der Mund offen. »Ja schau nur recht in deiner stolzen Uniform. Wenn ich die Franzisca wär, tät ich mich auch nicht freuen, wenn ein Soldat gern zu Besuch kommt, das Töchterchen hofiert und dann wieder in den nächsten Krieg verschwindet. Also! Abgemacht!« Seine letzten Worte schlossen das Einverständnis des Adressaten wie selbstverständlich ein. Er schnippte nach dem Wirt, was der richtig interpretierte, mit der Flasche zurückkam und nochmals nachschenkte. Seinen Ohren war es nicht entgangen, was da am Tisch verhandelt worden war, und er grinste zurückhaltend.

»Wir haben etwas zu feiern!«, erklärte der Poschter, und auf den alten Wangen und der Nase glänzte und leuchtete es rot.

Der junge Bursche in Uniform, der ihm gegenüber hockte, vergaß der überraschenden Wendung des Gesprächs wegen ganz und gar, den Alten danach zu fragen, ob es in der Stadt vielleicht einen Kerl gebe, untersetzt, breite Schultern, langer Mantel, geduckter Gang, der dabei den rechten Fuß eigenwillig schlenkerte. Es war aber auch nicht der Augenblick dafür, denn es war zu sehen, wie sich eine breite Zufriedenheit in der Seele des Poschters ausbreitete. Während er das wohlige Brennen des Armagnacs auf der Zunge fühlte und der heißen Spur des Alkohols den Gaumen hinab nachspürte, war ihm, als hätte er etwas erreicht, was ihm wie ein Traum erschien. Sein Leben bekam in diesem Moment einen Sinn, einen Sinn über die blanke Realität des Seins hinaus, denn er gab etwas weiter. Natürlich hatte er den Burschen am Tisch über all die Jahre in sein Herz geschlossen, und sein nicht unwesentlicher Besitz, den er durch Hartnäckigkeit, Glück, Fleiß, Erbe und auch eine Prise Egoismus, Skrupellosigkeit und Rücksichtslosigkeit zusammengetragen hatte, der war ihm bestimmt. Doch dieser Kerl in der Uniform war ein Träumer, ein Vogel, der immer wieder ausfliegen würde, um einer Idee seine Kraft zu leihen, so wie dieser verrückten Idee der Franzosen, die von Gleichheit, Brüderlichkeit und Freiheit plärrten, was seit zwanzig Jahren jedoch nichts anderes als Krieg bedeutete. Jetzt aber hatte er das Paket, welches sein Vermächtnis sein sollte, gepackt: die Ehe mit Katharina. Denn dieses zarte Wesen war es, dem er zutraute, Geschäfte zu führen, zu verhandeln, die Sach beieinander zu halten, in schwierigen Zeiten zu bestehen, eine Familie zu führen und zu leiten – und zu kämpfen. Sie war es, von der er unbedingt wollte, dass sie über seinen Besitz waltete. Sie.

Wie wenig Franzisca von der Idee angetan war, hatte er durchaus bemerkt, und Lucas bestätigte es ihm bei einem seiner Besuche in der Hofstatt. Und dennoch: Heute war er an sein Ziel gekommen. Nur am Leben musste er bleiben, der Bub. Am Leben musste er bleiben, denn keine Kugel und kein Säbel nahm Rücksicht auf eine hübsche Uniform, einen zähen Leib, ein junges, aussichtsreiches Leben. Der Tod braucht immer etwas, worüber er lachen kann.

Er schob die trüben Gedankenblitze zur Seite, die mit dem Tod einherkamen. Die Freude, die er empfand, wollte er sich nicht verderben lassen.

*

Christian schlief bis weit in den Morgen. Die Anstrengungen der letzten Tage, das viele Essen und nicht zuletzt die Mischung aus Kaffee, Wein, Schnaps und Aufregung hatten ihn ermattet. Er brauchte eine Weile, zu erfassen, wo er war. Das große, weiche Bett und die Stille hier unter dem Dach fühlten sich fremd an. Als er das große Fenster öffnete, schreckten Tauben hektisch flatternd auf und flogen davon, Spatzen schimpften dazu. Die Wolken über dem See wirkten ausgeblichen. Das Dräuende und Dunkle war dahin. Mit etwas Glück konnte es ein erster schöner Frühlingstag werden, wenn sich die Sonne durchsetzen würde. Er fühlte sich noch derart satt vom vergangenen Festmahl, dass ihm fürs erste ein Glas Wasser und ein Kanten Brot zum Frühstück reichten. Er fragte die Magd nach dem Alten und erfuhr, das er wie jeden Morgen in der Post war und dort nach dem Rechten sah.

»Mhm.«

Er ging hinunter in den Stall, wo die zwei Pferdeknechte mit ausmisten beschäftigt waren. Sie wirkten angespannt, und der eine nahm den Blick gar nicht mehr von einer der hinteren Pferdeboxen.

»Ist alles recht?«, fragte Christian und trat an ihre Seite.

»Mhm … schon … nur …«

»Nur?«, hakte er nach, um die Antwort zu beschleunigen.

»Der hintrige Freiberger hat einen feuchten Leib und war ganz unruhig heut Morgen, jetzt geht's wieder, aber … mir gefallt's net.« Christian ging zur beschriebenen Box und fuhr sanft über das Fell des Pferdes, fühlte die Fesseln ab, den Hals, das Maul und die Nase und strich erst dann über den Bauch. Der Pferdeknecht hatte recht mit seiner Beobachtung. Der Noriker war unruhig. Er ging zu den anderen Pferden und stellte auch bei zwei weiteren erste Anzeichen von Krankheit fest. Es gefiel auch ihm ganz und gar nicht.

»Habt ein Aug drauf. Ich bin in der Post. Wenn es stärker hervorkommt, lasst mich holen.«

Er machte sich auf den Weg. Es war nicht weit, nur bis zum Marktplatz, quer drüber, und hinter dem Stift, das keines mehr war, bis fast zum südlichen Seeufer. Der Poschter hockte auf einem Schemel, beide Hände auf den Gehstock gestützt, den er wie eine Säule vor sich aufgerichtet hatte, und beobachtete, wie Sendungen entladen, geordnet und auf die Holzkisten verteilt wurde. Draußen im Vorraum, der von einem kleinen Ofen beheizt wurde, warteten schon die Angestellten der Kontore und Kanzleien, um die erwarteten Sendungen abzuholen.

»Na, Hochzeiter!? Wie geht's all so?«, begrüßte der Poschter ihn gut gelaunt. Christian sah ihn ernst an. »Was ist los?«

»Ein Freiberger hat etwas Hitze.« Der Poschter rollte mit den Augen.

»Mein Gott, das haben Pferde doch alleweil. Sie sind gut im Futter und munter … hast du doch gesehen.«

»Ja, schon.«

»Also was!? Was druckst du so komisch herum?«

»Weißt du von einem Kerl in der Stadt?«, fragte Christian nachdrücklich. »Ein Untersetzter mit breiten Schultern, kräftigem Hals, großem Schädel, er schlenkert den rechten Fuß etwas nach, trägt einen weiten dunklen Mantel und einen niedrigen Zylinder.«

»Der Rotmäntler!«, entfuhr es dem Poschter sogleich.

»Wer?«

»Der Rotmäntler. Das muss der Kerl sein, den du da beschreibst. Ich nenne ihn Rotmäntler, weil er den Mantel trägt, gerade wie die Lumpen … die Rotmäntler halt. Er ist vor einiger Zeit in die Stadt gekommen, ich hab ihn drunten am Hafen gesehen, wie er vom Schiff gestiegen ist. Ein wüster Kerl … und gestern erst ist er mir entgegengekommen.«

»Gestern?«

»Ja, als ich auf dem Weg zur *Krone* war. Was ist mit ihm?«

»Er haust hier auf der Insel?«

»Ja … jetzt aber, sag doch endlich, was ist mit ihm?«

»Er ist wegen mir da.« Der Poschter richtete sein Rückgrat auf. Sein Kopf hob sich, sodass sein Kinn auf Christian zeigte. Was sollte er von der Sache halten? Was hatte sein Bub mit derlei Gestalten zu tun?

»Wegen dir?« fragte er leise. Es mussten nicht alle hören.

»Ja, wegen mir.« In kurzen Sätzen berichtete Christian nun von seiner Begegnung mit ihm auf dem Schlachtfeld und vom gestrigen

Tag. »Es ist ein Plünderer, ein Lump und gemeiner Mörder. Hat die Toten beraubt … die Verwundeten abgestochen. Wenn nicht der Kanonenschuss der Russen gewesen wäre … ich hätt ihn den Säbel spüren lassen, das sage ich dir.« Der Poschter überlegte eine Weile.

»Aber woher sollte er von dir wissen?«

»Als wir kämpften, hat er mir ein Stück Brief mit seinen blutigen Pfoten aus dem Kittel gerissen. Darauf muss er die Adresse gelesen haben.« Der Poschter sah durch ihn hindurch.

»Herrje. Schon als er damals durch den Hafen gelaufen ist, habe ich mir gedacht, dass der nichts Gutes in die Stadt bringen würde.« Christian stand auf.

»Wo wohnt er? Weißt du es?«

»Ich weiß es nicht. Irgendwo auf der Insel. Der Brack, so heißt es, soll ihm eine Kammer verschafft haben.«

*

Wilhelm Friedemann Brack hatte Angst, entsetzliche Angst, denn das Messer an seiner Kehle hatte bereits seine Haut durchdrungen, und er fühlte die außerordentliche Hitze der Blutspur, die ihm den Hals hinunter dem beigen Kragen entgegen rann. Trotz seiner Todesangst tat es ihm leid um den weißen, gestärkten Kragen, der nun durch sein eigenes Blut besudelt werden würde und durch keine Mangel der Welt wieder diese Feinheit und Reinheit zurückbekäme. Das war schade.

Er stand an einen Balken gedrückt in der Kammer des Rotmäntlers. Seine Knie schlotterten wild. Nichts brachte sie mehr unter Kontrolle, und er fürchtete, jeden Augenblick zusammenzubrechen. Das hatte er nie gewollt, niemals, in eine Situation zu geraten wie diese, in der sein Leben bedroht war.

Die Augen, in die er blickte, waren weder glühend vor Hass noch funkelten sie vor Wildheit und Mordlust. Es war weit schlimmer: kühles Blau ohne jede Nervosität, kein Blinzeln, kein Zucken.

Kühnheit blickte ihn an. Die Dolchspitze vermittelte zudem Ruhe und Entschlossenheit, was ganz zu dem sehnigen Körper passte, der da vor ihm in der französischen Uniform steckte. Christian beugte sich nach vorne und gab dem Dolch etwas mehr Druck. Eindringlich fragte er: »Wo ist er?« Brack wollte etwas sagen, doch ein Schluckreflex ließ seinen Kehlkopf auf- und abschnellen. Er hatte Angst, jetzt ohnmächtig zu werden, was ihn jedoch geradewegs in die Schneide hätte fallen lassen, die von ungemeiner Schärfe sein musste, denn er hatte den ersten Schnitt gar nicht gespürt. Erst die Wärme des Blutes hatte ihm deutlich gemacht, wie ernst es war. Es verursachte ihm unendliche Pein, zu sprechen, und seine Stimme erschien ihm wie die eines Fremden.

»Ich weiß es doch nicht … ich weiß es doch nicht.« Er erschrak, denn was eigentlich jammernd und flehend hätte klingen sollen, geriet ihm verstockt und widerborstig. Seine Augen weiteten sich abermals und suchten voller Verzweiflung in der blauen Kühle eine Insel des Mitleids, der Nachsicht – der menschlichen Schwäche. In einem Ruck setzte Christian den Dolch ab und schlug mit dem versilberten Schaft kräftig gegen die Schläfe. Brack sank wie ein Sack nieder. Sein Blick verschwamm, und in seinen Ohren rauschte ein ganzer Ozean. Glänzende, überdimensionierte Stiefel bewegten die Uniform von ihm weg. Christian war in die Mitte des Raumes getreten. Mit den Stiefelspitzen stieß er gegen den Bettkasten. Das Loch hier unter dem Dach war elend verdreckt, und es stank erbärmlich.

Brack kroch über den Boden zurück zu dem Balken und kam an dieser Stütze wieder auf die Beine. Die kalte Wut des jungen Kerls war noch keineswegs ohne Gefahr. Noch immer war es möglich, dass er ihm den Dolch in die Brust rammte, und zweimal, das konnte er spüren, war er kurz davor gewesen: das erste Mal, als er sich auf halbem Weg die Stiege empor gesträubt hatte, weiterzugehen, und dann, als sie in die stinkende Kammer getreten waren, sie aber leer vorfanden, woraufhin sich die blanke Uniform in einen

Orkan fürchterlicher Wut verwandelte und ihm etwas entgegenschrie von Pferden, von Blut, von Kolik und Fieber. Er verstand nicht, worum es ging, wusste aber, dass einzig den Funken an Menschlichkeit, Barmherzigkeit und Mitleid im Gegenüber zu finden und zum Glühen zu bringen, ihm helfen würde, am Leben zu bleiben. Gerede wäre zu Gequatsche verkommen, Bitten und Flehen zu Aufdringlichkeit. Er hatte es mit einem Soldaten zu tun, mit einem Offizier, arbeitete es in ihm, deshalb konnte ihn nur der menschliche Kern hinter der Uniform und die darin enthaltene Ehre, keine Wehrlosen zu töten, retten. Also musste er sich wehrlos geben, was ihm auch halbwegs gelang.

Christian riss die Matratze weg, schlug die Klappe der Kommode auf und suchte in allen Ecken und Winkeln nach etwas, dass auf den Rotmäntler hindeutete. In einer Ecke lag ein kleines Leinensäckchen. Er hob es auf, hielt es gegen die Nase und roch vorsichtig daran. Mäuse. Es roch nach Mäusen – Schierling! In dem Säckchen musste getrockneter Schierling gewesen sein. Voller Wut trat er die Kommode zusammen.

Brack war inzwischen wieder zu Boden gegangen und krabbelte auf allen Vieren in Richtung Tür. Christian blieb vor ihm stehen, steckte den Dolch in die Scheide und kniete sich neben ihm nieder. Böse flüsterte er ihm ins Ohr: »Bring ihn mir! Ansonsten wird es dir schlecht ergehen.«

Dann stand er auf und stieß Brack mit aller Gewalt das Knie in die Seite. Er hörte eine Rippe knarzen, als sie brach, und sein Stöhnen. »Deine Huren werden dich pflegen. Und wenn eins von meinen Rössern am Schindacker endet, dann wird man dich bald darauf auch dort finden. Denke immer daran: Wie ein Abdecker mit den Viechern, so werde ich mit dir verfahren!«

Mit großen Schritten polterte er die Stiege hinunter und eilte zur Hofstatt, wo der Poschter im Stall zusammen mit den Pferdeknechten an den Rössern zugange war. Bis auf zwei lagen alle nieder. Blutiger Durchfall, fiebrige Krämpfe, schweißiges Fell – es stank erbärmlich.

»Hast du ihn abgestochen, den Hund?«, empfing ihn der Poschter, der gerade am Kopf eines Kaltbluts kniete und das Fell mit einem feuchtwarmen Tuch abrieb. »Es wäre mir kein Arg, und ich tät es glatt auf mich nehmen.« Christian hielt ihm das Leinensäckchen hin.

»Ausgeflogen ist das Vögelchen. Das war alles, was ich in dem stinkenden Loch finden konnte. Riech.« Der Poschter sog kräftig ein.

»Ah … ja Hurendreck und Mäusepisse!« Er sah auf und roch noch mal. »Das ist Schierling … Schierling!«

»Und anderes Zeug«, ergänzte Christian. Der Poschter schloss die Augen. Das Leinensäckchen, er wusste genau, von wem es stammte.

»Was ist?«, fragte Christian.

»Nichts, nichts … ich weiß nur, wer es gemischt hat … ich kenne diese Leinensäckchen, weil ich selbst ab und an etwas bereiten lasse.«

»Ah … natürlich … drunten am Inselgraben … ich gehe hin.« Den Poschter riss es auf.

»Nein, bleib, bleib du hier! Das ist meine Sach. Ich werde sie aufsuchen. Gib auf alles acht.« Er klopfte sich das Stroh und Heu vom Mantel, holte den breitkrempigen schwarzen Hut und zog davon.

Christian ließ sich in den alten zerrissenen Sessel fallen. Da war er nach Lindau zurückgekommen, hatte sonst etwas dafür auf sich genommen, nur um sich den Wunsch, bei Katharina zu sein, zu erfüllen, diesen einen Wunsch, der alle anderen Begierden, Wünsche und Lüste verschlang – und nun dies.

*

Der Poschter kannte den Weg gut, war ihn oft gegangen, in der Nacht, bei Nebel, heimlich. Er trat in den Innenhof und klopfte mit seinem Stock an den Türbalken. Kurz, lang, lang, kurz. Erst dann tat er die Tür auf und trat ein. Den Gestank kannte er wohl, doch wusste er auch, wie heimelig es droben war. Aus der hinteren Ecke kam Klappern. Sehen konnte er nichts, da sich seine Augen noch nicht an die Dunkelheit gewöhnt hatten. Die Stimme war ihm vertraut, auch das Sarkastische darin. Früher, es war lange her, da hatte es anders geklungen.

»Was führt ihn her, den feinen Herrn?« Er hob die Hände, obwohl sie es in der Dunkelheit gar nicht sehen konnte, als wolle er ein Unglück bejammern oder sich entschuldigen.

»Ah ... lassen wir das doch, lassen wir die alten Sachen. Ich bin jedenfalls da.«

»Ja, das sehe ich. Ich frage mich nur, warum.«

»Die Rösser, meine Rösser ... sie liegen darnieder. Ein elender Hund hat sie niedergestreckt. Er muss ihnen etwas ins Futter getan haben aus einem Leinensäckchen, das von dir stammt. Ein breiter Kerl, schwarzer Mantel mit Kapuze, Zylinder auf dem Schädel und ein zerschnittenes Gesicht. Ich nenne ihn Rotmäntler.«

»Soso. Rotmäntler nennt Ihr ihn.« Der Poschter tat einige Schritte in den Raum. Noch immer konnte er nichts sehen.

»Ja. Du weißt also, von wem ich spreche? Es ist ein Lump ...« Sie kam aus dem Dunkel, trat ins fahle Licht um die alte Esse herum und sah ihn an.

»Ein Lump ist er also ... so ... na, da kenn ich einige.« Sie starrte ihn an. Er ließ seinen Kopf kreisen, rollte mit den Augen und schwieg.

»Ja und was will er hier?«

»Der Rotmäntler?«, fragte der Poschter.

»Nein ... er?«

»Heute sagen alle Du, wenn sie miteinander reden. Außer Krieg haben die Franzosen nämlich noch das ein oder andere Neue mitgebracht ... ich finde es nicht schlecht.«

»Was ... will ... er?!«, kam es ungnädig.

»Was steht zu befürchten für die Rösser … gibt es etwas, was man dagegen verabreichen kann, das hilft … und … wieso hast du ihm überhaupt so etwas gegeben?« Sie verschwand im Dusteren und tat so, als spräche sie mit sich selbst.

»Es ist grad viel zu tun für mich. Der Jahrmarkt wird wieder jede Menge ambulante Quacksalber mit ihren Schragen in die Stadt bringen, und ich hoffe, es ist noch Platz für einige gute Handwerksstände, denn ich brauche neue Löffel, Wiegemesser, Siebe, Spachtel, Scheren und Werkzeuge zum Destillieren. Der Apotheker in der Salzgasse ist bei der Herstellung von Laudanum krank geworden, und ein Pulver aus Kantharidenkäfern hat ihm das Atmen schwer gemacht. Jetzt kommt alle Welt zu mir, wenn die Pein zu groß wird. Letztes Jahr erst hatte er sich an dem Pulver aus Aronwurzeln die Haut verbrannt, und das Jahr zuvor hat ihm ein Extrakt aus Tollkirsche Kopfschmerzen bereitet. Jetzt steht es nicht gut um ihn, und ich werde wohl noch mehr Besucher bekommen als für gewöhnlich.« Ihre Stimme wurde lauter. »Es sind Eibennadeln, die einen bösen Schwindel und Koliken auslösen, was jedoch nur eine Frage der Dosis ist.« Der Poschter ächzte, und sie drehte sich ihm wieder zu. »In ein, zwei Tagen sind deine Rösser wieder auf. Es wird ihnen nicht viel geschehen. Und gegeben habe ich ihm nur etwas, weil er sagte, er wolle nicht, dass seine Rösser in den Krieg müssen.« Der Poschter schaute erstaunt.

»Ahhh … hat er das gesagt?«

»Ja, das hat er gesagt, und ich habe ihm eine Mischung aus Eibennadeln, Schierling und noch einigem anderen Kraut gegeben. Wieso auch nicht? Was wäre falsch daran? Du … du liebst deine Pferde abgöttisch und der Bub auch, doch habt ihr keinen Gram darüber, wenn ihr sie in den Krieg gebt. Ihr hockt auf ihnen, und wenn eine Kugel ihnen den Leib zerreißt, dass ihr in Gedärmen schwimmt, dann krabbelt ihr davon und holt euch das nächste Geschöpf. Und im Wirtshaus dann, beim Saufen, gehen die rührseligen Geschichten von dem treuen Ross herum, das euch der böse Feind unter dem Arsch weggeschossen hat. Wieso hätte ich ihm also nichts geben sollen, he!?« Sie kam wieder ins Halbdunkel und warf ihm ein Leinensäckchen zu. »Hier – damit wird es schneller gehen, dass sie wieder aufkommen, deine Viecher.« Gerade als er den Beutel gefangen hatte, hob er seine Arme zu einer begütigenden Bewegung, doch sie hatte sich schon wieder abgewandt und war nur noch als Schatten wahrzunehmen.

»Christian heißt er … Christian … ein Bub ist er schon lange nicht mehr«, murmelte er.

*

Brack lag derweil am Boden und wand sich wimmernd in Selbstmitleid über das Elend, welches ihn heimgesucht hatte. Er war allein. Doch nicht die Schmerzen erschütterten ihn, sondern vielmehr die Ausweglosigkeit seiner Situation. Über die Jahre hatte er immer darauf geachtet, sich aus allem Händel herauszuhalten, so sehr es ihn auch das ein oder andre Mal gejuckt hätte, sich auf die Seite eines gerade Gewinnenden zu schlagen. Doch eines wollte er nie: zwischen die Fronten geraten. Doch genau das war ihm nun widerfahren: auf der einen Seite der Rotmäntler, der vor keiner Untat zurückschreckte, und auf der anderen Seite der Christian des Poschters, dessen Tollkühnheit in der ganzen Stadt bekannt war. Und warum das alles? Nur weil ihn dieser hässliche Fremde an jenem Abend im Stift angesprochen und nach einer Unterkunft außerhalb der Gasthöfe nachgesucht hatte. Er rappelte sich auf. Seine linke Seite brannte bei jeder Bewegung wie Feuer. Mühsam klopfte er den Schmutz von der englischen Hose, so gut es eben ging. Hinter der Tür blieb er stehen und starrte in das finstere Loch, in dem die Stufen der Stiege verschwanden – nicht etwa, weil er Furcht vor dem Schmerz beim Hinuntergehen hatte, sondern um nachzudenken, wohin er sich wenden wollte, wenn er auf der Straße angekommen war. Eine Dachkammer auf der Insel kam ihm in den Sinn, droben im Wachhäuschen neben der Heidenmauer, von der niemand wusste, weil der Eingang in einem Speicher lag und mit altem Kram verstellt war. Dorthin wollte er sich vorerst zurückziehen. Es war weit genug von Hofstatt und Poststation entfernt und zudem günstig nahe am Landtor gelegen, wenn man schnell von der Insel verschwinden musste. Nur eine Person wusste von dem Versteck, in dem er frisches Wasser, freie Luft und genügend zu Essen hatte: Rosa. Ihr musste er jetzt vertrauen. Die Pläne den Hafer und Salpeter betreffend waren gut gediehen, und so gesehen war es kein großer Nachteil, wenn er mit dem zweiten Transport durch Vorarlberg unterwegs war. Bis zum vereinbarten Übergabeort bei Chur musste er ja nicht dabeibleiben, und zur Not hatte er genügend Geld, um einige Zeit in einem Gasthof zu bleiben, auch wenn ihm das eigentlich nicht privat genug war.

*

Bei seiner Flucht aus der Hofstatt hatte sich der Rotmäntler kein einziges Mal zurückgewandt und doch spürte er immer noch das Kühle im Nacken wie in dem Moment, als er im Zitronengässele verschwunden war. Unzählige Male hatte er sich vorgestellt, wie er sich an ihm rächen würde, und nun war er vor ihm davongerannt. Vor ihm , dem er weder ins Gesicht geblickt, noch seine Gestalt gesehen hatte, und dennoch spürte, dass er war.

Er tat die störenden Gedanken ab und nutzte die Gelegenheit, sich bei den Ladern am Hafen umzusehen, die entlang der Hafenmauer vor offenen Feuern hockten und auf ihre Weise das Osterfest begingen. Laut und lustig ging es zu. Kartoffeln, Fisch und Fleisch rösteten über der Glut, und Flaschen machten die Runde. Weiber kreischten ab und an. Er spürte Neid darüber, nicht dazu zu gehören. Wenigstens gelang es ihm, noch einige Burschen zu gewinnen, die beim anstehenden Laden helfen sollten. Die Münzen in seiner Hand, die im Feuerschein funkelten, waren ein gutes Argument.

Als es dämmrig wurde, schlich er sich zurück zu seiner Kammer, wurde jedoch von der dröhnenden Stimme des Poschters aus der Ludwigstraße zurückgeschreckt. Schnell versteckte er sich in einer Nische und beobachtete die zwei Gestalten, wie sie die Straße entlanggingen und in der *Krone* verschwanden. Vorsichtig huschte er an den Gasthof heran und wagte, durch eines der Fenster zu spähen. Da standen die beiden im Gang und taten vertraut mit dem Wirt, der Poschter und neben ihm der junge Offizier. Ja, er war es. Nun war er sich vollends sicher. Er grunzte missfällig und sah, wie die beiden vom Wirt nach hinten geleitet wurden. Verloren blickte er durch die milchigen Scheiben. Seine Wut wurde von einem Gefühl der Ohnmacht überlagert. Er, Dionys Rosza Geipel, würde niemals vom Wirt eines solchen Hauses zu seinem Tisch geleitet werden.

Es war Zeit, zu verschwinden. Der Offizier würde ihm ganz sicher nachforschen, und auf Brack war kein Verlass. Beim ersten Blitzen der Klinge würde er singen wie ein Vöglein. Er verzichtete darauf, die Laterne oder auch nur eine Kerze anzuzünden, packte im Dunkeln seine wenigen Sachen und verschwand von der Insel. Die Bilgeri hatte ihm beschrieben, wo sich der Lagerstadel mit dem verfaulten Hafer befand, ein weites Stück von der Insel entfernt, in einem aufsteigenden Tal, das sie Hangnach nannten. Langsam ging er über die Seebrücke und schaute, wie die Wellen dem Ufer entgegenrollten. Blesshühner pfiffen laut, Krähen flogen auf und zeterten, worauf ein Schwan aufgeregt mit den Flügeln schlug.

Am Festland angekommen, blieb er stehen und blickte noch einmal zurück. Es hatte ihm gefallen in dieser Stadt, er würde mit Sicherheit zurückkehren.

*

Gleich am Dienstagmorgen nach dem Osterfest hielten zwei Kutschen auf dem Anwesen der Mauchins. Der See spiegelte silbern aus der Ferne. Franzisca hatte während der Nacht kaum ein Auge zugetan und war froh, als sie kurz vor der Morgendämmerung endlich aufstehen konnte, um Gänse, Enten und Hühner zu versorgen, auch wenn es eigentlich Aufgabe der Magd war. Der Weg hinüber zur Weide tat ihr gut und nahm ihr etwas von der Anspannung, vor allem als Pferde und Esel vertrauensvoll zu ihr herüberkamen, gelassen schnaubten und mit den Schnauzen sanft gegen sie stießen. Sie holte zweimal Wasser vom Brunnen, füllte damit Kannen, Töpfe und Tröge im Haus und suchte, mit verschiedenen Tätigkeiten Ablenkung zu finden. Je höher aber die Sonne stieg, desto heftiger begann ihr Herz, zu schlagen, und ihre Nervosität trat offen zutage. Weder Lucas noch Katharina fanden Worte oder Verhaltensweisen, die sie hätten beruhigen können. Sie verstand ihrerseits die Ruhe nicht, mit der Lucas dem Besuch von Amtsschreiber und Emissär entgegensah.

»Wie kannst du so ruhig sein?«, fragte sie ihn mit unterdrückter Stimme, als sie einander im Lagerschuppen begegneten. »Wie schaffst du das, wo du doch weißt, wer es ist!? Genau der, mit dem du dich als junger Bursch in Bezau auf der Straße …«, sie musste ausatmen und neuen Atem schöpfen, »… mit dem du dich am helllichten Tag geschlagen hast. Was machst du, wenn er dich erkennt? Was willst du tun, jetzt, wo er ein noch mächtigerer Herr geworden ist?« Lucas war ganz ruhig vor sie getreten und hatte ihr seine Hände auf die Schultern gelegt.

»Hör doch. Bei allem, was wir von ihm wissen, dürfte es wohl sein, dass gerade ihm am wenigsten daran gelegen sein wird, an die alten Zeiten erinnert zu werden. Und wo er nun ein feiner Herr ist, so wird er auch die feine Manier angenommen haben, Dinge, die ihm unangenehm sind, mit blinden Augen, tauben Ohren und gefühllosen Gliedern zu begegnen. Und was ich bisher von ihm gehört habe, trägt er seine Nase so weit oben, dass er andere Menschen ohnedies nicht beachtet. Er blickt durch sie hindurch, als wären sie aus Glas, und das selbst bei seiner jungen Frau.« Er lachte leise und gemein und zog sie zu sich heran. Doch es vermochte sie nicht zu beruhigen, und sie entwand sich.

»Mag alles sein. Ich verstehe deine Gelassenheit trotzdem nicht und kann eben nicht aus meiner Haut.« Er schwieg und unterließ jedes Wort, welches erklärt hätte, warum ihn derlei nicht mehr belastete. Wozu sollte er ihr ausgerechnet von den Plätzen erzählen, über die er gegangen war, und deren Pflaster unter einer dicken Schicht Blut lag, oder von den Reihen mit Weidenkörben auf unbekannten Marktplätzen, die statt mit Gemüse und Kartoffeln mit den Köpfen der unglücklichen Guillotinierten gefüllt waren. Man konnte als Mensch darüber entweder verrückt bis ins Grab hinein werden oder gelassen bleiben bis ans Ende seiner Tage.

»Es wird schon alles gutgehen«, sagte er nachdrücklich und beließ es dann dabei.

Sie ging zurück ins Haus, wo sie in der Stube auf- und abwanderte, nichts zu Ende brachte, was sie in die Hand nahm, und schließlich mit pochendem Herzen verfolgte, wie die Kutschen auf den Hof fuhren. Sie verfolgte das Geschehen im Hof aus sicherem Abstand vom Stubenfenster aus. Katharina begleitete Lucas, und der Schniefer folgte den beiden, da es galt, die kleine Gesellschaft in angemessener Zahl zu empfangen.

Der Amtsschreiber wartete, bis der Emissär aus seiner Kutsche gestiegen war, und führte ihn bis zu dem Hausherren. Der Blick des Amtsschreibers schweifte umher, doch die Hausherrin war nirgends zu entdecken. Lucas sah dem vornehmen Herrn im braunen Mantel nach englischer Art frei in die Augen. Das etwas zu bleiche Gesicht des von Stoy zeigte ein maskenhaftes, zurückhaltendes Lächeln. Jetzt schlug auch Lucas Herz schneller und fing beinahe laut zu pochen an. Ja, das war er, der Pfarrer von Bezau. Die Szene auf dem Feldweg kam ihm wieder vor Augen. Damals steckte der blanke Zorn unter der schwarzen Kutte, und heute – was hatte er zu erwarten von dem nebligen Kerl, der unbewegt dem Gespräch folgte, das der Amtsschreiber in Gang gesetzt hatte. Katharina hatte sich gerne bei ihm untergehakt, als er ihr galant den Arm bot, und Lucas schritt mit dem Schniefer voran zum Lager, in dem die Säcke bereit zum Verladen lagen.

Vor dem Tor angekommen blieb der Emissär stehen – so, als hätte ihn jemand gerufen. Er wendete den Oberkörper und sah zu allen Seiten. Lucas stand schon im Eingang zum Lager und sah zu ihm. Was suchte er? Franzisca, die ganz nahe ans Fenster getreten war, als die kleine Gruppe losgelaufen war, sprang erschrocken zurück, als der Herr abrupt stehengeblieben war und, als könne er durch Mauern blicken, ihr das Gesicht zugewendet hatte. Für einen Augenblick blieb sogar ihr Herz stehen und holperte dann aufgeregt weiter. Sie trat nach ganz hinten an die Wand und atmete schwer. Er ging indessen weiter und sprach nun einige Worte.

»Ein schönes Anwesen habt Ihr hier – nahe bei der Stadt, den See zu Füßen liegend und dennoch ganz für sich – beinahe versteckt gelegen. Dazu eine eigene Quelle, fette Weiden … ein guter Ort … ein guter Ort.« Lucas nickte ihm zu.

»Ja, das ist es fürwahr … ein guter Ort.«

»Mauchin … so wird das Anwesen doch genannt, nicht wahr? So habe ich es vernommen. Doch Ihr tragt einen anderen Namen.« Lucas spürte das feine Rieseln in seinem Körper und mühte sich um eine tiefe, klare Stimme.

»Ja. Mauchin … Mauchin ist der Hofname. Ich selbst heiße Bruggmüller, Lucas Bruggmüller.« Er stand ganz ruhig da und wartete, was nun kommen würde. Der Emissär äußerte abwesend, während sein Blick umherschweifte: »Ah, so … ja, dann … schön hier draußen, schön.«

Er trat nun auch in den Stadel und marschierte die Reihe Säcke entlang, als hätte er eine Parade abzunehmen. Die anderen folgten ihm. Ab und an blieb er stehen, deutete auf einen der Säcke, und der Schniefer zog ihn hervor, öffnete ihn und leerte ihn auf den Boden. Doch nicht etwa, dass der Emissär mit den Händen in das Korn gegriffen hätte, um zu fühlen, wie trocken und gesund es war, oder es gar zu Mund und Nase führte, um die Aromen einzuatmen. Nein. Er stocherte mit seinem Stock darin herum und ging dann weiter zum nächsten Sack. Als er mit dem Lager, den Leuten und dem Korn zufrieden schien, nickte er dem Amtsschreiber zu.

»Nun denn … veranlasse er alles Erforderliche wie besprochen.« Dann zog er einen Lederbeutel aus der Manteltasche und reichte ihn Lucas. »Wie besprochen. Wann erfolgt der Transport?«

»Noch heute. Wir warten noch auf einige Pferde und Fuhrwerke, die aber bald hier sein sollten. Im Stall, den wir eigentlich vorgesehen hatten, ist ein Fieber in die Rösser gekommen.«

»Wohl … wohl …«, schnaufte der Emissär gelangweilt, deutete eine Verbeugung zur Verabschiedung an und ging zurück zu seiner Kutsche. Auf halbem Weg blieb er nochmals stehen, so wie zuvor, und sah zum Haus hinüber, als wäre dort etwas Irritierendes. Dann verschwand er endlich.

Franzisca war nicht wieder ans Fenster getreten, sah aber dennoch von der Wand aus, wie er zurück aus dem Stadel kam und spürte seine Leblosigkeit unter dem feinen Mantel, als hätte man ein Leichentuch von ihm gezogen. Wieder musterte sein Blick das Haus. Es war unmöglich, sie zu sehen, doch vielleicht spürte er da draußen ja etwas von ihrer Anwesenheit. Jedenfalls hatte sie dieses Gefühl und blickte mit klopfender Brust durch die Stube und weiter hinaus in den Hof. Mit Mühe beruhigte sie ihren Atem und die Gedanken. Wilde Bilderfetzen, Worte, Szenen tauchten aus der Erinnerung vor ihr auf. Schrecklich, wie Erlebnisse, die man in einer dunklen Truhe seines Herzens gut verschlossen meinte, mit einem Mal wieder hervorbrechen konnten. Diese ungeheuerliche Distanz und Entrücktheit, die von diesem Menschen ausging! Eine Messe in Bezau kam ihr wieder in den Sinn, bei der er zuerst überschwänglich gesprochen, sich dann in einen Rausch geredet und schließlich ganz stumm und voller Heiligkeit am Altar gestanden hatte, fern von den Menschen und ganz einer anderen Sphäre zugetan. Es hatte befremdlich auf sie gewirkt, doch einige andere waren ihm von diesem Augenblick an geradezu verfallen. Sie hatte es an einigen Blicken bemerkt und an den beinahe eingefrorenen Körpern, die wie Blöcke auf den harten Holzbänken hockten, bewegungslos und ihres eigenen Denkens beraubt.

Erst als er in seine Kutsche gestiegen war, traute sie sich wieder in die Nähe des Fensters und blickte dem Gefährt nach, wie es hinter dem Hügel und der Heckenreihe verschwand. Dieses aufwühlende Zusammentreffen – sie war sich sicher, es konnte nur ein Omen sein. Etwas würde geschehen. Der Traum fiel ihr wieder ein, den sie vor Tagen gehabt hatte, diese Art Traum, den sie immer hatte, wenn Dinge in ihr Leben traten, die sie herausforderten. Mit schweren Schritten war sie darin durch den Grebentobel gewandert, wobei eine schwere Last ihr den Gang erschwerte. Ein Zischen in der Luft ließ sie anhalten, und in außerirdischer Langsamkeit kam der Adler herangeflogen, landete auf der Spitze einer abgestorbenen Fichte, breitete seine Flügel aus und schlug nochmals kräftig damit, um seine Größe und Einzigartigkeit zu demonstrieren. Dann drehte er den Kopf und sah hinunter zu ihr – lange und eindringlich. Ganz klein war sie unter dem stechenden Blick geworden. Dann war sie aufgewacht. Ja. Es würde etwas geschehen, wie immer, wenn der Adler im Traum zu ihr kam – und nun noch dieser Mensch auf den Hof ihres neuen Zuhauses. So versteckt konnte es gar nicht liegen, dass das Schicksal ihn nicht hierhergebracht hätte. Sie würde Kraft brauchen und durfte sie nicht vergeuden.

Von draußen waren nun Stimmen zu hören. Es war ihr nicht danach, mit jemandem zu reden, und so nahm sie die schmale Tür, die vom Gang nach hinten in den Garten führte und durch die man das Brennholz bequem hereinschaffen konnte, das an der Südseite des Hauses gestapelt lag. Auch wenn es dem Amtsschreiber gegenüber unhöflich war – sie musste Kraft schöpfen. Ein schmaler Pfad führte um die Gehöfte, und ohne gesehen zu werden, gelangte sie darauf hinüber zur Weide und auf den Hügel, von dem aus einem der See ganz zu Füßen lag. Die Bäume standen noch kahl, und in der Mitte des Tages brachen Sonnenstrahlen aus dem Dunst, der sie bislang gefangen gehalten hatte. Die graue Seefläche wandelte sich in diesen Augenblicken zu einem gleißenden Spiegel, vervielfachte und brach das Leuchten, und so entstand eine jener sphärischen Stimmungen, die mehr noch das Herz denn Auge und Sinne ansprachen und jenen Kraft spendeten, die in der Lage waren, diesen Stimmungen ihr Herz zu öffnen und einen Einklang mit ihrem Dasein herstellen konnten.

Franzisca stand ganz ruhig da und blickte mehr in ihr Inneres denn auf die glänzende Seescheibe und die Gipfel von Säntis und Altmann, die sich über dem Dunst erhoben, als seien sie ein Vorbote eines Tors zum Paradies. Sie spürte dem Schmerz nach, den ihr der Verlust der alten Heimat bedeutete, und begab sich dann auf den Weg zu dem Neuen, das an die Stelle der früheren Geborgenheit getreten war: dem See. Er hatte Besitz von ihr ergriffen. Sein gleichmütiges Wesen, die spiegelnde Fläche, das Rauschen, gelegentliche Toben – es war ihr unverzichtbar geworden, und es spendete ihr Kraft so wie in früheren Zeiten die ausgedehnten Wanderungen zwischen den Felsen. Sie stand lange am Ufer, schaute und sah. Manchmal lief ihr eine Träne über die Wange, ob vor Trauer, Glück oder Ergriffenheit, konnte sie nicht sagen. Als sie schließlich zurück zum Haus ging, hatte das Korsett, geschnürt aus Angst und Furcht, seinen Druck verloren.

Sie war verwundert, zu sehen, dass der Amtsschreiber noch immer im Hof stand. Drei neue Fuhrwerke mit großen Ladewagen waren inzwischen dazugekommen, die der Bilgeri herangeschafft hatte. Sie fand eine Entschuldigung für ihre Abwesenheit und lud alle zu einem Glas in die Stube ein. Ein so gutes Geschäft musste begossen werden.

Hangnach

Zum Nachmittag hin schloss ein von der Seefläche aufsteigender Dunst die Sonnenstrahlen in undurchdringliches Grau ein, und bis zum Abend hing dichter Nebel über dem See, der sich bis weit über die Ufer hin ausdehnte. So wenig man im leichenblassen Dampf sehen konnte, so still war es auch geworden, denn es schien, als schlucke die Nebelwand alle Geräusche und die Natur selbst habe aufgehört, sich mitzuteilen.

Auch die Bewegungen von Mensch und Tier blieben davon nicht unberührt und erfolgten bedächtiger. Selbst drunten im Hafen kehrte halbwegs Stille ein, und die Lader unterließen das Schimpfen und Fluchen. Der Mangturm erhob sich düster, monolithisch. Vom Boden aus war seine Turmhaube nur noch mit Mühe zu erkennen, und der Blick hinaus auf das Wasser verlor sich haltlos in hellem, unbeweglichem Grau. Das Plätschern der Wellen, welches das Treiben an lichten Tagen fröhlich untermalte, drang nun als unheilvolles Wispern an die Ohren. Auch das Schnauben der Pferde bekam etwas Unheilvolles, und die Hunde hatten sich in sichere Ecken verkrochen.

Im Lagerhaus der Mauchins waren alle verfügbaren Wagen beladen worden, und mit dem Aufkommen des Nebels verließ ein langer Zug aus Wagen den Hof. Franzisca blickte den Konturen noch lange nach. Selbst als der letzte Wagen schon längst im Nebel verschwunden war, stand sie noch am Hof und sah in das Nichts. Lucas trat zu ihr und bat sie, ins Haus zu kommen.

»Komm hinein, es wird kalt, und alles ist auf den Weg gebracht.« Er holte den Lederbeutel hervor, ließ ihn in der Hand hüpfen und die Münzen klingen. Der helle Klang tat ihr in den Ohren weh. »Was ist mit dir?«, fragte er. Sie drehte sich um und lächelte ihn an.

»Nichts ... nichts«, sagte sie mit gespielter Fröhlichkeit, hakte sich bei ihm ein und folgte ihm nach drinnen, wo die Magd dünne Zweige ins Ofenloch schob. Es knisterte und knackte. Schnell trat Wärme in die Stube.

*

Die Wagen kamen nur langsam voran, denn mit Einbruch der Dämmerung war auch vom Kutschbock aus der Weg wegen des Nebels kaum zu sehen, und die Pferde wurden ängstlich. Die zwei Funzeln links und rechts des Kutschbocks blendeten mehr, als dass sie die Sicht erleichterten. Nur die breiten Hintern der Kaltblüter leuchteten rötlich braun auf, und der Dampf, der aus dem Fell aufstieg, wurde im fahlen Lichtschein sichtbar. Der Bilgeri fuhr vorneweg, hinter ihm seine Kutscher, dann kamen die Kutscher des Mauchinhofs, und den Abschluss der Prozession bildete der Schniefer. Vom besoffenen Führer einer Kalesche, die ihnen entgegenkam, erhielten sie immerhin die Nachricht von einem mit Radbruch liegen gebliebenen Fuhrwerk an der Brücke bei Rickenbach, was ihnen den steilen Aufstieg nach Bösenreutin nicht ersparte und die Fahrt erheblich verlängerte. Immerhin – der Bilgeri kannte sich aus und leitete sein Fuhrwerk wie blind durch die wilde Landschaft, die in Dunkelheit und Nebel versteckt lag. Der Turm von St. Nikolaus tauchte als finsterer Schatten auf und gab Orientierung. So lieblich der See mit seinen fruchtbaren Ufern auch sein mochte, hatten vorzeitliche Gletscher hier in der Hangnach doch eine zerklüftete Landschaft hinterlassen, die schon eine Ahnung des Kantigen und Abweisenden des Gebirges aufkommen ließ.

Die Gäule hatten schwer zu ziehen, doch die Kaltblüter taten behände einen Schritt vor den andern und brachten ihre Ladung durch die unsichtbare Welt.

So mager das Licht auch leuchtete, setzte es doch immer wieder die kahlen Äste alter Eichen und Erlen unerwartet und dämonisch in Szene, die wie überdimensionale Fingerzeige vor einem erschienen. In die Stille fuhr ab und an das Krächzen eines Raben, der von der durchziehenden Kolonne auf seinem Schlafbaum gestört wurde. Vor Witzigmänn schrie aus nächster Nähe ein Käuzchen unablässig. Der Bilgeri bekreuzigte sich.

Am einsam gelegenen Stadel wartete bereits der Rotmäntler mit der Handvoll Lader, die er gegen gutes Geld verpflichtet hatte. Wein, Speck, Brot, Käse und billiger Obstbrand verkürzten den groben Kerlen die Zeit, und eine ganz spezielle Flasche hatte der Rotmäntler im Schrank versteckt, in dem die Pferdegeschirre hingen. Unter dem Dach war obendrein ein einfaches Lager aus Strohsäcken bereitet.

Es war schon stockdunkle Nacht, viel später als erwartet, als draußen das markante Knirschen der Wagenräder zu hören war, deren Eisenringe Stein und Geäst zermalmten. Die Pferde hatten dem Geräusch nach schwer zu ziehen.

Laternen und einige Fackeln erleuchteten den Platz vor dem Gehöft, und der Bilgeri organisierte die Wagen mit lautem Geplärr. Er war ganz in seinem Element: das Schütteln und Rütteln auf dem Kutschbock, die dampfenden Leiber der Kaltblüter, ab und an ein Schluck aus der Flasche und eine ganze Wagenkolonne hinter sich, und jetzt am Sammelplatz die Erwartung eines deftigen Gelages – das war seine Welt!

Über diese stille Freude hatte er ganz seinen Hader über dieses Unternehmen vergessen, und gerade als er froh in die kleine Kammer des Stadels treten wollte, um seinen Teil am Speck, am Käse und Wein zu genießen und grobe Reden mit den Kutschern zu führen, trat ihm der Rotmäntler mit ernstem Gesicht entgegen. Im gelblichen Schein der Laterne, umgeben von flirrendem Dunst, erschien ihm der Kerl mit dem zerschlagenen Gesicht wie ein böser Geist. Wie kamen sie nur zu so einem Kerl?! Seine Freude und Unbefangenheit lösten sich, und die Sorge über die mögliche Gefahr des Vorhabens fuhr ihm in alle Glieder.

»Ist alles bereitet?«, fragte der Rotmäntler herrisch, so als hätte er hier das Sagen. »Was geht's dich an. Kümmer dich um deine Sach!«, fuhr ihn der Bilgeri an und ließ ihn stehen.

Alle Wagen standen nun so, wie er es angeschafft hatte, und die Kutscher kamen um ihn zusammen, was ihm wieder mehr innere Ruhe gab. Sodann bedankte er sich mit warmen Worten bei seinen Leuten und lud nach der anstrengenden Fahrt zur Brotzeit ein, auf die er sich selbst am meisten freute. Morgen in aller Frühe sollte es weitergehen, und man wollte, wenn alles gut ging, in vier Tagen bis Augsburg kommen.

Es wurde eng in der einfachen Stube, und auf dem Tisch in der Mitte fand sich kaum Platz für die Becher, so reich waren Speck und Käse aufgetischt. Der Rotmäntler hielt sich, so gut es eben in dem kleinen Raum ging, vom Bilgeri fern, mit dem er keinen Streit beginnen wollte. Der Schniefer war verwundert darüber, wie viele Kerle hier bereits warteten, und konnte sich keinen rechten Reim darauf machen. Auch die Anwesenheit des Rotmäntlers beschäftigte ihn. Was hatte der Kerl hier verloren? Er suchte sich einen Platz ganz am Rand und wollte die Sache in aller Ruhe beobachten, denn geheuer war ihm das Ganze nun nicht mehr. Zudem saß er eh lieber immer etwas für sich bei solchen Treiben und schaute zu. Er holte sich einen Becher Wein, etwas Brot und Speck und lehnte sich genüsslich an die Holzwand.

Um den Tisch herum brachte der Alkohol schnell ein lautes Geplärr hervor, und es war unübersehbar, wie sehr der Bilgeri den Trubel genoss. Sein dicker Bauch spannte die Weste weit und lagerte auf den Oberschenkeln. Seine feuchten, glänzenden Augen, die roten Wangen und die verschwitzte Stirn zeigten sein ganzes Glück, und wenn er nicht gerade eine seiner zahlreichen derben Anekdoten zum Besten gab, nahm er einen kräftigen Schluck Wein, Schnaps oder biss mit animalischer Lust in ein dick belegtes Brot. Der Rotmäntler hielt sich aus dem Gedränge heraus, sorgte aber dafür, dass Wein und Schnaps beständig flossen. Einzig seine Lader hielt er nun kurz, denn für sie hatte er in der Nacht noch hinreichend Arbeit. Es missfiel ihm, wie wenig sich der Schniefer in die Ausgelassenheit einspannen ließ. Mehrfach hatte er ihm Wein nachschenken wollen, doch der Kerl zog jedes Mal seinen Becher weg und warf ihm misstrauische Blicke zu. Der konnte ihm noch zum Problem werden, und er musste überlegen, wie er es anstellen sollte, den Kerl loszuwerden.

Kurz vor Mitternacht war die Zeit zum Handeln gekommen: Er hatte den Kutschern der Mauchins den Schnaps aus seinem Versteck im Schrank gegeben. Unbemerkt schenkte er immer wieder ein Schlückchen davon nach. Ein schmächtiger Kerl begann bereits, die Augen zu verdrehen, und bald würde er seinen Kopf auf die Tischplatte legen. Dann stand der Rotmäntler auf und donnerte in großer Ausgelassenheit mit dunkler Stimme: »Es werden lange Tage kommen … Zeit, endlich zur Ruhe zu gehen. Der Weg soll nicht ganz ungefährlich sein.« Kaum dass er das gesagt hatte, nahm er die Flaschen vom Tisch und räumte auch alles Restliche in einen großen Korb. Betrunkenes Schweigen hatte die Runde ergriffen. Als erstes erhob sich rülpsend der beleibte Bilgeri vom Tisch. Die Hände der Umsitzenden stützten ihn dabei. Im Serpentinengang torkelte er nach hinten zur Treppe und ächzte sich Stufe für Stufe empor, verfolgt von den erwartungsvollen Blicken der anderen, von denen der ein oder andere darauf hoffte, dass es den mächtigen Leib hinwarf. Doch geübt, wie er über die Jahrzehnte geworden war, kam er trotz des Suffs heil oben an und nahm die hinterste Matratze. Dort zog er die Pferdedecken über sich und verfiel sofort in tiefes Schnarchen. Nachgerade löste sich der Pulk um den Tisch drunten auf. Einer nach dem anderen kletterte die Stiege empor, wobei irres Lachen über jedes Stolpern den Abmarsch begleitete.

Der Schniefer war ruhig sitzengeblieben und beobachtete das Ganze immer noch mit gemischten Gefühlen. Eine Frage trieb ihn gerade um, für die er keine Antwort parat hatte. Aus welchem

Grund hockten auf allen Gespannen des Bilgeri zwei Kutscher? Der Rotmäntler kam mit vertraulicher Miene auf ihn zu.

»Du scheinst mir noch der Nüchternste von allen zu sein. Ich brauche dich noch kurz draußen bei den Pferden.« Der Schniefer nickte. Er wäre auch nicht unter die Decke gekrochen, bevor er nicht noch einmal bei den Rössern nach dem Rechten gesehen hätte. Sein Blick ging nach oben, wo einer seiner Kutscher von den anderen gestützt werden musste. So viel hatte er nun auch wieder nicht getrunken, dachte er und zog den Mantel über. Der Rotmäntler war bereits an der Tür und hielt sie offen. Mit einer Verbeugung und einer einladenden Handbewegung bat er ihn hinaus. Der Schniefer lächelte und trat ins Freie. Die Luft war im Vergleich zu dem Mief in der Stube herrlich frisch. Eine Tranfunzel verbreitete gelbliches Licht. In jeder Ritze und jedem Spalt hing der Nebel. Als er sich gerade umwenden wollte, um dem Rotmäntler etwas zu sagen, traf ihn der Schlag und schickte ihn zu Boden. Der Rotmäntler zerrte ihn nach hinten in den Pferdestall, warf eine alte Decke über ihn und ließ ihn liegen. Er fluchte leise, weil er doch härter zugeschlagen hatte, als es nötig gewesen wäre, und die dunklen Haare des Schniefers am Hinterkopf mit einem dicken Schleim aus Blut verklebt waren. Na, er würde es schon überleben.

Drinnen war es inzwischen ruhig geworden, wenn man von dem Schnarchen ringsum absah. Er trieb seine Lader hinaus, sorgte für ausreichendes Licht und drängte zur Eile, indem er sie mit Flüchen und Beschimpfungen anstachelte. Die Säcke wurden allesamt von den Wagen geholt und umgesackt: In die Säcke des Bilgeri, die dort in der Scheune lagerten, wanderte nun der unverdorbene Hafer, wogegen in die Säcke des Mauchinhofes der stinkende, modrige Hafer gefüllt wurde. Peinlichst achtete er darauf, dass sie Leute nicht nur schnell, sondern auch ordentlich arbeiteten. Kein Sack durfte ausgelassen werden.

Einem der Packer, ein kräftiger unerschrockener Bursche aus Romanshorn, missfiel das giftige Gezische, weshalb er die wenigen

Momente, in denen das wachsame Auge des Rotmäntlers mit anderen beschäftigt war, nutzte, um sich die Arbeit zu erleichtern. Dann wuchtete er schnell einige Bilgeri-Säcke mit dem fauligen Hafer auf den Wagen und warf einfach einen bearbeiteten Mauchin-Sack drüber. So kam es, dass auf sieben der elf Wagen auch Säcke des Bilgeri waren. Die unbearbeiteten Mauchin-Säcke staute er kurzerhand mit ihrer Namensmarkierung zur Wand gedreht ganz hinten im Lager.

Bis in die Morgendämmerung hantierten sie, und als die Arbeit getan war, holten sie ihren Lohn ab, der so reichlich wie die Sauferei gewesen war, und verschwanden anschließend im Nebel. Eine anständige Sache konnte es angesichts der Entlohnung nicht gewesen sein, aber schließlich hatten sie es mit dem angesehenen Bilgeri zu tun. Was konnte ihnen da schon geschehen?

Als die Packer verschwunden waren, ging der Rotmäntler nach oben und weckte die Kutscher, was ein mühsames Unterfangen war angesichts ihres längst noch nicht ausgeschlafenen Rausches. Die Leute vom Mauchinhof lagen wie tot da, und bei einem beugte er sich sogar ganz hinab, um zu kontrollieren, ob überhaupt noch ein Atemzug vernehmbar war. Mit Flüchen und Stößen jagte er die besoffene Bagage hinunter. Von dem Geschrei wurde auch der Bilgeri wach, der auf allen Vieren zur Tür krabbelte und eine Zeit brauchte, sich zu erinnern, wer er war, wo er war und viel später erst – warum.

Auf dem kleinen Ofen, in dem trockene Reisigzweige unter den Flammen knackten, stand ein wackliger, verbeulter Topf mit Suppe. Ein Kanten Brot dazu musste als Mahlzeit genügen. Die Kerle hatten am Abend zuvor genug gefressen. Der Rotmäntler hatte nun völlig das Kommando übernommen und ließ keinen Zweifel an seiner Autorität aufkommen. Er ließ die Rösser anschirren und trieb zum Aufbruch. Als alle Fuhren besetzt waren, schob er den Bilgeri zum Pferdestall und zeigte auf den Schniefer.

»Es ging nicht anders mit dem Kerl. Ich habe ihm ein paar verpasst. Jetzt wird er uns keine Schwierigkeiten mehr machen.« Als Bilgeri den Schniefer erkannte, wurde er schlagartig wach. Wenn ihn auch nichts mit ihm verband, so war es doch die Liebe zu den Pferden, die er an ihm schätzte. Auch die Ehrlichkeit und Geradlinigkeit des Schniefers war weithin bekannt. Das konnte nicht mehr gut gehen. Aufgeregt kniete er sich neben dessen Kopf nieder und erschrak, als er das ganze Blut gewärtigte. Er sah auf.

»Bist du denn völlig verrückt geworden, du Lump … du hergelaufener Lump … aus welchem dreckigen Loch bist du eigentlich gekrochen … du Hund!« Er richtete sich schnell auf und wollte den Rotmäntler am Kragen packen, wurde aber sofort von einem Taumel erfasst, der ihn wieder zu Boden drückte, wo er rülpsen musste und wie ein hilfloser Käfer herumkroch. Der Rotmäntler spukte verächtlich aus und ging zu den Pferden. Er würde den Transport nach Kempten bringen – er. So war es mit Frau Bilgeri besprochen.

Als der Bilgeri sich endlich vom Stallboden aufgerappelt hatte und hinaus auf den Hof trat, war da nichts und niemand mehr zu sehen. Alle Gespanne hatten den Hof verlassen, und er war allein mit dem Schniefer zurückgeblieben. Fassungslosigkeit ergriff ihn. Wie konnte ein dahergelaufener Lump es wagen … wie konnte er es wagen, seine Wagen mitsamt der Ladung zu entführen?! Er stampfte wütend mit den Füßen auf und schrie in den Nebel. Eine Elster flog auf, landete auf einem etwas weiter entfernten Baum und lachte laut. Dann kehrte wieder Stille ein. – Wut war anstrengend.

Schnaufend ging er zurück in den Stall. Was sollte er nun tun? Jämmerliche, kindliche Verzweiflung verdrängte seinen Zorn und machte Platz für Selbstmitleid. Er spürte seinen brummenden Schädel, sah an sich hinab, auf die verdreckte Kleidung und dann auf den Schniefer, der sich regte. Was war das nur für ein Dämon, dieser Rotmäntler?! Man sollte ihn erschlagen, ertränken, gleich wie zu Tode bringen. Er überlegte. Was würde geschehen, wenn der Schniefer auf den Mauchinhof zurückkäme? Nun – was schon. Er würde natürlich berichten.

Sein mächtiger Körper fing an zu zittern. Lucas war ein feiner Mensch und wurde von jedem geachtet. Man erzählte sich aber von ihm, er habe in der Revolution Hunderte getötet ... massakriert. Wer weiß, was er erst mit ihm anstellen würde, wenn er von all dem erführe. Seine Rache würde sicher schrecklich sein. Und Franzisca, seine Frau, die einem schlimmen Schicksal immer entwischte, sie hatte mit allem Erfolg, und die Menschen mochten ihre Nähe wie er auch. Ihre Verachtung würde seinen Ruf zerstören und sein Geschäft. Er wäre ruiniert und seine Frau würde toben, schlimmer noch als dieser Napoleon auf den Schlachtfeldern. Und was würden erst der Poschter und sein Christian mit ihm anfangen, wenn sie erführen, wer hinter all dem steckt? Es war nicht auszudenken, was alles passieren würde. Wie er es auch drehte und wendete – der Schniefer durfte nicht zurück auf den Hof kommen und reden.

Er ging in die Stube, wo er angewidert stehen blieb, denn noch immer hing der säuerlich-süße Gestank des gestrigen Gelages in der Luft. Nervös suchte er nach etwas Schwerem, warf dabei mehrere Stühle um und riss den Schrank auf. Unter der Holzbank der hinteren Ecke, wo der Schniefer den Abend lang gehockt hatte, fand er schließlich einen kleinen Stapel mit Latten. Er kratzte sie aus dem Staub und entschied sich für die schwerste. Wenn der Schniefer auf den Mauchinhof zurückkehrte, war es um ihn und sein Geschäft geschehen. Dieser Gedanke raste in seinem Hirn umher und blendete jede Vernunft aus. Er trat hinaus auf den Hof und ging langsam nach hinten, wo der Pferdestall an das Lager angeschlossen war. Urplötzlich hörte er jedoch von oben aus dem Matratzenlager Husten und Stöhnen. Er erschrak, ließ das Brett fallen, drehte sich um und eilte mit kurzen schnellen Schritten zurück, die Stiege nach oben und drückte die Tür auf. Vier Gestalten krümmten sich auf ihrem Lager und versuchten, aufzustehen, drei andere lagen noch bewegungslos. Einer der Kerle taumelte auf ihn zu, die Treppe hinunter und erbrach sich draußen im Hof. Bald folgte ihm der zweite. Einer der Schlafenden rührte sich träge und stöhnte.

Da stand er nun in seinem altmodischen Kamisol, den dicken Lederstiefeln, mit seinen krummen Beinen, hatte ein verschwitztes Haupt und glasige Augen und wusste nicht mehr, was er tun sollte. Auch wurde ihm nun zusehends bewusst: Nicht der Raum als solcher stank, sondern er selbst war es. Leichengeruch. Der Gestank des Todes. Ein Zittern lief über seinen Rücken, das er lange Zeit nicht beherrschen konnte.

Die Kutscher des Mauchinhofes rappelten sich nach und nach auf. Draußen war die Stimme des Schniefers zu hören. – Sein Schicksal war besiegelt.

*

Zur gleichen Zeit lag Wilhelm Friedemann Brack auf einer mit alten Decken belegten Chaiselongue und fühlte den Schmerzen nach, die ihm durch die Behandlung des Offiziers entstanden waren. Die Nacht war nicht gut gewesen, da jede selbst kleine Bewegung Schmerzen hervorgerufen hatte, die ihn weckten. Dennoch wusste er die Pein durch sein Jammern noch zu steigern. Ausgerechnet bei Rosa, die ihn eigentlich verlassen wollte, um eine ehrbare Frau zu werden, hatte er Zuflucht gesucht und gefunden, wenn sie ihn auch nur halbwegs mitleidig behandelte. Ein, zwei Tage lang würde es ihm bei ihr gut tun, um erst dann in die Einsamkeit der Dachkammer zu kriechen. Was ließ er sich auch mit einem so schrecklichen Kerl wie diesem Rotmäntler ein? So lag er nun bei ihr, wo er sich einigermaßen sicher fühlte. Dem Poschter durfte er unter keinen Umständen begegnen, denn der würde ihn, so schwerfällig er seines fehlenden Fußes wegen auch war, mit seinen Pranken einfach erwürgen. Hier auf der Chaiselongue war er den Griffen des Poschters und dem Dolch seines Buben vorerst fern und hatte zudem den zusätzlichen Trost, den Rosas Brüste zu geben wussten.

Die hockte in der anderen Ecke der Kammer in einem Sessel mit abgeschabtem Stoff und nähte. Seinem Gejammer hörte sie nur beiläufig zu. Doch sie war neugierig, und es konnte ja nicht schaden, ein wenig mehr über die Sache, die dem Brack da geschehen war, zu erfahren. Sie steuerte das Gespräch also über Alltägliches und Kleinkram unter Vermeidung jedwedes problematischen Themas gekonnt in die gewünschte Richtung.

»Wie kommst du überhaupt zu dem Kerl, und was lässt du dich mit solchen Gestalten ein?«, fragte sie harsch, ohne ihm den Blick zuzuwenden, so, als spräche eine Mutter streng mit ihrem Kind. Brack drehte sich vorsichtig und mühsam, um auf dem Rücken zum Liegen zu kommen, stöhnte, als die Rippen sich meldeten, und wackelte etwas mit dem Kopf. Was für eine Frage! Die hätte er sich selbst gerne beantwortet.

»Ich weiß es nicht«, krächzte er und erschrak über seine eigene Stimme, »ich weiß es nicht. Er war auf einmal da, sprach mich an. Wie auch immer, er ist eine eindrückliche Person … und ich gab ihm die Kammer … mehr nicht, glaube mir, mehr nicht.« Sie lachte böse.

»Und deswegen schlagt dich der Herr Offizier herum, und du traust dich nicht mehr auf die Straße, weil du Angst hast, der Poschter macht dir den Garaus?« Ihr Lachen wurde spöttisch. Brack wackelte mit dem Kopf, als glaube er sich selbst nicht.

»Es ist eine dumme Sache, einfach eine dumme Sache.« Sie ließ seine Worte zunächst verklingen, so, als hätte er sie ganz umsonst gesprochen.

»Was ist eine dumme Sache?« fragte sie dann leise, beinahe versonnen, so, als interessiere sie die Antwort eigentlich gar nicht und als stelle sie sie nur, um das Gespräch in Gang zu halten. Sie tat ganz konzentriert ihrer Näherei gegenüber und suchte dadurch, ihre brennende Neugierde zu verbergen, was auch gelang, denn nun fing

Brack an, zu erzählen: vom Rotmäntler, wie er ihm zum ersten Mal im Stift begegnete, von der Bilgeri, ihrer Geltungssucht, dem Pianoforte, ihrem Neid auf die Mauchin und dem Schwindel mit dem Hafer. Rosas Herz pochte, und sie musste Acht geben, sich mit den zitternden Fingern nicht zu stechen. Dieser Idiot! Dieser Idiot da drüben auf der Liege. Sie hatte ihn zwar immer für durchtrieben, hinterhältig und gemein ... aber immerhin für intelligent gehalten, und jetzt ... jetzt offenbarte er ihr eine Dämlichkeit, die kaum zu fassen war. Sich mit der Bilgeri und dem Rotmäntler wegen tausend lumpiger Gulden einzulassen und sich dafür die Mauchin, den Poschter, die Franzosen und einen königlichen Emissär zum Feind zu machen, das war unvorstellbar dumm. Sie sagte es ihm genau so auf den Kopf zu, dachte aber bei sich, es läge auch ein Vorteil darin, denn jemanden so Dummes konnte man unter Umständen noch gebrauchen. Ihre harten Worte trugen keinesfalls zur Beruhigung Bracks bei. Ganz im Gegenteil erfasste ihn nun eine gewaltige Nervosität und der Drang, etwas gegen das Schicksal tun zu wollen. Doch was? Als Gefangener seiner selbst lag er auf der Liege und sah erstmals die schreckliche Bedrohung, der er sich ausgesetzt hatte. Diese Rosa, die ihm viele Gulden eingebracht hatte, die es mit jedem und jeder konnte, der er aber nie viel Grips zugerechnet hatte, ausgerechnet sie brachte seine Situation auf den Punkt: ausweglos. Sie lachte ihn aus.

»Die Bilgeri. Gerade die Bilgeri! Welchen Gewinn hat sie davon, he? Glaubst du, ihr geht es nur um die paar Florentiner? Da sind andere Dinge im Spiel, was die Sache noch gefährlicher macht.«

Sie legte das Nähzeug zur Seite und angelte eine Zeitschrift unter den Kleidern hervor, die über das Nussholztischchen geworfen lagen. Brack starrte sie an. Sie las also auch. Nach einer Weile fragte er unfreundlich: »Was liest du?«, als würde es ihn stören. Sie brummte nur etwas Unverständliches, ohne ihn weiter zu beachten, was ihn ärgerte. »Was liest du?«, wurde er eindringlicher. Sie schnaufte.

»Nichts, was den Herrn interessieren wird.«

»Wieso frag ich wohl … weil es mich nicht interessiert!«, blaffte er und spürte sogleich einen Schmerz in den Rippen.

»Ein Doktor aus Wien schreibt über eine Kinderkrankheit«, antwortete sie patzig. Er stöhnte, sie wusste allerdings nicht, ob vor Schmerz oder des Themas wegen. Er bat aber sogleich: »Lies vor.«

»Wirklich?«, fragte sie.

»Ja … wirklich.«

Aller Orten hierzulande findet man, besonders in den neuen Zeiten, Kinder mit Krücken herumhüpfen, welche größtenteils Subjekte zu demjenigen Übel sind, wovon die Rede in beiden Abhandlungen ist. Gewöhnlich sind es Kinder armer Eltern, in Not und Verzweiflung empfangen, in Schmutz und schlechter Nahrung erzogen, mit Schärfen aller Art – Grind, Scrophelschärfe, abgeartetem Venusgifte angefüllt – armselige, bedauernswerte Geschöpfe. Die Kinder fangen ohne besondere Veranlassung an, zu hinken, der Fuß der kranken Seite wird anfangs etwas verlängert, hernach verkürzt, sie fühlen bald großen, öfter geringen Schmerz im Hüftgelenk und herab nach dem Knie zu. Anfangs ertragen sie diesen Zustand schwerer, weiterhin leichter durch Gewöhnung. Man darf den Blick nicht wenden von diesen Unglücklichen, die die Krücke unter dem Arm haben, während sie alle möglichen Hausknechtsgeschäfte verrichten.

»Mhm … ja, ich habe auch schon welche gesehen mit Krücken.«

»Was schreibt er weiter, der Doktor aus Wien?«

Es trifft nur Kinder zwischen drei und zwölf Jahren, die männlichen häufiger als die weiblichen, und die Ursach sei eine Entzündung des Hüftgelenks, welches man durch Ruhe kurieren müsse.

»Mhm … wieso liest du das?«, wollte er wissen.

»Ja weil es hier geschrieben steht«, wurde sie ungehalten und blätterte um.

»Ich meine ... interessiert es dich denn wirklich?« Sie ließ einen leisen ungehaltenen Laut hören.

»Ich lese nur, was mich wirklich interessiert.«

Der Schmerz und die Abhängigkeit von ihrer Pflege ließen ihn still sein und nicht weiter in sie dringen, wenn er es auch wundersam fand, mit Rosa eine lesende Hure zu haben. Überhaupt wurde sie ihm immer rätselhafter, und er spürte diese Distanz zu ihr, die zuvor niemals dagewesen war. Es waren eben keine guten Zeiten, wenn Huren in Intelligenzblättern lasen und Dienstboten Advokaten beschäftigten, weil sie mit ihrer Herrschaft nicht zufrieden waren. Er lag und litt weiter.

*

Im Büro des Amtsschreibers stand ein junger Sekretär am Stehpult und kritzelte mit schnellen Schwüngen, was ihm diktiert wurde und er gleich danach zur Druckerei bringen würde. Der Amtsschreiber selbst lief vor seinem Schreibtisch auf und ab, während er diktierte, und unterbrach nur selten, wenn er zur Kontrolle einen Blick auf eines der Dokumente, die auf der Schreibtischplatte lagen, warf.

Den 8. April wurde am Seeufer der Stadt Lindau unweit des Pulverturms ein Unbekannter ermordet gefunden. Das Gericht Lindau macht dieses im Intelligenzblatte bekannt und beschreibt diesen Menschen auf folgende Weise: Er ist männlichen Geschlechts, von etwa dreißig Jahren, fünf Schuh und drei Zoll hoch, von untersetzter Statur, mit dunklen, lockigen Haaren und starken Augenbrauen. Seine Kleidung bestand aus einer Soldatenuniform, Stiefeln, hellgrauen Beinkleidern, schafwollenen Strümpfen, Lederwerk und Gürtel. In der Uniformjacke trug er ein ledernes Täschchen mit Dokumenten und

Geld bei sich, an der Seite noch einen Dolch. Dem Anscheine nach war die Leiche lange Zeit dem Wasser ausgesetzt. Nach der Leichenschau durch den Landgerichtsarzt und beiwohnende Zeugen muss von einem Morde ausgegangen werden, da der Leib vollständig von einem Säbel oder Ähnlichem durchdrungen worden war. Wie den Dokumenten entnommen werden konnte, handelt es sich bei dem Ermordeten um den aus Leutkirch stammenden Ignaz Josef Peukert. Wegen dem an diesem Menschen begangenen Morde ist bei dem königlich baierischen Kriminalgericht Lindau eine Ermittlung anhängig, und die Bevölkerung wird gebeten, Mitteilung über den Erwähnten zu geben.

Er winkte dem Sekretär zu, was bedeutete, dass diese Sache abgeschlossen war. Sodann nahm der den nächsten Vorgang auf.

Seit Feldzuge vom Jahre 1806 wird der Gemeine des k.b. 11 Linien-Infanterie-Regiments Leonhard Lutz vermisst. Dessen Brüder haben heute um Zuteilung des geringen Vermögens des erstern gebeten. Leonhard Lutz oder dessen rechtmäßiger Descendenz wird hiermit öffentlich aufgefordert, binnen sechs Monaten a dato sich hierorts zu melden und das geringe Vermögen in Empfang zu nehmen, widrigenfalls er nach Umfluss dieses Termins als verschlossen erklärt und sein Vermögen den rechtmäßigen Erben gegen Kaution verabfolgt werden würde.

Ein kurzer Wink mit der Hand schloss auch diese Veröffentlichung ab, und der Sekretär rutschte zwei Zeilen tiefer, für den nächsten Aufruf.

Bettlern und Landstreichern, welche mit Krankheiten behaftet sind und ohne schriftlich ärztliches Gutachten, welches die Gefahrlosigkeit ihrer Reise bezeugt, ist der Zugang zur Stadt zu verwehren. Sie dürfen des Weiteren nicht beliefert werden oder am Festlande Lagerstatt unterhalten.

Es gilt zuförderst, dass hingegen solche, welche auf dem Weg erkranken oder verunglücken, nicht weiter geschafft werden dürfen, sondern dass für ihre Genesung und Herstellung zu sorgen sei. Keine solchen Leute sind allerdings von ausländischen Behörden zu übernehmen.

Er sah hinaus auf die Hauptstraße, wo ein quirliges Treiben den nahenden Markttag ankündigte. Seine Gedanken hingen noch beim letzten Aufenthalt am Mauchinhof. Dieser Emissär beschäftigte ihn über die Maßen. Franzisca hatte sich gar nicht erst blicken lassen, und auch er selbst trat diesem Menschen nur ungern gegenüber. Wo er war und was er anpackte, war auf die ein oder andere Weise vom Niedergang betroffen. Es war nur zu hoffen, dass er bald aus der Stadt verschwinden würde. – Er diktierte die nächste Verlautbarung.

*

Drunten im Seehafen standen Packer, Fuhrleute und Bootsführer beisammen und diskutierten laut. Gerüchte machten die Runde. Seit zwei Tagen kamen keine Schiffe mehr über den See, und die wenigen, die überhaupt im Hafen anlegten, hatten kaum Waren dabei, weswegen der ansonsten arbeitsame Trott teils zum Erliegen kam und damit auch der rauschende Organismus der Inselstadt, für den der Hafen Sauerstoff und Blut bedeutete.

Die Schiffer und Packer konnten nichts zur Auflösung des Rätsels beitragen, als nur davon berichten, dass im Hafen kaum mehr Fuhrwagen mit Rebstöcken, Salz, Käse, Stoffballen und anderem anlegten. Gerüchte besagten, viele Ladungen würden gerade auf dem Landweg zwischen den helvetischen Häfen am See und Händlern in Vorarlberg direkt ausgetauscht, gerade so, als wolle man Lindau umgehen. So sehr auch Unglaube dieses Gerede begleitete, sickerte doch ein Gefühl in die Inselstadt, welches Unheilvolles erahnen ließ. In den Wirtshäusern wurde weniger laut gelacht, vielmehr kamen die Burschen schneller als sonst zum Streiten und gerieten in Händel miteinander, sodass die Wirtsleute rabiat dazwischengehen mussten.

Im Haus Bilgeri in der Fischergasse scheuchte die Dame des Hauses ihre Magd und zwei Packer durch die Räume. Sie sollten helfen, die schweren Möbelstücke nach ihrer Vorstellung umzustellen. Ihr Ziel dabei war vor allem, dass jeder, der in den Salon gebeten wurde, umgehend mit seinen Blicken am Pianoforte hängen blieb. Und sie wollte Platz schaffen für Gäste.

Am Vormittag hatte sie noch einmal den Musicus aufgesucht und gefragt, wann er denn Zeit haben würde, das Pianoforte einmal dahingehend zu probieren, ob es denn seinen Ansprüchen genügen würde. Eine lange Zeit hatte sie auf den Kerl im Gang seines Hauses warten müssen, immerhin auf einem recht bequemen Stuhl vor einem rot glänzenden Spieltischchen aus Mahagoni, welches man, um Platz zu sparen, an die Wand gerückt hatte. Die Hausmagd brachte ihr eine Tasse Tee und verschwand dann wieder. Die Hausherrin ließ sich nach der dünnen Begrüßung aber nicht mehr bei ihr blicken, was sie ungehörig fand. Und statt einer Tasse Tee hätte sie es außerdem gastfreundlicher gefunden, mit Kaffee oder Likör begrüßt zu werden. Doch offensichtlich wurde man hier als Gast weder gefragt, nach welchem Trank einem denn der Sinn stehe, noch unterhalten. Aber die Herrschaften kamen ja aus Wien, und vielleicht waren die Sitten dort im großen Wien ja dergestalt. Sie war sich unsicher.

Aus dem Zimmer, vor dessen Tür sie wartete, drang Klavierspiel. – Schrecklich. Sie konnte keine Melodie, keinen Rhythmus entdecken, der sie hätte tanzen lassen oder ihren Körper in ein sanftes gleichmäßiges Schwingen versetzt hätte. Es wurde laut, es wurde leise, dann wieder ekstatisch, gefolgt von zarten Momenten. Welch eine Tortur. Nicht ein Liedtext fiel ihr ein, der zu den Tonfolgen gepasst hätte, und irgendwie schien es sich auch gar nicht um ein Lied zu handeln. Als nach einer halben Stunde, die sie so alleine im Gang zugebracht hatte, endlich die Tür geöffnet wurde und der Musicus heraustrat, war sie überrascht, keinen Schüler an seiner Seite zu sehen, denn wer sonst hätte dieses unvollendete Spielen verantworten sollen? In einem kurzen Gespräch erfuhr sie, das soeben Gehörte stamme von einem in Wien sehr berühmten Musicus namens Beethoven, von dem er ihr bei ihrem letzten Besuch schon berichtet habe – eine Klaviersonate, der man den Namen *Apassionata* gegeben habe.

Insgesamt erschien ihr der Mensch distanziert und besonders, nachdem sie ihm deutlich gemacht hatte, nicht zu wünschen, etwas von jenem Beethoven zu hören. Ihre Gäste und auch sie als Gastgeberin erwarteten etwas Unterhaltsames, etwas, was das Herz anspreche, so drückte sie es aus. Sie wusste das feine Lächeln nicht zu deuten, als er darlegte, wie sehr die neue Musik doch beides anspreche: Geist und Herz. Gleich wie ließ er sich auf ihre Anfrage ein, und für den übernächsten Tag wurde ein Besuch in der Fischergasse mit Inaugenscheinnahme des Pianoforte vereinbart. Froh ging sie hinaus auf die Straße, wo ein zarter Windhauch den Gestank der Schlachterei durch die engen Mauern schob. Vorsichtig setzte sie ihre Füße auf das Kopfsteinpflaster und hob ihren Rock ein wenig an. Es wäre an der Zeit für einen kräftigen Regen, damit der Dreck wieder aus den Straßen gespült würde und mit ihm der Gestank.

*

Zum Nachmittag hin frischte der Wind auf, trieb die Nebelschwaden auseinander und brachte regenschwere Wolken aus dem Westen heran. Bei einsetzendem Regen kamen der Schniefer und seine Fuhrleute am Hof Mauchin an – ein Trupp, so zerschlagen, als käme er von einer verlorenen Schlacht.

Lucas hatte die Gestalten schon von Weitem gesehen und war verdutzt stehen geblieben. Noch verwunderter blickte er drein, als er den Schniefer erkannte, der schlurfend den Weg entlangkam, wo er doch eigentlich auf einer Kutsche hocken sollte auf dem Weg nach Augsburg mit einer gewaltigen Ladung Hafer. Erschöpft vom langen Fußmarsch und mit brummenden Schädeln zog die kleine Gruppe auf den Hof. Dass ihnen nichts Gutes widerfahren war, konnte Lucas an ihrer gebeugten Haltung, dem schleppenden Gang und den niedergeschlagenen Mienen ablesen.

Die ersten Erklärungen des Schniefers waren ihm völlig unverständlich, und je mehr der versuchte, das Geschehen genauestens zu schildern, desto undurchsichtiger wurde alles, wobei die gelegentlichen Einwürfe des ein oder anderen Fuhrmanns nur zu noch mehr Verwirrung führten.

Franzisca und Katharina waren hinausgekommen, als sie die Stimmen der Männer vernommen hatten. Ohne zu verstehen, was der Schniefer und seine Leute da erzählten, ahnte Franzisca bereits, dass etwas Unheilvolles im Anmarsch war.

Lucas klang aufgeregt und ungehalten. Gerade ihm, der ihren düsteren Ahnungen bisher nicht mehr als ein selbstgewisses Männerlächeln geschenkt hatte, war nun die Erregung und Verunsicherung anzusehen. Seine Selbstgewissheit war dahin. Franzisca hingegen blieb still und versuchte, das Wirre, das da berichtet wurde, zu einem schlüssigen Ganzen zu formen, was ihr allerdings nicht gelang. Dennoch fühlte sie ihre Gefasstheit. Ihr Herz blieb ruhig. Sie nahm Katharina aus den Augenwinkeln in den Blick. Auch sie: schweigsam und ruhig.

Der immer kräftiger werdende Regen zeichnete hellgraue Striche in die Luft und löste die erregte Versammlung im Hof auf. Dort bildeten sich ringsum Pfützen, aus denen bald schlammige Fontänen spritzten und die Fahrspuren der Wege in schmale Rinnsale verwandelte. Es wurde kühl.

Franzisca schleppte den Schniefer in die Stube und zwang ihn auf einen Stuhl. Er sah arg mitgenommen aus. Katharina half ihr, ihn zu verarzten. Lucas kroch derweil nach hinten auf die Bank und klopfte nervös mit Händen und Fingern auf der Tischplatte herum. Franzisca sah sich den Schädel an.

»Habt ihr gerauft?!«

»Nein. Ich hab's doch schon gesagt. Ich bin raus, weil ich nach den Pferden sehen wollte. Dieser quadratische Kerl mit der zerschnittenen Visage und dem Zylinder, der war dabei und hat mir die Tür aufgehalten. Rotmäntler heißen sie ihn auf der Insel. Keiner weiß, wo er herkommt. Ja und dann bin ich im Pferdestall wieder aufgewacht. Da waren aber schon alle Fuhrwerke fort, und oben im Stadel lagen die andern von uns.«

»Es hat also nur unsere Leut erwischt«, stellte Katharina unaufgeregt fest.

»Ja … nur unsere Leut«, ließ er kleinlaut hören. Lucas schlug mit der flachen Hand auf den Tisch.

»Herrgott, aber was soll das alles!? Wieso schlägt man dich nieder … was anderes spricht die Wunde auf deinem Schädel doch nicht. Das macht doch keinen Sinn! Und der Bilgeri, sagst du, der war auch noch da, und ihr seid zusammen zurückgelaufen, während der Rotmäntler mit den Fuhrwerken auf dem Weg nach Augsburg ist?«

»Ja.«

»Und der Bilgeri … der hat nichts zu der Angelegenheit zu sagen gehabt!? Der Bilgeri!? – Ich verstehe das nicht. Ihr seid doch den ganzen langen Weg aus der Hangnach zurück zur Insel gelaufen … und er hat keinen Ton gesagt? Kein Wort? Keine Erklärung?« Er wäre am liebsten aufgestanden und herumgelaufen. »Der Bilgeri und laufen!? Ausgerechnet der, der nur auf der Welt ist, um auf einem Kutschbock zu hocken? Mein Lebtag nicht geht das mit rechten Dingen zu.« Der Schniefer war kleinlaut.

»Nein, mit rechten Dingen geht es da gar nicht zu. Er war ganz komisch … närrisch, hat geschnaubt wie ein fiebriger Gaul … hat aber nichts gesagt. Nur einmal, als wir auf die Straße nach Lochau gestoßen sind, da ist er am Pfahl mit dem Rad stehengeblieben, hat die Leiche angeschaut, die von dem Dieb, den man an Lichtmess gerichtet hat, und gesagt: *Na, da wirst nicht mehr lang herumhängen, ganz blank gefressen von den Rabenviechern. Werd dir bald Gesellschaft leisten.* Ganz schummrig ist mir geworden dabei, weil er so ernst war. An der Seebrücke haben wir uns dann getrennt.« Er verzog das Gesicht vor Schmerzen, als Franzisca mit einem in Essigwasser getränkten Tuch den Schorf vorsichtig entfernte. So sehr sich die düstere Ahnung in ihr auch festsetzte, so ruhig erschien sie äußerlich. Kein Finger zitterte, und ihre Stimme schwang gleichmäßig.

»Es wird schon einen Grund haben, das alles … wir werden es bald erfahren«, sagte sie.

Lucas hielt es nicht mehr aus, sprang auf und begann, in der Stube auf- und abzulaufen.

»Es ergibt doch aber keinen Sinn. Wir haben doch schon die Hälfte des Geldes bekommen … was könnte dieser Rotmäntler denn nur wollen … und noch dazu alleine anstellen, denn die Kutscher vom Bilgeri, die sind doch auf den Fuhren, oder?!« Der Schniefer nickte unsicher.

*

Der Bilgeri war an der Seebrücke vor lauter Wut fast ins Wasser gesprungen, um sich abzureagieren. Ausgerechnet ihm hatte ein dahergelaufener Lump das Kommando über seine Rösser, seine Wagen und seine Kutscher genommen. Und wegen dieses Teufels hatte er kurz davorgestanden, den Schniefer zu erschlagen. Ja war er denn von Sinnen?!So sehr brannte der Selbsthass in ihm, dass er manchmal stehen bleiben musste, um nach Luft zu schnappen. Zudem konnte er sich nicht erinnern, wann er in seinem Leben einmal einen so weiten Weg zu Fuß gegangen wäre. Es strengte ihn ungemein an, und er spürte, wie das harte Leder der Stiefel die Blasen in die Haut rieb.

Die Wachen am Landtor winkten ihn mit gelangweilter Routine durch. Hinter der Heidenmauer bekam er jedoch Angst vor seinem Zorn. Bevor er in der Fischergasse anlangte, musste er den Brack erwischen, den er schon mehrfach mit dem Rotmäntler zusammen gesehen hatte, und so schwenkte er nach Westen und suchte an allen Orten auf der Insel, wo man ihn vermutet hätte. Doch in keinem Gasthof, in keiner Spelunke war er aufzutreiben. Er nahm den Weg über den Diebsturm, aus dem Geschrei zu hören war. Einer der Insassen plärrte und kreischte unverständliches Zeug. Er hatte von einem Pfarrschaffner gehört, den man dingfest gemacht hatte, als er im Hafen mit einem Schiffer gerade den Lohn für die Überfahrt nach Rorschach aushandelte. Jetzt hockte er im Diebsturm und wartete auf seine Überstellung. Ihm wurde schlecht bei dem Gedanken, selbst einmal im Kerker zu hocken. Dabei verlangte er doch nicht viel vom Leben als auf der Kutsche zu hocken, ein warmes Zuhause, Wein, Bier, ein wenig Unterhaltung, die ein oder andere Nacht mit Rosa und ab und an ein fettes Stück Fleisch.

Er krabbelte auf die Mauer und sah hinaus auf den See, dessen dunkle Fläche den Augen keinen Halt verschaffte. Die Baumreihen am Ufer standen finster und bewegungslos, das Geschrei im Diebsturm war verebbt. Bald würde es regnen. Schließlich suchte er das *Lamm* auf, wo er sich an einen Tisch hockte und zwei Krüge Wein in sich hineinschüttete. Was war nur geschehen? Worauf hatte er sich da eigentlich eingelassen … und warum? Warum? Sie hatten doch alles, was sie brauchten, waren wohlhabend geworden, lebten sogar in einem eigenen Haus, der Stall stand voller kräftiger Pferde, und sie besaßen eigene Kutschen … Warum also? Und woher nur kam dieser widerwärtige Kerl, der ihn so herablassend behandelt hatte? Ob der Brack …?

Einer der Kerle am Tisch traute sich endlich, zu fragen.

»Hey Bilgeri … ist bei dir schon der Krieg ausgebrochen … so wie du ausschaust?« Die anderen lachten unterdrückt. Er reagierte nicht, fasste den Krug nur kräftiger mit seinen Pfoten und trank. So richtig wagte sich niemand, ihn weiter zu reizen. Er schmiss die Münzen auf den Tisch und stand auf.

»Weiß jemand, wo der Brack ist?« Kopfschütteln.

Draußen erwarteten ihn dicke Regentropfen, weswegen er den Hut fester auf die verschwitzten Haare drückte und in Richtung Fischergasse stapfte. In der Küche traf er auf die Hausmagd, die mit verheultem Gesicht vor dem Ofen hockte und die Hände vors Gesicht schlug, als sie ihn in diesem Zustand vor sich stehen sah. Er steckte ihr eine Handvoll Münzen zu, die er aus der Tasche des Kamiso befördert hatte, und schickte sie weg.

»Schütt mir warmes Wasser in den Holztrog drunten und dann geh … man braucht dich heute Abend nicht mehr.«

So wie er war, ohne seine Stiefel auszuziehen oder den verdreckten, nassen Mantel, und mit seinem Stock in der Hand trat er in den Salon. Die Tür schlug hart gegen die Wand, als er sie aufstieß. Seine Frau saß am kleinen Tischchen und legte Karten. Sie sah ob der lautstarken Störung mit bösem Blick auf und erstarrte augenblicklich. Ein heller Schrei hatte ihr in der Kehle gelegen, schaffte es aber vor Furcht nicht über die Lippen, denn sie erkannte die Gefahr, die ihr drohte, unmittelbar. Er stapfte ein paar Schritte auf sie zu, blieb stehen und sah sich um. Schränke, Kommoden, Tisch und Stühle hatten einen anderen Platz erhalten, und wie ein Altar stand das vermaledeite Pianoforte im Raum. Seine Miene nahm etwas Furchterregendes an, und er trappte auf das Instrument zu. Mit einem Schrei zerschlug er den Stock auf dem Korpus und trat dann zweimal, dreimal mit aller Gewalt gegen die Seitenwand, dass ganz eigenartige Töne aus dem Kasten drangen. Jetzt schrie seine Frau, was ihn wieder auf sie aufmerksam werden ließ. Schnell, so schnell wie man es dem dicken Bauch, an welchem der Kerl hing, nicht zugetraut hätte, kam er auf sie zu und packte sie mit einer schnellen Bewegung am Arm. Seine Hand drückte zu wie ein Schraubstock. Sie schrie auf, hell und laut.

»Wie ist das Aas zu uns gekommen?« Sie ging zu Boden, doch er beugte sich über sie und drückte weiter zu. »Wie!?«, schrie er.

»Wer denn?«, jammerte sie.

»Der düstere Kerl mit dem zerschlagenen Gesicht!«

»Was ist denn?« suchte sie, trotz allem Zeit zu gewinnen. Er drückte zu und plärrte: »Woher kennst du ihn?« Sie wimmerte und atmete kurz. Das half, wie sie aus der Vergangenheit wusste. Ohnmachten waren dagegen nicht hilfreich. Es war lange her, dass sie so behandelt worden war, und er war noch nie derart außer sich geraten.

»Brack hat ihn hergebracht. Die Suche nach einem Offizier hat ihn in die Stadt geführt … er sucht einen französischen Offizier.« Er ließ sie los.

»Wen?«

»Der Brack hat es mir erzählt. Mehr weiß ich nicht.«

Er starrte sie an, ging nach hinten und zertrümmerte das unschuldige Küchenregal, danach packte er einen der neuen Polsterstühle und zerhackte sie mit wüsten Schlägen an der Wand. Dann sank er schnaufend und kraftlos in einen der Sessel. Sie krabbelte zum Durchgang in den Speiseraum. Er atmete schwer, stand schließlich auf, stampfte mit harten Schritten an ihr vorbei, trat ihr dabei heftig gegen die Schulter, dass sie aufjaulte, kehrte wieder um und gab dem Pianoforte den Rest.

»Er hat mir meine Kutschen genommen«, sprach er im Vorübergehen und ging dann hinunter zu den Ställen. Sein Hauptkutscher war bereits unterwegs zum Lager in der Hangnach. Er war angewiesen, die dort lagernden Säcke mit bestem Hafer zu verladen und auf den Weg zu bringen. Die Dinge gingen ihren Gang, und wie selbstverständlich taten seine Leute, was die Bilgeri angeordnet hatte. Es war nicht mehr aufzuhalten.

*

Noch vor der Dämmerung kamen der Poschter und Christian auf den Mauchinhof. Es war eine eigenartige Stimmung, als sie alle in der Stube um den Tisch herum hockten und der Schniefer noch einmal alles erzählen musste, was ihnen widerfahren war. Christian wusste, wie wenig Franzisca Uniformen mochte, und hatte sich zivil gekleidet. Ernst saß er da, und zusammen mit dem Schniefer, Lucas und dem Poschter diskutierten sie die unterschiedlichsten Varianten. Immer wieder blieb sein Blick lange auf Katharinas Gesicht haften, die voller Sorge war – jedoch weniger aufgrund eigener Gedankenschlüsse als vielmehr der beklemmenden Ruhe wegen, die ihre Mutter erfasst hatte. Es machte ihr Angst. Zum ersten Mal verspürte sie eine Angst vor Umbrüchen in ihrem Leben, die nicht vom Optimismus ihres Wesens überdeckt werden konnte.

Der Poschter klopfte mit den Fingerknöcheln hart auf die massive Tischplatte.

»Es kann doch kein Zufall sein! Unsere Rösser gehen nieder, der Bilgeri übernimmt, eure Kutscher gehen nieder, und dieser stinkende Kerl führt alle nach Augsburg. Da steckt etwas dahinter, sag ich euch. Aber was!?«

»Der Bilgeri … was sollte der schon vorhaben sollen? Das war immer ein anständiger Kerl«, meinte Lucas. Der Poschter war nicht ganz so überzeugt davon.

»Ja schon … grundsätzlich schon, wenngleich ich die ein oder andere Geschichte kenne, in der er gerne die Hand größer gemacht hat, als es anständig gewesen wäre. Das liegt allerdings schon lange zurück. Keiner fragt heute mehr danach, wie er zu seiner Sach gekommen ist, aber ich weiß durchaus davon, dass er Schwarzpulver und Gewehre transportiert hat, in den Nächten. So anständig war das nicht, und außerdem, was hat er mit dieser elenden Kreatur zu schaffen? Kennt er sie am Ende vielleicht von diesen Touren?«

Franzisca schwieg. Ihre düsteren Vorahnungen waren durch nichts mehr zu beruhigen, doch sie unterließ es, von ihren Instinkten zu sprechen.

Als es Dunkel wurde, brach der Besuch wieder auf. Draußen nahm der Poschter in einem günstigen Moment Lucas beiseite.

»Die Umstände, Lucas, sie sind nicht danach, ich weiß, aber ich will es ansprechen, noch bevor ein Gerede aufkommt, denn es liegt mir sehr an der Katharina. Der Christian, er wird um ihre Hand anhalten, und ich hoffe, ihr könnt den beiden eure Zustimmung geben. Ich … ich würde mich darüber freuen. Aber jetzt … jetzt ist nicht der Augenblick dafür, ich verstehe.« Er hielt Lucas die Hand hin und der schlug ein und drückte fest zu. – Abgemacht.

*

Keiner von ihnen fand in dieser Nacht einen erholsamen Schlaf. Wenigstens waren die Mägde von den unheilvollen Ereignissen nicht angefasst worden, sodass am frühen Morgen wie immer das Feuerholz in den Öfen knackte und warmes Wasser bereitstand. Auch die Pferdeknechte verrichteten ihre Arbeit, sodass der Alltag gewöhnlich erschien.

Eine Kutsche kam am frühen Vormittag auf den Hof gefahren. Lucas hatte selbst gerade angeschirrt, um auf die Insel zu fahren, um mit dem Bilgeri zu reden. So war er nun gespannt, wer sie da aufsuchen würde.

Der Amtsschreiber stieg aus dem Kasten und klopfte sich den Staub ab. Franzisca und Lucas warfen sich einen kurzen Blick zu. Vorerst wollten sie nichts von dem Geschehen erwähnen und setzten sich in der Stube an den Tisch. Es waren zumindest beruhigende Nachrichten, die der Amtsschreiber mitbrachte, der gerade auf dem Weg nach Wangen zum Gericht unterwegs war und nicht ohne einen kurzen Besuch bei ihnen hatte vorbeifahren wollen. Ihr Gespräch verlief ungewohnt eintönig, getragen von Allgemeinplätzen und Phrasen, ganz so, wie man sich eben gibt, wenn einem die Furcht im Nacken sitzt, etwas zu sagen, was man nicht sagen will.

Trotz der Freundlichkeit der beiden spürte der Amtsschreiber sehr wohl das Eigenwillige der Situation, führte es aber auf die Unsicherheit der Umstände zurück. So war sie eben die Zeit, in der

Krieg herrschte, Krieg zu Ende ging oder Krieg bevorstand. Es machte die Menschen fahrig. Er entschloss sich daher, den Besuch nicht in die Länge zu ziehen, wollte aber auch nicht den Eindruck erwecken, sich unwillkommen zu fühlen. Also erzählte er von den Ereignissen aus Vorarlberg, wo sich überall die Männer sammelten und sogar bewaffneten. Die wenigen baierischen Soldaten würden sich gar nicht mehr blicken lassen, und in Bregenz seien sie seit Tagen nicht aus ihrer Kaserne herausgekommen. Doch so recht wollte auch das nicht zur Auflockerung beitragen. Etwas war da aber noch, was sie ganz sicher interessieren würde.

»In Wangen habe ich eine Einvernehmung zu der Mordsache«, sagte er mit dunkler Stimme, um das Interesse seiner Zuhörer zu wecken. Lucas sah auf.

»Eine Mordsache?«

»Ah … habt ihr es noch gar nicht gelesen? Man hat einen ermordeten Soldaten gefunden. Angeschwemmt ist er worden, direkt vor der Gerberschanze lag er auf dem Kies. Er hat grausig ausgesehen und ist nur noch von den Lappen seiner Uniform zusammengehalten worden. Jemand hat ihm einen Säbel oder ein Bajonett grad durch den Leib gerammt und ihn dann in den See gestoßen. Weiß Gott, wo er da gelegen hat, aber es muss unter Wasser gewesen sein. Die Dokumente, die er bei sich trug, waren dennoch zu entziffern, ein junger Bursch, der recht närrisch gewesen sein soll, kein einfacher also. Seit über einem Jahr war er vom Regiment abgängig und ausgeschrieben als Deserteur.«

Franzisca war froh, zu sitzen, als sie die Nachricht hörte. Sie ergriff das Gefühl, sie könne jederzeit zur einen oder anderen Seite ihres Stuhles herunterkippen. Sie achtete darauf, möglichst unaufgeregt zu schauen und keinen Ton zu sagen. Der Amtsschreiber sah sie an und tadelte sich selbst. »Was bin ich nur für ein Ochs, in einem so feinen Haus und in so feiner Gesellschaft derlei Dinge von mir zu geben!« Er stöhnte und erhob sich. »Es wird Zeit, weiterzufahren.« Katharina reckte ihm ihr Gesicht entgegen.

»Ach, das würde mich schon interessieren mit dem ermordeten Kerl. Wer könnte so was machen, grad jetzt, wo Frieden herrscht?« Er ließ sich wieder auf den Stuhl sinken und lachte leise.

»Schau an, das junge Fräulein lässt sich nicht grausen. Na ja, das mit dem Frieden ist so eine Sache. Die Städte sind voll mit Soldaten, die nichts anderes sein wollen als eben dies. Keine gute Zeit, in der ein Krieg den nächsten ablöst und die Welt, wie wir sie kennen, sich auflöst in etwas Unbekanntes und man nicht weiß, wie die neue Welt aussehen wird. Ich vermute in dem Mordfall einen Zusammenhang mit einem anderen Fall. Erst vor Kurzem hat man einem armen Kerl in der Nacht in der Kirchgasse das Messer in die Seite gestoßen, bis zum Heft. Ein Wunder, wie der Bursche noch am Leben sein kann. Wer wird es also getan haben? Ein Saufkumpan, ein Lump am Wegesrand – jedenfalls ein kräftiger Kerl. Und ein solcher muss es auch bei unserem Wassersoldaten gewesen sein, so hat es der Landgerichtsarzt gesagt, denn es gehört schon erhebliche Körperkraft dazu erstens ein Schwert, einen Degen, was auch immer, so fest zu führen und einen so kräftigen jungen Burschen ins Wasser zu bringen.«

»Und er war lange im Wasser?«, fragte sie neugierig.

»Ja, sehr lange. Wir haben im Regimentsbuch den exakten Eintrag, ab wann er abgängig war, der Kerl …« Er nannte noch den Namen des Toten und stand dann auf. »Genug nun, sonst könnt ihr heut Nacht nicht mehr schlafen, und ich muss wirklich auf den Weg.«

Franzisca musste sich am Stuhl festhalten, so schwindelig war ihr, als sie aufstand, um den Besuch zu verabschieden. Sie fürchtete, man sähe ihrem Gesicht genau an, was geschehen war, gerade hier an Ort und Stelle, und was sie selbst dazu getan hatte. Der Amtsschreiber tätschelte freundlich ihren Unterarm und bestieg seine Kutsche, die schnell hinter den Hügeln verschwunden war.

Franzisca war sich nicht klar darüber, was sie mehr entsetzte – die Nachricht vom Auffinden des Soldaten oder die Skrupellosigkeit, mit der Katharina dem Amtsschreiber ihre kindliche Neugier am Schauerlichen vorgespielt hatte. Was für eine Durchtriebenheit! Nicht an einer Regung war zu erkennen gewesen, wie sehr auch sie Teil des Geschehens gewesen war. War das wirklich ihre Tochter?

Sie versuchte, sich tagsüber mit Arbeiten abzulenken und die immer wieder aufblitzenden Erinnerungen zu verdrängen. Lucas war ohne neue Erkenntnis von der Insel zurückgekehrt, wo er den Bilgeri nirgends hatte auftreiben können, was ihn insgeheim beunruhigte, denn es sah für ihn benahe nach Untertauchen aus. Wieder zuhause sorgte er sich ernsthaft um Franziscas flattrige Verfassung und vermutete den Grund dafür in der Sache mit dem Hafer. Seine wohlmeinenden Phrasen beruhigten sie nicht und die Hand, die sich am Abend im Bett auf ihre Schulter legte, schüttelte sie ab.

Der Amtsschreiber hätte den Namen nicht nennen dürfen – *Ignaz Josef Peukert*. Dieser Name ließ einen Menschen vor ihr erstehen und sie die Situation wieder und wieder erleben.

Am nächsten Morgen wusste sie, dass sie nicht am Hof bleiben konnte. Sie musste nach Bezau, gleich, wie verrückt die Situation hier für Lucas auch war und wie wenig er sie würde verstehen können. Bezau. Sie brauchte das Madle. Mit ihr musste sie reden. Darin fand sie Hoffnung.

Gleich schrieb sie einen kurzen Brief, darin sie ihre Ankunft in Bezau ankündigte, und gab ihn der Küchenmagd mit auf den Weg zur Insel. Jetzt war sie beinahe ein wenig froh um die Ereignisse, die ihr den Zwang antaten, die alte Heimat aufzusuchen und damit endlich wieder einen Funken Freude in ihrem Herzen aufglühen ließ.

Transporte

Der Rotmäntler fühlte sich ganz als Herr. Es war das erste Mal in seinem Leben, dass er einem solchen Verband vorstand, und zwar als Tonangeber. Bislang hatte er immer nur zu den Befehlsempfängern gehört und dachte nun bei sich, wie sehr ihm dieses Lindau doch gut getan und vorangebracht hatte, wenngleich er sich dort auch eingeengt gefühlt hatte auf dieser rundherum von Wasser umgebenen Insel, wo man das Gewirr der engen Gassen und Durchgänge kennen musste, wollte man nicht ständig Umwege gehen. Dieses schwer verständliche Geflecht stand seinem ständig nach Fluchtmöglichkeiten suchenden Wesen im Weg.

Die Stimmung unter den Kutschern war seit der Abfahrt aus der Hangnach zusehends bedrückter geworden, waren sie doch die Führung durch den Bilgeri gewohnt, der ein umgänglicher Kerl war, vor allem, wenn er auf seinem Kutschbock hockte, Pferde und seinesgleichen um sich hatte und ihm das Wetter nicht zusetzte. Von Umgänglichkeit war bei dem verrückten Kerl da vorne, der sie nun anführte, jedoch nichts zu finden. Jede Entscheidung traf er mit einem lauernden Unterton, so, als warte er geradezu auf Widerrede. Keiner von ihnen wollte sich aber mit ihm anlegen, und so wurde es ein schweigsamer Zug.

Sie waren nun den dritten Tag unterwegs, Landsberg lag vor ihnen, und am nächsten Tag würden die Türme der alten Stadt Augsburg in Sichtweite kommen. Das Lechfeld war flach, die Wege befanden sich in gutem Zustand, was der Tagesgeschwindigkeit zugutekam, und die Erwartung, bald Augsburg zu sehen, hob Stimmung und Spannung gleichermaßen, denn der größte Teil der Kutscher war noch niemals in einer so großen Stadt gewesen.

Die Pferde waren müde und abgespannt, ebenso wie die Kutscher, angesichts der langen Tage, an denen es nur wenige Pausen gegeben hatte. Wie der Rotmäntler mit der Bilgeri besprochen hatte, mied er die großen Orte und wich immer wieder von der Hauptstrecke ab, um an einigermaßen entlegenen Relaisstationen und Gasthöfen die Nacht zu verbringen. Da auf jede Fuhre zwei Kutscher kamen, musste einer von ihnen die Nacht auf dem Wagen verbringen, was zwar Unverständnis hervorrief, doch keiner traute sich, zu widersprechen.

An diesem Tag nun, an dem die Wolken am Himmel ein feines Grau angenommen hatten und die Lerchen um sie herum sangen, waren sie aus den Hügelketten des Allgäus herausgekommen. Ein einsam gelegener Gasthof mit dem fremden Namen *Römerkessel* vor den Toren Landsbergs war das Ziel. Von hier aus sollte man es in einer letzten Etappe noch weit vor Einbruch der Dunkelheit bis nach Augsburg schaffen. Entgegen ihren Erwartungen ging es an dem entlegenen Ort allerdings so gar nicht einsam zu. Lange Zeit mussten sie warten, bis sie die Pferde zur Tränke und Fütterung geben konnten, da auch eine Gruppe baierischer König-Chevauxlegers vor Einbruch der Dunkelheit am Gasthof angekommen war und der Wirt in einem Zustand von devoter Beflissenheit um die Offiziere herumsprang und für die Fuhrwerke nicht einen Blick übrig hatte. Als sie abends in der Wirtsstube hockten, war aufzuschnappen, dass die Soldaten auf dem Weg ins Tirol waren, wo sich ein Aufstand zusammenbraute, und dass die Garnisonsstadt Landsberg so voller Truppen lag, dass für sie kein Platz mehr gewesen war. Weitere Truppen wurden gerade nach Süden verlegt, doch auch Füssen war schon übervoll mit einer Einheit französischer Reiterei.

Wenigstens hatten sie für ihre Ladung nichts zu befürchten angesichts so vieler Soldaten. Die verließen den Gasthof schon vor Morgengrauen, und mit dem ersten Licht startete auch der Zug zu seiner letzten Etappe.

Die Wolkendecke hatte Risse bekommen, und immer öfter trafen helle Sonnenstrahlen auf das flache Land um sie herum. Die Türme von Landsberg ließen sie im Osten liegen und kamen gegen Mittag am Kloster Lechfeld vorbei. Ab Landsberg war es mit der Einsamkeit vorbei, die der Rotmäntler auf dem bisherigen Weg gesucht und teilweise auch gefunden hatte. Der breite Fahrweg war voller Gespanne, Kutschen, Menschen mit Handkarren und Ochsen, dazwischen immer wieder Infanterie und Reiterei, wobei sich die Menschen- und Tierkolonne sowohl in Richtung der Stadt als auch von dort herkommend schob. Der Rotmäntler wurde still. Das Gefühl des Triumphes darüber, das Geschäft mit der Bilgeri nun nahezu im Sack zu haben, breitete sich in ihm aus. Er richtete sich auf seinem Kutschbock auf, auch wenn ihm längst alle Knochen wehtaten, streckte die Brust heraus und trieb die Pferde für das letzte Wegstück an, als könne er so den Rhythmus, in den sie durch die anderen Fuhrwerke auf dem Weg gezwungen waren, beschleunigen.

Rechtzeitig vor Abend, begleitet vom Lechwasser und einer leichten Brise, erreichten sie die weite Ebene vor der Stadt Augsburg, deren stolze Türme einen Eindruck von der Pracht vermittelten, die sie dort erwarten würde. An einem Straßenposten, an dem viel Auftrieb herrschte, wurden ihre Dokumente überprüft. Der Gendarm wies ihnen den Weg hinüber nach Westen, wo sie ihre Ladung direkt an der Lechlände abliefern sollten, von wo diese mit Flößen auf dem Lech zur Donau und von dort weiter nach Osten geschafft werden sollte.

Die Kutscher hatten so etwas noch nicht erlebt. Nicht, dass es im Bregenzer oder Lindauer Hafen ruhig zugehen würde, doch noch weit vor der Flößerstation kam es zu Stauungen. Unzählige Fuhrwerke trafen hier zusammen. Ochsen- und Pferdegespanne, selbst einige Eselwagen waren darunter. In das Wiehern, Muhen und Schnauben mischte sich aufgeregtes Geschrei von Fuhrleuten und Ladern, und das in den unterschiedlichsten Dialekten. Selbst der

Rotmäntler, der schon viel gesehen und erlebt hatte, wurde von der Unruhe angesteckt. Es dauerte seine Zeit, bis sie mit ihren Gespannen nach vorne kamen, wo Soldaten und Gendarmen für ein geordnetes Entladen sorgten. Die Flöße lagen schon bereit zum Beladen am flachen Ufersaum, während ein Stück flussaufwärts bereits die nächsten auf ihre Ladung warteten. Weit draußen zogen derweil Flöße vorbei, auf denen sogar Rinder transportiert wurden. Die Viecher standen regungslos und in einer stoischen Ruhe auf den Holzbalken, als wären sie zu nichts anderem geschaffen worden, als auf dem reißenden Strom zu schippern. An der Geschwindigkeit der Gefährte war die drängende Kraft des Wassers eher zu erkennen als an dem Rauschen, welches alles andere übertönte und einem nach einer Weile den Eindruck vermittelte, es sei auf laute Art still geworden. Ein mürrischer Kerl mit einem ausladenden runden Hut fertige sie ab, trat mit den Stiefeln gegen die Säcke, befühlte den ein oder anderen, der abgeladen wurde, und zeichnete das Affidavit frei, das er dem Rotmäntler in die Hand drückte und ihm dabei etwas länger als erforderlich böse ins Gesicht blickte.

Endlich kamen sie mit ihren Gespannen los. Die Pferde trabten freudiger, wo nun keine Last mehr an der Deichsel hing. Auf allen Wegen und Straßen war nach wie vor Militär unterwegs – Infanterie, Kavallerie, Artillerie und dazwischen immer wieder Gendarmen. In dem Gedränge war nicht zu erkennen, in welche vornehmliche Richtung sich das Militär bewegte. Es sah sich aber schön an mit den bunten Uniformen und der Aufgeregtheit, die einen selbst nicht betraf.

Noch vor der Abenddämmerung kamen sie in die Stadt, wo es ebenso schleppend voranging wie soeben am Hafen, doch hatten die Kutscher es durchgesetzt, wenigstens einmal durch die Stadt zu fahren, wenn man schon außerhalb Unterkunft nehmen sollte. Außerdem hatte es ihnen der Bilgeri zugesagt. Es war auch kein Umweg, da sie den Rückweg nach Lindau über Memmingen nehmen wollten und der Gasthof für die Nacht im Westen der Stadt lag. Erwartungsvoll passierten sie die enge Gasse vorbei an St. Ulrich und Afra und kamen in die breite Maximilianstraße, deren ausgedehnte Prachtfassaden einigen den Mund offen stehen ließ. Vor allem die Farbenpracht war ihnen in dieser Art fremd. Rot, Grün, Blau und warmes Ocker leuchteten in großen Flächen von den herrschaftlichen Stirnfassaden.

*

Wilhelm Friedemann Brack war es gewohnt, in Kutschen zu reisen. Jetzt hockte er neben einem unangenehm riechenden Kutscher, dessen Leibesfülle ihm kaum Platz auf dem Bock ließ. Er hatte sich zwei Pferdedecken um die Schultern gewickelt und fror dennoch. Sie hatten Bregenz bereits hinter sich gelassen und kamen nun durch Fußach. Viel Volk war unterwegs, und anders als sonst war die Unruhe zu spüren, die die Menschen erfasst hatte. Von den baierischen Truppen oder Gendarmen war weit und breit nichts zu sehen. Wie man gehört hatte, waren alle auf dem Weg ins Tirol, wo sich ein Aufstand zusammenbraute. Brack sah verstohlen zu seinem Kutscher und fragte sich, von welcher seelischen Ausstattung diese Menschen wohl sein mussten. Dem Gesichtsausdruck seines Exemplars war nichts hierüber zu entnehmen. Da wackelte nur das mächtige Doppelkinn im Takt des Gerüttels, dem der Wagen ausgesetzt war. Die Augen blickten leer über die Rücken der Pferde hinweg, und hinter der Stirn – ob da Gedanken waren, und wenn ja, welche?

In Fußach wenigstens war ein Halt geplant, um die Pferde zu füttern und zu tränken. Vielleicht gab es im Gasthof ja eine angenehme Versorgung. Für den Abend sollten sie auf einem Hof im Eidgenössischen unterkommen, wo sie Ladung aufzunehmen hatten, die sich unter den Säcken gut verstecken ließ – Schwarzpulver. Das Geschäft könnte sich vielleicht doch lohnen, tröstete er sich über das Ungemach hinweg, das ihm im Lindau mit dem Poschtersohn widerfahren war.

Im Wirtshaus gab es einen würzigen Brei mit reichlich fetten Fleischstücken, und auch der Wein war schwer genug, obwohl sie dem Wirt mitgeteilt hatten, die Nacht nicht bei ihm zu verbringen. Er hatte es ohne jede Regung zur Kenntnis genommen, obgleich es verdächtig genug hätte sein müssen, denn wo sollten sie mit all den Viechern und Fuhren in der Nacht unterkommen, zumal in diesen Zeiten. Nach der Mahlzeit setzte sich der Tross wieder in Bewegung und kam noch vor der Dämmerung in St. Margrethen an, blieb aber in Fahrt nach Süden, vorbei am Schäflisberg und am Schloß Weinberg, hinter dessen dunklem Schatten sie in einen morastigen Feldweg einbogen und bald vor einem einsam gelegenen ausgedehnten Gehöft ankamen.

Ein geducktes Bauernhaus stellte sich den Ankömmlingen mit seiner breiten Fassade entgegen. Links und rechts grenzten Stallungen und eine Remise den Hof ab. Im Schutz der Remise war ein Gatter zu sehen, von dem eine Handvoll Esel neugierig in den Hof blickte. Gleich daneben kam verhaltenes Gurren von einem Taubenhäuschen. Es hätte ein heimeliger Ort sein können, wären sie nicht bei ihrer Ankunft in einen absonderlichen Gestank geraten. Einige Pferde schnaubten und ließen sich nur durch heftiges Antreiben weiterbewegen.

Ein schwaches Licht war hinter den Fenstern zu sehen, und vom Geklapper der Gespanne aufmerksam gemacht, tauchten bald einige Gestalten vor dem Haus auf. Ein hagerer Schlacks kam mit einer Laterne auf sie zu und machte anhand der städtischen Kleidung Brack als den passenden Ansprechpartner aus. Die Begrüßung fiel kühl und distanziert aus. Brack blickte in ein ausgemergeltes Gesicht, aus dem große, geweitete Augen im Licht der Funzel blinkten. Die kantige Hakennase und das scharf geschnittene Kinn vermittelten etwas Raubtierhaftes, etwas Gefährliches. Hemd, Rock und Hose waren schäbig und schlotterten an der mageren Gestalt, über deren Knochen ledrige Haut gezogen war.

Brack hätte sich des Gestankes wegen gerne den Arm vor die Nase gehalten, doch er wollte sich vor den anderen keine Blöße geben. Doch nicht der Mist seitlich des Stallgebäudes war für die höllische Ausdünstung verantwortlich. Die Quelle dafür fand sich drüben bei der Remise, von wo graue Qualmfetzen träge emporstiegen: die Salpeterküche.

Der Schlacks stellte sich als Beat vor und wies wortlos zum Stadel. Es ging recht fix. Schnell waren die dort gelagerten Fässer verladen und mit so vielen Säcken als möglich getarnt worden.

Er behielt diesen Beat im Blick, der gut einen Kopf größer war als er, und es fiel ihm schwer, sich vorzustellen, wie dieser lange Schlacks in den Ställen den Salpeter von Wänden und Boden kratzte, jenen Stellen, wo er über die Zeit langsam aus dem uringetränkten Boden nach oben ins Gemäuer gekrochen und durch die steinernen Poren an die Luft gekommen war, um sich wie eine teuflische weiße Blüte ins Irdische zu recken. Bei den Steinhaufen vor der Hofeinfahrt handelte es sich um alte Stallböden, die sie vor Ort vollständig abgetragen hatten, um noch den letzten Krumen Salpeter herauszuwaschen. Brack sah die Umrisse des großen Bottichs, in dem die Steinbrocken auf einer Schicht aus Stroh, Leinentüchern, feiner Erde und Holzasche aufgeschichtet wurden, worauf zum Schluss ein Fünftel Wasser gegeben wurde. Anschließend wurde es langsam zu einem Sud aufgekocht und so lange gesiedet, bis endlich ein Salpeterbrei entstand, den man trocknen konnte, oder mit welchem man grobes Papier tränkte, das sich nach dem Trocknen gut als Zündschnur verkaufen ließ. Wo man keine Steine zum Auskochen hatte, tat es auch eingedampfter Kuhmist und die darunterliegende güllegetränkte Erde, woraus die Salpetersieder das begehrte Pökelsalz gewannen, das man in die Städte brachte – eigentlich. Doch es waren andere Zeiten, in denen das weiße Pulver mehr einbrachte, wenn es mit Holzkohle und Schwefel gemischt als Pulver verkauft wurde, dessen Schärfe eine andere Wirkung entfaltete als an totem Fleisch – es schuf selbst totes Fleisch.

Beat wies ein paar Gestalten an, die Kutscher, die sich bereits niederlegen wollten, an ihre Schlafplätze zu bringen. Brack hingegen schob er in Richtung Remise, wo sein Gesicht im Schein der Leuchte einen stolzen Ausdruck zeigte. Er hob ein Stück Tuch von einem zerbeulten Topf, tauchte den Zeigefinger hinein und führte ihn zur Zunge.

»Kalt muss es sein auf der Zunge, wenn es gut sein soll. Kalt.« Er lachte. Brack verzichtete auf eine Probe. Beat nahm einen kleinen hölzernen Löffel, tat Pulver drauf und schmiss es auf die glühenden Kohlen unter einem der Bottiche. Es zischte, dampfte, und Funken sprühten dramatisch in das Dunkel. Er lachte irre und riss dabei sein Maul, in welchem nur noch ein paar Zähne hingen, weit auf. »S'isch guat! Kalter Drache, ein echter kalter Drache!« Brack nickte und versuchte ein Lächeln. Dann gingen sie hinüber zum Haus. »Salpeter, den man grabt aus Erden, muss zum Gebrauch geläutert werden«, zitierte Beat mit großem Ernst auf dem Weg dorthin.

Das Haus war erbärmlich einfach eingerichtet: zwei große Stuben im Erdgeschoss, grobe Stühle um die rustikalen Tische, im Gang eine offene Feuerstelle nach alter Art. Wer hier hauste, wollte kein Heim.

Sie hockten eine Weile um den Tisch und tranken Wein, umgeben von den ausgemergelten Gestalten, die schweigsam blieben und die Ankömmlinge mit leeren Blicken ansahen. Einige hatten Zuckungen oder Krämpfe in den Gliedmaßen. Sogar die Kutscher konnten ihr Unbehagen nicht unterdrücken, was Brack an ihren Mienen ablas. Selbst sie, die nirgends verlegen waren, ihr Kutscherlatein loszuwerden, blieben einsilbig.

Sie schliefen in einem Stroh- und Heulager auf dem Dachboden über dem Stall, was nur deshalb angenehm war, weil die Wärme der Viecher zu ihnen hochstieg. Brack tat kaum ein Auge zu und war froh, als sie am nächsten Morgen endlich von diesem teuflischen Ort mit seinen geisterhaften Gestalten aufbrachen. Auf dem Kutschbock wurde ihm gewärtig, dass ausschließlich dieser Beat gesprochen hatte und sonst keiner einen Laut hatte hören lassen. Die Hölle war demnach auch ein Ort des Schweigens, war er sich sicher. Hoch über ihnen kreisten Störche und ein Bussard. Am Waldrand sah ein Rudel Rehe auf, das dort äste, sich aber nicht zur Flucht entschied.

In den folgenden Tagen gewöhnte er sich an das Schütteln auf dem Bock, an die frische Luft, die Einsamkeit und die Empfindungen, die einem widerfuhren, wenn man durch die Natur geschafft wurde. Beinahe fand er sogar Gefallen daran. Doch es waren einige Kontrollen zu überstehen, und einmal fast hätte einer der Soldaten, ein griesgrämiger Kerl, den letzten Sack auch noch weggezerrt, unter dem dann eines der Fässer zum Vorschein gekommen wäre. Da hatte er schnell seinen besten Pfeifentabak gestopft und ihn angezündet, und sogleich hatten die rauchigen Aromen auch in dem wackeren Soldaten die Lust auf ein gutes Pfeifchen geweckt.

Bei Chur trafen sie in der späten Abenddämmerung ihre Kontaktleute, die die Ladungen übernahmen und Brack drei prall gefüllte Beutel übergaben, die schwer in der Hand lagen.

Eine Aufregung ergab sich dabei noch, als zwei Bärtige mit Fackeln an die Wagen herantraten.

»Wollts ihr uns alle umbringen!«, schrie Brack voller Entsetzen und war erleichtert, als einige beherzte Kutscher dazwischensprangen und nach einer Weile schließlich alle Fässer und Säcke endlich umgeladen waren. Sie warteten, bis die Fremden mit ihren Wagen verschwunden waren. Dann zahlte er die Kutscher an Ort und Stelle aus, denn sie sollten bei Laune bleiben. Jetzt freute er sich auf den Rückweg nach Lindau und meinte, sogar die Stimmung der Gäule würde sich heben, die munter mit dem Kopf wackelten.

Im *Hirschen* zu Hohenems machten sie ausgiebig Rast, und es setzte sich unvermittelt ein Fremder neben ihn. Es war ein junger

Bursche, der eine Ledertasche bei sich trug, grad als ob er ein Doktor wäre, nur war sie größer als die Medizintaschen. Er war tadellos gekleidet, tat leutselig, und Brack konnte sich dem Gespräch nicht entziehen, wenngleich er zu Tode erschrocken war, als er dem Burschen das erste Mal ins Gesicht geblickt hatte. Konnte es so etwas geben? Er verbarg sein Erschaudern hinter Fragen, auch um sich vor solchen zu schützen, Und fragte das übliche eben – woher er komme, wohin er wolle. Der Fremde gab gerne Auskunft.

»Aus Mailand komme ich, und nach Deutschland will ich. Überall ist Aufruhr, so ist es gleich, in welche Richtung man sich wendet. Vielleicht werde ich einen Bericht über meine Reise schreiben, wo es ja mittlerweile Mode geworden ist, zu reisen und darüber zu schreiben. Dergleichen Reisebeschreiber ziehen von Stadt zu Stadt und suchen mit berühmten Leuten nur deswegen zu sprechen, um das, was sie von ihnen hören, drucken zu lassen. Und was kommt dabei heraus? Ein seltsames Zeug und düsteres Geraune unserer Heimat entgegen. Ich las zum Beispiel von einem Riesbeck über die schwäbischen Rechtsgepflogenheiten recht Kritisches. Er meinte, das Kriminalgericht könnte in diesen Gegenden einige Veränderungen leiden. Man foltere noch und köpfe und hänge und rädere und spieße wohl auch noch pünktlich nach der Carolina. Und von den Baiern schrieb er, sie seien falsch und grausam, abergläubisch und verwegen. Nirgendwo treffe man mehr Räder, Galgen und Schergen an als in Baiern, wo die Landstraßen auf beiden Seiten mit Galgen bepflanzt seien.« Er lachte laut. »Da will ich hin.«

Brack war das Thema unangenehm, und unwillkürlich fasste er sich an den Hals.

»Ganz so ist es nicht mehr«, meinte er abwehrend, »ganz so nicht.« Er tat sich schwer, Luft zu bekommen, und fühlte sich bis ins Mark unwohl, denn der Bursche, der ihm da gegenüber saß, war in allem eine exakte Kopie des Christian – nur ohne Uniform und ohne das schneidige Gehabe eines Offiziers. Selbst die Stimmlage war gleich, bis auf einen feinen italienischen Akzent.

Brack hatte auf der Reise völlig vergessen, in welcher Notlage er sich eigentlich befand, und der Bursche an seinem Tisch, der seinem Verfolger wie aus dem Gesicht geschnitten war, musste ausgerechnet von Hinrichtungen sprechen. Es machte ihn ganz verrückt, und er sah sich schon selbst auf dem Schinderwagen über die Seebrücke fahren, gefolgt von johlenden Schulburschen und den Honoratioren der Stadt. Spektakel dieser Art hatte er nicht selten selbst begleitet und mit einer bitzelnden Freude genossen, wo es sich doch wie ein Volksfest anfühlte und der abschreckende Teil durch das Drumherum gar nicht mehr so arg herfürdrang. Ja, wie ein Volksfest fühlte es sich an, das Hängen, Rädern und Köpfen, und wer auf das Totenfest zu Ehren eines Diebes ging, um zu sehen, wie der Verbrecher am Strick hängt, der sollte seine Gulden und Kronen wohl und sicher verwahren, denn es gab kaum einen Ort, an dem mehr gestohlen wurde als gerade unter dem Galgen. Er sah diese Szenen vor sich: das Gefeilsche um den mit dem Blut des Delinquenten vermengten Sand, dem heimliche Zauber- und Heilungskräfte nachgesagt wurden, und der Henker beim Versuch, sein blutiges Geschäft so würdig erscheinen zu lassen, als wär es eine Messe. Ihm wurde übel beim Gedanken an die Henkersmahlzeit, wo recht gefressen und gesoffen wurde – Bratwürste, Rindfleisch, Karpfen und Lamm, dazu Süßspeisen und Wein. Alle Amtspersonen zeigten sich gerne dabei und mit guter Gesundheit, die durch einen mehr als gesunden Appetit zur Schau getragen wurde. Brack musste schlucken und trank hastig den letzten Tropfen Wein aus seinem Glas. Der junge Bursche ihm gegenüber erzählte derweil irgendwelches Zeug, ohne etwas von den Qualen Bracks zu bemerken. Von Mailand ging es, von den Erlebnissen der Kutschfahrt über Chiavenna zum Splügen, von der Herrlichkeit der Berge, der Einsamkeit in der Höhe und wie sehr man doch die dünne Luft an sich bemerken könne, und über die Unverschämtheiten aller Art anderer Reisender. Am Ende des Abends hatte sich der Fremde für den nächsten Tag einen Platz auf einem der Kutschböcke gesichert und fuhr mit dem Wagenzug noch ein Stück weiter in Richtung Lindau. Um den modischen Mantel hatte er eine Pferdedecke gewickelt. Der Wind war wieder kühl geworden. In Lochau verließ er die Gruppe und stieg vom Wagen. Er hatte etwas zu erledigen und wollte später nach Lindau weiterreisen.

Alte Heimat

Am Mauchinhof striegelte Lucas die Pferde und tat eine Reihe von unnützen Arbeiten. Wenn er sich weit genug vom Haus entfernt glaubte, räsonierte er laut über die verrückte Idee Franziscas, ausgerechnet in dieser ungewissen Zeit nach Bezau zu reisen. Was erwartete sie denn dort schon anderes als die schlechten Erinnerungen? Und – war der Hof hier nicht ihr Zuhause, in welchem sie mehr Geborgenheit finden konnte als an jedem anderen Ort auf dieser Welt? So viel war ihm allerdings gewiss: Es war ergiebiger, unter den Gäulen und dem Esel zu zanken, als mit ihr über das Vorhaben zu streiten. Auch Katharina hatte ihn enttäuscht, weil sie sich völlig still verhielt und mit keinem Laut, ja nicht mal durch eine geringschätzige Miene, ausdrückte, wie unsinnig und gefährlich das Unterfangen der Mutter war. Ja, wenn es denn galt, dann hielten die beiden eben doch zusammen.

Letztendlich rang er sich schließlich doch dazu durch, zurück zum Haus zu gehen und zum Abschied zu winken. Der Schniefer hatte die kleinere der Reisekisten vom Dachboden geholt und fest am Wagen verzurrt, auch wenn es nur bis in den Hafen gehen sollte. Ein beständiger Westwind schob die Wolken in Richtung Bregenz, und mit dem Schiff war sie weit schneller in Bregenz und konnte von dort eine Kutsche nehmen, mit der sie es mit viel Glück noch am selben Tag bis nach Alberschwende schaffte.

Franzisca mochte es, neben dem Schniefer auf dem Kutschbock zu hocken. Er schwieg wie gewöhnlich und schien vom Trott der Pferde hypnotisiert, was ihr Freiraum für ihre eigenen Gedanken ließ. Wie immer, wenn sie die Anfechtungen des Schicksals spürte, suchte sie die sorgenvollen, zukunftsängstigenden Empfindungen dadurch zu bändigen, dass sie ihren Blick an die Natur heftete, die sie umgab – diese wunderbare weite Fläche des Sees samt der Kulisse der Berge und Wolken, die zu jeder Minute einen anderen Eindruck erzeugte und in ihrer Gewaltigkeit den Blick auf sich selbst weitete. Dieses Schauen in die Ferne ließ sie sich als klein und in dem Maße unbedeutend empfinden, dass sie nicht die Pflicht verspürte, die Meisterin ihres Schicksals sein zu müssen. Altes Wasser, alter Fels und alte Mauern richteten das eigene Leben ein als das, was es war – der Geschichte zugehörig. Auch heute ging es ihr so. Sie sah unentwegt auf die Inselstadt und die westliche Mahnwache, den Pulverturm, der ihr zu einem vertrauten Fixpunkt geworden war. Das unfreundliche Graugrün der Wasserfläche war umhergeworfen, an manchen Flecken auf dem See leuchtete helle Gischt auf, und die Gipfel der Berge waren nur zu erahnen.

Sie hatte keine Angst vor der Überfahrt. Ganz im Gegenteil war es ihr recht, so schnell wie möglich voranzukommen, und der Westwind, der nach wie vor kräftig wehte, versprach, sie schnell ans Ziel zu bringen.

Der Schniefer lud ihre Reisekiste aufs Boot, nickte kurz zum Abschied und fuhr dann davon, ohne sich noch einmal umzudrehen. Sie lachte leise und schüttelte den Kopf. So war er eben. Die Platzwunde am Schädel war gut geheilt.

Wie erwartet packte der Wind kräftig in die Segel, als sie aus dem Windschatten der Insel herausgekommen waren. Schwere Fässer, Stoffballen und eine Ladung Holzbalken gaben dem Segler einen tiefen Schwerpunkt, und er sauste geradezu hinüber nach Bregenz wie ein müdes Pferd, dass den nahen Stall mit Futter und Stroh roch.

Im Bregenzer Hafen stand sie etwas verloren mit ihrer Reisekiste herum, denn von dem gewohnten Trubel war nichts zu sehen. Gut, dachte sie, bereits eine Kutsche bestellt zu haben. Der Kutscher, der dann kam, machte einen nervösen Eindruck und hatte es eilig, loszukommen. In der Stadt starrte sie auf die große Anzahl an Fuhrwerken, Kutschen und an bewaffneten Zivilisten, die die Straßen verstopften. Sie fanden jedoch einen Durchschlupf, und bald waren sie auf freier Strecke in Richtung Dornbirn, von wo ihnen ein Zug an Fuhrwerken entgegenkam, beladen mit Milizen. Nun verstand sie die Nervosität ihres Kutschers, der Angst davor hatte, angehalten und um seine Pferde und den Wagen gebracht zu werden. Die Zeiten waren danach, dass ein jeder einen Grund für seine Willkür fand.

Bei stockfinsterer Nacht kamen sie in Alberschwende an. So schweigsam und unnahbar der Kerl auch war, verstand er doch sein Handwerk. Im Gasthof *Taube* quartierten sie sich für die Nacht ein. Auch in der Wirtsstube ging es so hoch her wie auf den Straßen, und die Gesichter der Männer glänzten rot vom Wein, während an den kantigen Stirnen verschwitzte Haarsträhnen klebten. Für einen Augenblick wurde es still, als sie in die Wirtsstube traten. Mit prüfenden Blicken wurden sie beäugt, und als sie als ungefährlich eingestuft wurde, nahm die Hetzerei gegen die derzeitigen Umstände sogleich wieder an Fahrt auf.

Noch vor der Morgendämmerung war sie wach, fühlte sich frisch, und auch ihrem Fahrer war darum gelegen, zeitig weiterzukommen. Über die Hügel, durch die Waldstücke, den Tobel und auf den freien Flächen ging es dahin, und sie wurde von den Erinnerungen matt und still. Wie oft war sie diesen Weg mit ihrem Vater gefahren, auf dem Rückweg vom Markt in Dornbirn. Wie viel Zeit war seitdem vergangen, und was war nicht alles geschehen?

Zu Mittag erreichten sie schließlich Bezau. An der Kirche hieß sie den Kutscher anhalten, gab ihm einen großzügigen Fuhrlohn und meinte, er solle in der *Gams* einkehren, währenddessen sie zu Fuß das letzte Stück hinaufgehn wollte. Er sollte ihr später die Kiste nachliefern.

Sie wartete ab, bis zwei Karren vorbei waren, um für sich zu sein. Dann stieg sie mit schnellen Schritten den Weg hinan. Ihr Herz pochte. Sie fühlte sich vertraut mit dem, was sie umgab. Es roch, wie es riechen musste um diese Zeit: nach frischem erstem Gras und warmer, feuchter Erde, und darunter ein würzig feiner Hauch der rauchigen Schlote. Sie folgte dem Weg um die Kehre und hob den Kopf zum Sonderdach empor, blieb stehen, drehte sich und hatte nun die Steilwand der Canisfluh vor sich. Der Anblick dieser felsigen Macht durchfuhr sie auf gleiche Weise wie die Weite der Seefläche. Ein feiner Taumel suchte sie heim, während der Wind beständiger wurde und die Wolken auseinandertrieb. Sofort leuchteten wärmende Lichtkegel durch die Lücken. Das Grün auf den Weiden strahlte Lebensmut aus, Frische und Kraft, und die ersten Büsche und Hecken zeigten ein zartes Leuchten.

Sie ging weiter bergan und spürte Kraft und wie wenig ihr die Wehmut zusetzte, als ihr Elternhaus vor ihr auftauchte. Jetzt freute sie sich aufs Madle.

*

In Lindau, im Haus zum Baumgarten, stieg ihre Tante hurtig die Treppenstufen nach unten und betrat das Stockwerk, in welchem Gäste empfangen wurden. Sie öffnete vorsichtig die Türe zum Salon, in dem Frau von Seutter am Kaffeetischchen mit dem Pfarrer saß. Er suchte sie von Zeit zu Zeit auf, so wie es sich für ihn gehörte. Allerdings nutzte er diese Besuche zu ihrem Bedauern stets dazu, sie auf Missstände moralischer Art aufmerksam zu machen. Den guten Kaffee, die Kekse nach englischer Art und das lederne Beutelchen mit Münzen nahm er überdies gerne mit.

Die Blicke der beiden Frauen trafen sich kurz. Elisabeth rückte eine Silberschale im Kastenschrank zurecht und verließ anschließend den Raum wieder, um in der kleinen Küche auf das Ende des Besuchs zu warten. Lange würde der Pfaffe nicht mehr bleiben, denn die ganze Haltung ihrer Herrschaft und die kurzen Sätze, die gesprochen wurden, bereiteten die Verabschiedung schon vor.

Frau von Seutter setzte sich noch einmal auf dem Stuhl zurecht, richtete ihr Rückgrat auf und blickte ihren Gegenüber mit einer ausdruckslos freundlichen Miene an, nickte ab und zu, wenn sie der Meinung war, es täte dem militärisch frommen Mann gut, und versuchte, ihre Gedanken nicht zu weit abschweifen zu lassen.

Was waren das für glückliche Zeiten, wenn auch die Kriege schrecklich wüteten, als der feiste, faule Pfaffe hier die Geschäfte versorgte und die Leute in ihrem schweren Alltag nicht auch noch mit ihrer vermeintlichen Sündhaftigkeit drangsalierte. Dieser großgewachsene, kräftige, den Genüssen zugetane Mensch war eine wahre Wohltat nach dem kleinen giftigen Kerl, der hier zuvor das Regiment geführt hatte und nach langen, für die Gemeinde seelsorgerisch entbehrungsreichen Jahren endlich wegging. Nach Augsburg hatte man ihn berufen. Das himmlische Paradies hatte er weder in Lindau noch in seiner Familie errichten können. Seine Tochter war an Ort und Stelle geblieben und hatte sich seinem Widerwillen zum Trotz anständig mit einem tüchtigen Schmied in gleichnamiger Gasse verheiratet. Jetzt zerrte sie einen Wagen voller Kinder über die Insel und versorgte das Geschäft ihres Mannes blendend. Sie war bereits als junges Ding durch kleinere Frechheiten aufgefallen, woraus sich seinerzeit schon ihre allgemeine Lebenstauglichkeit ablesen ließ.

Doch mit der baierischen Herrschaft über die Stadt war wieder einer jener zähen, krähenhaften Pfaffen an St. Stephan gekommen, deren Lebensauftrag darin bestand, die Gemeinde allenthalben zu belehren und zu ermahnen. Heute berichtete er von einem Aufenthalt bei seiner Verwandtschaft in Tübingen, von welcher er erst wenige Tage zuvor zurückgekehrt war. Offensichtlich hatte ihn die Runde seiner pietistischen Schwäger, Vettern und Gevatter erneut in das Konzentrat gottgefälliger Lebensführung zurückgestoßen, denn einige Zeit hatte sie Ruhe vor seinen moralischen Fingerzeigen gehabt, doch nun schien ihm jedes Vergnügen verdächtig. Eindringlich sprach er auf sie ein, darum bemüht, seine Stimme im Zaum zu halten. Gern hätte er lauter parliert, doch die anerzogene

Unterwürfigkeit, die höflicherweise Höflichkeit genannt wurde, hielt ihn zurück.

»Lesen! Lesen ist eine große Gefahr, eine große Gefahr, und es muss die Frage bewegt werden, ob es denn gut sei, so vielen Menschen das Lesen zu lehren. Gerade die Frauenzimmer verschlingen die Romane, als wäre es ein Festmahl, und setzen sich unbekannten Erregungen und verborgenen Fantasien und Exzessen aus.« Frau von Seutter zeigte eine missvergnügte Miene, was er falsch deutete, und ihn ermutigt weitersprechen ließ. Sie nutzte eine Pause, um einzuhaken.

»Nun ja, es hat doch aber auch etwas Gutes. Wie mir Kaufmann Geuppert versicherte, ist allein der Absatz von guten Kerzen um ein Zigfaches gestiegen, weil immer mehr Menschen, darunter sicher auch Frauenzimmer, lesen. Er sprach von einer rechten Lesewut, die die Menschen ergriffen habe und von der er nicht wenig profitiere.« Der fromme Mann sah sich mit einem gänzlich unsachlichen Argument konfrontiert, dem er aus dem Arsenal seiner Schreckensdarstellungen nichts entgegensetzen konnte.

»Doch … sicher … aber sie lesen immer Neues – vorbei die intensive Lesung der Heiligen Schrift, das Wiederholen frommer Texte und beständige Inhalieren der Erbauungsschriften und frommen Kalenderblätter. Kaum ist der eine Roman verschlungen, muss ein neuer her. Die Vielfältigkeit der wilden Eindrücke, sie muss die Gemüter ja zerrütten, und die Folgen sind täglich zu sehen und zu erleben.«

»So ist das, ja«, ließ sie hören.

»Es hat alles ergriffen, und die Kirche, nein, die Kirche bleibt davon nicht verschont.« Die Feststellung hob ihn ein Stück aus dem Sessel. »Bei den Jungen macht sich eine widerwärtige Geringschätzung der Theologie breit, eine Abneigung gegen den Pfarrerberuf und ein unaussprechlicher Hang zu Frivolität und Wohlleben. Allenthalben Unbotmäßigkeit, falscher Freiheitssinn und Mangel an Lebensart! Mein Schwager berichtete schreckliche Dinge vom

Stift in Tübingen. In den Schenken trifft man die Stiftler in ganzer Gruppenstärke, in der einen Hand das Bierglas, in der andern die Tabakspfeife. Eine Partie spielt Kegeln, eine andere Tarock, die nächsten fluchen, die andern balgen sich. Was sollen daraus für Seelenhirten werden?! Es ist das revolutionäre Fieber, das sie angreift – gerade die Besten unter dem Volke. Man muss es ihnen austreiben! Tee, Kaffee und Tabak unterliegen der Mäßigung, keine Ausritte, keine Schlittenfahrten, kein Tragen von Waffen, schlichte Kleidung wie vorgeschrieben, und Wirtshäuser und Tanzveranstaltungen sind zu meiden – und all das ist zu kontrollieren und Fehltritte müssen geahndet werden … streng geahndet. Exempel sind zu statuieren.« Bei den letzten Worten hatte der fromme Mann sein bitteres Inneres etwas zu sehr nach außen gekehrt, was ihm selbst aufgefallen war. Er achtete deshalb darauf, wenigstens seinen Körper ruhig zu halten, wenn ihm das Maul schon überlief, und saß artig da.

»Das wird man in Tübingen sicher alles in die Wege leiten, davon bin ich überzeugt«, antwortete sie spöttisch, ohne dass er ihren Sarkasmus bemerkte. Sie rückte mit ihrem Stuhl ein Stück zurück und ließ es absichtlich am Boden kratzen.

Als Elisabeth vernahm, wie im Salon Stuhlbeine über den Holzboden fuhren, stand sie auf und erwartete den Besuch im Gang, um ihn bis zum Tor zu geleiten. Danach machte sie sich flugs wieder auf den Weg ins Haus, wo sie etwas atemlos ankam.

»Stimmt es eigentlich, dass die Franzisca auf dem Weg in den Bregenzerwald ist?«, wurde sie von Frau von Seutter sogleich gefragt. Sie nickte und räumte das Geschirr auf ein Tablett.

»Ja, ganz überraschend. Es muss etwas geschehen sein.«

»Man erzählt sich von einem eigentümlichen Transport nach Augsburg. Die Pferde vom Poschter hätten allesamt mit Koliken im Stall gelegen, dass er kaum die Postkutschen habe bedienen können. Deswegen habe der Bilgeri einspringen müssen. Hat es damit etwas zu tun?« Elisabeth zuckte mit den Schultern und klang nervös, denn sie machte sich Sorgen, blieb aber unbestimmt.

»Es wird grad überhaupt viel geredet, und ich weiß nichts Genaues. Sie hat mir nur eine kurze Notiz zukommen lassen. Der Schniefer hat sie mir gebracht, da war sie aber schon auf dem Schiff. Es sind halt verrückte Zeiten.«

»Wenn es geht, dann hol den Lucas und die Katharina einmal auf einen Mittagstisch heran. Es wird ihnen guttun.« Sie schüttelte den Kopf. »Gerade jetzt, wo alles von Krieg und Aufstand plärrt, fährt sie weg, und am Ende hockt sie droben fest, wenn es wirklich einen Aufstand geben wird.«

*

Franzisca und Annamaria hatten sich nach einer langen, innigen und tränenreichen Begrüßung nach draußen in den Schopf begeben, wo sie vor dem Wind geschützt waren. Die Sonnenstrahlen lagen nun immer länger auf den Holzbrettern, und im Verschlag dahinter knackte das Buchenlaub. Der Kaffee duftete frisch und würzig. Das Madle hatte ihn nach türkischer Art bereitet, was Franzisca äußerst gut schmeckte. Die zwei Buben waren mit dem Kaspar auf den Weiden unterwegs, und sie würden erst am Abend zurück sein.

Schlimme Zeiten stünden bevor, meinte sie, und erzählte vom Sohn des Tabakhändlers Moosbrugger, der bis weit in den Osten gefahren sei, um dort mit Schnupftabak zu handeln. Seine Erlebnisse, die er von der Reise mitbrachte, hatten allseits die Runde gemacht. Auf dem Rückweg von Warschau nach Prag habe er in Schlesien Halt machen müssen, wo es allerorten die Androhungen von körperlicher Züchtigung, Halseisen, Peitschenhieben, Spießrutenlaufen, Strafarbeit, Gefängniskarren, Zuchthaus, Festung, Leibes- und Lebensstrafe bis hin zum Strang für jenes Gesinde gab, welches sich weigerte, zu jeder Tages- und Nachtstunde die von ihren Herren geforderte Arbeit zu verrichten. Er hatte selbst gesehen, wie ein Pferdeknecht mit fünfzehn Peitschenhieben als Zwangsmittel öffentlich bestraft worden war. Die Gutsherren waren dort die

Inhaber der Gerichtsobrigkeit und hatten auch die Polizeiaufsicht. Gerade als er dort war, hatte die Willkür der Gutsbesitzer zu solcher Unzufriedenheit geführt, dass sich viele trotz der drakonischen Strafen zusammenrotteten und es fürchterliche Tumulte gab. Annamaria senkte die Stimme.

»Wenn solche Verhältnisse erst einmal zu uns kommen … nur kein preußisches Regiment, hört man nun oft. Drunten im Gamswirt hat er es erzählt, und viele Leut dort in Schlesien hätten gemeint, wenn sie nur sterben könnten, denn sie waren so verzagt, dass sie den Toten im Grab neidig geworden sind.«

»Bei allem, was einem widerfährt, ist es gar kein so schrecklicher Gedanke, zu sterben und alles hinter sich zu lassen.«

Annamaria lenkte das Gespräch von den düsteren Berichten weg.

»Ja, und drunten in der *Gams*, fällt mir ein, gibt es auch was Neues. Dem Gamswirt sein Papagei ist an Epiphanias gestorben – der Karaki.«

»Ach herrje!«, entfuhr es Franzisca, die sich an die Geschichte erinnerte. »Der muss doch uralt gewesen sein, wo er ihn doch aus dem Erbe vom Vitus seinerzeit übernommen hatte.«

»Davon weiß ich nichts. Ich kenne den Karaki nur vom Wirtshaus her, aber der Gamswirt ist über den Tod von dem Vogel derart melancholisch geworden wie selbst nicht, als seine Frau damals gestorben ist. Er hockt nur noch rum, schaut mit leeren Augen, redet kaum noch ein Wort und kümmert sich weder um sein Vieh noch um die Gäste. Ein rechter Niedergang wärs, wenn nicht der bucklige Sephi versuchte, noch alles aufrecht zu erhalten.«

»Der Sephi!?«

»Ja. Der ein oder andere hilft schon auch, aber er führt gerade die Geschäfte, und manch einer meint, er tät es fast besser als der Gamswirt selbst.«

Über ihre Gespräche füllte sich Franziscas Seele mit Beklommenheit, denn immer deutlicher drang nun ihr eigentliches Begehren in den Vordergrund, das sie veranlasst hatte, in diesen Zeiten den

Weg nach Bezau anzutreten. Mit wem sonst hätte sie über ihre Not reden sollen als mit Annamaria? – Sie, die so lange ihre Sprache verloren hatte und für die Schweigen eine andere Bedeutung hatte, als nurmehr nicht zu reden.

»Wenn wieder der Krieg kommt, von dem alle reden, und ein Aufstand dazu, dann werden wir Bauern nichts Schlimmeres kennenlernen als unser Dasein. Im letzten Krieg war der Kaspar am Inn, und auf dem Rückweg durch Baiern kam er durch eine Gegend, in der überall erschossene Pferde lagen. Es war der Rand eines Schlachtfelds. Und das Fleisch der toten Viecher, die im Wald und am Straßenrand herumlagen, ist als wohltätig Gabe verzehrt worden. In den Gasthöfen wüteten die Soldaten wie Rasende. Sie schleppten Weinfässer auf die Straße, soffen widernatürlich, und was ihre Kehle nicht mehr verschlingen konnte, wurde entweder mit fortgeführt oder zugrunde gerichtet. Er hat fast geweint, als er mir erzählt hat, wie viele Eimer besten ungarischen Weins im Keller und auf der Gasse ausliefen. Und in einem Wirtshaus erzählten sie von einem Hof, der in der Nähe gelegen hatte und von Soldaten geplündert worden war. Die Bäuerin hatte versucht, zu entfliehen, als ein Schuss fiel und die hochschwangere Frau nicht weit von ihrem Haus tot zu Boden sank. Stell dir vor!«

Es entstand eine Pause, nach der sich Franzisca Mut fasste.

»Ich muss dir etwas erzählen, weswegen ich hergekommen bin.« Annamaria hob den Kopf und sah Franzisca aus schmalen Augen an.

»So? Dann erzähl es.«

Franzisca tat sich schwer, die rechten Worte zu finden. Da hatte sie nun Stunden in der Kutsche gehockt, die Landschaft betrachtet, war dem Schaukeln und Schlagen gefolgt, und tausend Erinnerungen, Ideen und Gedanken waren in ihr hin- und hergeblitzt, doch sich die rechten Worte zurechtzulegen, war ihr nicht in den Sinn gekommen. So fing sie recht holprig an.

»Es war an einem Abend vor gut einem Jahr … Katharina und ich waren allein zu Haus … Lucas und der Schniefer hatten ihre Fuhren zu leiten, und die Hausmägde feierten auf dem Jahrmarkt.«

»Mhm«, ermunterte sie Annamaria, weiterzusprechen. Sie redete nun schneller und mit klarem Verstand, ohne sich den Gefühlen hinzugeben, die mit ihrer Schilderung verbunden waren. In kurzen Sätzen sprach sie von den Soldaten, die auf den Hof gekommen waren, von dem einen, der in der Stube über sie hergefallen war, und wie sie auf einmal das Bajonett in der Hand hatte.

»Ich habe es ihm geradewegs in den Leib gestoßen!«, sagte sie zum Schluss mit einem Anflug von Entsetzen über ihr Tun. Sie blickte Annamaria mit pochendem Herzen direkt ins Gesicht, um dort das Erschrecken über ihr Geständnis zu sehen, doch dort war keine Regung zu vernehmen. Annamaria ließ nur ein »Mhm« hören und blieb ansonsten völlig still. Kein Entsetzen darüber, mit ihr eine Mörderin im Haus zu haben, kein Zurückweichen, kein Vorwurf, nicht der kleinste Anflug von Schaudern.

»Verstehst du, Annamaria!? Ich habe ihn umgebracht!«

»Ja, ja … ich verstehe, ich verstehe dich, doch was hättest du denn sonst tun sollen?« Franzisca schloss die Augen. Sie hatte Fassungslosigkeit, Vorhalte, Anklage erwartet, und nun das: *Was hättest du denn sonst tun sollen.*

»Aber es quält mich unendlich.« Annamaria ging nicht darauf ein und fragte stattdessen: »Was habt ihr mit ihm getan?«

Sie erzählte von der Entschlossenheit Katharinas, dem nächtlichen Gang zum See und der schauerlichen Szene, als die Leiche davontrieb. »Aber jetzt … jetzt ist dieser Tote plötzlich aufgetaucht, und sie führen eine Untersuchung bei Gericht, denn es war trotz der ganzen Zeit, die er im Wasser gelegen hat, immer noch unverkennbar, dass es ein Mord war.« Annamaria schüttelte den Kopf und winkte gelassen mit der Hand.

»Man wird nicht großen Aufwand treiben wegen eines solchen Kerls. Auf den Schlachtfeldern schießen sie Tausende und Zehntausende in Fetzen, und wen kümmerts? Denke dir nicht zu viel

Franzisca, denke dir nicht zu viel.« Franzisca war beinahe sprachlos von der Unberührtheit, mit der Annamaria ihr gegenübersaß. Sie fühlte sich unverstanden, ebenso unverstanden wie von der beiläufigen Art, mit der Katharina mit all dem umging. Aber wie sollten die beiden auch wissen, wie sie sich fühlte. Sie hatten noch nie einen Menschen eigenhändig getötet. Sie sagte: »Es quält mich trotzdem sehr. Es ist schwer, jemandem zu erklären, wie es einen martert, wenn man jemanden getötet hat. Du weißt nicht, wie das ist.«

»Oh doch«, kam es sofort und völlig ungerührt vom Madle, »oh doch, ich weiß, wie das ist.« Annamaria sah Franzisca ernst in die Augen. »Ich weiß sehr wohl, wie sich das anfühlt, und jetzt, wo du hier sitzt und wir darüber sprechen, wird mir das Blut wieder wallend bei dem Gedanken daran. Es ist viele, viele Jahre her, und nur noch selten kommt es mir in den Sinn, und seit Langem träume ich auch nicht mehr davon.«

»Wovon redest du?«

»Du kanntest ihn auch und nur zu gut …«, spannte sie Franzisca ein wenig auf die Folter und lächelte bitter.

»Wen kannte ich auch?«

»Den Gnetzer … diesen Teufel! Ich war es. Ich bin ihm an jenem Morgen entgegengegangen, als er von Andelsbuch kam wie fast jeden Tag. Man hätte die Uhr danach stellen können. Angegrinst hat er mich. Ich bin auf ihn zu, habe ihm das Messer direkt in den Hals gestoßen und bin dann einfach weitergegangen. Es gab damals auch eine Untersuchung, aber wer wollte sich seinetwegen schon große Mühe machen. Er war ein Scheusal. Du warst damals schon weg … drunten am See. Weißt du, wir hätten niemals frei leben können, wenn ich es nicht getan hätte. Kaspar hatte Angst vor ihm, schreckliche Angst, und er wollte um des Teufels willen alles tun, um uns aus dem Haus zu kriegen.« Franzisca wusste nicht, was sie sagen sollte.

»Du?«

»Ja ich.«

»Und … hast du es gebeichtet?« Annamaria lachte laut und ohne jede Reue.

»Nein. Wozu denn? Gott hat es eh gesehen und weiß davon. Aus welchem Grund hätte ich denn dem feisten Pfaffen beichten sollen?« Franzisca war von der Klarheit dieser Worte erschüttert und starrte Annamaria fassungslos an.

»Du bist gekommen, um mir zu beichten, nicht wahr?«, stellte Annamaria fest.

»Ja … vermutlich ist es so.«

»Das hast ja nun getan, und ich kann dir sagen – ich weiß, wie es dir geht, und bin die Letzte, die dir einen Vorwurf machen wird. Was anderes hättest du tun sollen? Dir blieb kein anderer Ausweg. Und wovor fürchtest du dich? Vor der Untersuchung am Lindauer Gericht? Das musst du nicht. Und den Rest, den musst du mit dir allein ausmachen. Aber denke dabei auch daran, wie es Katharina wohl ergangen wäre, wenn du nicht gehandelt hättest. Ja überhaupt … was sagt Katharina dazu?«

»Wir reden nicht über das, was geschehen ist … überhaupt nicht, kein Wort. Es wundert mich, aber auf seltsame Weise finde ich es auch gar nicht notwendig, mit ihr darüber zu sprechen. Sie scheint ohnehin auch ganz anders damit umzugehen als ich, und ich weiß auch nicht, was geschehen wäre, wenn nicht ich, sondern sie … gehandelt hätte. Als er sie packen wollte hinter dem Tisch, da hat sie einen Laut von sich gegeben, der mir durch alle Glieder gefahren ist, schrill, böse, nicht von einem Menschen. Und sie wollte nach dem Messer greifen, das hinter der Bank lag. Es war vielleicht besser für alle, so, wie es gekommen ist.« Annamaria langte über den Tisch und nahm Franziscas Hände in die Hand. Franzisca wiegte den Kopf. »Ihr … ihr Verlobter, der ist ein Offizier, bei den Franzosen. Er ist mir allerdings nicht recht. Sie ist jedoch dickköpfig und stur, aber auf eine Art und Weise, die es einem besonders schwer macht. Sie lächelt, sie zeigt einem keine Verachtung, keinen Ärger – sie macht einfach, was sie will. Sie kommt mir ein wenig wie der Schaffer vor, und ich glaube, die viele Zeit, die sie mit ihm als Kind verbrachte, hat sie ein Stück weit so werden lassen. Er hat sie, wenn es ging, auch manches Mal mitgenommen auf Wanderschaft mit seiner Herde. Sie ist sehr vertraut mit der Natur, kennt alle Kräuter, Bäume, den Gesang der Vögel und benimmt sich ganz frei ... verstehst du ... ganz frei in allem.«

»Ja, ich verstehe, aber was ist denn nicht recht an ihm?«

»Er ist Soldat.« Sie schüttelte den Kopf und sah Franzisca strafend an.

»Das ist alles?! Er ist ein Soldat? Es ist aber auch schwer in diesen Zeiten, nicht an einen Soldaten zu geraten.« Franzisca ächzte.

»Ja, das ist es wohl, aber er müsste es gar nicht sein. Sie haben die Poststation in Lindau, eine Relaisstation und eine Fahrerei dazu ... er müsste kein Soldat sein, der andere umbringt und selbst jeder Kugel und jedem Säbel ausweichen muss ... er könnte ein friedliches Leben führen.«

»Niemand kann ein friedliches Leben führen«, antwortete Annamaria ungerührt.

»Sie wäre gut aufgehoben, wenn der Kerl sich um die Postsendungen kümmern würde, den Reisenden zu Diensten wäre und die Pferde versorgte, aber er zieht es vor, auf seinem Gaul mit gezogenem Säbel gegen eine Stellung mit Kanonen zu preschen und sich feiern zu lassen, wenn er es überlebt. Wenn er nicht so wagemutig wäre, dann fände ich auch Frieden. Weißt du, er ist ein Träumer und kommt stolz daher in seiner Uniform, immer auf einem rassigen Gaul.« Annamaria sah sie ruhig an und lächelte. Sie sagte nichts.

»Ich fühle mich so müde, so unendlich müde. Nach all den vielen Menschen, die ich auf den Gottesacker begleitet habe, Vater, Jakob, Mutter, meine Büblein ... nach all den Einquartierungen, Plünderungen, Ängsten, dem Leid, den Hungermonaten ... ich fühle mich so schwach, dass ich mitunter meine, nicht mal mehr die Kraft zu haben, mich aus dem Stuhl zu erheben, und zuweilen sitze ich ganze Vormittage allein in der Stube und möchte weinen, nur weinen, weinen, weinen, doch hock ich dann nur stumpf da, und irgendwann … irgendwann geht es schließlich wieder. Und seit einigen Wochen plagen mich wieder diese düsteren Vorahnungen, weißt du, Träume. Ich träume von einem Adler.«

»Ein Adler?«

»Ja. Vor langer Zeit, als ich noch hier lebte, bin ich oft in den Grebentobel hochgelaufen. Eines Tages, es war an einem kalten Wintertag, wenn ich mich recht erinnere, da umfing mich dort eine ganz eigene Stimmung … es war, als wenn ich mich selbst hören und sehen könnte, von außen, und die Welt um mich herum nicht wirklich existierte. Es war ganz still dort droben, nur die Bäume knackten manchmal in der Kälte. Und da sah ich einen abgestorbenen Baum, der sich in die Höhe reckte, und auf einmal einen Adler, der angeflogen kam, ganz erhaben und langsam. Er setzte sich auf die oberste Spitze des toten Baums und blickte mich ganz ruhig an. Da waren noch andere Vögel, aber ich erinnere mich nicht mehr an sie, nur an diesen riesigen Vogel mit seinen Beinhosen und den stechenden Augen. Ich war stehengeblieben und sah ihm geradewegs in die Augen. Er schrie drei Mal, drehte den Kopf und flog dann auf, um zwischen den Baumstämmen zu verschwinden. Ich brauchte einige Zeit, um zu erkennen, dass ich das nicht geträumt hatte, und ging dann wie benommen zurück zum Hof. Von diesem Tag an nahm das Unglück seinen Lauf: die Großmutter, Mutter, die Drieberin, der Gnetzer …« Franzisca schwieg für eine Weile. »Ich glaube, er war ein Bote, einer, der mir Unglück kündet. Und er ist es noch. Weißt du, er erscheint mir seither im Traum – immer dann, wenn Unheil kommt. Nun ist er mir wieder erschienen, hat seinen Schrei ausgestoßen, mich angesehen und ist wieder davongeflogen.«

»Mhm. Und nun hast du Angst vor deiner Vorahnung.«

»Ja, so ist es. Und ich bin hierher zu dir gekommen, in mein altes Tal, um etwas Kraft zu sammeln, die ich zu Hause nicht finden kann. Ich werde sie brauchen, denke ich, weiß aber noch nicht, wofür.«

*

An diesem Sonntag, dem zweiten im wechselhaften April, klangen die Glocken besonders hell, fand Elisabeth Mauchin, und schloss die Fenster am Haus zum Baumgarten, bevor sie mit ihrer Herrin hinüber in den Gottesdienst in St. Stephan ging. In der Luft hing der Gesang der Mönchsgrasmücken, die in den letzten Tagen an den See gekommen waren.

Sie verharrte jedoch noch einen Augenblick am Fenster, denn drunten kam ein Offizier auf einem halbwegs stolzen Gaul aus der Cramergasse geritten, gefolgt von einem Trupp braver Soldaten im Gleichschritt. Hinter dem kleinen Zug hopste eine Horde Kinder her, die das Getue mit einer Mischung aus halbem Ernst und Karnevalsumzug begleitete. Zeitweise blitzte auf ihren lachenden Gesichtern auch ein heiliger Ernst auf, als wäre ihnen bewusst geworden, welche Aufgaben Soldaten hatten: Sie mussten töten und sie mussten sterben.

Auf dem Mauchinhof hockten Lucas und der Schniefer auf der Holzbank vor dem Stadel, wo es windgeschützt war und die Sonne, wenn sie denn zwischen den schnell über den Himmel huschenden Wolken durchkam, wohlig wärmte. Lucas reiste in Gedanken zu vergangenen Tagen in Frankreich. Er gedachte still dem heiligen Liborius, dem in Le Mans, wo er eine schöne Zeit gehabt hatte. Dann holte er sich den dunklen Schlag der Emmanuel her, der größten der zehn Glocken von Notre Dame, die er zweimal gehört hatte, was etwas bedeutete, da sie nur in der Christnacht und zu besonderen Anlässen schlug. Dem neuen Musicus hatte er einmal bei einem Treffen im Baumgarten davon erzählt, und der hatte sofort einen kleinen Vortrag über Stimmlagen gehalten, dessen Inhalt er nicht verstand und nur so viel behielt, dass die Immanuel ein fis 0 von sich gab.

Der Schniefer zog still an seiner Pfeife und war ganz und gar zufrieden. Die zwei alten Hirtenhunde des Schaffers, die ihren Austrag bei ihnen fanden, lagen weit ausgestreckt auf einem steinigen Flecken, der die Sonnenwärme lange speicherte. Katharina war in die Stadt gelaufen, wo sie mit Sicherheit Christian aufsuchen würde.

Weder in Bezau noch in Lindau oder auf dem Mauchinhof wusste man, was sich derweil in Wien vollzog. Als die Gottesdienste und das Geläut für diesen Sonntag vorbei waren, erklärte Österreich den Baiern den Krieg. Zur gleichen Zeit setzte es seine Truppen in Marsch, die noch am Nachmittag den Inn überquerten und baierisches Gebiet besetzten. Der Krieg, den viele befürchtet und manche erhofft hatten, war nun da – ein fünfter Koalitionskrieg, der Land, Menschen und Vieh heimsuchte.

*

Der Rotmäntler führte die Wagenkolonne zum Gasthof *Adler* in Rickenbach. Ohne viele Umstände ließ er die Kutscher mit dem Auftrag zurück, auf die Insel zu fahren und sich dort beim Bilgeri zu melden. Einem gab er eine kleine Notiz mit, die auf ein abgerissenes Stück Papier gekritzelt war, mit dem ausdrücklichen Auftrag, es der Bilgeri persönlich zu übergeben. Er habe hier noch etwas zu erledigen, gab er den verdutzten Kerlen zu verstehen, in denen sogleich die Freude aufstieg, den Kerl endlich loszuwerden. Zügig setzte sich der Tross in Bewegung und erreicht bald Ufer und Seebrücke, wo eine geradezu heitere Stimmung auf die Kutschböcke kam. Wie ein Schatten hatte sich das dunkle Gemüt des Rotmäntlers auf ihre Seelen gelegt, und die Mutigsten unter ihnen würden mit dem Bilgeri ein ernstes Wort reden, denn noch einmal wollten sie sich einem solchen Scheusal nicht ausliefern. Zudem – über die Entlohnung wäre auch noch ein Wort zu verlieren.

Am Landtor plärrten die Wachen, wie wenig Grund es gebe, sich zu freuen und zu feixen, wo doch nun Krieg sei und die Österreicher bereits den Inn überschritten und weit ins Baierische eingedrungen seien.

Auch Brack war inzwischen zurück auf der Insel und hatte sich umgehend in sein Versteck im Wachhäuschen an der Heidenmauer begeben. Nur nachts traute er sich hinaus. Von Rosa war ihm wenig Willkommen entgegengebracht worden. Eher beiläufig war seine Anwesenheit von ihr zur Kenntnis genommen worden. Danach sah er sie überhaupt nicht mehr. Wer wusste schon, wo und mit wem sie sich herumtrieb.

Der Rotmäntler hielt sich nicht lange im *Adler* auf und machte sich, kaum dass die Wagen mit der ersten Kurve aus dem Blick geraten waren, zu Fuß auf den Weg. Auf keinen Fall wollte er den Wachen am Landtor begegnen und hoffte, die Bilgeri würde seiner Aufforderung nachkommen, wie es seine Notiz verlangte.

Er nahm den direkten Weg hinunter zum Seeufer, wo er auf den Weg nach Lochau traf und ein Stück nach Westen marschierte, bis die Insel schon recht nahe war. Die beiden Kirchtürme erhoben sich weit über die Dächer. Eine Schar Lachmöwen zog ungewohnt still über die Wasserfläche. Durch dichtes Gebüsch und Schilf kam er hinaus auf eine einsam gelegene Halbinsel, von wo der städtische Galgen drohend zur Insel hinüberzeigte. Die massiven Balken waren in einem Felsen verankert, der ein wenig über das Kiesufer hinausragte. Für die Balken hatte man schon vor langer Zeit tiefe Löcher in den Stein geschlagen. Seit Langem wurde hier auf der Galgeninsel bereits gerichtet, weswegen es für ihn ein sicherer Ort für den Moment war, denn kein Mensch kam freiwillig hierher.

Er hockte sich zu Füßen einer der mächtigen Trauerweiden, lehnte sich an den breiten Stamm, streckte die Füße aus und zündete eine Pfeife an, den Blick immer hinüber zur Insel gerichtet. So wartete er, bis es dunkel wurde. Auf der Seefläche spiegelte sich trotz der Dunkelheit ein heller Schimmer, in welchem bald ein Schatten sichtbar wurde, der sich langsam näherte. Er grinste zufrieden, zerrieb alte Laubblätter zwischen den Händen und blieb im Dunkeln, bis das Boot vorsichtig am Kiesufer auflief. Der Ruderer, ein junger kräftiger Bursche mit schwarzem Umhang, pfiff leise. Erst danach löste sich der Rotmäntler aus dem Schatten des Baums und stieg zu ihm ins Boot. Leise und von allen Wachen unentdeckt setzte ihn der Kerl vor der Gerberschanze ab. Das beißende Aroma der Brühen unzähliger Gerbbottiche überlagerte hier den würzigen Geruch des Sees. Nachdem der schweigsame Bootsführer sein Gefährt gesichert hatte, marschierte er wortlos davon. Der Rotmäntler folgte ihm einen engen Holzsteg entlang, der in einen Innenhof mündete. Sein Führer bewegte sich auch im Dunkeln geschwind zwischen den dunklen Fassaden, und ihm blieb nichts übrig, als ihm mit schnellen Schritten zu folgen. Ein Hund schlug nicht weit entfernt an, als sie in den Durchgang eintraten, der hinaus in die Fischergasse führte. Dem Gebell antworteten sogleich mehrere Genossen aus anderen Gehöften. An der Tür zum Haus der Bilgeris pfiff der Bursche dreimal kurz und laut, woraufhin oben ein Fenster aufging und gleich wieder geschlossen wurde. Das dumpfe Bollern auf den Stufen der Holztreppe drang bis hinaus auf die Straße. Die Tür ging auf, quietschte leise, und eine Frauenhand ließ einige Münzen in die ausgestreckte Hand des Burschen fallen. Es klimperte, was einen guten Fährlohn vermuten ließ. Ohne jedes Wort verschwand der gut entlohnte Kerl, und der Rotmäntler trat ins Haus. Erst als die Tür hinter ihm zufiel, zündete die Bilgeri eine Laterne an und stieg die Treppe nach oben.

Im Salon hockte bereits Brack am großen Tisch, und so bewegungslos er auch dasaß, verströmte er doch eine giftige Nervosität.

In der Ecke stand das zertrümmerte Pianoforte. Die anderen zerschlagenen Möbel hatte sie schon wegschaffen lassen. In den Wänden jedoch hing die Zersetzung und teilte sich mit.

Das Gespür für Gefahr, das dem Wesen des Rotmäntlers immanent war, schlug auf solche Stimmungen an. Ohne viele Umstände zog er drei schwere Lederbeutel aus seinen Manteltaschen und warf sie zu den vier großen Lederbeuteln, die schon auf dem Tisch lagen. Dann rückte er einen Stuhl vom Tisch weg, drehte ihn um und hockte sich breitbeinig darauf, die Arme auf die Lehne gestützt. Keiner sprach ein Wort, auch nicht die Bilgeri, als sie eine Flasche und drei Gläser herbrachte und einschenkte. Der Rotmäntler folgte ihren Bewegungen und registrierte auch bei ihr eine eigenartige Zurückhaltung. Immerhin zitterte sie nicht. Zwei Gläser goss sie bis unter den Rand voll, ihres füllte sie nur zur Hälfte.

»Auf unser Wohl!«, sagte sie und hob das Glas. Sie tranken. Der Rotmäntler schüttete den Branntwein in die Kehle und schob ihr das leere Glas umgehend wieder zu.

»Was ist los!? Ist das eine Beerdigung, und wo ist der Bilgeri? Hat er nichts zu feiern, oder sind wir ihm nicht gut genug?«

»Es ist Krieg!«, zischte Brack und wollte doch etwas ganz anderes ausdrücken, nämlich, wie wenig er hier mit ihnen an diesem Ort sein mochte. Die Abscheu, die er zeigte, galt wahrlich nicht dem Krieg, sondern der Gesellschaft, in der er sich gerade befand. Doch was hätte er machen sollen? Gerade jetzt, wo niemand wusste, was genau kommen würde, wären noch ein paar Goldstücke mehr doch von großem Nutzen.

»Er ist in der Stadt unterwegs und wollte nicht dabei sein. Die Huren sind ihm lieber als wir, aber das Geld wird er gerne nehmen, um für seine Viecher Futter und Kräuter und Geschirr zu kaufen und womöglich auch einen neuen Fuhrwagen …«, beantwortete sie lediglich seine zweite Frage und leerte dabei die Lederbeutel auf der Tischplatte aus. Der Lichtschein der Kerzen reflektierte vielfältig auf dem Münzhaufen und zauberte ihr ein Grinsen ins Gesicht.

»Hat es sich doch gelohnt!« Mit flinken Fingern sortierte sie die Münzen, stapelte kleine Türmchen und schob danach jedem seinen Anteil zu. Es gab keine Diskussionen. Brack sackte seinen Anteil hastig ein, verwehrte ihr mit einer kurzen Handbewegung, sein Glas nochmals zu füllen, stand auf und empfahl sich mit flattrigen Augen. Sie begleitete ihn wortlos hinunter zur Tür und schloss hinter ihm ab ohne ein Wort des Abschieds. Keiner von beiden hatte gute Wünsche für den anderen übrig, und auf ein Wiedersehen legten beide ohnehin keinen Wert.

»Der Feigling!«, rief sie geradezu entrüstet, als sie wieder oben angelangt war. Zweimal hatte sich der Rotmäntler inzwischen nachgeschenkt, und seine Augen bekamen rote Ränder, während sich das Wässrige glitzernd nach außen kehrte. Er lachte nur, musste daraufhin husten, nahm dann seinen Zylinder vom Kopf, schob seine Münztürme von der Tischplatte aus hinein und schüttelte kräftig, bevor er sie umständlich wieder hervorholte, um sie in unbekannten Taschen und Löchern seines Mantels zu verstauen. Sie verfolgte das eigenartige Tun, und fast kam es ihr vor, als hätte der kurze Aufenthalt des Geldes im Zylinder eine reinigende Wirkung für ihn. Reinigung – fuhr es ihr durch den Kopf.

»Kannst dir jetzt ein neues Gewand leisten. Not täte es schon«, kommentierte sie und schenkte sich nach. Es waren zwar ihre eigenen Wände, doch die fühlten sich fremd und einsam an. Die zwei Männer waren in der Stadt beim Saufen und Huren, und der Hausmagd hatte sie mit generösem Getöse freigegeben, weil sie niemanden im Haus haben wollte, wenn ihre zwei Gäste erschienen. Die Zeiten waren danach, mit Vorsicht gelebt zu werden.

»Was glaubst du, wann sie die Mauchin holen werden?«, fragte sie, und der Schnaps ließ nun auch ihre Augen glänzen.

»Was?«

»Ja, sie werden es doch bald merken, was man ihnen da angedreht hat.« Sie lachte erst gekünstelt, dann ehrlich bösartig. Der Rotmäntler glotzte sie verständnislos an.

»Ja, Herrgott … wann werden die Gendarmen die Bagage denn abholen? Was denkst du? Dann werden sie auch den Hof los sein, und bei der Versteigerung wird das hier ein schöner Anteil sein, ihn zu erwerben.« Sie streichelte über ihre Münztürme, umfasste sie mit einem weiten Griff und schob sie vorsichtig zu sich her.

»Was weiß ich … wo jetzt Krieg ist … und wen interessierts!?«, antwortete er ungehalten. Der Branntwein brachte seine Giftigkeit noch mehr zum Vorschein. Jetzt glänzten auch seine Lippen speckig.

»Ja umso fürchterlicher werden sie toben, die Franzosen, wenn sie den Betrug entdecken«, frohlockte sie vorsichtig. »Büßen wird mir die Hur ihre Selbstgefälligkeit, und keiner der feinen Herren und Damen, die sie hofiert hat, wird sie retten können.« Er sah sie an.

»Was redest du? Nimm das Gold und lass mich zufrieden mit deinem Weibergift!« Er stand auf, rückte den Zylinder zurecht und tappte zur Tür.

Draußen in der frischen Luft erfasste ihn ein kleiner Taumel. Als es wieder ging, schlurfte er in Richtung Eichmeisterbrunnen davon. Dort angekommen tauchte er seinen Schädel mehrfach in das kalte Wasser, wischte sich einigermaßen den kleinen Rausch aus dem Gesicht und erlangte für einen Augenblick Nüchternheit. Der Mantel zog schwer auf seinen Schultern vom vielen Geld darin. Es war nicht gut, es ständig mit sich herumzuschleppen, und bei dem Gedanken erschrak er darüber, gar nicht zu wissen, wo er eigentlich die Nacht verbringen sollte.

Hufe schlugen auf dem Kopfsteinpflaster, Männerstimmen fluchten. Er setzte den Zylinder auf den nassen Schädel und suchte flink den nächsten Schatten. Ihn durfte niemand sehen. Bei einer der Huren würde er die Nacht gut verbringen können, fiel ihm ein, denn für glänzendes Gold taten die alles. Er achtete darauf, niemandem in die Arme zu laufen, am wenigsten den Gendarmen. Es war also wieder Krieg, dachte er. Endlich wieder normale Zeiten, in denen er bald wieder ein Unterkommen haben würde, und Kameraden, lustige Abende am Feuer, Branntwein – so wie es eben sein sollte, wenn man damit rechnen musste, jeden Tag, jede Stunde sein Leben zu lassen.

Als er drunten an der Hofstatt vorbeikam, spülte ihm der Schnaps einen anderen Gedanken in den Sinn. Er blieb stehen, sah sich um – und als er sich alleine wähnte, feixte er vor Entzücken über seine Idee.

*

Christian und der Poschter waren auf der Insel unterwegs, auf der Suche nach Kutschern vom Bilgeri. Der Alte selbst war unauffindbar. Im *Sünfzen* war es ihnen gelungen, sich an einen Tisch zu bugsieren, an dem einer seiner Leute hockte, der auf der Tour nach Augsburg dabei gewesen war. Die anderen waren alle wie vom Erdboden verschluckt, und zwei, die sie im Hafen aufgegabelt hatten, zeigten sich völlig unzugänglich und voller Angst.

Der kräftige Kerl hatte schon viel Wein getrunken und immer vom besten bestellt, wie sie vom Wirt erfahren hatten. An Geld schien es ihm also nicht zu mangeln. Der Poschter arbeitete sich geduldig direkt an seine Seite vor, und Christian hockte sich ihm gegenüber. Die Luft war stickig, schnell kam man ins Schwitzen. Ein Gemisch aus Schweiß, heißem Fett, Kraut, Tabakqualm und Alkohol hing über den Tischen, und manche plärrten ihre Meinung zum Krieg, zu den Österreichern, den Franzosen und der ganzen anderen Bagage in Wien lauthals heraus.

Am Tisch der drei ging es etwas ruhiger zu. Der Kutscher soff genüsslich vor sich hin und ließ sich leicht in das Gespräch verwickeln. Vor einiger Zeit hatte er sogar einmal für den Poschter gearbeitet, doch der hatte ihn davongejagt, weil er der Sauferei wegen die Postkutsche hatte länger warten lassen, als es die königlichen Bestimmungen erlaubten. Dennoch war er den beiden gegenüber nicht zurückhaltend oder gar feindselig gestimmt, was aber auch an der Schmeichelei des Poschters lag, die so übertrieben war, dass

Christian ihn kopfschüttelnd ansah. Sie erfuhren allerlei von dem Burschen, der sich vor allem über das Scheusal beklagte und dessen giftige, herrische Art. Es musste sich der Beschreibung nach um den Rotmäntler handeln. Viel mehr war aber nicht zu erfahren. Sie hatten in der Hangnach alle Kutschen versammelt, fremde Lader hätten dann die Fuhren zusammengestellt, bevor sie auf den Weg nach Augsburg gegangen seien, und ein jeder hätte ordentlichen Lohn erhalten. Was sollte man mehr dazu sagen. Doch eine Frage blieb: »Weswegen hatten denn Lader die Fuhren gerichtet? Die waren doch von den Mauchins her schon fertig«, erkundigte sich der Poschter. Der Bursche sah ihn verständnislos an.

»Ja, komisch schon, aber es war halt so. Wer weiß. Ich bin auf jeden Fall gut damit gefahren, denn der Joseph, der die Tour nach Chur mitgemacht hat, ist nicht so gut weggekommen«, wobei er seinen Daumen mit dem Zeige- und Mittelfinger rieb und hämisch lachte.

»Chur? Weswegen denn Chur?«, fragte der Poschter höchst verwundert.

»Na die zweite Tour … auch Getreide. Hafer … «, er nahm den Kopf herunter, sah zur Seite und sprach leiser, »und anderes Zeug, was sie jenseits vom Rhein aufgenommen haben … Fässer …«, er lachte kurz auf und wurde noch leiser, »die alten Verbindungen vom Bilgeri.«

»Mhm. Und wie viele Wagen waren das nach Chur?«

»Mhm … ja genauso viele wie nach Augsburg. Der Bilgeri, das ist ein ganz durchtriebener … hat schönes Geld gemacht, sag ich euch. Aber nach Chur war es den Leuten schon angenehmer … da war zwar der Lackaff dabei, aber der hat sich anständig verhalten … hat er.«

»Welcher Lackaff?«, fragte der Poschter beiläufig.

»Na der mit seinen Huren, der Brack …« Der Poschter und Christian sahen sich an. Das war eine unheilige Zusammenkunft: der Bilgeri, der Rotmäntler und der Brack.

*

Als die beiden den *Sünfzen* verließen, wirkte die schlagartige Stille und die frische Luft wie eine Befreiung. Einige Pferdegespanne zogen ruhig von der Cramergasse über die Bindergasse hinunter in den Hafen. In der Dunkelheit führten die Kutscher die Rösser am Halfter. Ein Trupp Soldaten marschierte vom Rathaus her, und auf dem Dach des Orthauses schreckten Vögel auf – vielleicht eine Katze auf nächtlicher Jagd. Ein Hund bellte, und das Krakele eines Betrunkenen schallte vom Schrannenplatz durch die Gassen.

Der Poschter wollte noch in der Post nach dem Rechten sehen, während Christian die Pferde im Sinn hatte, die inzwischen alle wieder standen.

»Wann musst du wieder weg?«, fragte der Poschter und verbarg hinter seiner Nüchternheit seine Trauer über den baldigen Abschied.

»Heut ist die Notiz aus Augsburg gekommen. In ein, zwei Tagen wohl. Ich soll mich der Reiterei in Füssen anschließen und über Augsburg in Richtung Regensburg zugehen. Anscheinend kommen größere Truppen aus dem Westen heran.« Der Poschter spukte aus.

»Herrgott, jetzt hat's dein Franzos wirklich wieder geschafft, dass wir uns gegenseitig die Schädel einschlagen. In Vorarlberg und im Tirol ist der Aufstand schon greifbar, und du marschierst gegen die eigenen Leut. Denkst du denn gar nicht darüber nach!?«

»Österreich hat den Krieg erklärt und ist schon über den Inn gerückt«, verteidigte sich Christian.

»Ja. Und es wird so weitergehen und kein Ende nehmen mit dem Krieg, und gewinnen tut keiner von uns dabei. Du aber, du musst nun auch an andere Dinge denken. Wenn du erst verheiratet bist, ist es aus mit dem Kriegführen, denn dann hast du für sie zu sorgen, für die Katharina, für die Kinder, die der Herr euch schenken mag und für die Post und die Relaisstation und die Handelsschaft der Mauchins. Was denkst denn, wie das gehen soll … in der Uniform der Franzosen, mit dem Säbel in der Hand?! Gewiss nicht!«

Christian schwieg.

Der Poschter trat auf ihn zu und streckte ihm die Hand hin. »Versprich mir, versprich mir aufs Leben, auf mein Leben, dass es das letzte Mal sein wird, dass du in den Krieg ziehst! Und wenn der Herr dir gnädig ist, wirst zurückkommen, die Katharina zur Frau nehmen und lässt andere sich die Köpfe einschlagen und in den Leib stechen.« Christian blieb stumm und versuchte, in dem Dunkel das Gesicht des Poschters zu erkennen. Schließlich schlug er in die Pranke ein, die ihm hingehalten wurde, und die beiden drückten für mehr als einen Augenblick fest und innig zu. Der Poschter grunzte ein paar Laute, die versöhnlich klingen sollten, klopfte ihm auf die Schulter und verschwand dann im Dunkel der Cramergasse. Christian war stehengeblieben und sah ihm nach. Der schwarze Mantel hob sich von der Dunkelheit tatsächlich in noch größerer Schwärze ab, ebenso der große runde Hut, und selbst der unverwechselbare Gang durch sein Hinken war zu erkennen. Er lächelte dem Alten nach und nahm die entgegengesetzte Richtung, vorbei an Rathaus und Brodlaube, wo er über die Schafgasse und den Schrannenplatz einen kleinen Umweg zum Diebsturm nahm. Dort oben trat er in die kleine Kanzel, die sich aus der Befestigungsmauer heraus über das Wasser hob. Drunten gluckste das Wasser, und Wellen schlugen sanft an die Stadtmauer. Wolken zogen auf, und nur an manchen Stellen war der ein oder andere Stern zu sehen. Er sah hinaus in die Nacht, wobei sein Blick eine Stelle im Dunkeln fixierte, wo der Mauchinhof liegen musste. Noch nie hatte er sich Sorgen gemacht, wenn er die Stadt verlassen und in den Krieg ziehen musste, diesmal aber war ihm nicht wohl ums Herz. Große Veränderungen lagen da draußen im Dunkel. Der Alte hatte ihm auf dem Heimweg von den Mauchins zugeraunt, mit Lucas sei alles besprochen. War wirklich alles besprochen?

Ohne Antworten auf seine Fragen zu haben, ging er schließlich zurück zur Hofstatt, wo ein Pferdeknecht gerade mit der Laterne herauskam.

»Und, ist alles gut mit den Viechern?«, fragte er. Der Knecht öffnete das Stalltor nochmals und leuchtete hinein: beruhigend geräuschvolles Atmen, ein feines Schnauben, das vereinzelte dumpfe Klappern der Hufe auf dem Stallboden und das Rascheln von frischem Stroh, das der Knecht gerade ausgebracht hatte – Frieden. Ein würziger Geruch zog zum Eingang, ganz ohne die bittere und saure Note wie noch vor Tagen. Er gab dem Knecht einen Klaps und ging hinauf ins Haus, wo er sich hinlegte. Wie würde er die weichen Federn in der nächsten Zeit vermissen. Sein Schlaf war unruhig und von heftigen Träumen unterbrochen. In einem Traum hörte er Geschrei und wachte davon auf. Durch das Fenster drang kaum Licht in die Stube. Er fuhr sich mit den Händen übers Gesicht. Das Geschrei aber, es blieb. Der Traum war mit ihm aufgewacht und setzte sich in der Wirklichkeit fort. Er brauchte eine Weile, um sich zu sammeln. Von drunten aus dem Haus kam es. Klappern von Schuhen auf den Holzböden und auf den Treppenstufen waren zu hören. Türen schlugen. Eine Frau schrie und jammerte – der Stimme nach die Küchenmagd, die am Ofen schlief, obschon ihr der Poschter eine Kammer unter dem Dach gerichtet hatte. Sie war es allerdings von klein auf so gewohnt, und der Platz auf der Stroh- und Heumatte vor dem Küchenofen war zu ihrem Zuhause geworden. Warum schrie sie? Er sprang in seine Hose, schlüpfte in die Stiefel und stürzte die Treppe hinunter. Die schwere Holztür zum Stall stand offen, die Pferde waren voller Unruhe. Wieso sorgte der Poschter nicht für Ruhe? Wo war seine dröhnende Stimme, um dem, was da vor sich ging, ein Ende zu bereiten?

Vorne an der Stallbaracke sah er einige Gestalten. Die Küchenmagd hielt eine Laterne, zwei Stallknechte ebenso. Sie standen, bewegten sich, blieben wieder stehen, so als wüssten sie nicht, was tun und wohin. Die Küchenmagd weinte inzwischen leise. Er ging nach vorne und blickte auf die Stelle, auf die alle anderen starrten: ein regloser Körper lag dort hingestreckt am Boden. Der schwarze Hut war zertreten ein Stück entfernt im diffusen Licht zu sehen, das durch das offene Stalltor einfiel. Eine Ewigkeit, es dauerte eine

Ewigkeit, bis ihm gewahr wurde, was geschehen war. Er kniete neben der Gestalt nieder, die anderen um ihn herum wurden still, nur die Küchenmagd konnte nicht aufhören, zu weinen. Mit einer Handbewegung forderte er eine Laterne und leuchtete die Szenerie aus. Kampf – es musste einen Kampf gegeben haben, einen entsetzlichen Kampf. Der Mantel, der Rock und das Hemd waren an vielen Stellen zerrissen und zerfetzt. Im Gesicht erkannte er zahlreiche Schürfungen und Schrunden. Ein großer schwarzer Fleck unter der linken Brust zeigte, wo es den Alten tödlich erwischt hatte. Christian fuhr ihm mit zitternden Händen über das Gesicht. Die Haut war bereits kalt. Vielleicht waren die Bartstoppeln deshalb so besonders spitz – jedoch hatte er auch noch nie das Gesicht des Poschters berührt. Noch nie, erst jetzt, wo er tot vor ihm lag.

Christian blickte um sich herum. Die Pferdedecken von der Liege waren aufgewühlt und lagen in der Ecke, der alte Stuhl lag zertrümmert daneben, Tabaksbeutel, Pfeife und Aschenbottich waren verstreut. Der Poschter hatte um sein Leben gekämpft, während er oben im Bett gelegen und geschlafen hatte. Welche Schande!

Er gab Anweisungen, den Amtsschreiber holen zu lassen, die Gendarmen und bis dahin nichts anzurühren.

Von der Stiftskirche schlug es dreimal mit der kleinen Glocke. Viertel vor sechs?

»Wer hat ihn gefunden?«, fragte er ruhig. Der Knecht, der ihm am Abend geleuchtet hatte, meldete sich.

»Ich, Herr Christian, ich. Als ich gekommen bin, um die Pferde für die frühe Kutsche zurechtzumachen … da lag er da …« Der Kerl schluchzte und brachte kein weiteres Wort mehr heraus.

»Nimm den Freiberger, reite hinaus zum Mauchinhof und sag, was geschehen ist, und wenn es geht, sollen der Lucas und der Schniefer kommen.« Der Knecht leinte den Freiberger ab und führte ihn hinaus. Dabei war er bemüht, ihn mit sanften Lauten ruhig zu halten, und wurde darüber selbst ruhiger. Im Stalltor blieb er kurz stehen.

»Das Tor, Herr Christian, es war zu, als ich gekommen bin, und Herr Christian waren selbst dabei, wie ich es am gestrigen Abend zugemacht habe.« Christian nickte ihm zu.

»Ja, ich weiß. Er muss demnach schon drinnen gewesen sein.« Den Knecht packte ein kurzer Schüttelfrost, dann verschwand er in der Morgendämmerung.

Christian hockte weiter neben dem toten Poschter, hielt eine Hand auf der Schulter und wartete auf den Amtsschreiber und die Gendarmen. Die Küchenmagd unterbrach ihr Heulen, tat eine Pferdedecke über seine Schultern und weinte dann still weiter. So verging die Zeit. Die Rösser beruhigten sich wieder, und die Knechte suchten sich einen Platz in dunklen Ecken und Winkeln. Als der Amtsschreiber eintraf, bleich und atemlos, hing bereits fahles Licht im Stalltor. Er nahm zwei Gendarmen mit hinein und hieß sie, mit Laternen ausreichend Licht zu machen und auch die andere Hälfte des Tores weit zu öffnen. Christian ließ er einstweilen so hocken, wie er war, und verschaffte sich zunächst einen Überblick über die Szene. Auch er registrierte umgehend die Spuren des Kampfes. In einigem Abstand umkreiste er den Toten. Der linke Arm lag unter dem Körper, nur die Hand blickte unter einem Stück Mantel hervor. Immer noch umklammert hielt der Tote darin ein Messer – keinen Dolch, eher ein großes Brotzeitmesser. Der Amtsschreiber ging nach hinten in den Stall und fragte einen der Knechte, ob etwas verändert sei, nicht in dem Zustand, wie es sein sollte. Christian antwortete stattdessen.

»Herinnen muss er schon gewesen sein, das Tor war verschlossen. Man kann es nur von innen aufhebeln, nicht von außen. Er muss also schon drinnen gewesen sein, der Mörder.«

Draußen wurde es wieder laut. Eine Kutsche kam an. Stimmen drangen bis herein in den Stall, sodass die Pferde wieder begannen, unruhig zu werden. Eine Amsel sang plötzlich hell und klar in den Morgen. Raben schreckten oben am Dach auf, scharrten mit den Flügeln über die Ziegel und krächzten mehrmals laut.

Lucas war gekommen, mit Franzisca, Katharina und dem Schniefer. Langsam näherten sie sich dem Tor, und Franzisca stoppte abrupt, als sie den jungen Kerl zusammengesunken, die eine Hand auf der Leiche des Poschters liegend, neben ihm hocken sah. Wie ein Blitz durchfuhr sie ein Gefühl des unendlichen Mitleids. Es war das erste Mal, dass sie für diesen Menschen etwas anderes empfand außer Distanz und Ablehnung. Lucas ging weiter, gefolgt vom Schniefer. Sie blieben ein Stück vor dem Toten stehen und grüßten stumm den Amtsschreiber, der gerade mit langsamen Schritten nach vorne kam. Die Küchenmagd hatte aufgehört, zu weinen. Stille, völlige Stille trat für einen Moment ein.

Franzisca sah zu Katharina, die neben ihr stand und mit ernster Miene, aber hellwachen Augen die Szene im Blick hatte. Katharina trat unvermittelt neben den Schniefer und flüsterte ihm zu: »Geh du vor zur Post und kümmere dich, dass dort alles seinen Gang geht. Ich komme dann später nach.« Dann trat sie hinter Christian, kniete sich nieder und legte ihren Kopf auf seinem Rücken ab, verharrte einen Moment und fasste schließlich die Hand, die auf dem Poschter ruhte, und zog sie langsam weg. Franzisca war erstaunt über diese Gefasstheit. Keine Hysterie, kein Schluchzen.

Sie brachte Christian ins Haus, und der Amtsschreiber führte mit den Gendarmen und dem Landrichter, der inzwischen vor Ort war, seine Arbeit fort.

Wie ein Lauffeuer fegte die Nachricht vom Mord am Poschter über die Insel. Noch am frühen Morgen wurde dessen zerschundene Leiche in den Keller des Rathauses gebracht. Drei tiefe Messerstiche hatten ihn getroffen, wovon einer mit Sicherheit tödlich gewesen war. Daneben fanden sich am Körper mehrere Schnitte und Schrunden, die die Heftigkeit des Kampfes bezeugten. Der Amtsschreiber betrachtete das Messer nachdenklich, welches sie aus der schon fest gewordenen Hand genommen hatten. Die Schneide war voller getrocknetem Blut, was die Vermutung nahelegte, dass auch sein

Gegner nicht ohne Verletzung davongekommen war. So schickte er die Gendarmen zu allen Ärzten, Apothekern, Quacksalbern und Heilkünstlern auf der Insel, um diese zu befragen und eindringlich die Meldung jeder Person anzuordnen, die mit Verletzungen gleich welcher Art nach Behandlung verlangten. Als sie mit der Inspizierung des Leichnams fertig waren, durften Franzisca, Katharina, Lucas und die Hausmagd des Poschters den Raum betreten. Sie wuschen die Leiche und kleideten sie für die Beerdigung. Der Schreiner kam und nahm Maß, denn der Poschter war kein Mensch für ein herkömmlich bemessenes Leben gewesen und brauchte ebendaher auch einen dementsprechend großen Sarg.

*

Der Gendarmenführer, Landrichter und Amtsschreiber liefen in der Amtsstube debattierend auf und ab. Der Landrichter war aufgebracht.

»Der Dritte nun – der Bursch in der Kirchgasse, der tote Soldat und jetzt der Poschter! Der Pferdeknecht hat gesagt, er hätte zusammen mit dem Christian am Abend das Stadeltor geschlossen, dunkel sei es da schon gewesen, und er hätte nichts Unregelmäßiges bemerkt im Stall. Wenn jemand drinnen gewesen wäre, meinte er, hätten ja die Viecher gescheut. Und das Tor sei am Morgen, als er gekommen ist, auch ordentlich verschlossen gewesen.«

»Das mit den Viechern muss nichts heißen. Wenn jemand lange genug vor dem Knecht im Stall war, sich in einer Ecke versteckt hat und ruhig geblieben ist, dann schlagen die Rösser auch nicht mehr an«, meinte der Amtsschreiber, dem die Tat ebenfalls zusetzte.

»Ich habe die Einstiche abgemessen«, sagte der Landrichter, »eineinhalb Zoll maß die Klinge, genau wie bei dem Kerl, der neulich in der Kirchgasse niedergemacht wurde.«

»Das will nichts bedeuten«, meinte der Amtsschreiber und fuhr sich durch den grauen Haarschopf. »Derlei Messer besitzen viele.«

Was waren das nur für Zeiten. Krieg, der Aufstand vor der Tür und ein Mörderpack in der Stadt. Ein altes Sprichwort fiel ihm ein: *Tausend Feinde vor dem Haus sind nicht so gefährlich wie einer darin.* Und sie hatten einen *im Haus.* Händel gab es allenthalben, denn die Lader, Boots- und Fuhrleute waren allesamt junge, wilde Burschen, und manchmal brauchte es eben die Gendarmen und ein hartes Anpacken oder den Diebsturm und die Keller unter dem Rathaus, um sie wieder zur Raison zu bringen. Dass aber binnen kurzer Zeit drei Menschen regelrecht abgestochen wurden, und jedes Mal mit ersichtlicher oder zu vermutender Brutalität und Heimtücke, war eine andere Situation. Er fragte in Richtung Gendarmen: »Weiß man schon Näheres den toten Soldaten betreffend, und was ist eigentlich mit dem Burschen aus der Kirchgasse, den man niedergestochen hat? Ist er wieder auf?«

»Ja, er ist wieder auf den Beinen, aber seine Arbeit verrichten kann er nicht … die Luft, er kriegt noch schwer Luft. Zu dem Infanteristen gibt es gegenwärtig keine sonstigen Hinweise … und Herr Amtsschreiber haben ja selbst in Wangen die Befragung gehabt.« Der Landrichter winkte ab.

»Der Kerl aus der Kirchgasse, hat er denn was sagen können zu der Nacht, hat er wen gesehen, irgendeine Erinnerung?«

»Nein. Wir haben ihn zweimal aufgesucht und befragt. Er erinnert sich nicht mehr an das, was geschehen ist. Er sagte nur, er habe im Hafen gefeiert und auf dem Heimweg gesungen, und auf einmal sei ein dunkler Schatten erschienen … und gestunken hätte es – nach Tran, Fischgekröse oder dergleichen. Mehr wusste er nicht, zu berichten.« Der Amtsschreiber fuhr den Gendarmen an, weil er von dieser Aussage bisher nichts erfahren hatte. »Mhm … Tran … das hilft so recht auch nicht weiter. Hat der Poschter Streit gehabt in letzter Zeit … ist da was bekannt?« Der Amtsschreiber musste traurig lachen. »Ja sicher … er hat immer Streit gehabt … allenthalben. Aber doch nicht so, dass man ihn deswegen zu Tode bringen hätte wollen … da hätte er schon vor Jahren tot im See geschwommen.«

»Ja offensichtlich hat ihn aber jetzt jemand zu Tode gebracht«, konterte der Landrichter giftig.

»Aber sicher nicht einer Beleidigung wegen. Nein. Es war kein Hiesiger nicht … niemand auf der Insel hätte das getan, zumal der Poschter geradezu umgänglich in den letzten Jahren geworden ist. Natürlich hat er manchmal in der *Engelstube*, im *Sünfzen* oder drunten im *Deutschen Haus* herumgeschrien, aber wer tat das nicht in Kriegszeiten wie diesen, und was die Geschäfte angeht, so war er zuverlässig und korrekt, sonst hätte er nicht über die Jahre die Post und die Relaisstation halten können. Es war keiner von der Insel. Ein Fremder wars.«

»Habt Ihr einen Verdacht?«

»Nicht konkret, jedoch … vor einigen Wochen ist ein Kerl in die Stadt gekommen, gedrungen, breit … eine insgesamt unangenehme Erscheinung. Man nennt ihn hier den Rotmäntler. Er war einmal bei mir … hier drinnen … und der Gestank wie beschrieben, nach Tran, es erinnert mich an ihn. Der Landrichter sah zur Decke und rollte mit den Augen.

»Herrje, wenn wir alle unangenehmen Erscheinungen, die derlei Ausdünstungen mit sich bringen, verdächtigen wollten, dann könnten wir einen Gutteil der Bewohnerschaft in die Kerker sperren.«

Der Amtsschreiber warf ihm einen ärgerlichen Blick zu und schwieg.

*

Niemand auf der Insel konnte sich der Nachricht entziehen. Die Küchenmagd des Poschters hatte am Morgen nach dem Mord beim Wasserholen am Brunnen vor lauter Weinen kaum einen Ton herausgebracht, was die anderen Mägde und Knechte, die sich um sie gesammelt hatten, veranlasste, den von Tränen erstickten Schrecken in eigene dramatische Schilderungen zu fassen. So gelangte die Nachricht in unterschiedlich grauenerregenden Varianten von den Dienstboten in die Herrenzimmer, in die Küchen und Lagerhäuser, wehte durch den Hafen wie ein bissiger Nordostwind und sprang von Kutsche zu Kutsche und Fuhrwerk zu Fuhrwerk. Am Abend war sie das bestimmende Gesprächsthema in Wirtshäusern und Spelunken, und selbst den Brack erreichte sie in seinem Versteck droben im alten Wachhäuschen. Der Bericht, den ihm Rosa eher beiläufig kundtat, als sie Brot, Wurst, Käse und Wasser nach oben brachte, erschütterte ihn zutiefst. Ganz bleich und regungslos stand er da und sah sie mit offenem Mund an.

»Der Poschter!?«, fragte er tonlos nach, als stünde der Leibhaftige vor ihm, »der Poschter, bist du dir sicher?«

»Ja, wenn ich es dir doch sag! Die ganze Stadt redet von nichts anderem. Der Landrichter und Amtsschreiber samt den Gendarmen waren drunten in der Hofstatt und haben den ganzen Stall ausgekehrt, und an der Landtorbrücke kommt kein Fuhrwerk mehr rein noch raus ohne genaue Kontrolle, und die Gendarmerie ist auch überall unterwegs, wo doch ein hinterhältiger Mörder auf der Insel sein muss. Und drunten am Zeughaus haben sie gesagt, er muss noch auf der Insel sein und man tät ihn und seine Kumpane, wenn er denn welche gehabt hat, von unten her rädern, und ohne dass ihn der Henker vorher erwürgen tät, wie es neumodisch geworden sei. Man wolle wieder hören, wie die Knochen krachen und die Schmerzensschreie dazu, haben sie gesagt, und wenn man das so praktiziert hätte und nicht so verweichlicht geworden wäre, dann tät der Poschter vielleicht sogar noch leben, haben einige geschrien.«

Ihre Schilderungen brachten dem Brack nicht mehr Farbe ins Gesicht, vielmehr wechselte diese vom Cremefarbenen ins Gelbliche, insbesondere, als er an das Rädern dachte. Er musste schlucken, doch Mund und Kehle waren ausgetrocknet und schmerzten. Die Weinflasche stand ihm am nächsten, und er nahm einen kräftigen Schluck, trat ans Fenster und sah hinunter. Von der Fischergasse her kam ein Trupp Soldaten, Fuhrwerke von der Schmiedgasse her,

Kinder sprangen herum, ein Hund war unter ihnen und bellte aufgeregt. Er trat vom Fenster zurück und atmete schwer aus.

»Der Poschter also, erstochen im Stall …«

Er hockte still im Sessel und versuchte, seine Gedanken zu ordnen. Rosa war längst gegangen. Klares Denken fiel ihm schwer, und er sah immer wieder zum Fenster und wartete, bis es dunkel wurde. Dann schlich er hinunter, öffnete vorsichtig die Türe und spitzte hinaus, um ja niemandem zu begegnen. Er hatte einen dunklen Umhang umgeworfen, um sich noch unauffälliger zu machen, und eilte so, sich immer nach rückwärts versichernd, durch Gassen und entlang der Hauswände zum südlichen Teil der Insel gleich hinter den Hafen, wo der Bilgeri seine Stallungen und Remisen hatte. Er kannte den Weg gut, öffnete das Stalltor und lauschte hinein. Ein paar Pferde schnaubten, es roch würzig nach frischer Streu und weit und breit war kein Pferdeknecht oder Kutscher zu sehen. Er schlich nach hinten ins Dunkle, öffnete einen Verschlag, kam in einen hohen Lagerraum voll mit Sackkisten, leeren Fässern und Fuhrwerken, von wo in der hinteren Ecke eine schwere Holztür in eine heimliche Kammer führte. Dort hatte der Bilgeri sein Refugium eingerichtet, ähnlich wie der Poschter, mit einer einfachen Pritsche, einem Tischchen, zwei Stühlen, einer alten Tabakskiste und allerlei Kram ausgestattet. Schon vor der Tür hatte er den Qualm einer frischen Tabakspfeife in der Nase. Seine Ahnung hatte ihn nicht getäuscht – der Dicke war also zu Hause. Eine Funzel verbreitete mattes Licht, und der Bilgeri hockte auf der Pritsche und zog an seiner Pfeife. Eine träge Rauchschwade quoll aus seinem Mundwinkel.

»Ahh …«, lallte er, als er Brack erkannte. Seine Augen waren glasig, und er sah heruntergekommen aus: unrasiert, die Kleidung in Unordnung – versoffen. Wie lange hockte er wohl schon hier? Früher, als sie noch zusammen Geschäfte gemacht hatten, war hier das Versteck für die Gewehre und das Schießpulver gewesen, mit dem der Bilgeri zu einigem Wohlstand gekommen war, bevor er die gefährlichen Geschäfte aufgegeben hatte, um ein ehrbarer Mann zu werden.

»Hast du es schon gehört?«, fragte Brack, rückte einen Stuhl heran und hockte sich darauf. Der Bilgeri ließ sich zur Seite fallen und sah ihn mit trüben Augen an.

»Wohl … wohl …«

»Du weißt, wer es gewesen ist, oder?«

»Pfhhh … wie du auch … es kann nur das Aas gewesen sein.«

»Was wirst du tun?«

»Ich? Was sollte ich tun? Ich lieg hier, trinke und paffe und will niemanden hören und sehen.« Er fing unvermittelt an, zu weinen, und krümmte sich auf der Pritsche zusammen, was angesichts seiner Leibesfülle eine abstoßende Wirkung auf Brack hatte. »Ich trau mich gar nicht mehr am helllichten Tag auf die Straße … ich denke immerzu, alle Leut sehen es mir ganz gewiss an, mit welchem Gesindel ich mich abgegeben hab.«

»Wir haben doch aber mit dem Mord nichts zu tun«, schnauzte Brack ihn an, »oder weißt du etwa mehr, he!?« Bilgeri löste sich aus seiner kindlichen Verkrampfung und hob den Kopf zu Brack. Seine Stimme dröhnte wieder.

»Ah … so … der Herr … wir haben also nichts damit zu tun … und weshalb bist dann hier, he? Mitgefangen – mitgehangen. Bald werden sie wissen, dass wir mit dem Kerl zusammen waren, und dann werden sie fragen und fragen und fragen, und dann sind wir schon halb auf den Balken gekettet, und das Rad rollt heran, und wenn sie den elenden Kerl wirklich erwischen, dann wird er uns mit in den Abgrund reißen, und niemanden interessierts, ob es stimmt oder nicht. Der Poschter war ein Ehrenmann, und alle schreien grad nach Blut. Rädern werden sie uns – allesamt, und zwar von unten. Und Glück haben wir damit noch gehabt, denn … denn wenn der Christian …« Er ließ sich auf die Liege zurückfallen und schwieg. Mit seinen letzten Worten hatte er die größte Angst seines Besuchers getroffen.

»Ich werde die Insel verlassen, gleich morgen früh«, sagte Brack, dem der zerrüttete Zustand des Bilgeri Sorgen bereitete, denn wer wusste schon, zu was der Kerl in seinem Suff noch alles fähig war. »Hast du gehört, ich werd verschwinden, und vielleicht solltest du auch für eine Zeit weg von der Insel. August kann die Geschäfte gut versorgen. Es ist Krieg, und bald werden die Leut andere Sorgen plagen, und niemand interessiert sich mehr dafür. Wir haben nichts damit zu schaffen – wir sind unschuldig!« Der Bilgeri lachte hässlich und musste sogleich husten. Speichel lief ihm aus dem Mund, und er verschmierte ihn mit seinen fettigen Pranken.

»Unschuldig!?«

Brack hatte genug gesehen und erfahren, was seinen Entschluss nur bestätigte, dass es Zeit war, abzuhauen. Er ließ den Bilgeri in seinem Elend liegen, eilte durch die Gassen, wurde aber an der alten Barfüßerkirche aufgehalten, wo einige Fuhrwerke und Kutschen sich entwirren mussten. Es gefiel ihm nicht, doch schließlich war es Nacht, und niemand kümmerte sich um ihn. Sein Blick fiel dabei in eine der Kutschen, die warten musste und die in den fahlen Lichtschein einer Laterne geraten war. Im Coupé leuchtete das Gesicht eines Mannes im warmen Licht auf, dessen Gesichtszüge ihm wie ein scharfes Messer in den Leib fuhren – der junge Bursch, der sie bis Lochau begleitet hatte. Der Kutscher schimpfte halbherzig herum und rief in Richtung seiner Fahrgäste, man werde bald weiterkommen, und der *Gasthof Gans* sei nur wenige Schritte entfernt. In der *Gans* wollte er also absteigen.

*

Am dritten Tag nach dem Auffinden des Poschters folgte die Beisetzung. Ein langer Trauerzug wallfahrte über die Seebrücke zum Kröllschen Friedhof hinter dem mit dunklem Flor geschmückten Fuhrwerk, auf dem der schlichte Sarg lag. Die Gendarmerie am Landtor salutierte, als der Sarg sie passierte. Christian lenkte das

Gespann, und Katharina saß neben ihm auf dem Kutschbock. Auf der anderen Seite hatte Franzisca Platz genommen. Hinter ihnen kamen Lucas, der Schniefer und die anderen Fuhrleute. Allen fiel jedoch auf, wie sehr einer fehlte, der zu dem Zug der Trauernden hinzugehört hätte: der Bilgeri.

Der Sarg wurde von Christian, Lucas, dem Schniefer und dem ältesten Pferdeknecht des Poschters zu Grabe gelassen. Christian fiel es schwer, sich vom Grab zu lösen. Dem Schock war eine tiefe Trauer gefolgt, in die sich eine unbändige Wut mischte, die er jedoch vor allen Trauergästen mit großer Anstrengung verbarg. Am Tag zuvor war er schon auf der Suche nach Brack gewesen, doch Katharina hatte ihn zurückhalten können, auch noch die ganze Nacht nach ihm zu suchen, als er ihn nicht fand. Doch jetzt war kein Halten mehr. Er hatte einen Eilbrief nach Füssen gesandt. Er würde ein wenig später zu der Einheit stoßen, die er übernehmen sollte.

Der Leichenschmaus führte alle im *Sünfzen* zusammen, und die vielen Trauergäste, die dort keinen Platz mehr fanden, wurden in der *Engelstube* und in der *Weinstube Frey* mit ihrem Leichentrunk bewirtet. Alle waren gekommen, und nach dem ersten Schluck Wein ging das Getuschel über den Bilgeri reihum. Keiner wusste so recht, wo er abgeblieben war. Wenigstens der August stand verlegen herum und spielte nervös mit den Fingern an seinen Rockknöpfen. Der Vater sei krank und unpässlich, ließ er verlauten, so wie es ihm die Mutter aufgetragen hatte.

Lucas, Franzisca und vor allem Katharina hatten zwar einen steten Blick auf Christian, doch mit einem Male war er verschwunden. Der Amtsschreiber registrierte sofort die besorgten Blicke, die die drei sich zuwarfen. Er stellte sich neben Lucas und flüsterte: »Man hört, der junge Herr Christian hätte einen Verdacht geäußert … dieser stämmige Kerl mit dem breiten Kreuz, dem vernarbten Gesicht und dem Zylinder, Rotmäntler nennen sie ihn.« Lucas atmete stöhnend aus.

»Es sind schwierige Zeiten, allemal.«

»Der Kerl war einmal bei mir in der Amtsstube, und in der Tat – er hat mir nicht gefallen, nichts an ihm hat mir gefallen. Was meint Ihr, Lucas … wenn er ihn erwischt, diesen Rotmäntler, wird er ihn lebend zum Stadtgefängnis bringen?«

»Es wäre zu hoffen … glauben kann ich es allerdings nicht.«

Christian hatte die vielen Menschen im *Sünfzen* nicht ertragen, dazu die stickige Luft und die lauten und zu vielen Worte. Er suchte daher nach Ruhe und Weite um sich, wollte mit sich allein sein. Die Benommenheit der ersten Tage waren abgelegt. Es war nun Zeit, dieser kühlen, kalten Wut beizukommen – auf die eine oder andere Weise.

Er war durch die Gassen hinunter zum Hafen gelaufen, hatte in der Fischergasse den niedrigen Durchgang zur Gerberschanze genommen und hockte nun drunten am Wasser, den Rücken an die mächtige Mauer der Bastion gelehnt. Wärme drang von den Steinen durch das Tuch an seinen Körper, denn die Sonne kam oft zwischen den Wolken hindurch. So schnell würde ihn hier niemand suchen und entdecken.

Etwas beschäftigte ihn. Es war dieser zerrissene Moment in der Nacht, als sie beide sich zuletzt lebend gesehen hatten – draußen vor dem *Sünfzen*. Was war es nur, dass ihn der Alte ausgerechnet da auf sein Leben hatte schwören lassen? Eine Ahnung, eine Vorahnung? Neben der Trauer, die ihm sein Herz so groß werden ließ, dass er meinte, in diesen riesigen, dunklen Raum hineinzustürzen, nahm ein anderes, für ihn fremdes Gefühl Besitz von ihm: Angst. Noch nie hatte er Angst davor gehabt, wegzugehen, ob nach Colmar auf die Militärschule, in die Kämpfe, auf die langen Reisen. Doch nun lagen die Dinge anders, denn es gab kein Zurückkommen mehr in seine alte, vertraute Welt, wo ein hinkender, schlechtlauniger Kerl über Gott und die Welt schimpfte, dem niemand etwas recht machen konnte und den er nach den ersten schmerzlichen Jahren doch von Herzen lieb gewonnen hatte, weil er ihm gab, was man ein Zuhause nannte, in das er gerne zurückkam. Jetzt aber stellte er sich zum ersten Mal die Frage, ob er überhaupt zurückkehren würde, ob das Geschehen nicht auch ein Menetekel für ihn selbst war. Er hockte lange da und hing solchen für ihn bisher fremden Gedanken nach.

Ein kühler Wind befreite ihn aus seiner Trance, und er marschierte zurück zur Trauergemeinde, wo der Alkohol inzwischen alle Trauer weggeschwemmt hatte und es geradezu lustig zuging. Er lachte. Ja, so sollte es sein. Dem Poschter würde es gefallen.

Lucas und Franzisca nahmen ihn sofort in ihre Mitte, und sie suchten gemeinsam die anderen Gasthöfe auf, um den Leichengängern für ihr Kommen zu danken, so wie es sich gehörte. Lucas sah ihm an, wie sehr der Verlust an ihm fraß, und nahm ihn auf dem Rückweg vom *Engel* beiseite, stieg die Stufen zur Brodlaube mit ihm hoch und fasste ihn sanft am Kragen. Auf andere Gedanken musste er den Kerl bringen, eine Zukunft musste er sehen, bevor er sich in Trauer verlor und mit einem solchen Gefühl in den Krieg zog. Das durfte nicht geschehen. Lucas sah sich um. Hier oben waren sie allein. Drunten schepperten die Eisenringe der Fuhren, und ein paar Betrunkene sangen, als sie zur Stadtmauer zogen.

»Hör her«, sagte Lucas, »der Poschter hat mir die Hochzeit angetragen … du weißt Bescheid?« Christian nickte.

»Ja.«

»Im Trauerjahr wird es keine Hochzeit geben können, verstehst du?«

»Ja, ich weiß … ich weiß.«

»Du bist Soldat und musst also um eine Heiratserlaubnis ansuchen. Mach das jetzt, denn es wird dauern, bis du eine Freigabe erhältst.« Und in der Tat hatte Lucas damit einen kleinen Funken Licht in die Schwärze gebracht, die Christian ausfüllte.

Die Nacht über schlief er nicht. Ruhelos wanderte er zwischen Haus und Pferdestall hin und her. Immer wieder nahm er Dinge in die Hand, die mit dem Poschter fest verwachsen waren – seinen Tabaksbeutel, einen Becher, den er morgens und abends immer benutzt hatte, den alten runden Hut und andere Sachen.

Noch vor Sonnenaufgang war er drüben in der Poststelle. Wie sollte alles hier nur in Betrieb gehalten werden, wenn er weg war? Er war sich selbst fremd in den nüchternen Räumen, umgeben von all den alten Regalen mit den vielen Fächern, dazu die Kisten und offenen Schränke für die Paketsendungen. Er kannte es von klein auf, ja – doch er wusste nicht, wie es zu organisieren war. So sehr er eine Reiterei kommandieren, einen Angriff reiten und mit dem Säbel umgehen konnte, so wenig wusste er den Postlern zu sagen, was sie tun sollten. Dabei wurde ihm deutlich, welch unglaubliche Freiheit ihm der Alte stets gelassen hatte und welche gute Hand er bei der Auswahl von Leuten besaß, die er anständig entlohnte, was ihm wenige Personalwechsel und damit weniger Ärger einbrachte.

Die Wut stieg wieder in ihm hoch, und er verließ die Poststelle. Die Straßen und Gassen waren voll mit kleinen Wagen und Karren, auf denen die Mägde Wasserkannen und Bottiche von den Brunnen zu den Haushalten brachten. Ein rechtes Geschnatter und Lachen klirrte hier und da zwischen dem Schnauben der Pferde und den Pfiffen der Kutscher. Ein paar Betrunkene lagen mal da, mal dort in einer Ecke und wurden von den Hausbesitzern mit unbarmherzigen Tritten aufgescheucht. Christian hatte ein konkretes Ziel und betrat schließlich eine versteckt gelegene Galerie hinter dem Zeughaus. Er pochte mehrmals gegen die Tür, auch wenn er sie ohne Mühe hätte aufdrücken können. Er wartete, pochte wieder, wartete. Nichts war zu hören und niemand so früh hier in diesem abgelegenen Winkel zu sehen. Es dauerte, bis er ein Scharren von drinnen vernahm. Dann öffnete sich die Tür einen Spalt, und er blickte in das alte Gesicht einer jungen Frau. Ihre Augen lagen tief hinter den Höhlen, dunkle Ringe umlagerten den leeren Blick, das Gesicht mit der spitzen Nase war bleich und die Haare hingen wirr herum. Er trat näher, lächelte und drückte die Tür ein Stück auf. Im düsteren Raum war eine Liege zu erkennen. Kleider lagen verstreut herum, es stank, und ein Kerl hing wie ohnmächtig auf dem Bett, die Arme von sich gestreckt und mit offenem Mund. Christian tat nicht lange rum.

»Ich suche die Rosa.« Sie sah ihn ausdruckslos an. »Weißt du, wo sie ist?« Sie schüttelte den Kopf und schluckte aufgeregt. Langsam bekam sie einen wacheren Blick und realisierte, wie wenig hier ein Freier vor ihr stand. Sie versuchte, die Tür zuzudrücken, doch Christian hatte seinen Stiefel am Türblatt festgemacht. Sie legte eine weinerliche Miene auf und sah nach hinten, doch der Kerl schlief tief und fest. Christian holte eine Goldmünze aus der Tasche, öffnete die Hand und ließ sie blinken. »Fällt es dir ein, wo die Rosa ist oder besser noch der Brack, dann kriegst du zwei davon.« Sie musste wieder schlucken, überlegte, setzte an, etwas zu sagen, und langte dabei vorsichtig mit den Fingern zur Münze. Christian ließ sie das Geldstück nehmen und wartete geduldig. Wie mit einem scheuen Pferd, dachte er, wie mit einem scheuen Pferd.

»Die Rosa ist weg, ich weiß nicht, wohin. Und der Brack hat vorne an der Heidenmauer, oben unter dem Dach vom Wachhäuschen, eine Kammer als Versteck, von dem nur die Rosa weiß, aber ich habe es einmal hergerichtet, weil sie … sie nicht konnte. Morgen früh will er mit der Postkutsche nach Wangen und von dort weiter. Die Rosa hat mir aber gesagt, er wird erst in Wildberg zusteigen, wo sie für ihn die Reisekiste an der Station deponiert hat.« Christian holte eine zweite Münze hervor und hielt sie ihr hin. Vorsichtig, als traue sie ihm nicht, langte sie zu. Er legte seinen Zeigefinger auf die Lippen und sagte: »Kein Ton zu irgendwem über meine Aufwartung, ja?! Sonst hole ich sie mir wieder.«

Den Tag über war er damit befasst, die Dinge zu ordnen, die seine Abwesenheit erforderlich machten. Zuerst schrieb er seinem Kommandeur und erbat die Freigabe zur Heirat, dann zeichnete er die Unterlagen ab, die ihm der Amtsschreiber gebracht und ausführlich erläutert hatte. Sie regelten den Nachlass, wobei keine Überraschungen im eigentlichen Sinne auftraten. Jedoch gab es eine kleine Klausel, die der alten Kräuterhexe im Inselgraben und ihrer Tochter einen nicht unerheblichen Teil am Geldvermögen zusprach. Es kümmerte ihn jedoch nicht weiter, denn das Vermögen des Poschters war alles andere als klein.

Als er den Schriftkram erledigt hatte, sprach er mit dem Vorstand der Poststelle und übertrug ihm die Verantwortung für die Zeit seiner Abwesenheit, verbunden mit einigen Florentinern mehr. Mit Lucas vereinbarte er, dass er mit dem Schniefer zusammen ein Auge auf die Relaisstation und den Kutschbetrieb haben sollten. So waren die Dinge halbwegs versorgt. Als letztes nahm er ein dickes Kuvert, siegelte es und brachte es hinüber zum Amtsschreiber, wo er eine Urkundennummer erhielt und das Päckchen hinterlegen ließ – sein Testament. Denn nun, wo er wohlhabend geworden war und in den Krieg zog, war er in der neuen Situation, sich Gedanken zu machen, was mit all der Sach, die nun seins war, geschehen sollte, falls der Herr beschlossen hatte, ihn nicht mehr heimkehren zu lassen. Es waren diese Gedanken, die ihn ernst machten und sein Gesicht altern ließen.

Am Abend kam Katharina. Wie sie ausgemacht hatten, war sie allein und blieb, solange es möglich war, bei ihm, ohne dass es Aufsehen gemacht hätte. Auf die Verschwiegenheit der Köchin und der Magd konnte er sich verlassen.

*

In der Nacht stand er auf, zündete eine Laterne an und ging hinunter in den Stall. Mit sanften Tönen näherte er sich langsam den Boxen. Die Rösser blieben ruhig. Sattel und Geschirr seines Freibergers hatte er schon zurechtgelegt. Langsam, als zelebriere er eine Messe, legte er das Halfter um und streichelte und liebkoste das treue Pferd, sooft es ging. Er hatte seine Uniform angelegt, und Dolch und Säbel geschärft, gleich nachdem Katharina gegangen war.

Er trabte ruhig an den verschlafenen Wachen des Landtors vorbei, grüßte militärisch, überquerte die Seebrücke und verschwand dann drüben hinter dichtem Gebüsch und Bäumen, wo die zarte Dämmerung noch nicht hinreichte und tiefste Nacht herrschte. Sein Weg brachte ihn den Schönbühl hoch, und im Schatten eines kleinen Wäldchens auf einer Anhöhe weit über dem See hielt er, prüfte die Stelle und hockte sich auf die Pferdedecke, die er hinter dem Sattel festgeschnallt hatte, so wie er es oftmals vor Gefechten getan hatte. Auch heute erwartete er ein Gefecht – allerdings ein kurzes nur. Von der Stelle aus überblickte er die Wege und Pfade, die von Lindau wegführten. Er holte ein kleines Fernrohr hervor und blickte hindurch, sah jedoch nur schwarze Schatten. Zu dunkel. Einige Kutschen und Fuhrwerke kamen bald und zogen unter ihm vorbei, ohne ihn wahrzunehmen. Er schaute erneut durch sein Glas. Jetzt war schon mehr zu erkennen. Als die Sonne sich hinter den Bergen im Osten mit einem hellen Schein ankündigte, setzte eine kühle Brise an. Amseln, Spatzen, Lerchen und Finken begannen ihr Morgenlied.

Noch war die Sonne nicht über die Bergkämme gekrochen, da sah er einen Schatten auf dem Weg: ein einzelner Mann, ohne Gepäck, mit schnellen Schritten. Er lächelte, als er das Fernglas absetzte: Brack.

Der schien sich noch nicht so sicher zu fühlen, denn ab und an hielt er und sah kurz zurück. Christian flüsterte: »Du schaust in die falsche Richtung, du elender Hund. Es ist die falsche Richtung.« Er verfolgte die Gestalt für eine Weile und stieg dann gemächlich auf sein Pferd. Drunten eilte Brack vorbei, ohne dem Waldrand auch nur einen Blick zu schenken. Er hätte ohnehin auch nichts weiter erkannt. Vor ihm tauchte eine lose Gruppe von Bäumen auf, durch die der Weg sich schlängelte – einige alte Eichen, Buchen, auf freiem Stück ein paar Birken und Eschen. Das Laub warf erholsamen Schatten. Bienen summten laut. Christian ritt am Waldrand entlang, passierte den Hain und sprengte dann über die freie Wiesenfläche hinunter, wo er hinter dem Stamm einer der alten Eichen lauerte.

Brack fühlte sich zwischen den Baumstämmen sicherer als auf freier Strecke und verlangsamte augenblicklich seine Schritte. Endlich kam er wieder zu Atem. Bald war es geschafft. Wildberg lag schon in Sichtweite, wo er in die Kutsche steigen und weit wegfahren würde, nach Augsburg oder Ulm. So genau wusste er es noch nicht, aber beides waren große Städte, in denen man ein Auskommen und Unterkommen finden konnte. Die Zeiten waren, so schlecht sie auch waren, vor allem für jene gut, die flüssig waren. Und wenn er eins war, dann flüssig. Er lachte laut. Ja, die letzten Geschäfte waren wirklich gelungen und hatten ihm die Beutel mit schwerem Gold gefüllt, weswegen er jetzt auch so heftig schnaufen musste. Er träumte gerade von Kaffee, Wein, Gebratenem und Honigkuchen, als der Weg eine Kurve nahm, um einer alten Hainbuche auszuweichen, bevor er wieder auf freie Strecke geraten würde. Da schüttelte er den Kopf und starrte geradeaus, beinahe hätte er sich auch die Augen gewischt, denn da vorne im Schatten einer Eiche stand ein Pferd. Er blieb stehen und blinzelte mit den Augen – tatsächlich ein Pferd, gesattelt. Es sah kräftig und gesund aus. Der Reiter konnte weit nicht sein. Er wartete.

Christian trat langsam aus dem Schatten des Stamms hervor, setzte den Fuß in den Steigbügel, schwang sich hoch, ließ sein Ross erst seitwärts tänzeln, sich dann einmal drehen und gab ihm dann die Sporen. Brack war fassungslos. Christian zog den Säbel, und im Vorüberreiten hieb er gekonnt einmal quer zur Brust. Die Säbelspitze schlitzte Bracks Mantel auf, grub sich in Brustbein und Schulter und hinterließ einen halbwegs tiefen, jedoch oberflächlichen Schnitt. Brack musste den Kopf etwas recken, um die Stelle zu sehen. Es fühlte sich warm an, als das Blut an Arm und Seite die

Haut netzte. Er stand wie gelähmt. Der Gürtel mit den Goldmünzen fühlte sich nun noch schwerer an.

Christian wendete das Pferd, trabte an Brack vorbei zur Eiche und bot sich ihm wieder dar.

»Wo ist der Rotmäntler?!«, rief er freundlich. »Denk daran, du hast immer noch zwei Arme, zwei Beine und einen Hals … das macht, lass er mich überlegen, noch mindestens fünf Attacken.« Brack war nicht in der Lage, auch nur einen Ton von sich zu geben. Und selbst wenn – er wusste nun mal nicht, wo dieser verfluchte Rotmäntler war. Christian trabte wieder an. Diesmal zerschnitt er dem Kerl den linken Oberarm, mit der gleichen Wirkung wie zuvor. Brack stand da, starrte ihn an, als sei er der Leibhaftige, und zeigte keine Regung, kein schmerzhaftes Zucken, kein Laut, nichts, einfach nichts.

Christian blieb vor ihm stehen. Was für eine armselige Gestalt. Er sah den Poschter im Staub des Pferdestalls liegen und konnte seine Wut nun kaum mehr bändigen. Mit einem aggressiven Zungenschnalzen versetzte er das Pferd in einen zittrig-nervösen Zustand, ließ es auf die Hinterbeine, hob den Säbel und schrie: »Dann bringen wir die Sach eben kurz und bündig zu Ende!« Er galoppierte auf Brack zu und hob gerade den Säbel, als der schrie: »Ich habe deinen Bruder gesehen!« Christian hatte schon zum Schlag ausgeholt und ließ den Säbel mit einem grausigen Surren auf Bracks Kopf zuschnellen, veränderte jedoch im letzten Moment blitzschnell seine Sitzposition, weswegen die Schneide nur wenige Millimeter über dessen Schädel sauste. Er ließ sein Pferd auslaufen, ohne es hart zu stoppen, brachte es sodann in den Trab und war nun seinerseits überrascht. Wie kam dieser Ausbund dazu, von seinem Bruder zu wissen, ihn gar gesehen haben zu wollen? Er brauchte Zeit, seine Gedanken zu sammeln, bevor er wendete und zurück zu Brack ritt. Diesmal stellte er sich direkt vor ihm auf. Auf den zerfetzten Ärmeln des Mantels waren schwarze Flecken zu sehen.

»Was hast du gesagt?!«

»Dein Bruder … ich habe deinen Bruder gesehen … grad ein Ebenbild ist er von dir.«

»Wann und wo?«

»Du lässt mich gehen, wenn ich es dir sage«, sagte er in einer Stimmlage zwischen Feststellung und Frage. Christian schwieg. Er wusste keine Antwort und hob den Säbel.

»Dann schlag mich tot!«, schrie Brack, riss seinen Mantel auf und machte einen Satz auf das Pferd zu, das davon unbeeindruckt und ruhig blieb.

»Wann und wo?«, fragte er erneut.

»Versprich, mich gehen zu lassen!«, verlangte Brack, der seine Chance witterte, denn wenn diesem Kerl nichts an seinem Bruder lag, hätte er ihm längst einen Arm abgeschlagen.

»Fordere mich nicht heraus!« Ungünstiger hätte Christian seine Position nicht formulieren können.

»Wo der Rotmäntler ist, weiß ich nicht. Davon ist er jedenfalls. Hingegen, wo dein Bruder ist, das weiß ich wohl.« Christian steckte den Säbel in die Scheide.

»Sprich!« Brack antwortete laut, hastig und immer wieder holpernd.

»Vor Tagen bin ich mit einigen Fuhrwerken von Chur zurück. In Hohenems ist ein junger Bursch zu uns gestoßen … anständig gekleidet, gebildet, aus Mailand sei er gekommen, hat er gesagt. Er war ein Spiegelbild deiner. In Bregenz ist er geblieben, weil er Angelegenheiten dort zu verrichten habe, wie er mir gesagt hat. Und er wollte dann weiter nach Lindau und ins Schwäbische. Geschäfte. Vor zwei Tagen ist er mit der Postkutsche in Lindau angekommen und hat ein Zimmer in der *Gans* genommen.« Christian hockte im Sattel und wusste nicht recht, was er tun sollte. Die Selbstgewissheit, die er noch bis vor wenigen Augenblicken in sich trug, war dahin – zerstoben in ein paar Worten aus purer Todesangst: *Ich habe deinen Bruder gesehen.* Er verabscheute und verachtete diesen Brack unendlich dafür, ein Bild von seinem Bruder zu haben, welches er, der sich so danach sehnte, nicht besaß. Er trabte wieder zur Eiche, wendete und kam zurück zu Brack. Kurz bevor er ihn erreichte, sagte er: »Ich werde dich gehen lassen …« Im gleichen Augenblick gab er dem Pferd die Sporen, nahm den rechten Stiefel aus dem Steigbügel und trat Brack im Vorüberreiten um. Stöhnend lag der nun am Boden.

Der Ledergürtel mit den Münzen war dabei aufgerissen, und die glänzenden Goldstücke rollten im Staub herum. Trotz aller Schmerzen siegte die Habgier, und Brack warf sich mit einem sinnlosen Satz bäuchlings auf das Gold, grapschte mit dem verletzten Arm nach der ein oder anderen Münze und schob sie samt Dreck unter seine Weste.

Christian stieg ab, lief die paar Schritte zu ihm hin und kniete neben ihm nieder.

»Wie heißt er, der Rotmäntler?« Brack war überrascht von der Frage und erstarrte. Wie hieß der Rotmäntler nochmal? Er wusste es. Einmal hatte er ein Dokument gesehen, wo auch immer es gewesen war, auf dem der Name gestanden hatte. Christian wartete.

»Äh … äh … gleich, es fällt mir gleich wieder ein …« Und tatsächlich erschienen die Buchstaben vor ihm, wie sie auf dem Papier gestanden hatten. »Dionys heißt er, Dionys Rosza Geipel … so lautet sein Name, so lautet sein Name.« Brack war erleichtert darüber, dass ihm der Name noch eingefallen war.

»Diesmal noch … diesmal noch lass ich dich gehen. Ein drittes Mal jedoch nicht. Komm mir niemals mehr vor die Augen, denn ich werde dich, ohne zu zögern, töten, und glaube mir, die Zeiten sind danach, und sie werden es noch lange genug bleiben.« Er packte ihn im Genick an den Haaren, drehte ihn auf den Rücken und nahm den Gürtel an sich. Die Münzen, die im Dreck herumlagen, ließ er Brack. Er stieg auf, drehte noch einmal das Ross und ritt dann davon. Bald würden die Fuhrwerke und Kutschen kommen, und wer auch immer seine Barmherzigkeit der Welt zur Schau stellen wollte, konnte dies an Brack vollziehen.

Er verließ den Weg und ritt über die Wiesen und durch Obstgärten querfeldein, kam bald wieder an den Schönbühl und hielt sein Pferd an. Das Gras leuchtete inzwischen in frischem Grün, drunten schimmerte die weite Fläche des Sees, dahinter lugten die Gipfel der Berge aus den Wolkenlücken. Tiefe Schneefelder umschlossen den Fels. Vom Ufer her leuchteten die roten Dächer der Inselstadt aus dem Silberstreif des Wassers und dem grünen Uferstreif hervor. Die Spitzen von Diebsturm, St. Stephan und Münster waren zu erkennen. Das Herz wurde ihm schwer, denn es war keine Heimkunft mehr wie all die Jahre zuvor. Es gab keinen Poschter mehr, der die Dinge ordnete. So vertraut ihm der Blick auf seine Stadt war, so fremd war das Gefühl, welches sich nun damit verband. In diesem Augenblick verlor er ein Gefühl, von dem er gar nicht wusste, wie sehr er es in sich getragen hatte: Sorglosigkeit. All die Sorgen des Daseins drangen nun auf ihn ein, die der Poschter bisher von ihm ferngehalten hatte. Und sein Bruder! Zeitweise hatte er sich verbissen auf seine Spur gesetzt und war doch nie erfolgreich gewesen. Wie er wohl aussehen mochte und was er wohl reden und denken würde – und was würde er von ihm denken? Es machte ihm etwas Angst. Er ließ das Pferd langsam den Hügel hinab, wo sie beide bald hinter dem dichten Gehölz verschwanden, das sich ein Stück hinter der Uferlinie ausbreitete.

*

In der Stadt angekommen machte er sein Pferd an einem der Eisenringe im Gemäuer des Gasthauses zur *Gans* fest, säuberte oberflächlich seine Uniform und ging mit zittrigem Herzen hinein. Wirt und Wirtsfrau wunderten sich über den frühen Besucher, der sie im Vorübergehen grüßte. In der Wirtsstube waren nur wenige Tische besetzt. Den Platz in einer Nische hatte ein junger Mann ausgewählt. Die Tischplatte war vor lauter Unterlagen und Dokumenten nicht mehr zu erkennen.

Christian starrte hinüber und war in einem Zustand zwischen Zögern und Impuls gefangen. Letzterer gewann schließlich die Oberhand, und er überwand die wenigen Schritte bis zum Tisch, rückte einen Stuhl zurecht und setzte sich. Sein Gegenüber hob überrascht den Kopf und sah ihm geradewegs ins Gesicht. Beide blieben so eine Zeit lang sitzen, unbeweglich, einander fixierend, die Körper eingefroren, schauend, den Moment der Überraschung auskostend bis ins Unendliche. Sie sahen einander an, als blickten sie in einen Spiegel. Es war auf eine besondere Weise reizvoll und schaurig zugleich. Auf sprichwörtliche Weise waren sie einander wie aus dem Gesicht geschnitten. Christian war trotz der Elektrisierung von der Banalität der Umstände ihres Wiedersehens irritiert. Er erinnerte sich noch gut an den brennenden Schmerz, den er gelitten hatte, als sie voneinander getrennt worden waren, und an die Sehnsucht, die er in den ersten Jahren beim Poschter litt. Und später dann die Suche und all die unbefriedigenden Antworten. Und nun saßen sie in einem Wirtshaus in Lindau einander gegenüber, in der Küche klapperte es laut, draußen wieherte ein Gaul, und die Eisenreifen eines schwerbeladenen Fuhrwerks knirschten auf dem Kopfsteinpflaster. Zwanzig Jahre waren sie voneinander getrennt gewesen, wo sie doch zusammengehört hätten.

Christians Bruder löste sich als erster aus der Erstarrung und entspannte Brust, Schulter und Rückgrat, indem er sich nach hinten gegen die Holzvertäfelung fallen ließ. Das Militärische ließ Christian ein wenig länger Haltung bewahren.

»Wie hast du mich gefunden?« Er tat es ab.

»Eine lange Geschichte mit einem kurzen Ende. Ich sitze hier.« Sein Bruder lächelte und fragte: »Wo lebst du? Etwa hier?«

»Ja. Ich bin hier in Lindau beheimatet, und es ist viel geschehen in den letzten Wochen, sehr viel. Ich muss bald wieder zurück zu meinem Regiment …« Die Stimme seines Bruders verriet Überraschung, Stolz und Entsetzen zugleich.

»Französischer Offizier … du?!«

»Ja. Ich war in der Kadettenanstalt in Colmar und mein … mein …« Plötzlich wusste er nicht mehr, ob es angemessen wäre, den Poschter als Vater zu bezeichnen. »Der Poschter … er hatte hier die Poststelle und die Relaisstation … bei dem habe ich gelebt.«

»Er hatte?«

»Ich sagte ja, es ist viel geschehen in den letzten Tagen. Wir haben ihn gerade erst beerdigt.« Er erklärte hastig und so gut es ging die verwirrenden Umstände, die dazu geführt hatten, bevor er einiges aus dem Leben seines Bruders erfuhr. Von Wort zu Wort und Satz zu Satz gerieten sie ins Reden. Der Wirt hatte die Szene beobachtet und stellte, obschon es noch früh am Tag war, unaufgefordert eine Flasche Wein auf den Tisch.

*

Zu gleicher Zeit folgte ein Trupp Berittener dem Uferweg von der Insel in Richtung Westen, nahm dann die Wendung nach Nordwesten und verließ damit den Uferweg. Zielstrebig nahmen sie den Weg zum Mauchinhof. Sonne und Wolken lieferten sich ein Hin und Her, und immer dann, wenn die Sonnenstrahlen ihre Zeit hatten, blitzten die Gürtelschnallen der Reiter auf, und das Blau und Rot ihrer Uniformen leuchtete gefährlich in den Sommertag.

Katharina war mit einer der Mägde im Hof zugange und faltete Leinentücher auf. Franzisca schlug im Dachboden die Kommoden neu aus, in denen den Winter über die Frühjahrssachen gelagert waren, und Lucas war mit dem Schniefer und zwei Pferdeknechten im Lager, wo sie die Fuder säuberten. Ja, es war Krieg, und doch musste man die Dinge tun, die zu tun waren, um ein normales Leben zu illusionieren. Katharina sah der Reiterei freudig entgegen und vermutete Christian, was sich allerdings als Trugschluss herausstellte. Es waren fremde Gendarmen. Der Offizier ließ absitzen. Mit strengen Blicken musterte er die zwei jungen Frauen.

»Lucas Bruggmüller«, sprach halb er fragend, halb feststellend. Nun wurde Katharina das Bedrohliche der Situation bewusst, sodass sie eine Weile brauchte, um zu antworten.

»Das ist mein Vater.«

»Ist er hier?« Franzisca hatte das Schlagen der Hufe gehört und war in den Hof gekommen. Als sie die Reiter sah, vermutete sie eine erste Beschlagnahmung von Lebensmitteln und Futter; falls es schlimm kommen würde, waren auch Pferde, Fuhrwerke und Wagen betroffen. Sie trat schnell näher, weil sie Katharina mit den Soldaten nicht allein lassen wollte.

»Sie fragen nach Vater«, sagte Katharina, ohne sich umzudrehen, als sie ihre Mutter hinter sich spürte. Die Magd blieb stumm und fixierte den Offizier mit strengem Blick. Franzisca trat ganz nah an Katharina heran, dass sie einander berührten.

»So, nach Vater fragen sie … weshalb?«

»Ist er hier, der Lucas Bruggmüller?«, kam es streng.

»Ja. Im Lager ist er und arbeitet … Aus welchem Grund suchen Sie ihn?«, traute sich Franzisca zu fragen, wobei ihr Herz bis zum Hals schlug.

Eine Kopfbewegung des Offiziers wies seine Leute an, zum Lager zu gehen, während er bei den drei Frauen blieb, stumm und unnahbar.

»Was ist denn!?«, wollte Franzisca endlich wissen und trat nun auf ihn zu.

»Er muss mitkommen.«

»Wer?«

»Lucas Bruggmüller.«

»Lucas … weshalb denn?«

»Es liegt ein *mandat d'arrêt* vor. Der Stadt haben wir das Dokument und eine Kiste Beweismittel zugestellt.«

»Beweismittel? In den Arrest soll er? Ja aber weshalb denn!?«

Die Soldaten kamen aus der Lagerhalle zurück, in ihrer Mitte Lucas. Hinter der Gruppe folgten der Schniefer und die Knechte mit verwirrten Gesichtern. Die vielen Menschen auf dem Hof sorgten für ein wenig Unsicherheit beim forschen Offizier, denn jetzt waren er und seine vier Soldaten von den Zivilisten umringt. Die Situation nötigte dem Uniformierten eine Erklärung ab. Lucas Bruggmüller habe die französischen Truppen hintergangen und betrogen, indem er verfaulten, schimmeligen Hafer lieferte und somit unter die Kriegsgerichtsbarkeit falle.

Franzisca und Lucas sahen sich entsetzt an. Franzisca trat einen Schritt auf den Offizier zu. »Der Emissär selbst war am Hof und hat das Korn geprüft, dazu der Amtsschreiber …!« Sie sah zurück zu Lucas, der immer noch sprachlos war.

Der Offizier zuckte mit den Schultern, meinte die Untersuchungen würden das sicher zeigen, tat wieder eine Kopfbewegung, und seine Soldaten führten ihre Pferde und Lucas vom Hof fort. Dann kehrte auch der Offizier ihnen den Rücken und verließ im Sattel hin- und herschaukelnd auf seinem Gaul den Hof. Ohne Regung, ohne jedes Wort sahen Franzisca, Katharina und die anderen dem traurigen Trupp nach. Sie waren von der Plötzlichkeit des Ereignisses allesamt völlig überrollt. Es dauerte eine Weile, bis Franzisca ihre Sinne wieder beisammen hatte und die Kraft, dem bohrenden Wunsch zu Weinen und zu Klagen, widerstand. Die Festigkeit ihrer Stimme, von der sie selbst überrascht war, verliehen ihr und den anderen Kampfeswillen. Sie wendete sich zuerst an den Schniefer.

»Spann die Kalesche an. Wir müssen wissen, wohin sie ihn bringen, welches Gericht zuständig ist und wie es überhaupt mit ihm weitergeht. Ein Advokat muss sich sofort kümmern.« Während der Schniefer wegsprang, um die Kalesche fahrbereit zu machen, sagte sie zu Katharina gewendet: »Keiner der Soldaten war ein Hiesiger. Sie dürfen ihn nicht wegbringen! Fahr du mit und suche Christian. Ich denke, nur er wird uns wirklich helfen können.«

Es war ein plötzlicher Instinkt, der sie so handeln ließ, denn sie wusste nicht, dass der Offizier mit dem strengen Gebot geschickt worden war, niemandem vor Ort vom Arrestbefehl Kenntnis zu geben, sich mit keinem Offiziellen zu treffen und seinen Leuten nicht zukommen zu lassen, worin ihr Auftrag bestand. Die Nacht zuvor hatten sie in einem Seitentrakt der Kaserne in der Fischergasse verbracht, und es war ihm trotz der Distanz zu seinen Leuten unangenehm gewesen, ihnen keine Antwort auf ihre neugierigen Fragen geben zu dürfen, denn natürlich waren sie der Meinung, auf dem Weg zu einer Kriegshandlung zu sein. Insgesamt war er mit der Situation unzufrieden, und die Leute auf dem Hof hatten ihm nicht den Eindruck gemacht, Betrüger zu sein.

Katharina packte schnell ein paar Sachen zusammen, dazu einen Korb mit Essen und Weinflaschen. Wer wusste, wozu man es brauchen konnte. Sie drückte sich auf dem Wagen eng an Franzisca, der Schniefer schnalzte laut mit der Zunge, und noch vor der Seebrücke schlossen sie zur Soldatengruppe auf, die sie bis zur Kaserne in der Fischergasse verfolgten, wo sie hinter den Mauern verschwand. Auf den entgegenkommenden Fuhrwerken waren die verwunderten Gesichter der Kutscher und Fahrgäste zu sehen, denen Lucas bekannt war. Ein erstes Opfer des neuen Krieges?

Der Schniefer stellte Kutsche und Pferde in der Hofstatt ab. Christian war weg. Katharina erfuhr von der Küchenmagd nur, dass er früh schon mit dem Pferd weggeritten war und keine Nachricht hinterlassen hatte, wann er zurück sein wollte.

Sie trennten sich: Der Schniefer übernahm die Wirtshäuser, Franzisca ging zum Baumgarten und Katharina strich suchend durch die Gegend um den Hafen – alles ohne Erfolg. Auch sie kam letztlich ins Haus zum Baumgarten.

Die Hausherrin ging aufgeregt vor dem Tisch im Salon hin und her, während Elisabeth und Franzisca stumm dasaßen. Es gab einfach keine Erklärung für das Ganze. Schließlich blieb Frau von Seutter stehen und sagte entschlossen zu Katharina: »Es muss ein Komplott sein, nichts anderes kann ich mir vorstellen. Gehe zum

Amtsschreiber und informiere ihn darüber, denn ich könnte mir vorstellen, er weiß nichts davon. Danach suche den alten Gerichtsrat Gaupp auf. Er hat immer einen guten Rat. Und ich will schauen, ob ich etwas von der Kaserne her in Erfahrung bringen kann, und in der Tat, deine Mutter hat recht, Christian ist der einzige, der wirklich wird helfen können.«

Als sie mit allen bis auf Christian gesprochen hatten, fuhren sie am späten Nachmittag wieder zum Hof zurück, ohne sich an der Hitze zu stören, die aufgekommen war.

Franzisca war gar nicht erst ins Haus gegangen, sondern hatte gleich den Weg zum Hügel hin genommen, den sie immer aufsuchte, wenn sie Kraft brauchte, für sich sein wollte oder es den Umständen wegen erforderlich war, über Wichtiges den ein oder anderen Gedanken zu verlieren.

Die Sonne war schon auf dem Weg hinunter zur Seefläche, und in den Eichen sang ein feiner Abendwind. Etwas außer Atem stand sie da und sah hinunter, wo die Seefläche weit ausgebreitet lag. Der Pulverturm stand starr im metallenen Glanz des Wassers, einem Spielzeug gleich, und draußen auf dem See war noch ein Dutzend Boote auszumachen. Sie ließ ihren Blick schweifen und wartete, dass sich ihr Atem und Herzschlag beruhigten. Weit im Westen war die Nordkante der Canisfluh zu sehen, die diesmal jedoch keine Regung in ihr entfachte. Der Schreck des Tages saß noch zu tief. Sie legte alle infantilen Gedanken ab, die sie anfielen. Sie musste nun handeln – klug handeln. Ihr Traum wurde ihr nun verständlich. Der Steinadler, er war kein Bote des Krieges, kein Bote für die aufgefundene Wasserleiche oder für den Mord am Poschter – nein, um Lucas war es dabei gegangen. Sie versuchte, ihre Gedanken zu ordnen.

Drunten kräuselte sich ein Bereich des Sees zwischen Insel und Rheinmündung, als eine abendliche Brise drüberfuhr. Sogleich nahmen die Lastensegler Fahrt auf. Sie fasste sich an den Kopf. Welch ein absurder Vorwurf: Verschimmelten Hafer sollen sie geliefert haben. Es war ausgeschlossen, denn sie hatten alle Säcke geprüft, und nicht nur sie. Anderes Korn als das ihre musste in Augsburg angekommen sein – ein Umstand, der einen ganz natürlich auf den Bilgeri brachte und die Eigenarten, die mit dem Transport einhergegangen waren. Sie wendete die Gedanken hin und her, worüber es dämmrig und still wurde. Nur der monotone Ruf eines Sperlingskauz schallte durch die Obsthaine, und vom See her kam das grundlose Klagen der Blesshühner. Die Nachtvögel übernahmen nun ihren Teil des Gesangs, und ihr fielen die vielen Rufe der Käuze auf. Wieso ausgerechnet heute die Käuze sie derart besangen?

Die Nachricht von der Arretierung Lucas Bruggmüllers fegte über die Insel und legte sich zusammen mit der Dämmerung wie ein Gespinst auf die Stadt. Nun hatten sie den Krieg bekommen, der Poschter war ermordet worden und jetzt suchte das Schicksal auch noch den Mauchinhof heim. Völlig gleich, in welcher Haltung sich jemand zu König, zum Poschter oder zu den Mauchins befand – diese drei Nachrichten und nicht minder die letzte erzeugten eine allgemeine Niedergeschlagenheit, ein Gefühl der Verlorenheit und der Haltlosigkeit. In den Häusern, Wirtshäusern und Spelunken wurde die Nachricht in unterschiedlichen Ausschmückungen weitergegeben.

»Hast du schon gehört … der Lucas … arretiert …«

Nur wenige Jahre war es her, dass die Stadt ihre freie Stellung verloren hatte und eine unter vielen geworden war, hin- und hergeworfen wie ein Würfel in der Hand von Mächtigen, sei es nun ein baierischer König, ein französischer Kaiser oder einer aus Wien. Und jetzt legte die Vorsehung Hand an sie selbst. Im Getuschel wurden der Mord am Poschter und die Verhaftung von Lucas zur Metapher für den fortschreitenden Niedergang. Jeden konnte es treffen in solchen Zeiten, und jeder fand sich damit in einer Situation der Bedrohung.

Die zwei alten Hirtenhunde kamen Franzisca trotz ihrer Altersmüdigkeit entgegen und stupsten sie an. Sie nahm sie mit ins Haus. Drüben am Stadel war ein Pferd festgemacht. Sie blieb kurz stehen, bevor sie in den Gang trat. Warmer Lichtschein leuchtete von drinnen, und am Himmel tauchten die ersten Sterne auf. Der alte Gerichtsrat Gaupp hatte ihr einmal Jupiter gezeigt, der jetzt als heller Ball über der Insel stand, und drüben, über dem Säntis, hing ein matter, abnehmender Mond.

In der Stube hockten sie um den Tisch, in dessen Mitte ein Krug Wein stand. Katharina, die Magd, der Schniefer – und Christian, der zu Katharina geeilt war, um ihr von seinem wiedergefundenen Bruder zu erzählen. Schweigend sahen sie Franzisca an, die sich einen Stuhl nahm und eines der französischen Gläser, die Lucas so mochte. Die Magd schenkte ihr ein. Katharina erzählte Christian derweil von den Ereignissen, die sich zugetragen hatten, dass der Vater wegen einer Lieferung angeblich verdorbenen Hafers in die Kaserne gebracht worden sei, was ebenso verwunderlich sei, da ja im Grunde die Stadt für die Arretierung zu sorgen hätte. Sie seien deswegen beim Amtsschreiber und Gerichtsrat Gaupp gewesen, die morgen eilends auf den Hof kommen wollten. Und ihn bat sie, gleich am Morgen in die Kaserne zu reiten, um Näheres in Erfahrung zu bringen.

Franzisca wusste zu allem nicht viel zu sagen. Auch auf Katharinas Einlassung, dass Christian seinen Bruder gefunden habe, der in der *Gans* untergekommen und ein weitgereister Händler in Italien geworden sei, wusste sie nichts zu sagen, so leid ihr es auch tat. Hatte er also nach langem Suchen seinen Bruder doch noch gefunden, dachte sie, und hatte beinahe lachen müssen: ausgerechnet in Lindau und im Gasthof *Gans*. So war es eben, das Leben. Da suchte und ackerte man – und dann fiel es einem zu, als hätte es schon die ganze Zeit über vor den Füßen gelegen. Und andererseits verlor man ebenso unerwartet etwas, was man so selbstverständlich um oder bei sich hatte, dass es einem gar nicht mehr sonderlich auffiel.

Sie hätte ja gerne gefragt, wie es denn sei mit dem wiedergefundenen Bruder und wie es sich zugetragen habe, dass sie einander überhaupt wieder in die Arme gelaufen seien, noch dazu an diesem Ort. Doch ihr fehlte die Kraft dazu. Ihr fehlte schlicht die Kraft dazu. Sie lächelte ihm zu. Dazu reichte es noch.

So saßen sie alle noch eine geraume Zeit beisammen, bis sich Christian verabschiedete und sich die traurige Runde auflöste.

Zu ihrer Verwunderung schlief Franzisca tief, fest und völlig traumlos. Spatzengezänk weckte sie. Sie tschilpten laut, und ihr Flügelschlag kratzte an der Holzverkleidung unter dem Dach. Die aufgehende Sonne schuf einen hellen Saum im Westen. Ein warmer Sommertag stand bevor. Kaum dass die Sonne ihr einen Moment Freude gebracht hatte, fiel das Bedrückende wieder über sie und forderte Energie, um in den Tag zu kommen.

Christian war schon vor Sonnenaufgang zur Kaserne unterwegs und fand seine Ahnung dort bestätigt. Die kleine Truppe Soldaten war bereits mit dem Offizier im Hof. Lucas saß zusammen mit einem der Soldaten in einem offenen Zweisitzer. Das Gespräch mit dem Offizier verlief kurz und ohne gute Nachricht, denn der hatte den Auftrag, Lucas nach Augsburg zu bringen, wo er exekutiert werden sollte, was als Exempel für alle gedacht war, die betrügerischen Handel mit der Armee im Sinn hatten.

»Er hat nicht betrogen. Er ist einem Komplott zum Opfer gefallen«, sagte Christian bestimmt. »Und ohne Anklage, ohne jede Verhandlung und Verteidigung soll er jetzt hingerichtet werden!?« Der Offizier zuckte mit den Schultern.

»Der General hat es so befohlen.«

»Welcher General?«

»General Augereau.« Christian schüttelte den Kopf. »Augereau!? Wie kommt er dazu?! Baiern ist nicht besetzt und untersteht keiner Kriegsgerichtsbarkeit. Ihr wartet hier und werdet nicht abziehen!«, setzte er seine ganze Autorität ein, die ihm zum einen seine französische Uniform verlieh und zum andern durch die Unsicherheit seines Gegenübers weitere Kraft gewann.

In der Kaserne besorgte er sich Brief und Tinte und verfasste ein kurzes Dossier, in welchem stand, dass aufgrund der noch ungeklärten Vorkommnisse der Handelskaufmann Lucas Bruggmüller vorerst in Lindau in Arrest gesetzt werde. Er siegelte das Dokument und gab es dem Offizier mit auf den Weg. Es war gewagt, jedoch nicht ohne Erfolgsaussichten, denn unter keinen Umständen durfte Lucas die Stadt verlassen. Das hätte in diesen Zeiten unweigerlich seinen Tod bedeutet. Der baierische Offizier äußerte Bedenken, als ihm das Dokument übergeben wurde, lenkte schließlich aber ein, denn es waren verwirrende Zeiten, und er selbst war ja verwundert gewesen über den Auftrag, den er da erhalten hatte – wegen ein paar Fuhren Getreide einen solchen Aufwand zu treiben, wo sie das Hundertfache in wenigen Tagen einfach konfiszieren würden. Und jeder wusste schließlich von der krankhaften Raffgier Augereaus und seinem verletzten Stolz, seit er keine verantwortungsvollen Kommandos mehr erhielt. Und aus welchem Grund hatte er nicht seine Leute geschickt, sondern ihn, den baierischen Offizier? So fügte er sich also dem jungen, schneidigen Burschen, der die Umstände hier in dieser eigentümlichen Inselstadt gut zu kennen schien, und zog mit ihm und dem Gefangenen durch die Straßen bis zum Rathausplatz. Dort hatten sie eine kurze Unterredung mit einem zähen, erfahrenen Amtsschreiber, der den Gefangenen übernahm, darüber ein weiteres Dokument für ihn ausstellte und diesen Lucas Bruggmüller von der Stadtwache in Arrest nehmen und auf der Stelle zu einem Turm bringen ließ, den sie hier Diebsturm nannten. Erleichtert und mit zwei gewichtigen Dokumenten ausgestattet machte er sich auf den Rückweg. So wie die Umstände lagen, würde er sie einfach mit einer kurzen Notiz an Augereau senden, denn alle Truppen waren längst in Bewegung des Krieges wegen. Und wer wollte da um einen kleinen Betrüger derartigen Aufwand betreiben, wenn es schon nicht möglich war, ihn kurzerhand zu füsilieren.

Am Vormittag trafen der Amtsschreiber, der ehemalige Geheime Rat Gaupp und Christian auf dem Hof ein. Die Sonne brannte aus einem wolkenfreien Himmel herab, und in den Wiesen und Kornfeldern knisterte es laut. Über dem See bildete sich ein heller Dunststreifen.

Der Schniefer und die Knechte empfingen den Besuch mit sorgenvollen Gesichtern, denn es ging auch um ihre Zukunft, die hier zur Verhandlung stand. Sie kümmerten sich um die Kaleschen und Pferde, während die Magd eine große Kanne Kaffee kochte. Der Schniefer kam nach verrichteter Arbeit dazu. Da die Diskussion schon weit fortgeschritten war, setzte ihn Katharina mit schnell geflüsterten Worten darüber in Kenntnis, dass der Vater nicht weggeschafft worden war, sondern im Diebsturm arretiert wurde. So konnte man ihn wenigstens besuchen, bewachen, mit Essen und Trinken versorgen und halbwegs zur Ruhe kommen.

Gaupp pochte mit den Fingerknöcheln auf den Tisch.

»Der Amtsschreiber, der Emissär und alle anderen haben gesehen, von welcher Qualität das Korn war, das den hiesigen Hof verlassen hat, und so stellen sich natürlicherweise eng miteinander verbundene Fragen. Wo stammt das verschimmelte Korn her, wie ist es nach Augsburg geraten und wo befindet sich das eurige Korn? Und letztlich – wer hat den Betrug veranlasst?« Der Amtsschreiber war aufgebracht.

»Ich selbst war ja hier und habe es gesehen … es ist ganz und gar unmöglich!« Franzisca bat den Schniefer, nochmals von den Geschehnissen in der Hangnach zu berichten, was dieser in kurzen, prägnanten Worten tat. Gaupp sagte daraufhin: »Eine solche Menge Korn taucht nicht einfach so auf – nicht, wenn es erworben wurde, wovon auszugehen ist. Es müssen Belege darüber existieren. Und der Bilgeri … ich weiß nicht, ich weiß nicht. Ich halt ihn eigentlich nicht für fähig zu so einem Schurkenstück …«

Der Amtsschreiber war da anderer Meinung.

»In jedem Falle ist die Angelegenheit nun eine für unseren Landrichter, mit dem ich schon gesprochen habe. Wir werden der Sache nachgehen, auch um rechtzeitig nach Augsburg berichten zu können. Ganz und gar gilt es, etwaige Irritationen zu vermeiden und schnell zu handeln. Nach allem, was wir gehört haben, könnte die Eitelkeit eines französischen Generals verletzt worden sein, wenngleich es insgesamt ein wenig erfreuliches Vorgehen darstellt. Wir sind kein besetztes Land, welches unter französischem Kriegsrecht steht. Ich habe auch eine kurze Notiz vorgefunden, in welcher der Gerichtsdiener mitteilt, die fremden Gendarmen hätten eine Kiste dabei gehabt, die er in den Keller habe bringen lassen, weil sie nur mit Plunder gefüllt gewesen sei. Und die vorgebrachte Behauptung, die Kriegsgerichtsbarkeit wäre in diesem Fall anwendbar, ist schlichtweg falsch und widersinnig. Zum Zeitpunkt des Handels war kein Krieg, und somit liegt die Zuständigkeit eindeutig bei der zivilen Gerichtsbarkeit. Ich habe das so vermerken und mitteilen lassen – in sanften, wohlmeinenden Worten natürlich. Man möchte in der aufgebrachten Zeit schließlich keine Befindlichkeiten wecken.« Er wendete sich an den Schniefer und bat ihn, gleich mit ihm in die Stadt zu fahren, um ein Protokoll aufzunehmen.

Franzisca sah Christian an, der bisher schweigend bei der Unterredung dabeigesessen hatte.

»Was meinst du … was hat es mit dem Bilgeri und dem Rotmäntler auf sich?« Die Frage war ihm unangenehm, zumal nun alle Augen auf ihn gerichtet waren. In einer spontanen Regung entschloss er sich dennoch, alles zu berichten, begann mit dem ersten Zusammentreffen zwischen ihm und dem Rotmäntler auf dem Schlachtfeld und endete mit seiner letzten Begegnung mit Brack. Keiner der am Tisch Versammelten sagte einen Ton. Wie sollte man Unfassbares auch kommentieren.

Franzisca schickte Katharina mit auf die Insel, als sich der Amtsschreiber und Gaupp erhoben hatten und gingen. Sie hatte einen Korb mit Essen für Lucas zurechtgemacht und eine Flasche Wein für die Wachen dazugegeben, was nicht weniger wichtig war.

*

Christian fühlte sich zerrissen wie noch nie zuvor in seinem Leben. Immer war er mit dieser fiebrigen Freude zu seinen Soldaten zurückgekehrt, gleich, in welche Kämpfe es ging. Doch diesmal war es kein Weggehen wie ehedem. Bevor er diesmal Lindau verlassen würde, wollte er als letzten Eindruck nicht die Augen von Katharina mit in den Krieg nehmen, sondern das frische Grab des Poschters aufsuchen. Zuvor aber stand noch ein Treffen mit seinem Bruder an. Noch immer durchfuhr es ihn, wenn er sich die Szene in Erinnerung rief, als sie sich in der Wirtsstube der *Gans* begegnet waren. Begrüßt hatten sie sich ungemein vorsichtig – weit entfernt von haltloser Freude, ohne einander in die Arme zu fallen und ohne Ströme von Freudentränen. Beiden aber war diese Szene auf dem Markt in Dornbirn bis zur Stunde gegenwärtig, als der Abt eine christliche Obhut für sie suchte und sie anbot, nicht weniger als es die Händler mit dem Vieh taten. Christian hatte zuerst begonnen, zu erzählen, vom Poschter, von der harten Zeit, während der er dessen alkoholgetränkte Launen zu ertragen hatte, von der Lust an der Schule, von Lucas und wie er von ihm Französisch gelernt hatte, und von der Militärakademie in Colmar.

»Schau, unter diesem Napoleon ist es einem Drecklümmel wie mir möglich gewesen, Offizier zu werden … wenn es sich nicht lohnt, für einen solchen Kerl zu kämpfen, wofür dann?«, hatte er zum Schluss gesagt. Sein Bruder hatte gelächelt.

»Na, ich weiß nicht so recht. Es gibt durchaus verschiedene Möglichkeiten im Leben, Freiheit zu finden, und es muss nicht die französische sein. In Italien, Österreich und anderswo denkt man da weniger euphorisch als du.«

»Und du?«

»Ich komme hier zurecht und dort«, hatte die etwas ausweichende Antwort gelautet. Dann hatte er nach Lucas gefragt und nach wenigen Sätzen gelächelt. »Den kenn ich, deinen Lucas. Er hat mir das Rechnen nahegebracht und das Paradies, das nur mit Kühen eines ist.« Auf Christians fragenden Blick hatte er nur gelacht und eine wegwerfende Geste mit der Hand gemacht. »Zu schwierig, es zu erklären.«

Christian musste immer wieder den Blick senken; zu offensichtlich war es, wie intensiv, beinahe wissenschaftlich forschend er die Züge seines Gegenübers musterte.

Nach Italien war er gekommen, nachdem er dem Mathishof in Bezau, wo er als Hirtenjunge untergekommen war, den Rücken gekehrt hatte. Im Lager eines Stoffhändlers hatte er angefangen, war bald im Kontor gelandet, weil er mit unterschiedlichen Währungen rechnen und schreiben konnte, und hatte von dort aus seinen Weg gemacht.

»Was hast du vor? Musst du zurück nach Italien? Das könnte schwierig werden, denn wir haben Krieg, und keiner weiß, wie er ausgehen wird.«

»So wenig Optimismus? Und dass in einer französischen Offiziersuniform? … Es sind Zeiten, in denen man sich ständig an Unvorstellbares gewöhnen muss, welches binnen Wochenfrist dann Normalität wird.« Christian lächelte generös.

»Nun ja, es ist in der Tat so – die Österreicher haben uns überrascht. Alle unsere Truppen stehen im Westen, und so wie es aussieht, bricht in Vorarlberg und Tirol bald ein Volksaufstand los, und das nur deshalb, weil die baierischen Verwaltungsbeamten sich aufgeführt haben wie Verrückte. Aber gut … es interessiert mich wirklich … was wird aus dir?«

»Ich habe vor, eine eigene Handelsdeposition zu gründen …

Stoffe. Droben im Bregenzerwald, in ganz Vorarlberg, Appenzell und im Thurgau gibt es unter drei Häusern zwei, in denen ein Webstuhl steht, und dazu jede Menge neuer Manufakturen. Es ist einfacher, wenn man selbst hier vor Ort ist und einwirken kann auf das, was gefertigt wird, eben jene Sachen, die im Süden gewünscht sind, und ich kenne die einflussreichen Händler dort … du verstehst?«

»Schon. Aber vielleicht kannst du auch etwas anderes tun, nämlich mir helfen.«

»Dir?« Christian erklärte ihm in wenigen Worten, was ihm durch den Kopf ging, nämlich dass er, sein Bruder, während seiner Abwesenheit die Relaisstation und die Post führe, was ihm letztlich auch ausreichend Möglichkeiten verschaffen würde, seine Pläne mit der eigenen Handelsdesposition geordnet voranzutreiben. »Wie ich es gerade sagte«, entgegnete Philipp freudig überrascht, »das Unvorstellbare und Unerwartete gewinnt in diesen Zeiten den Charakter der Normalität. Aber – wie kannst du mir Vertrauen schenken?«

Christian lachte.

»Du bist mein Bruder!«

»Gilt das denn noch etwas in unseren Tagen? Aber … ich will es machen!« Christian war froh.

»Eines noch«, sagte Christian beschwingt, bevor er sich aufmachte, »Ich verschaffe dir auch eine tüchtige Haushälterin.«

Dann verabschiedete er sich, verabredete noch ein Essen, bei dem sie Details bereden wollten, und lief mit schnellen Schritten hinüber zur *Krone*, wo er in der Küche auf die Küchenmagd traf. Sie knickste, als sie ihn erkannte, und sah eingeschüchtert weg, nahm schnell einen Schaber in die Hand und kratzte an einer Pfanne herum. Die Köchin erfasste sogleich, wie sehr die Situation Intimität verlangte, packte kurzerhand einen Topf und trug ihn hinaus.

»Lass das zukünftig sein«, sagte er ruhig.

»Was meinen der Herr?«

»Erstens, mich Herr zu nennen, und zweitens vor mir zu knicksen und verschämt zu tun – wir sind halbe Geschwister.« Sie nickte.

»So ist es wohl ...«

»Du hast ein schönes Erbe erhalten ... aus welchem Grund bist du noch hier?«, fragte er. Ihr Körper spannte sich, und ihre Stimme verlor das Unbestimmte.

»Es steht mir wohl zu, wenn ich es erhalten habe.« Er ärgerte sich über seine Ungeschicklichkeit und musste lächeln, denn etwas in ihrer zarten Widerborstigkeit trug deutlich die Züge ihres Vaters. Er sprach begütigend: »Entschuldige, entschuldige, du verstehst mich falsch, ich neide es dir nicht, gar nicht, wirklich nicht. Aus einem völlig anderen Grunde bin ich hier.«

»Ihr fragtet, weshalb ich noch hier sei? Nun, das Haus ist voller Gäste, und die Arbeit muss getan werden, deshalb ... deshalb bin ich noch hier.«

»Ja, das ist gut. Das ist recht. Aber weißt du, was du nun machen wirst? Du hast viele Möglichkeiten.« Sie schüttelte den Kopf. Er wurde konkreter. »Nein? Dann habe ich aber vielleicht einen Vorschlag, was du tun könntest. Ich muss noch heute Nacht fort in den Krieg. Mein Bruder wird die Post und Relaisstation führen, während ich weg bin. Ich brauche allerdings noch eine tüchtige Haushälterin für alles und möchte, dass du in die Hofstatt kommst.« Sie legte alles weg.

»Ich?«

»Ja, du. Die Mauchins helfen für die erste Zeit – Franzisca und Katharina.«

»Ich?«, fragte sie wieder.

»Ja ... ja du! Mit dem Wirt werde ich einig werden und bei der Stadt den Wechsel außerhalb der Dienstbotenzeit genehmigen lassen – wenn du nur willst.«

»Welcher Bruder?«, fragte sie irritiert.

»Du wirst auf den ersten Schlag erkennen, dass er mein Bruder ist. Wie steht's also?« Sie zögerte.

»Was wäre denn genau meine Aufgabe?«

»Auf die Häuser achtgeben, darauf schauen, dass die Pferdeknechte und Kutscher im ordentlichen Gewand unterwegs sind und immer ihre Mahlzeiten zur rechten Zeit haben, die Mägde anleiten und für die Reisenden Sorge tragen. Mein Bruder kümmert sich derweil um die Poststelle und das Wirtschaften. Ihr zwei sollt das tun, was früher der Poschter erledigt hat.« Sie sah ihn an.

»Ja, der Poschter … was der Poschter getan hat, kann niemand tun … aber ich will es mir überlegen.«

Ermittlungen

Der Amtsschreiber hatte die Aussage des Schniefers in Gegenwart des Landrichters vom Rechtskonsulenten Kinkelin aufnehmen lassen. Manchmal war nur das Kratzen des Federkiels zu hören, so still und nachdenklich waren alle mit der eigentümlichen Causa befasst.

Nachdem das Protokoll niedergeschrieben und gesiegelt worden war, machten sie sich auf den Weg in den Keller des Rathauses, um die Kiste zu inspizieren, die ihnen übergeben worden war. In der Tat befand sich auf den ersten Blick nur Plunder darin: Säcke. Es waren lediglich Säcke. Der Landrichter schüttelte indigniert den Kopf, während der Schniefer hineinlangte und einen Packen herausholte. An einem der Säcke war gut zu erkennen, wie der Schimmel die Fasern weitflächig zerfressen hatte. Ein hässliches Loch bot sich dar, als er den Sack ausbreitete.

»Die Beweismittel, sozusagen«, konstatierte der Amtsschreiber. Der Schniefer schüttelte weitere Säcke auf und legte sie auf den Boden. Alle waren von Schimmel befallen.

»Das sind nicht unsere Säcke«, sagte er zum Landrichter. »Das sind keine Mauchinsäcke.«

»So? Es sind nicht eure Säcke?« Der Schniefer deutete auf zwei feine blaue Linien, die am unteren Rand der Säcke eingewebt und in der Mitte unterbrochen waren. Darin war ein stilisiertes Initial zu erkennen: ein geschwungenes B. »Das sind die Säcke vom Bilgeri.«

Noch am späten Nachmittag tauchte der Landrichter mit zwei Gendarmen im kleinen Kontor des Bilgeri in der Ludwigstraße auf. August hockte am Tisch und war über ein aufgeklapptes Dokument gebeugt. Er blickte mit halb offen stehendem Mund auf das

Papier, auf welchem ihm die Zahlen vor den Augen verschwommen waren, denn Rosa war ihm in den Sinn gekommen. So glotzte er immer noch auf seine wässrig schwimmenden Einträge, hatte Rosas pralle Brust im Geiste vor sich und hörte ihr unanständiges Lachen, als sich die scharfe, unversöhnlich klingende Stimme des Landrichters in seinen süßen Tagtraum mischte.

»Die Bücher, Herr Bilgeri, die Bücher. Wir brauchen die Bücher.« August sah auf, den Mund immer noch offen, mit glotzenden Augen.

»Die Bücher!«, wiederholte der Landrichter und deutete auf ein Regal, in welchem die Kontordokumente gestapelt lagen.

»Die Bücher«, wiederholte August, der langsam in die Realität zurückgelangte, »die Bücher, ja, aber wozu?«

»Eintragungen«, blieb der Landrichter kurz angebunden, »wir müssen die Eintragungen kontrollieren … Einkauf, Verkauf, Abschreibung. Wo ist der Herr Vater?«

»Der Vater?«

»Ja, der Vater!«

»Ich weiß es nicht. Kann sein im Stall, kann sein im Lager drunten am Hafen.«

»Kann sein hier, kann sein dort«, entgegnete der Landrichter ungnädig und gab den Gendarmen mit einer Kopfbewegung Anweisung, die Bücher einzupacken, der sie unaufgeregt nachkamen.

Der Amtsschreiber, Rechtskonsulent Kinkelin und der Landrichter saßen den Abend über bei düsterem Licht in der Amtsstube des Rathauses und durchforschten die Einträge der Bücher. Der Amtsschreiber konnte seine Anerkennung nicht verhehlen.

»Erstaunlich, wie genau und mit welch gekonnter Feder alles vermerkt ist, geradezu ein Kunstwerk für denjenigen, der es zu schätzen weiß. So viele Seiten habe ich schon durchgesehen ohne auch nur eine einzige Radierung. Es wirkt wie gedruckt und ist doch von

Hand getan. Man traut es diesem Tölpel gar nicht zu, dem allenthalben der Mund offen steht.« Die beiden anderen entgegneten nichts, wenngleich auch sie der Mut, eine Ungereimtheit in den Eintragungen zu finden, verlassen hatte. Diese Akkuratesse war bewundernswert.

Es war Kinkelin, der in die Jahre gekommene Rechtskonsulent, der zu später Stunde beim vorletzten Buch mit einem »Ah« und nochmals einem »Ah, Ah, Ah« doch noch Hoffnung aufkommen ließ. Amtsschreiber und Landrichter traten sogleich zu ihm, und er deutete auf eine säuberlich gefertigte Eintragung.

»Hier, sehen Sie. Zweihundertundfünfzig Sack Hafer und einhundert Sack Weizen sind eingegangen, und bis heute ist kein Ausgang verzeichnet. Das ist verwunderlich, denn wo sollte der Bilgeri solche Mengen eine so lange Zeit lagern? Er müsste das Korn nach dem Buche hier aber noch haben.« Er wies auf eine Fußnote hin und suchte am Seitenende danach, wo in kleinster Schrift ein Vermerk angebracht war. *Schimmelsucht* und *Abgeschrieben*, war da zu lesen. Die drei sahen sich an und kontrollierten nochmals alle Bücher auf die Ausgänge von Hafer und Weizen. Der Verdacht bestätigte sich.

»Der Bilgeri«, wandte sich der Landrichter an die beiden anderen, »der Bilgeri … ich hätte mir das nie vorstellen können. Das niemals.«

Sie löschten die Kerzen und Laternen und beendeten ihre Arbeit. Mit dem kommenden Tag würde es weitergehen.

Der Bilgeri war nicht aufzutreiben – den ganzen nächsten Tag und auch in den folgenden nicht. Im Haus in der Fischergasse pochte seiner Frau das Herz, als der Rechtskonsulent Kinkelin in Begleitung eines Gendarmen erschien. Sie tat entsetzt, erschrocken, niedergeschlagen und überrascht, jedoch alles in einer solchen Weise unnatürlich übertrieben, dass sich die beiden wie in ein schlechtes Theaterstück versetzt fühlten.

Angst trieb die Bilgeri um, als sie von den Herren erfuhr, dass der Mauchin nicht nach Augsburg geschafft worden war, sondern im Diebsturm hockte. Die Stadt nämlich beanspruchte Gerichtshoheit im anhängigen Falle, da sie geschäftsinvolvierender Partner gewesen sei, erläuterte holprig und umständlich Kinkelin, den die Habgier der Menschen abstieß und die Bilgeri im Besonderen. Er kannte die Gerüchte über diese Frau, die eines Tages mit dem Bilgeri in die Stadt gekommen war, keine Papiere über ihre Herkunft vorlegen konnte und nur durch die Gutmütigkeit und in gewissem Maße auch die Freigiebigkeit ihres Freiers eine Heiratserlaubnis erhielt. In den Gassen kursierten damals Gerüchte, sie sei eine vom Brack freigekaufte Hure. Aber nun? Nun hockte sie an diesem kleinen Kaffeetischchen, heulte, raufte sich die Haare und schrie mehrmals, was er nur wieder getan habe, ob er denn nie genug bekomme und ob er sie alle ins Unglück stürzen wolle. Kinkelin beeindruckten ihre emotionalen Eruptionen jedoch nicht. Sie zogen wieder ab, denn die Magd hatte ihnen schon bei ihrer Ankunft zugeflüstert, dass der Herr Bilgeri seit Tagen nicht im Hause aufgetaucht sei.

Als die beiden verschwunden waren, sprang die Bilgeri auf und lief im Zimmer auf und ab. Es war zwar viel verloren, in der Tat. Doch es konnte noch gut für sie ausgehen. Es konnte noch gut für sie selbst ausgehen.

*

Es war schon längst dunkel, als Christian sein Pferd auf den freien Platz der Hofstatt führte. Er hatte alles gerichtet und gepackt. Trotzdem er bis spät mit seinem Bruder im Haus gehockt hatte und das Erzählen kein Ende nehmen wollte, verspürte er keine Müdigkeit.

Die Wachen am Landtor grüßten ihn müde, als er passierte und langsam über die Seebrücke ritt. Er horchte dem Dröhnen nach, das die Hufe seines Pferdes von der Bohlendecke zur Wasserfläche sandte. Am Kröllschen Friedhof hielt er an. Mit bedächtigen Schritten ging er durch die Gräber. Es war still. Nur das Knirschen seiner Stiefel im Kies drang ihm unangenehm an die Ohren. Er kniete am frischen Grab des Poschters nieder, drückte beide Hände lange auf die Erde und dankte ihm für alles … für wirklich alles. Dann stieg er auf und gab dem Pferd die Sporen.

Katharina lag die ganze Nacht über wach. Mitten in der Nacht sang ein Rotkehlchen, was ihr schaurig vorkam. Diesmal war es ein anderer Abschied von Christian gewesen als sonst, denn wenn er wiederkommen würde, wäre alles anders geordnet. Doch schlimmer noch war es, wie einsam und verlassen sie sich fühlte. Der Poschter lagt tot unter der Erde und fehlte ihr, der Vater war im Diebsturm gefangen, und Christian war auf dem Weg in den Krieg. Es war das erste Mal, dass sie an ihrem Zutrauen in die Geschicke des Universums zu zweifeln begann. Sie hatte Christian gebeten, ihr zu schreiben, so wie er sonst dem Poschter geschrieben hatte, und nach einigem Zögern, worüber sie beinahe verstimmt gewesen wäre, hatte er zugestimmt. Wenigstens war Kinkelin am Hof vorbeigekommen und hatte sie über den Stand der Untersuchungen in Kenntnis gesetzt. Es sah gut aus für den Vater und schlecht für den Bilgeri, der nirgends aufzufinden war.

Jetzt war es der Schniefer, der die Neuigkeiten ins Haus brachte und abends manchen Artikel aus dem Intelligenzblatt laut in der Stube vorlas, was den anderen gut gefiel – Franzisca, Katharina, den Mägden und Knechten. Doch die Nachrichten blieben schlecht: In Vorarlberg war ein Volksaufstand losgebrochen, angeführt von Wirten und Juristen, denen einige tausend mehr oder weniger Bewaffnete zugelaufen waren. Die wenigen verbliebenen baierischen Beamten waren schnell vertrieben, und selbst den Resten der baierisch-französischen Truppen widerstand der Landsturm und fegte sie über die Grenze, tief hinein ins Badische bis kurz vor Konstanz. Lindau ließen sie liegen, denn die Stadt hatte für ihre Zwecke keine militärische Bedeutung. Beflügelt wurde ihr Protest von den Erfolgen in Tirol, wo ein Wirt namens Andreas Hofer erfolgreich gegen Baiern und Franzosen zu Felde zog und selbst reguläre Truppen am Berg Isel in die Niederlage zwang.

Franzisca war hin- und hergerissen und konnte sich keiner Seite mit ganzem Herzen zuwenden. Sie konzentrierte sich also auf die Arbeit am Hof und ging jeden Tag mit einem Korb zur Insel, wo sie die Wachen und Lucas versorgte. Landrichter, Amtsschreiber und die Gendarmen taten derweil ihre Arbeit.

Eines Tages im Spätsommer, sie waren gerade damit beschäftigt, das Lager zu reinigen, kam ein Fuhrwerk den Weg zum Hof geholpert. Lucas hockte hinten zwischen Fässern, Kisten und Säcken, die ihm die Fahrt etwas weicher gestaltet hatten.

Katharina hüpfte juchzend um den Schniefer. Franzisca stand stumm und ernst da. Auch Lucas zeigte keine euphorischen Ausbrüche. Er herzte Katharina, winkte Franzisca mit einem Papier und zog sie, die immer noch in Ernsthaftigkeit versunken war, mit beiden Armen zu sich heran, als wolle er sie in sich begraben. Es war das Entlassdokument des Landrichters, welches er in Händen hielt.

»Ich hätte es nicht gedacht vom Bilgeri«, sagte er, »niemals. Er ist bis heute verschwunden und der Brack auch.« Sie sagte nichts weiter dazu, zog ihn ins Haus und bedeutete den anderen, draußen zu bleiben und die Arbeit fortzuführen.

*

Einige Wochen später kam ein Brief von Christian, den Katharina, nachdem sie ihn zuvor mehrfach selbst gelesen hatte, in der Stube allen vortrug.

Der Regen fiel den ganzen Tag mit solcher Lebhaftigkeit auf uns herab, dass wir alle bis auf die Knochen durchnässt waren. In dieser Lage erreichten wir ein Dorf mit Namen Pukersdorf und glaubten, hier unter ein Obdach untergebracht zu werden, aber vergebens. Wir mussten unter dem größten Regen biwakieren und hatten weder Stroh noch andere Materialien, um eine Hütte zu erbauen. Selbst an Brennholz litten wir Mangel – traurige Aussichten auf eine Nacht, in der wir Entschädigung für die Beschwerlichkeiten des Tages suchten. Der Schlaf floh unser elendes Lager; wir gruppierten uns wie die Heringe auf den nassen Boden um das Feuer herum; ein Stein unter dem Kopfe musste uns statt eines Kissens dienen. Wie froh waren wir alle, als uns die Nachricht zu Ohren kam, dass um Mitternacht wieder aufgebrochen werden müsste. – Doch verrechnet, verrechnet hatten wir uns, denn nun hatten wir mit anderen weit größeren Unannehmlichkeiten zu kämpfen. Ein wütender, mit Regen vermischter Orkan, der die in rabenschwarze Finsternis eingehüllte Gegend durchzog, verursachte nun, dass wir die mit Kot angefüllten Gräben neben und auf der Straße nicht wahrnehmen konnten und daher nicht selten unser Konterfei bis zum Sprechen getroffen in denselben das Vergnügen hatten.

Herrlich stieg am folgenden verhängnisvollen Tage die Sonne herauf und verbreitete ihren Glanz über die goldenen Staaten, welche heute, statt die Scheunen des Landmannes zu füllen, unter den Hufen der Rosse zertreten werden sollten. Schon mit dem ersten Dämmern des Tages sah man, soweit das Auge reichte, die Waffen der Österreicher blitzen; es herrschte dabei die größte Stille, und es lang in dem Anblicke etwas Unheimliches, aber Feierliches. Die Schlachtlinie dehnte sich auf einer durch sanfte Hügel hie und da unterbrochenen Ebene mehrere Stunden – wohl zwanzig Kilometer – weit aus. Gegen die österreichische Stellung hin erhob sich diese, wodurch eben der Anblick dieser Armee so imposant wirkte. Mit Tagesanbruch begann auf dem linken Flügel die Kanonade, die sich bald auf die ganze ungeheure Linie ausdehnte. Es sollen von beiden Seiten weit über tausend Geschütze im Feuer gewesen sein. Napoleon ließ auf einen einzigen Punkt hundert Geschütze auffahren. Wenn man bedenkt, welchen

Raum diese allein in Anspruch nahmen, so kann man sich eine Vorstellung von der Ausdehnung jener Schlacht machen.

Man schoss von beiden Seiten so heftig mit Kanonen, dass sich allenthalben von den glühenden Kugeln das Getreide auf den Feldern entzündete und mancher von den Blessierten seinen Geist unter schrecklichen Qualen in Folge des Brandes aufgab.

Prachtvoll, aber schauerlich war das Hin- und Herwogen des Kampfes anzusehen. Einen wehmütigen Anblick gewährten die zertretenen, zum Teil schon schnittreifen Kornfelder: Sie sind das Grab Tausender von Menschen und Pferden geworden. Man stieß auf Felder, welche mit Leichnamen und toten Pferden ganz und gar übersät waren. Da nämlich bei Wagram Kavallerie und Artillerie sehr tätig waren, kostete es auffallend viele Pferde. Dieses dem Menschen so getreue Tier erregt immer großes Mitleid, weil sein Schmerz so stumm ist und weil es den Menschen oft so wehmütig anblickt. Manche dieser armen Tiere hinkten mit einem abgeschossenen Fuße auf drei Beinen herum. In großer Anzahl schleppten sich leicht und schwer verwundete Krieger aus dem Kampfe zurück oder wurden zurückgetragen. Es kann ein Mensch nicht ohne Schaden aushalten, diese Anblicke ertragen zu müssen. Einige Male habe ich die Pistole zur Hand genommen, um wenigstens dem schlimmsten Leid ein Ende zu setzen.

Im Herbst kam er zurück an den See, abermals als einer, der den siegreichen Truppen angehörte. Doch diesmal empfand er keinen Stolz mehr darüber und war nachdenklich geworden. Der Bruder hatte die Geschäfte derweil gut geführt und war viel mehr ein Kaufmann als er. So hatte er keinen Drang, die Dinge zu ändern.

*

Von einem Hinterhof in der Nähe des Brettermarktes gelangte man in einen weitläufigen Raum. Von Wand zu Wand waren Seile gespannt, die in der Mitte von Stangen gestützt wurden, denn ihre

Last war schwer. Eng aneinander waren Lederhäute über die Seile gelegt. Am Boden darunter sammelten sich schwarze Pfützen. Es stank erbärmlich. In einem Nebenraum hockte der Rotgerbermeister Michael Franz Erbacher und schabte an einer Haut, die er auf einem dazu gefertigten Holzbock aufgespannt hatte. Ein junger Bursch wurde von einem der Gerbergesellen in den Hinterhof gebracht, der ihm den Weg zum Meister wies. Unbeeindruckt vom Gestank lief er den gewiesenen Weg durch den Raum mit den Lederhäuten und klopfte hart mit den Fingerknöcheln an den Türrahmen.

Der Rotgerbermeister unterbrach seine Arbeit und drehte sich zur Tür. Den jungen Kerl, der ihn da mit Namen grüßte, kannte er nicht.

»Was will er?«, fragte er ohne jede Freundlichkeit.

»Ich bin gekommen, meine ausstehenden zweihundert Gulden zu holen, wie es in unserem Contract vereinbart war … Michael Hensius … ich habe die Militärpflicht für Euren Sohn übernommen. Ich brauche den Rest nunmehr, da ich ein Entlasspapier habe. Zweihundert Gulden.« Der Rotgerber sah ihn lange an, und ihm wurde der Tag, als sie beim Amtsschreiber den Contract geschlossen hatten, wieder gegenwärtig. Er erinnerte sich auch an seine Suche durch die Spelunken nach einem gesunden, einfältigen Kerl, der bereit war, für einen großen Beutel voller Münzen ein solch verrücktes Angebot anzunehmen. Und jetzt stand dieser Michael Hensius vor ihm – gesund, kräftig, selbstbewusst, lächelnd – und forderte den ausstehenden Rest. Sein Gesicht hatte das Bubenhafte verloren, und auf der Stirn zog eine lange Falte bis über beide Augen einen schwarzen Strich. Viel erlebt, dachte Erbacher, und war nicht in der Lage, sich zu bewegen. Sein Sohn Valentin war vor Monaten mit einer Fuhre frischer Felle aus dem Hafen zurückgekommen. Ein gutes Geschäft war es gewesen, und beim Ausspannen der Pferde hatte er, übermütig davon, dem Kaltblut im Vorübergehen kräftig mit dem Handrücken auf den hinteren Schenkel geklopft und laut dabei gejohlt. Einige Gesellen hatten dabeigestanden, wie er selbst auch, und mit ansehen müssen, wie die Hinterläufe des Pferdes wie von einem Bogen abgeschossen in die Luft fuhren und eines der mächtigen Hufe den Valentin in die Seite unterhalb der Rippen traf. Niemand wusste, zu sagen, ob es der Schlag war oder der Laut, der das gutmütige Tier eine solche Leibesäußerung hatte tun lassen. Drei Wochen hatte der Sohn auf dem Lager gelegen, bevor er endlich, nach schlimmen Schmerzen, im Heiliggeistspital dahingegangen war – sein einziger Sohn. Und jetzt stand dieser Michael Hensius da vor ihm, forderte zweihundert Gulden und hatte unzählige schlimme Schlachten überstanden, und so wie es aussah, ohne überhaupt je einen Streich zu erhalten. Es waren schlechte Zeiten, um mit dem Tod einen Handel einzugehen.

Ihm blieb nur die eine Tochter. – Sein ganzes Leben war damit dahin. Wenn es schlecht ging und sich kein anderer Freier zeigte, dann musste sie sogar den August Bilgeri heiraten, von dem jeder wusste, wie er haltlos mit den Huren herumzog, dessen Vater wegen Betrugs flüchtig war und die Mutter eine, von der niemand wusste, woher sie gekommen war und es darüber üble Gerüchte gab. Ordentlich schreiben und buchhalten aber sollte er können, so sagte man wenigstens, weswegen ihn der Amtsschreiber als Sekretär zur Stadt geholt habe, ungeachtet des Geredes über die Familie. Die Strafe hatte den Bilgeris die Hälfte der Kutschen und Pferde gekostet, doch die dürre, giftige Frau war verrückt genug, zu meinen, das Geschäft fortführen zu können. Aber die Kutscher waren ihr davongelaufen wegen ihrer Bösartigkeit und weil sie gesagt hatte, Wein sei kein guter Fuhrwerker. Jetzt hockte sie in der Fischergasse wie eine böse Spinne, und seine Frau, die war ihr ins Netz gegangen, denn sie hatte im ersten Schmerz ihrer Anfrage hinsichtlich einer Hochzeit zugestimmt.

Solche Gedanken schwirrten dem Rotgerber durch den Kopf und zuletzt auch jener, ob er diesen Hensius, den das Schicksal offensichtlich liebte, nicht fragen sollte, ob er statt der Gulden nicht lieber seine Tochter zur Frau haben wolle – oder ob er nicht beides …? Doch der Kerl stand so frisch vor ihm mit seiner Zukunft. Der würde sich nie in eine solche Kammer hocken und von Sonnenaufgang bis Sonnenuntergang an einer Lederhaut herumschaben. Das konnte man dem Kerl ansehen. Was wohl aus ihm werden würde? Fünfhundert golden glänzende Gulden dem Schicksal in den Rachen geschmissen und eine Tochter, die den einfältigen Bilgeri heiraten würde. Jetzt lachte er bitter. Seine Enkel, denen würde, wenn es schlimm käme, auch das Maul offen stehen.

Abendfrieden

Der Winter fasste das Land um die Ufer schnell in einen eisigen Griff, und über die Weihnachtstage leuchteten Säntis und Altmann mit hellen Schneefeldern herüber. Die Aufstände in Vorarlberg und Tirol brachen zusammen, die Rädelsführer waren geflüchtet, saßen in Kerkern oder waren bereits füsiliert worden.

Das Frühjahr blieb nass und kalt, und nach den Osterfeiertagen wurde Hochzeit gefeiert. Christians Herz war schwer, denn er wusste: Wenn es etwas gegeben hätte, das der Poschter hätte feiern wollen, dann dieses Fest. So lag eine gewisse Melancholie trotz des fröhlichen Ereignisses auf seinem Gemüt, und nur Katharina fühlte, wie es in seinem Innern aussah. Sie verließ den Mauchinhof und zog auf die Insel in das große Haus an der Hofstatt. Das Arrangement mit Christians Bruder hatte wie so manches Provisorium weiterhin Bestand, wenngleich Philipp bereits ein Kontor auf der Insel eröffnet hatte und ein zweites in Bregenz plante, was allerhand zusätzliche Arbeit bedeutete.

Und abermals kam eine Zeit des Friedens, die nur eine zwischen zwei Kriegen war, und keiner glaubte mehr so recht daran, dass das Hauen und Stechen zwischen Napoleon und Österreich jemals enden würde. Selbst die Hochzeit des Kaisers mit einer habsburgischen Prinzessin konnte das nicht ändern.

Das Leben fand in seinen Trott zurück: Die Bauern bestellten ihre Felder, auf dem See zogen die Schiffe ihre Spuren in die spiegelnde Wasserfläche, und die Kutscher fluchten über die Enge der Gassen auf der Insel und über den Brunnen in der Fischergasse, der ihnen mit ihren immer größer werdenden Fuhren im Weg war und, wenn es nach ihnen ging, schon längst weggeräumt wäre. Im Herbst gebar Katharina einen gesunden Buben, und über dieses Ereignis verblassten die Schrecken allmählich, die Brack, Bilgeri und der Rotmäntler dem Mauchinhof und der Hofstatt verursacht hatten.

Der Krieg aber brauchte Leute wie Christian, der keine Entlassung aus der Armee bekam. Im Frühjahr des Jahres 1812 befand er sich auf dem Weg nach Osten, denn diesmal hatte sein Kaiser ein Heer zusammengestellt, das seinesgleichen in der Geschichte suchte. Nun sollte Russland unterworfen werden. Nach Wochen und Monaten im Schlamm und Dreck, hungernd und von Krätze und Ausschlägen geplagt, folgte ein hässlich kalter Winter, der sie mit aller Brutalität anfasste, als sie das ausgebrannte Moskau hinter sich gelassen hatten. – Es regierte Fatalismus. Ein neues Gefühl trieb sie nun an: Angst! Nur fort aus diesen unendlichen Weiten, in denen es weder für Mensch noch Tier Nahrung und Unterkunft gab.

Seit Tagen schon hatte Christian seine Leute verloren. Ein Teil war erfroren oder verhungert liegengeblieben, ein anderer Teil war ihm schlicht aus den Augen geraten. Nach einem Kosakenangriff, den er leidlich überstanden hatte, war er nun ganz auf sich alleine gestellt und beschloss, sich auch möglichst alleine durchzuschlagen. Denn die Karawanen der sich Dahinschleppenden zogen die Angriffe auf sich. Er musste es also alleine schaffen, nach Hause zu Katharina und dem Buben zu kommen. Briefe kamen schon lange nicht mehr zu ihm durch. Wie es ihnen wohl gehen mochte, da drunten am See?

Die Tage waren kurz, und Moskau lag weit hinter ihm. Er hatte sich in eine Schneekuhle gelegt, die ihn vor dem Wind schützte, und wachte aus seinem Tagtraum auf. Er sah zum Himmel. Grau. Sein Blick ging über die Ebene. Trugbilder gaukelten ihm einen blauen Wasserspiegel vor. Es kam ihm vor, als liege er im Nachen, ein sanfter Wind spielte auf seiner nackten Haut, in den kleinen Wellen brachen sich die Reflexe einer sommerlichen Sonne, und die frische Haut Katharinas rieb sich an der seinen. Das langsame Erwachen war so doppelt schrecklich. Die Kälte fraß sich in den

Leib und schüttelte den ganzen Körper. Ein bösartiger Wind pfiff über die Ebene und trieb Eiskristalle über die harschige Oberfläche, woraus sich Formen ergaben, denen er eine Zeit lang zusah. Dann rappelte er sich auf und lief – ein kleiner dunkler Punkt in einem Universum aus eisigem Weiß.

Gegen Nachmittag kam er an vielen Leichen vorbei. Ein Teil war erfroren, doch die meisten von ihnen mussten einem Angriff von Kosaken zum Opfer gefallen sein, was ihre Verletzungen unzweideutig zeigten. Der Schnee war schwarz von Blut. Keiner der Toten hatte noch etwas bei sich, was ihm geholfen hätte.

Weit am Horizont machte er auf einer Erhebung einen dunklen Flecken aus: ein Gehölz vielleicht. Es konnte ein sicheres Unterkommen für die Nacht sein, besser allemal, als sich aus ein paar Leichen eine Art Unterschlupf zu richten. Er lief weiter und befühlte dabei immer wieder den Sack mit den drei Scheiben Brot, die er noch besaß und sich aufsparte. Jeder Schritt verursachte Schmerzen, und er fürchtete den Anstieg zur Anhöhe, wo das Wäldchen nun deutlich zu erkennen war. Wenigstens hatten Wind und Frost eine feste Oberfläche geschaffen, worauf sich schlurfen ließ wie auf einer gut befestigten Straße. Als die Dämmerung hereinbrach, war er an den ersten Stämmen angelangt. Wie Palisaden schichteten sich die Schneeverwehungen davor auf. Er brach ein und kollerte zwischen die Baumstämme. Sofort blieb der Wind von ihm weg, was eine eigenartige, fremde Ruhe mit sich brachte. Erschöpft lag er da und blickte in die Baumkronen, die sich trotz aller Starrheit bogen und dabei knarrten, weil der Eissturm sie dort oben packte und herumriss. Er drehte sich auf den Bauch, roch in die Luft und sah sich um. Kein Rauch, nichts sonst zu riechen, so wenig, wie zu sehen war außer Schnee und Holz. An einem Stamm rappelte er sich auf und erkundete das Wäldchen. Hohes trockenes Gras ragte auf den freieren Flächen aus dem Schnee. Büsche und Sträucher säumten das Gehölz rundherum. Soweit er erkennen konnte, war er allein. Trotzdem mühte er sich ans andere Ende des Wäldchens und warf einen Blick über die Ebene, die still und einsam vor ihm lag, wie vor Urzeiten. Es schien ihm sicher genug, im Schutz von Bäumen und im Windschatten ein Feuer zu machen. Gerade als er sich drehte, um umzukehren, gewahrte er einen dunklen Fleck aus den Augenwinkeln heraus. Sofort warf er sich hinter einen Baumstamm und lugte vorsichtig hervor: weit draußen auf der Schneefläche erblickte er ein Pferd, zweifelsfrei ein Pferd. Er wischte sich mehrfach über die Augen. War es vielleicht wieder ein Tagtraum? Nein. Da draußen stand tatsächlich ein Pferd. Allein. Er arbeitete sich vorsichtig bis zum Waldrand vor und ein Stück darüber hinaus. Ganz still, mit gesenktem Kopf, stand es da, so wie die Pferde der Steppe eben ruhten, ihrem Schicksal ergeben. Es machte einen gesunden Eindruck, jedenfalls aus der Ferne. Vielleicht war es auch verletzt? Wie es wohl hierhergekommen war? Er traute sich und pfiff, erst leise, was keine Wirkung zeigte, dann etwas lauter. Es hob den Kopf. Es lauschte. Er pfiff abermals. Jetzt drehte es sich und schaute zum Wäldchen. Er erschrak. War er vielleicht doch nicht allein. Hastig suchten seine Augen im Kreis nach Spuren im Schnee. Keine Spuren. Er war sich sicher – keine Spuren. Ein weiterer Pfiff, und das Tier bewegte sich. Es bewegte sich auf ihn zu. Sein Herz pochte. Mein Gott, wie lang hatte er sein Herz nicht mehr pochen gehört. Es war eines der stämmigen Steppenpferde, denen die kalten Winde nichts ausmachten. Sie verfügten über eine filzartige Unterwolle und waren zäh. Es kam näher. Nun war es schon gut zu erkennen. Er pfiff wieder – diesmal leiser, lockender. Es stoppte, horchte und trabte weiter. Er richtete sich auf, dass es ihn sah. Gewagt. Es stoppte, kam dann aber bald bis nahe an den Waldrand, wo es erneut stehenblieb und ihn beobachtete. Er sprach leise, dass es seine Stimme hörte, tat unbeteiligt, suchte einen Arm voll dürre Zweige zusammen und rupfte zwei Handvoll trockenes Gras. Mit den Stiefelabsätzen kratzte er eine Kuhle in den Schnee und entzündete das trockene Gras mit zitternden Händen. Ein paar Mal schlug er den Feuerstein dabei auf die Finger. Bald stieg Rauch auf, der ein barbarisches Hungergefühl in ihm erzeugte. Er wartete, bis die Flammen den Rauch fraßen und eine helle Flamme emporstieg. Draußen stand das Pferd und sah ihm weiterhin zu. Es war vorsichtig, aber nicht ängstlich, nur auf der Hut. Er sprach mit sich selbst. Leise. Es lauschte ihm. Rund um das Feuer hatte er mit den Fäusten Kuhlen gedrückt, in denen der vom Feuer geschmolzene Schnee als mundwarmes Wasser zusammenlief. Er legte sich auf den Bauch und schlürfte es begierig, holte eine Scheibe Brot hervor, tunkte sie in die Wasserbrühe, um sie weicher zu bekommen, und lutschte dann daran herum. Lange und bedächtig kaute er den Brei, bis sich tatsächlich ein wenig Süße schmecken ließ. Es tat gut. Er trank noch mal, legte Äste nach, achtete aber darauf, die Flamme niedrig zu halten. Er wollte sich schließlich nicht verraten. Er trocknete die Lappen, die er um die Gliedmaßen gewickelt hatte, wärmte vorsichtig Hände und Füße und legte sich dann am Feuer nieder. Die Schneekuhle war nun bis zum Boden durchgetaut und hatte sich vergrößert. Für die lange Nacht füllte er Holz nach, dass er an der Glut bis zum Morgen zehren konnte. Das Pferd war inzwischen bis an den Rand des Gehölzes gekommen, wo es sich unter die kahlen Bäume legte. Er lächelte und schlief seit Tagen wieder für einige Stunden tief und fest.

Mit einem Schrecken zuckte er auf. Jemand hatte ihm ins Gesicht gefasst. Instinktiv kroch er zur Seite und sah auf, wo ihn die Augen des Pferdes anblickten. Die Dämmerung war schon fortgeschritten, und das Pferd hatte seine Neugier nicht überwinden können und ihn abgeschnuppert. Trotz seines Schrecks war es nicht davongerannt. Er kramte aufgeregt nach einem Stückchen Brot und hielt es ihm hin. Es dauerte. Doch irgendwann schnappte es sich den Krümel mit den Lippen.

Er erhob sich vorsichtig, blies mit neuen Zweigen das Feuer an und wärmte sich. Jetzt stand sein neuer Gefährte nur wenige Meter entfernt.

Er ließ sich Zeit. Zu Mittag hin ließ es sich streicheln, ging aber wieder weg von ihm und kaute am trockenen Gras herum. Er blieb am Feuer und sammelte noch mehr trockenes Gras. Es fraß es mit Begierde, woraufhin er beschloss, den Tag im Wäldchen zu verbringen, um die neue Freundschaft zu vertiefen. Das Tier hatte treue, dunkle Augen.

Katharina kam ihm in den Sinn, doch er verscheuchte die Gedanken an sie, weil sie ihn nicht stärkten, sondern schwächten. Am Morgen hatte er Rinde von den Bäumen gekratzt, halbwegs über der Glut getrocknet und mit zwei Steinen notdürftig zermahlen. Den Rindenstaub tat er in eine Schneekuhle und mischte ihn solange mit Schmelzwasser, bis ein breiiger Teig entstand, den er in der Glut ein wenig röstete und dann zerkaute. Es schmeckte bitter, füllte aber den Magen und den Kopf mit der Illusion, etwas gegessen zu haben. Bis zum Abend sammelte er alles an trockenem Gras, was er bekommen konnte, machte Bündel zurecht und fütterte das Pferd damit. In der folgenden Nacht schlief er ruhiger. Das Pferd kam ganz nahe.

Am nächsten Morgen fühlte er sich gestärkt. Vorsichtig leitete er das Pferd hinaus auf den Steppenboden und saß auf. Es war Reiter gewöhnt und blieb ganz ruhig. Sie trabten los. Ein unendlich befriedigendes Gefühl suchte ihn heim, und er weinte vor Glück.

In den kommenden drei Tagen passierte er unzählige Leichen, vor allem Frauen und Kinder aus dem gewaltigen Tross. In einer Senke waren Fuhrwerke in den Schneewehen stecken geblieben. Darin fand er zwei Pferdedecken. Der Wind frischte wieder auf und stach die Kälte in den Leib, doch nun wärmte ihn der Leib seines Pferdes.

Stetig fuhr sein Blick umher, um rechtzeitig Angriffe zu bemerken, denen er jetzt, wo er beritten war, aber gut ausweichen konnte.

Am fünften Tag passierte er ein kleines Lager. Tote Soldaten lagen überall verstreut herum. Er ritt weiter, doch auf einmal scheute sein Pferd. Es stoppte abrupt und schnaubte, den Kopf seitwärts gedreht. Er folgte dem Blick. In etwas über dreihundert Meter Entfernung war ein dunkler Haufen im Schnee auszumachen. Ein Stück davor lagen die Reste eines Karrens. Der Wind heulte. Er legte die Hand vors Gesicht und kniff die Augen zusammen, da er den Wind von der Seite abbekam. Hatte sich dort etwas bewegt?

Er drehte in die Richtung, hielt den Säbel bereit, und langsam kamen sie dem Haufen näher. Wieder war eine Bewegung auszumachen. Wölfe sicherlich, oder ein Hund? Etwa dreißig Meter vor dem Haufen blieb er stehen. Es waren Leichen, aufgeschichtete Leichen, eine über der anderen und zu einem eisigen Block gefroren.

Er ließ das Pferd seitwärts gehen. Da! Etwas Dunkles kam kurz hervor und verschwand sogleich wieder. Es konnte ein Mensch sein, doch hatte die Bewegung etwas Animalisches an sich. Er ließ das Pferd weiter seitwärts gehen und sah sich um. Nichts auszumachen, sie waren allein. Seine Rechte nahm den Säbel dennoch fester am Griff. Und da, nun doch! Eine dunkle Gestalt löste sich von dem Haufen, machte kleine Sätze in die eine, dann wieder in die andere Richtung. Im Pfeifen des Windes waren nun auch Laute zu hören, klagend, dann wieder lachend – beides aus düstersten Welten stammend. Er blieb und beobachtete die Gestalt. Ein Mensch oder das, was von ihm übrig war. Ein Mann – zusammengekrümmt, nach vorne gebeugt, die Arme wie ein Affe über die Knie hängend. Die Hände waren schwarz. Abgefroren.

Er ließ das Pferd näher heran. Die Gestalt sprang nun wilder umher, einmal einige Schritte auf sie zu, dann wieder zurück. Er hob den Säbel etwas an. Der Kerl war sicher verrückt geworden. Jetzt sprang er auf den Haufen und kletterte obenauf, sah zu Christian herüber, ließ einen gequälten Laut hören und kratzte mit den Händen an den Leichen. Die schwarzen Fingerstummel waren aufgerissen. Die Gestalt ließ das Gesicht auf die Toten fallen und versuchte, ein Stück aus ihnen herauszubeißen. Vergebens. Irgendwann fiel sie rückwärts herunter, blieb im Schnee liegen und richtete sich dann wieder auf.

Etwas an dem äffisch gewordenen Kerl stieß Christian ab und zog ihn zugleich an. Er kam bis auf zehn Meter an ihn heran und sah in das zerfetzte Gesicht. Es war der Rotmäntler, der da vor ihm auf und ab sprang. Der Rotmäntler!

Zuerst zuckte sein rechter Arm in einem Reflex und hob den Säbel, doch schnell ließ er ihn wieder sinken. Ja er steckte ihn sogar wieder zurück in die Scheide. Auf dem Pferd sitzend beobachtete er seinen ärgsten Feind, wie er an den zu Stein gefrorenen Leichen seiner Kameraden verzweifelte. Hatte er sich also in den Schutz der Grande Armée gerettet.

Wie lange er da stand und ihm zusah, wusste er nicht. Ein paar Mal zog er im Kreis um die grausige Szenerie. Der Poschter fiel ihm ein, und der Gedanke an Lindau machte ihm das Herz warm.

Irgendwann ließ er das Pferd einige Schritte rückwärts gehen, sah ihm noch mal ins Gesicht, drehte um und ritt dann langsam davon. Das wilde, animalische Geschrei hinter ihm wurde bald vom Wind geschluckt. Ob der Rotmäntler ihn überhaupt erkannt hatte? – Er hatte arge Zweifel.

Zusammen mit dem kleinen Steppenpferd zog er weiter westwärts und erreichte einige Tage später die ersten richtigen Straßen, auf denen Menschen mit gesunden Gestalten unter ihren Hüten und Tüchern dahineilten, geschäftig oder lässig, bald von Lasten gebeugt, bald steif und würdig im vertrauten Müßiggang. Ihnen waren die Spuren des Krieges nicht anzusehen. Christian hörte Glocken läuten, sah Menschen zur Kirche gehen oder zu Märkten. Es roch nach frischem Gras, nach weichem Wasser und Pferden und Ochsen. Es begann, wärmer zu werden.

Als er endlich die sanften, grünen Hügel erreichte, die zum See führten, und hinunterblickte auf die Inselstadt, deren eintönige Geräusche des Alltags im Rauschen des Wassers verklangen, stieg er vom treuen Pferd und ging zu Fuß weiter. Eine Müdigkeit, die

Leib und Seele wie ein bitterer Strom durchdrang, ließ ihn nach einer Weile innehalten, und er lehnte sich an den Stamm eines Baums und schloss die Augen.

Im Abendfrieden sah er die Inselgassen liegen. Der Holunder blühte an einem Zaun zum Hafen hin. Es hatte geregnet, und die Luft war kühl und feucht. Hoch auf dem Giebel eines Bürgerhauses sang eine Amsel in der letzten Sonne, und die klare Süße ihrer Stimme erfüllte das ruhige Land mit Glück.